"十二五"普通高等教育本科国家级规划教材
中国物流与采购联合会科学技术进步奖
中国物流学会第四届物华图书奖
武汉纺织大学学术著作出版基金资助出版
高等院校物流专业"互联网+"创新规划教材

现代仓储管理与实务
（第 3 版）

主　编　周兴建　冷凯君
副主编　熊文杰　戴金山　蔡丽华

北京大学出版社
PEKING UNIVERSITY PRESS

内 容 简 介

本书将现代仓储理论、实务与案例有机结合，通过线下资源与线上资源相结合的方式，在理论上，立足于数字化时代背景下物流理论与应用前沿，系统地阐述了以智能仓储和数字化仓储为代表的现代仓储管理理念，从现代仓储业的新应用和新趋势出发，对现代仓储及仓储管理的内涵、互联网下的现代仓储及仓储物流价值链进行深入论述；在实务上，基于仓配一体化的思想，对现代仓储设施与设备、现代仓储设施选址、现代仓储设施规划与布局、现代仓储作业与经营、库存控制与管理、现代仓储信息技术等方面对仓储实务过程进行详细介绍，同时探讨了现代专业仓储管理、现代仓储保税制度、现代仓储管理绩效评价等仓储管理方法；在案例上，紧密结合当前 5G、AR/VR、大数据、数字化等技术在仓储物流领域的应用，收集和整理了若干现代仓储管理案例，融合了仓储管理与实务的各个层面，让读者能够正确理解现代仓储管理的基本原理和仓储实务的主要过程，为以后从事相关工作打下良好的基础。

本书既可作为高等院校物流管理、物流工程等物流类专业学生的必修教材及市场营销和工商管理等经济管理类专业、物流工程专业硕士研究生等的选修教材，也可以作为物流师职业资格认证的培训用书或物流从业人员的参考用书。

图书在版编目(CIP)数据

现代仓储管理与实务/周兴建，冷凯君主编. —3 版. —北京：北京大学出版社，2021.7
高等院校物流专业"互联网+"创新规划教材
ISBN 978-7-301-32242-0

Ⅰ. ①现… Ⅱ. ①周…②冷… Ⅲ. ①仓库管理—高等学校—教材 Ⅳ. ①F253

中国版本图书馆 CIP 数据核字（2021）第 110012 号

书　　名	现代仓储管理与实务（第 3 版） XIANDAI CANGCHU GUANLI YU SHIWU (DI-SAN BAN)
著作责任者	周兴建　冷凯君　主编
策划编辑	王显超
责任编辑	李　虎　翟　源
数字编辑	金常伟
标准书号	ISBN 978-7-301-32242-0
出版发行	北京大学出版社
地　　址	北京市海淀区成府路 205 号　100871
网　　址	http://www.pup.cn　新浪微博：@北京大学出版社
电子信箱	pup_6@163.com
电　　话	邮购部 010-62752015　发行部 010-62750672　编辑部 010-62750667
印刷者	三河市北燕印装有限公司
经销者	新华书店
	787 毫米×1092 毫米　16 开本　21.75 印张　515 千字 2012 年 8 月第 1 版　2017 年 9 月第 2 版 2021 年 7 月第 3 版　2021 年 7 月第 1 次印刷
定　　价	59.00 元

未经许可，不得以任何方式复制或抄袭本书之部分或全部内容。
版权所有，侵权必究
举报电话：010-62752024　电子信箱：fd@pup.pku.edu.cn
图书如有印装质量问题，请与出版部联系，电话 010-62756370

第3版前言

【资源索引】

数字经济时代的到来，并伴随着5G、大数据中心、人工智能等"新基建"的推进，新时代的科技力量在赋能仓储等基础场景升级变革中的作用愈发明显。面对数字化、智能化科技的重磅来袭，传统的仓储企业如何拥抱新一代的智能技术，进一步实现仓储产业的数字化、智能化释能与升级、最终实现物流产业效率的提升、经济运行成本的降低，既是物流服务业加速发展注入新动能的重要方面，也是打破传统供应链诸多瓶颈的需要。为此，本版在内容上紧密结合当前数字化仓储管理与运营实际，增加智能仓储、数字化仓储，以及5G技术、AR技术在仓储中的应用等内容，并将前置仓、中央仓、微仓、仓店一体、前店后仓、云仓、海外仓、无人仓、保税仓等新型仓储管理模式也在书中体现出来，对现代仓储管理与实务的内容进一步扩充和完善。

本书在体系结构上仍与前版保持一致，共分为3篇12章，周兴建和冷凯君担任主编并负责框架的构建，熊文杰、戴金山、蔡丽华担任副主编。具体编写分工如下：周兴建编写第1篇的第1~3章和第2篇的第4~8章，冷凯君编写第2篇的第9章及各章的导入案例，熊文杰编写第3篇的第10~11章及各章的案例讨论，戴金山编写第3篇的第12章及各章的复习思考题目及解答，康丽负责线上资源、二维码资料的收集整理及全文统稿。

编者在编写本书的过程中，参考了大量有关的书籍、文献、论文，以及互联网上有关现代仓储管理与实务的案例，在此对相关的作者一并表示衷心的感谢。

数字化转型中的仓储物流业发展日新月异，现代仓储管理理论研究和实践应用处在一个不断发展和探索的过程之中，再加上编者水平有限，书中难免存在不足之处，敬请广大读者和专家同行批评指正，不吝赐教。

编　者
2021年1月

本书课程思政元素

本书课程思政元素从"格物、致知、诚意、正心、修身、齐家、治国、平天下"的中国传统文化角度着眼,再结合"富强、民主、文明、和谐、自由、平等、公正、法治、爱国、敬业、诚信、友善"的社会主义核心价值观设计出课程思政的主题。然后紧紧围绕"价值塑造、能力培养、知识传授"三位一体的课程建设目标,在课程内容中寻找相关的落脚点,通过案例、知识点等教学素材的设计运用,以润物细无声的方式将正确的价值追求有效地传递给读者。

本书的课程思政元素设计以"习近平新时代中国特色社会主义思想"为指导,运用可以培养大学生理想信念、价值取向、政治信仰、社会责任的题材与内容,全面提高大学生缘事析理、明辨是非的能力,把学生培养成为德才兼备、全面发展的人才。

每个课程思政元素的教学活动过程都包括内容导引、展开研讨、总结分析等环节。在课程思政教学过程,老师和学生共同参与其中,在课堂教学中教师可结合下表中的内容导引,针对相关的知识点或案例,引导学生进行思考或展开讨论。

页码	内容导引	思考问题	课程思政元素
3	导入案例"5G助推物流智能化时代加速到来"	1. 5G相对于4G的发展 2. 我国在5G技术的领先地位 3. 从华为不断在研发上的投入引领5G时代看技术的可持续性发展	科技发展、国之重器、可持续发展
31	案例讨论"DM公司的仓储管理"	DM公司在仓储管理方面是如何做到专业化的?	专业水准
34	导入案例"'互联网+'下顺丰布局仓网"	1. 是否听说过,关于快递:一种叫做发快递,一种叫做发顺丰 2. 有谁没有用过顺丰? 3. 为什么顺丰比别的快递贵,顾客还爱用? 4. 顺丰如何做到说什么时间送到就什么时间送到	求真务实、专业能力、专业水准、尊重、责任与使命、创新意识、行业发展、产业报国、可持续发展
51	案例讨论"'互联网+'下的百世云仓管理"	1. 举例说明大数据在百世仓中的应用 2. 百世仓是怎么解放人工的?	创新意识、现代化
80	正文"中联网仓"	1. 有没有听过"暴力分拣"? 2. "暴力分拣"在中联仓是怎么解决的?	团队合作、沟通协作

续表

页码	内容导引	思考问题	课程思政元素
82	案例讨论"南通化轻仓储物流价值链优化"	谈一谈财务的安全漏洞及业务的安全漏洞对企业有什么影响	安全意识
93	正文"仓储物流机器人"	1. 是不是感觉仓储作业比较辛苦、劳累？ 2. 能不能让机器去完成一些重复性、危险性的仓储作业？	科技发展、现代化、可持续发展
112	案例讨论"日日顺物流的智能无人仓储"	1. 你听说过"新基建"吗？ 2. 为什么我们要发展新基建？	专业与国家、科技发展、现代化
123	正文"仓储设施选址需要慎重决策"	1. 为什么选址要慎重决策？ 2. 你认为考虑多方面的因素主要包含哪些方面？	决策者责任与使命、个人修养、价值观、大局意识
128	正文"(7) 给水排水条件。仓储设施地址最好靠近水源，保证供水的可靠性，水质、水温、水量应符合生产要求。同时，生产污水应便于经处理后排入附近的江河或城市排污系统。"	举例讨论污水是如何影响环境的	社会公德、规范与道德、个人修养、价值观、责任、环保意识
153	正文"(4) 重视人的因素，并要考虑环境的条件，包括空间大小、通道设置、色彩、照明、温度、湿度、噪声等因素对人的工作效率和身心健康的影响。"	1. 从管理学中的行为管理论说起，谈谈以人为本和人文关怀的思想 2. 举例谈谈实际应用中的人与自然和谐相处、人性化工作环境等	人性光辉、企业文化、行业发展、安全意识
170	正文"对于数字化仓储的理解是信息化到数据化，然后是数字化。"	1. 什么是数字化？我们身边有哪些数字化应用？ 2. 为什么我们要发展数字化经济和数字化仓储？	科学素养、适应发展、专业与国家、可持续发展、经济发展
186	正文"企业通过细致的仓储市场调研和分析、严格的合同管理以及规范的仓储经营责任制度，妥善处理纠纷和冲突，防范和减少风险。"	1. 听说过哪些企业间的纠纷？ 2. 这些纠纷产生的原因的是什么？可以如何避免？	诚信、友善、社会责任、法律意识

续表

页码	内容导引	思考问题	课程思政元素
215	案例讨论 "我国仓储金融业务的发展"	1. 日常中哪些活动可以认为是金融活动？ 2. 金融活动中会出现哪些风险？	求真务实，诚信、经济发展
220	正文 "在更为广泛的范围内，通过最佳订购批量、存储位置及存储设施等手段对运作造成影响；可促进其他一些商业组织(如提供特殊服务的供应商和中间商)的发展。"	1. 什么是利己和利他？ 2. 利己和利他之间是什么关系？	辩证思想、逻辑思维、沟通协作、团队合作
242	正文 "如果我们对每一种物品都采用相同的保管管理方法，则可能投入的人力、资金很多，而效果则事倍功半。如何在管理中突出重点，做到事半功倍，这是应用ABC库存管理方法的目的。"	1. 听说过80/20原则吗？ 2. 好钢用在刀刃上表达的内涵是什么？	辩证思想、适者生存、可持续发展、经济发展
259	正文 "因此，大数据时代带来的挑战不仅体现在如何处理巨量数据从中获取有价值的信息，也体现在如何加强大数据技术研发，抢占时代发展的前沿。"	1. 大数据在我们身边有哪些应用？ 2. 大数据对经济发展有什么作用和意义？	适应发展、科技发展、创新意识、现代化、工业化、经济发展
293	案例讨论 "我国的粮食仓储管理模式"	1. 粮食与其他物品有什么不同？ 2. 粮食在国民经济发展和人民生活中有什么作用？ 3. 怎样做到粮食安全可靠？	专业与国家、国家安全、可持续发展
296	导入案例 "天津保税物流园区"	1. 保税的"保"是什么意思，关税到底是交还是不交？ 2. 保税有什么用？	适应发展、制度自信、国家竞争、
317	正文 "从这个角度讲，绩效是指人们从事实践活动过程中所产生的、与劳动耗费没有对比关系的、可以度量的、对人类有益的结果。"	1. 学习的绩效是什么？ 2. 我们通常用什么样的方式来评价学习绩效？ 3. 这样的评价方式的优缺点分别有哪些？	逻辑思维、求真务实、经济发展、

注：教师版课程思政设计内容可联系出版社索取。

/ 目 录 /

第 1 篇 现代仓储管理理念

第 1 章 现代仓储发展新理念 ... 3
1.1 智能仓储发展的现状 ... 5
1.2 现代仓储业的新趋势 ... 9
    1.2.1 仓储业发展方向 ... 9
    1.2.2 仓储组织新形态 ... 11
    1.2.3 5G 与仓储发展 ... 22
    1.2.4 数字化仓储发展 ... 23
1.3 现代仓储管理新内涵 ... 25
    1.3.1 仓储管理的概念 ... 25
    1.3.2 仓储与物流的关系 ... 25
    1.3.3 仓储管理的内容 ... 26
    1.3.4 仓储管理的任务 ... 27
    1.3.5 仓储管理新模式 ... 28
复习思考 ... 30

第 2 章 互联网下的现代仓储 ... 34
2.1 "互联网+物流"的提出 ... 36
    2.1.1 "互联网+"的界定 ... 36
    2.1.2 "互联网+物流"的概念 ... 38
2.2 "互联网+物流"的内涵 ... 38
    2.2.1 物流资源整合 ... 38
    2.2.2 价值链的重构 ... 39
    2.2.3 中间环节去化 ... 39
2.3 "互联网+仓储"的模式 ... 40
    2.3.1 云仓储的兴起 ... 40
    2.3.2 云仓储的模式 ... 41
    2.3.3 云仓储的实施 ... 42
2.4 "互联网+仓储"新技术 ... 44

  2.4.1 亚马逊的仓储技术 ··················· 44
  2.4.2 京东的亚洲一号库 ··················· 49
 复习思考 ································· 51

第3章 现代仓储物流价值链 ······················ 54

 3.1 物流价值链的理念 ························· 56
  3.1.1 物流价值链概述 ···················· 56
  3.1.2 物流价值链分析 ···················· 65
  3.1.3 物流价值链优化 ···················· 70
 3.2 5G与物流价值链变革 ······················ 73
 3.3 仓储物流价值链 ·························· 76
  3.3.1 仓储过程中的环节 ··················· 76
  3.3.2 仓储物流价值链分析 ·················· 77
 3.4 现代仓配一体化 ·························· 78
  3.4.1 仓配一体化的背景 ··················· 78
  3.4.2 仓配一体化的特点 ··················· 79
 复习思考 ································· 81

第2篇 现代仓储运营实务

第4章 现代仓储设施与设备 ······················ 87

 4.1 智能仓储设施与设备 ······················· 89
  4.1.1 无人仓储系统 ····················· 89
  4.1.2 仓储物流机器人 ···················· 93
  4.1.3 RGV穿梭车系统 ···················· 95
  4.1.4 自动引导车 ······················ 96
 4.2 主要仓储设施与设备 ······················· 98
  4.2.1 自动化立体仓库 ···················· 98
  4.2.2 主要搬运设备 ····················· 101
  4.2.3 常用存储设备 ····················· 109
 复习思考 ································· 111

第5章 现代仓储设施选址 ························ 120

 5.1 仓储设施选址概述 ························· 122
  5.1.1 仓储设施选址的含义及其特点 ············· 122
  5.1.2 仓储设施选址的意义 ·················· 123
  5.1.3 仓储设施选址的类型 ·················· 123
 5.2 仓储设施选址方法 ························· 125

		5.2.1 仓储设施选址的影响因素	125
		5.2.2 仓储设施选址的原则及位置确定依据	129
		5.2.3 仓储设施选址的步骤	130
	5.3	仓储设施选址模型	132
		5.3.1 单设施选址模型	132
		5.3.2 多设施选址模型	135
		5.3.3 连续点选址模型	140
		5.3.4 离散点选址模型	143
	复习思考		146

第6章 现代仓储规划与布局 — 150

- 6.1 仓储规划与布局概述 — 152
  - 6.1.1 仓储规划概述 — 152
  - 6.1.2 仓储布局概述 — 153
- 6.2 现代仓储规划 — 154
  - 6.2.1 空间规划 — 154
  - 6.2.2 尺寸规划 — 155
  - 6.2.3 货位管理 — 158
  - 6.2.4 通道规划 — 160
- 6.3 现代仓储布局 — 161
  - 6.3.1 总体布局 — 161
  - 6.3.2 平面布局 — 166
  - 6.3.3 内部布局 — 168
- 6.4 数字化仓储规划 — 170
- 复习思考 — 172

第7章 现代仓储作业与经营 — 181

- 7.1 仓储作业与经营概述 — 183
  - 7.1.1 仓储作业的内容 — 183
  - 7.1.2 仓储经营的内容 — 184
- 7.2 仓储作业管理 — 187
  - 7.2.1 入库作业 — 187
  - 7.2.2 在库作业 — 192
  - 7.2.3 出库作业 — 199
- 7.3 仓储经营管理 — 201
  - 7.3.1 经营方法 — 201
  - 7.3.2 仓储合同 — 205

7.3.3　仓单质押 208

复习思考 214

第 8 章　库存控制与管理 218

8.1　库存控制与管理概述 220

8.1.1　库存控制的含义 220

8.1.2　库存控制的方法 220

8.1.3　库存管理的含义 221

8.1.4　库存管理的方法 222

8.2　库存控制方法 223

8.2.1　定量订货法 223

8.2.2　定期订货法 230

8.2.3　两种订货法比较 232

8.2.4　物料需求计划 233

8.2.5　制造资源计划 236

8.2.6　企业资源计划 237

8.2.7　零库存技术 240

8.3　库存管理方法 242

8.3.1　ABC 库存管理方法 242

8.3.2　供应商管理库存 244

8.3.3　联合库存管理 247

8.3.4　CPFR 管理方法 249

复习思考 251

第 9 章　现代仓储信息技术 255

9.1　仓储信息技术概述 258

9.1.1　信息与信息技术 258

9.1.2　仓储信息技术 259

9.2　仓储大数据技术 259

9.2.1　大数据技术概述 259

9.2.2　仓储大数据技术应用 260

9.3　仓储 AR 技术 262

9.3.1　AR 及相关技术概述 262

9.3.2　仓储 AR 技术应用 263

复习思考 264

第3篇　现代仓储管理方法

第10章　现代专业仓储管理 ··· 271

- 10.1　冷藏仓储管理 ··· 273
  - 10.1.1　冷藏保管的原理 ··· 273
  - 10.1.2　冷藏仓库的结构 ··· 274
  - 10.1.3　冷藏仓库的使用 ··· 275
  - 10.1.4　冷藏仓库的管理 ··· 276
- 10.2　油品仓储管理 ··· 277
  - 10.2.1　油品仓库的种类 ··· 277
  - 10.2.2　油品仓库的布置 ··· 279
  - 10.2.3　油品仓库的管理 ··· 281
- 10.3　危险品仓储管理 ·· 282
  - 10.3.1　危险品仓库概述 ··· 282
  - 10.3.2　危险品的包装 ·· 283
  - 10.3.3　危险品仓库结构 ··· 284
  - 10.3.4　危险品仓库管理 ··· 285
  - 10.3.5　危险品仓储应急措施 ··· 286
- 10.4　粮食仓储管理 ··· 287
  - 10.4.1　粮食仓储特性 ·· 287
  - 10.4.2　粮食仓储设施 ·· 288
  - 10.4.3　粮食仓库分类 ·· 289
  - 10.4.4　粮仓安全管理 ·· 290
- 复习思考 ·· 292

第11章　现代仓储保税制度 ··· 296

- 11.1　保税制度概述 ··· 298
  - 11.1.1　保税制度的产生 ··· 298
  - 11.1.2　海关与保税制度 ··· 299
  - 11.1.3　保税制度的形式 ··· 300
- 11.2　保税仓库 ··· 306
  - 11.2.1　保税仓库概述 ·· 306
  - 11.2.2　保税仓库的类型 ··· 308
- 11.3　仓储保税制度 ··· 309
  - 11.3.1　保税仓库入库程序 ·· 309
  - 11.3.2　保税仓库内的存放 ·· 310

　　　　11.3.3　物品提出保税仓库 ·· 311
　　复习思考 ··· 312

第 12 章　现代仓储管理绩效评价 ·· 315
　12.1　仓储管理绩效评价概述 ··· 317
　　　　12.1.1　绩效评价的含义 ·· 317
　　　　12.1.2　仓储管理绩效评价的概念 ·· 318
　　　　12.1.3　仓储管理绩效评价的原则 ·· 319
　12.2　仓储管理绩效评价指标体系 ·· 319
　　　　12.2.1　评价指标体系建立的原则 ·· 319
　　　　12.2.2　仓储管理绩效评价指标体系的组成 ··· 320
　　　　12.2.3　仓储管理绩效评价指标考核 ··· 327
　12.3　仓储管理绩效评价的方法 ··· 327
　　复习思考 ··· 330

参考文献 ··· 333

第 1 篇
现代仓储管理理念

第 1 章
现代仓储发展新理念

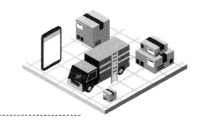

【线下资源】

学习要点	◆ 了解智能仓储发展的现状 ◆ 了解仓储业发展方向、仓储组织新形态、5G 与仓储发展及数字化仓储发展等新趋势 ◆ 掌握现代仓储管理概念、内容、任务、模式等新内涵
引导案例	5G 助推物流智能化时代加速到来
主体内容	◆ 智能仓储发展的现状 ◆ 现代仓储业的新趋势 ◆ 现代仓储管理新内涵
案例讨论	DM 公司的仓储管理

现代仓储业在逐步向数字化、智慧化发展转型的过程中,5G、大数据、物联网等信息技术起到了越来越重要的作用。

随着 5G 的出现,物流行业呈现新的发展契机!

▶ 导入案例 ▶

5G助推物流智能化时代加速到来

中华人民共和国工业和信息化部(以下简称工信部)向中国电信集团有限公司(以下简称中国电信)、中国移动通信集团有限公司(以下简称中国移动)、中国联合网络通信集团有限公司(以下简称中国联通)、中国广播电视网络有限公司(以下简称中国广电)发放 5G 商用牌照,这意味着酝酿多年的中国 5G 商用大幕正式拉开。5G,是第五代移动通信技术的全称,也被认为是万物互联的开端。在物流领域,机器分拣应用、信息协同、快递面单加密、开放的数据平台等正带动整个物流业向智能化发展。5G首先带来的是物联网技术质的飞跃,将会推动物流行业实现基于"物联网+人工智能"的智慧物流模式转型,车、货、仓真正实现互联互通互动,物流的智能化将加速实现。对于业界来说,5G会带来新的技术角逐,既是机遇亦是挑战。

相较于4G而言,5G的理论下行速度为10Gb/s,能达到4G速度的百倍。如果说4G改变了生活,5G则将改变世界。因为4G在带宽、时延和接入特性上仍然不能完全适应物联网、人工智能等热点技术,而5G的到来则会克服4G的诸多不足,给物流等领域带来革命性的变革。"高速率、大容量、低时延",这正是5G的三个特点。5G不只给物流业带来速度的变化,它更是具有重塑、推动行业快速变革的潜质。低延时的网络传输技术,让物流运作相关的信息更迅捷地触达设备端、作业端、管理端,让端到端无缝连接。物联网技术的大跨越将改变原本物流的信息都是碎片化的弊端,更加全面的环境信息被获取,形成了更具有应用价值的"数据链"。并且,人工智能在物流领域有了更多的切入点,真正让技术赋能物流产业。

5G至少会给行业带来三方面的变化:一是设备和设施的智能化应用的普及,无人车、无人机、仓储机器人等更多地应用,把人从低端劳动中释放出来;二是人与车、货、仓的互联互通互动,物联网和AI技术将让车、货、仓拟人化并与人沟通联动,实现更高效的互动;三是服务的动态化、透明化和智能化,例如在供应链金融服务中,过去做静态的仓单质押,但5G时代可对一些高附加值商品实现在途运单质押等。推动物流智能化加速到来,5G可以说是物联网达成万物互联目标的点金石。

此前多数物流企业通过以无人机、无人车、无人仓、人机交互等为代表的智能物流技术上的布局,为5G时代物流智能化发展打下了基础,也提供了想象空间。从应用场景的角度来看,5G在智能物流园区、自动分拣、冷链、蜂窝物联网、无人机配送方面,都可能带来变化。以菜鸟为例,其将物联网战略定义为物流智能化发展的关键,并认为5G有助于加速自动化仓储、物流自动驾驶的布局和发展。由于4G速率有限,行业内通常使用Wi-Fi网络调度机器人,但Wi-Fi网络覆盖范围小,需要频繁切换网络,存在网络不稳定及网络延时等问题,影响机器人运行效率,5G时代这些问题将得到解决,仓储、分拨中心的运营更为稳定和高效。5G在新一代物流行业中也有一些特殊的场景,例如增强现实技术实现的场景,包括协助员工完成分拣、协助快递员识别门牌号;在冷链供应的物流体系中,节点可以通过5G连接远程云物流架构实现温度调控和物品跟踪。对于从业者来说,海量物联网、增强型户外无线宽带等网络技术的实现,进一步丰富和深化车联网的应用,对于货车行驶安全性及驾驶人员的舒适性都将带来大幅提升。

运用5G、区块链、物联网技术,可以轻松地掌控全链路的动作和工序,通过场景互联打造智慧园区、无人仓库、无人运输、"最后一公里"无人配送,以及冷链物流等专业的细分物流领域。5G不仅给行业及从业者带来改变,还可以为消费者带来更好的物流体验。例如,苏宁物流目前能够通过人工智能技术去预测包裹的轨迹。在5G时代,消费者或许可以通过实时视频追踪自己的包裹。

显然,5G会带来新的技术角逐,多数企业认为这既是机遇也是挑战,目前业界也在积极行动。阿里巴巴旗下物流平台菜鸟与中国联通、圆通速递联合打造"5G快递分拨中心",据称建成后将大幅提高包裹自动分拣效率和稳定性;顺丰在研究机器视觉,包括冷链可视化在5G下的创新应用;德邦携手广东联通成立快递物流界5G联合创新实验室,将在干线物联网、"最后一公里"物联网、冷链物流等领域进行研究。

5G带来的是向数字化物流和供应链服务的全面换道,但是技术适应对很多人来说却是个渐进过程。在这个过程中人才战是关键,这既包括熟练应用适应新技术的新物流人,也包括对传统人力队伍的能力升级及重塑。5G来临后,对人才的储备提出了新的要求。

(资料来源:https://www.huizhong56.com/news/show-2763.html,2021-01-26。)

1.1 智能仓储发展的现状

随着5G、大数据、云计算、物联网等技术的不断发展与应用,现代仓储业朝着智能化方向发展,智能仓储系统成为众多行业和企业的重要支柱。

智能仓储系统是运用软件技术、互联网技术、自动分拣技术、光导技术、射频识别(RFID)、声控技术等先进的科技手段和设备对物品的进出库、存储、分拣、包装、配送及其信息进行有效的计划、执行和控制的物流活动。其主要包括:识别系统、搬运系统、储存系统、分拣系统和管理系统。与传统仓储相比,智能仓储的优势主要体现在以下几方面(表1-1)

表1-1 智能仓储与传统仓储的比较

对比项目	智能仓储	传统仓储
空间利用率	充分利用仓库的垂直空间	需占用大面积土地,空间利用率低
储存量	远远大于普通的单层仓库,节约70%以上的土地	单层仓库

续表

对比项目	智能仓储	传统仓储
储存形态	形态储存：货物在仓库内能够按需要自动存取	静态储存：只是货物储存的场所，保存货物是其唯一的功能
作业效率	货物在仓库内按需要自动存取	主要依靠人力，货物存取速度慢
人工成本	可以节约80%左右劳动力成本	人工成本高
环境要求	能适应黑暗、低温、有毒等特殊环境的要求	受黑暗、低温、有毒等特殊环境影响很大

1. 智能仓储的产业链

智能仓储产业链主要分为上游、中游、下游三个部分。上游为设备提供商和软件提供商，分别提供硬件设备（输送机、分拣机、自动导引车、堆垛机、穿梭车、叉车等）和相应的软件系统（WMS 系统、WCS 系统等）；中游是智能仓储系统集成商，根据行业的应用特点使用多种设备和软件，设计建造智能仓储物流系统；下游是应用智能仓储系统的各个行业，包括烟草、医药、汽车、零售、电商等诸多行业。智能仓储产业链构成如图 1.1 所示。

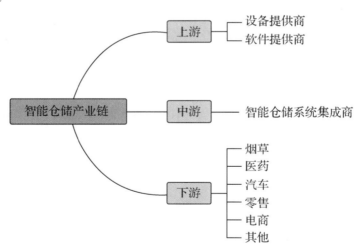

图 1.1 智能仓储产业链构成

根据业务性质分类，智能仓储主要应用于两大领域：工业生产物流和商业配送物流。工业生产物流服务于生产，对工厂内部的原材料、半成品、成品及零部件等进行存储和输送，侧重于物流与生产的对接。商业配送物流系统为商品流通提供存储、分拣、配送服务，使商品能够及时到达指定地点，侧重于连接工厂、贸易商、消费者。

根据业务形态的不同，有的系统集成商同时也制造物流设备、开发物流软件，中游的系统集成商处于整个产业链的核心地位。目前比较知名的系统集成商大都是由上游物流设备商或物流软件开发商演变而来：一部分是由物流设备的生产厂家发展而来，这类企业的硬件技术较强，比如日本大福、德马泰克、昆船物流等；另一部分是由物流软件开发商发展而来，这类企业在软件技术开发上具有较强的竞争实力，以瑞仕格、今天国际为典型代表。

2. 智能仓储的核心价值

智能仓储行业产业链中中游的系统集成商处于整个产业链的核心地位，因为物流仓储系统不是简单的设备组合，是以系统思维的方式对设备功能的充分应用，并保证软硬件接口的无缝和快捷，目的是实现集成创新，是一个全局优化的复杂过程。只有通过运用系统集成的方法，才能使各种物料合理、经济、有效地流动，实现物流的信息化、自动化、智能化、快捷化和合理化。仓储物流系统综合解决方案提供商通常在该领域具有整体规划、系统设计和整合行业资源的能力，起到了积极而不可替代的作用。

行业内具有代表性的企业见下表 1-2。

表 1-2 智能仓储企业及其主要产品

公　司	主要产品及优势	客户对象与应用领域
大福 DAIFUKU	大型的综合物流系统集成商，将仓储、搬运、分拣和管理等多种技术综合为最佳、最理想的物料搬运系统	汽车生产自动化、基础制造业、流通业、半导体、液晶制造业、机场行李搬运业，以及自动洗车机、保龄球、社会福利及环保设施的制造、销售及相关售后服务行业
胜斐迩 SCHAEFER	整体解决方案供应商和优质产品系统的组件制造商，其主要产品有货架系统和轻型货架系统、运输和仓储周转箱、物流系统、车间设备，为客户提供增值服务和解决方案	汽车制造、制动系统、食品生产及电气传动等行业
德马泰克 DEMATIC	大型的综合物流系统集成商，主要生产存储与缓存产品、分拣系统、码垛系统、输送系统、拣选系统及物流软件	服装、电子商务、食品饲料、家居产品、保健品、电子制造及机械零部件生产行业

（1）日本大福。

日本大福强调为客户提供从咨询、方案设计、设备制造到系统集成、售后服务的全方位服务，并且在系统集成中将仓储、搬运、分拣、拣选和控制系统等多种技术综合为最佳、最理想的物料搬运系统。

（2）瑞仕格公司。

瑞仕格公司强调其为医院、仓库和配送中心提供的先进的自动化解决方案，公司提供的整套集成系统和服务贯穿解决方案的整个使用周期。

（3）今天国际公司。

今天国际公司是一家专业的智慧物流和智能制造系统综合解决方案提供商，能够根据客户的需求快速开发各种物流系统、制造系统的应用和管理软件、接口软件。公司自主研发了一系列信息管理系统、电气控制系统、物流机器人、工业机器人及设备。

（4）快仓智能公司。

快仓智能公司主打为用户提供产品级解决方案，其系统解决方案由智能仓库机器人、可搬运货架、多功能工作站、WMS 系统、RCS 系统、机器人主体控制系统等一系列硬件、软件系统构成。以人工智能算法为核心的软件优化、调度各类硬件资源，高效、准确地完成包括上架、拣选、补货、退货、盘点等仓库内全部的作业流程。

由此可见，智能自动化仓储是以人工智能技术为发展方向，信息技术为仓储自动化的核心。智能仓储装备按功能构成分为立体仓储设备、高速分拣设备、自动化输送设备等几大类，主要产品有自动化立体库、堆垛机、自动分拣机、输送机、自动导引车（Automatic Guided Vehicle，AGV）等。其中，自动化立体库、自动分拣机、自动输送系统是智能仓储关键设备，对于提高物流分拣中心的储存能力和分拣效率起到至关重要的作用。

SMT 物料智能仓储

3. 智能仓储的市场需求

（1）烟草、医药、汽车行业的仓储未来改造需求广阔。

烟草货物存储量大，流通环节配送物流量大、信息化程度高，且烟草实行专卖管理，产品要求具有可追溯性。烟草行业，是国内较早使用自动化物流系统的行业之一，也是目前自动化物流系统使用占比最高的行业，未来烟草工业领域对智能仓储系统的需求还将进一步提升。

汽车零部件种类繁多，且不同零部件的配送方式差异较大，对零部件物流的及时性、准确性要求高。现有的汽车行业智能仓储系统有东风汽车自动化物流仓储系统、神龙汽车有限公司武汉工厂零部件配送中心、第一汽车制造厂零配件立体库等。从未来发展来看，汽车行业对智能仓储系统的需求量较大。

医药原材料和产成品种类众多，并且批号要求严格、有效期管理要求高，存货管理复杂、难度大。现有的医药智能仓储系统有北京双鹤药业工业园生产自动化立体库、国药集团医药控股有限公司上海自动化物流配送中心、三精制药股份有限公司物流配送中心、扬子江药业集团新成品自动化立体库、北京医药股份有限公司物流配送中心等。智能仓储系统的使用提升了医药企业经营管理效率，具有较大的发展空间。

（2）电商行业、快递企业需求将是未来智能仓储重要增长引擎。

电商行业发展迅速，未来其带来的智能仓储需求将成为重要的增长引擎。电子商务的快速发展，其配套设施服务也需跟上，而其中最重要的非仓储、配送等物流服务莫属。电子商务企业间的竞争，最终转变为后端物流之争，谁的物流服务好，谁将赢得更多客户。与传统零售相比，电商行业、快递企业对智能仓储的依赖度更高。

1.2 现代仓储业的新趋势

1.2.1 仓储业发展方向

从国际仓储行业的发展方向来看，未来我国仓储业的发展将朝着仓配一体化、仓储社会化、仓储产业化、仓储标准化及仓储现代化的目标发展。

1. 仓配一体化

仓配一体化其实并不是很新的概念，以前叫供应链一体化，或者是一站式服务等。在电商行业，仓配一体化这个概念比较新，这是因为电商改变了传统的配送模式，由以前的 B2B 变成了 B2C，而电商企业又大多不具备做好仓储配送的能力。也正是由于这些原因，出现了很多的物流商和配送商，他们根据自己的优势和特长，切入仓储配送这一领域。

仓配一体化通俗的解释就是，订单后的一体化解决方案。即电商企业只需要将订单抛给提供仓配一体服务的企业，后续的合单、转码、库内作业、发运配送、拒收返回及上下游的账务清分等全部由仓配企业来做，电商专攻市场销售。现在的仓配一体化实际上是指在互联网下的仓配一体化，原来传统简单的进、销、存管理已经无法满足现在电商的需求，单点、单仓也无法满足电商物流的下一步发展。目前，传统的仓储和传统的第三方物流公司都面临着转型的形势。

2. 仓储社会化

我国仓储的管理模式长期以来形成的条块分割、地区分割、"小而全，大而全"的局面，造成了目前以部门或地区为核心的仓储业，它们各自为政、自成体系。随着改革开放和社会主义市场经济的发展，有很多储运企业及仓库相继向社会开放，逐渐打破了系统内与系统外的界限，打破生产资料的界限，相互展开竞争，基本上形成了一个分散型的储运市场。这种形式与条块分割、地区分割的封闭性储运市场相比有很大发展，打破了部门与地区的界限，使仓库从附属型向经营型转化，面向社会，开展竞争，优胜劣汰，使我国的仓储业得以发展。但真正要解决仓储业的社会化问题，应做好以下两方面的工作。

第一，解决体制问题。根据市场经济的要求和仓储业的特点，打破部门、条块分割的局面，广泛开展部门间仓储业的横向联合，实现仓储全行业的管理系统，以避免由于按照条块管理只顾本部门的经济利益而忽视社会经济效益的弊病，这样有利于全行业整体功能的发挥。同时，可以按照专业分工原则统一规划，合理布局，形成全国统一的储运市场，以有利于普及和推广仓储管理的"作业标准化、行业规范化、工作程序化、管理现代化"的原则，取得政策与制度上的统一，提高专业技术和管理水平。

第二，建立多功能综合性仓库，发展物流技术，促使物流、商流达到协调运行与发展。为适应市场经济发展的需要，仓库应从单纯储存型向综合型发展，从以物品的储存保管为中心，转变到以加快物品周转为中心，集储存、加工、配送、信息处理为一体的多功能综合仓库，成为能吞吐、高效率、低费用、快进快出的物流中心，全面提高仓储运输的服务水平。

3. 仓储产业化

仓储活动要想真正同工业、农业一样，成为一个独立的行业，必须发展自己的产业。虽然，仓储活动还不能脱离保管业务单纯地进行生产加工业务，但仓储完全有条件利用自身的优势去发展流通加工业务。

流通加工是商品从生产领域向消费领域流通过程中，为促进销售，提高物流效率及商品利用率而采取的加工活动，它是流通企业唯一创造价值的经营方式。世界上许多国家和地区的物流中心或仓储业在经营中都大量存在着流通加工业务。例如，日本的东京、大阪、名古屋等地区的 90 家物流公司中有一半以上具有流通加工业务，它为企业带来了巨大的经济利益，也产生了较好的社会效益。仓储部门储存着大量商品，又拥有一定的设备和技术人员，只要再增加一些流通加工设备和工具，就可以从事流通加工业务，因此，仓储发展流通加工是最有发展前途的。

4. 仓储标准化

仓储标准化是物流标准化的重要组成部分。为了提高物流效率，保证物流的统一性与各种物流环节的有机联系，并与国际接轨，必须指定物流标准。

仓储标准化是一项基础性工作。由于仓储分散在商业、外贸、运输等部门，因此，更有必要从标准入手，推进仓储行业的整体发展。仓储标准化需要完善的内容很多，如全国通用性标准（包括仓库种类与基本条件标准、仓库技术经济指标以及考核办法标准、仓储业标准体系、仓储服务规范、仓库档案管理标准、仓库单证标准、仓储安全管理标准等）、仓储技术通用标准（包括仓库建筑标准、物品入出库标准、储存物品保管标准、包装标准、物品装卸搬运标准等）、仓储设施标准、仓库信息管理标准、仓库人员标准等。

5. 仓储现代化

实现仓储现代化的关键在于科学技术，而科学技术的发展关键在于人。因此，应从以下几个方面实现仓储现代化。

一是仓储人员的专业化。在生产力高度发展的今天，科学技术越来越进步，机器设备的数量和品种也越来越多，人在操纵现代化生产设备中的作用也就越来越大，这就要求有一大批既懂管理，又有专业知识，并掌握现代化管理方法和手段的高素质管理人才。而目前的仓储业，普遍存在人员素质不高、技术和管理水平偏低的现象。因此，对仓储人员的培训就显得迫切和重要。必须按现代化管理的要求，加强对仓储人员的培训、教育，尽快培养出一批具有现代科学知识和管理技术、责任心强、素质高的仓储专业人员。

二是仓储技术的现代化。当前仓储技术是整个物流技术中的薄弱环节，因此仓储技术的发展与更新，是仓储现代化的重要内容。仓储现代化首先要解决信息现代化，包括信息的自动识别、自动交换和自动处理，应从以下几个方面抓起。①实现物品出入库和储存保管的机械化和自动化。从中国的国情出发，重点发展物品存储过程中所需要的各种装卸搬运机械、工具等。例如，研制并推广作业效率高、性能好、能耗低的装卸搬运机械；发展自动检测和计量机具；改善分货、加工、配送等作业的方法和手段等。②存储设备的多样化。存储设备朝着省地、省力、多功能的方向发展，推行集装化、托盘化，发展各类集合包装及结构先进的使用货架，实现包装标准化、一体化。③适当发展自动化仓库，重点建设一批自动化仓库；加强老仓库的技术改造，尽快提高老仓库的技术和管理水平，重新发挥老库的规模效益。

三是仓储管理方法的科学化和管理手段的自动化。根据现代化生产的特点，按照仓储客观规律的要求和最新科学技术成就来进行仓储管理，实现仓储管理的科学化，是促进仓储合理化的重要步骤。运用计算机辅助仓储管理，进行仓储业务管理、库存控制、作业自动化控制及信息处理等，以达到快速、准确和高效的目的。

1.2.2 仓储组织新形态

1. 物流园区

物流园区是仓储业最为常见的一种形态，是指在物流作业集中的地区，在几种运输方式衔接地，将多种物流设施和不同类型的物流企业在空间上集中布局的场所，也是一个有一定规模的和具有多种服务功能的物流企业的集结点。如图 1.2 所示为河北中兴仓储物流园区。

物流园区发展案例

图 1.2 河北中兴仓储物流园区

（1）物流园区的内涵。

物流园区将众多物流企业聚集在一起，实行专业化和规模化经营，发挥整体优势，促进物流技术和服务水平的提高，共享相关设施，降低运营成本，提高规模效益。其内涵可归纳为以下 3 点。

① 物流园区是由分布相对集中的多个物流组织设施和不同的专业化物流企业构成的具有产业组织、经济运行等物流组织功能的规模化、功能化的区域。这首先是一个空间概念，与工业园区、经济开发区、高新技术开发区等概念一样，具有产业一致性或相关性，拥有集中连片的物流用地空间。

② 物流园区是对物流组织管理节点进行相对集中建设与发展的具有经济开发性质的城市物流功能区域。作为城市物流功能区，物流园区包括物流中心、配送中心、运输枢纽设施、运输组织及管理中心和物流信息管理中心等适应城市物流管理与运作需要的物流基础设施。

③ 物流园区也是依托相关物流服务设施，进行与降低物流成本、提高物流运作效率和改善企业服务有关的流通加工、原材料采购和便于与消费地直接联系的生产等活动的具有产业发展性质的经济功能区。作为经济功能区，其主要任务是开展满足城市居民消费、就近生产、区域生产组织所需要的企业生产、经营活动。

（2）物流园区的功能。

现代物流园区从大的方面讲，主要具有两大功能，即物流组织管理功能和依托物流服务的经济开发功能。

具体而言，物流园区的内部功能可概括为 8 个方面，即综合功能、集约功能、信息交易功能、集中仓储功能、配送加工功能、多式联运功能、辅助服务功能和停车场功能。

（3）物流园区的分类。

按经营主体划分，物流园区可分为政府主导型物流园区与市场主导型物流园区。大多数的物流园区都是政府主导型的;市场主导型的有浙江传化物流园区及德力西、物美集团联合投资的物流园区等。

按产业依托划分,物流园区可分为基于物流产业的物流园区与基于其他产业的物流园区。大多数的物流园区都是基于物流产业的,以物流企业为主体;基于其他产业的物流园区有上海外高桥物流园区、北京空港物流园区等。

按功能定位划分,物流园区可分为综合化物流园区和专业化物流园区,综合化具体体现在物流园区物流功能、服务功能、运行管理体系等多方面的综合,体现其现代化、多功能、社会化、大规模的特点,而不同物流园区的专业化程度提高则表现出现代化和专业化的基本属性。

按满足物流服务需求划分,可分为以下几类园区。①区域物流组织型园区,其功能是满足所在区域的物流组织与管理,如深圳市的港口物流园区、成都龙泉公路口岸物流园区等。②商贸型物流园区,其在功能上主要是为所在区域或特定商品的贸易活动创造集中交易和区域运输、城市配送服务条件。商贸流通物流园区基本位于传统、优势商品集散地,对扩大交易规模和降低交易成本具有重要作用。③运输枢纽型物流园区。物流园区作为物流相对集中的区域,从运输组织与服务的角度,可以实现规模化运输,反过来,规模化进行运输组织也就为物流组织与管理活动的集中创造了基础条件。因此,建设专门的运输枢纽型的物流园区,形成区域运输组织功能也是物流园区的重要类型之一。

2. 配送中心

配送中心是接受并处理末端用户的订货信息,对上游运来的多品种物品进行分拣,根据用户订货要求进行拣选、加工、组配等作业,并进行送货的设施和机构。换言之,配送中心是从供应者手中接收多种大量的物品,进行倒装、分类、保管、流通加工和情报处理等作业,然后按照用户的订货要求备齐物品,以令人满意的服务水平进行配送的设施。仓储配送中心如图1.3所示。

图1.3　仓储配送中心

（1）配送中心的定义。

根据《中华人民共和国国家标准：物流术语》(以下简称《物流术语》)(GB/T 18354—2006)，配送中心是从事配送业务且具有完善信息网络的场所或组织，应基本符合下列要求。

① 主要为特定的客户或末端客户提供服务。

② 配送功能健全。

③ 辐射范围小。

④ 多品种、小批量、多批次、短周期。

（2）配送中心的作用。

① 减少交易次数和流通环节。

② 产生规模效益。

③ 减少客户库存，提高库存保证程度。

④ 与多家厂商建立业务合作关系，能有效而迅速地反馈信息，控制商品质量。

⑤ 配送中心是现代电子商务活动中开展配送活动的技术基础。

（3）配送中心的功能。

① 采购功能。配送中心必须首先采购所要供应配送的物品，才能及时、准确无误地为其用户（生产企业或商业企业）供应物品。配送中心应根据市场的供求变化情况，制订并及时调整统一的、周全的采购计划，并由专门的人员与部门组织实施。

② 存储保管功能。存储，一是为了解决季节性物品生产计划与销售季节性的时间差问题，二是为了解决生产与消费之间的平衡问题。为保证正常配送的需要，满足用户的随机需求，配送中心不仅应保持一定量的商品储备，而且要做好物品保管保养工作，以保证储备物品的数量，确保质量完好。配送中心的服务对象是为数众多的生产企业和商业网点（如连锁店和超级市场），配送中心需要按照用户的要求及时将各种配装好的物品送交到用户手中，满足生产和消费需要。为了顺利有序地完成向用户配送商品的任务，而且为了能够更好地发挥保障生产和消费需要的作用，配送中心通常要兴建现代化的仓库并配备一定数量的仓储设备，存储一定数量的物品。某些区域性的大型配送中心和开展"代理交货"配送业务的配送中心，不但要在配送物品的过程中存储物品，而且它所存储的物品数量更大、品种更多。配送中心所拥有的存储物品的能力使得存储功能成为配送中心中仅次于配组功能和分拣功能的一个重要功能。

③ 配组功能。由于每个用户企业对物品的品种、规格、型号、数量、质量送达时间和地点等的要求不同，配送中心就必须按用户的要求对物品进行分拣和配组。配送中心的这一功能是其与传统的仓储企业的明显区别之一，这也是配送中心的重要特征之一，可以说，没有配组功能，就无所谓配送中心。

④ 分拣功能。作为物流节点的配送中心，其为数众多的客户彼此差别很大。不仅其各自的性质不同，而且经营规模也大相径庭。因此，在订货或进货时，不同的用户对于物品的种类、规格、数量会提出不同的要求。针对这种情况，为了有效地进行配送，即

为了同时向不同的用户配送多种物品，配送中心必须采取适当的方式对组织来的物品进行拣选，并在此基础上，按照配送计划分装和配装物品。这样，在物品流通实践中，配送中心就又增加了分拣物品的功能，发挥分拣中心的作用。

⑤ 分装功能。从配送中心的角度来看，它往往希望采用大批量的进货来降低进货价格和进货费用；但是用户企业为了降低库存、加快资金周转、减少资金占用，则往往要采用小批量进货的方法。为了满足用户的要求，即用户的小批量、多批次进货，配送中心就必须进行分装。

⑥ 集散功能。物品由几个公司集中到配送中心里再进行发运或向几个公司发运。凭借其特殊的地位及拥有的各种先进的设施和设备，配送中心能够将分散在各个生产企业的产品集中到一起，然后经过分拣、配装，向多家用户发运。集散功能也可以将其他公司的物品放入该配送中心来处理、发运，以提高卡车的满载率，降低费用成本。

⑦ 流通加工功能。配送过程中，为解决生产中大批量、小规格和消费中的小批量、多样化要求的矛盾，按照用户对物品的不同要求对物品进行分装、配装等加工活动，这也是配送中心的功能之一。

⑧ 服务功能。以顾客需要为导向，为满足顾客需要而开展配送服务。此外，配送中心还有如加工功能、运输功能、信息功能、管理功能等功能。每个配送中心一般都具有这些功能，其对某些功能的重视程度，决定着该配送中心的性质，它的选址、房屋构造、规模和设施等也随之变化。

（4）配送中心的地位。

无论从现代物流学科建设方面还是从经济发展的要求方面来讲，都需要对配送中心这种经济形态有一个明确的界定。

① 层次定位。在整个物流系统中，流通中心定位于商流、物流、信息流、资金流的综合汇集地，具有非常完善的功能；物流中心定位于物流、信息流、资金流的综合设施，其涵盖面较流通中心低，属于第二个层次的中心；配送中心如果具有商流职能，则属于流通中心的一种类型，如果只有物流职能则属于物流中心的一种类型，可以被流通中心或物流中心所覆盖，属于第三个层次的中心。

② 横向定位。从横向来看，和配送中心作用大体相当的物流设施有仓库、货栈、货运站等。这些设施都可以处于末端物流的位置，实现资源的最终配置。不同的是，配送中心是实行配送的专门设施，而其他设施可以实行取货、一般送货，而不是有完善组织和设备的专业化流通设施。

③ 纵向定位。配送中心在物流系统中纵向的位置应该是，如果将物流过程按纵向顺序划分为物流准备过程、首端物流过程、干线物流过程、末端物流过程，配送中心是处于末端物流过程的起点。它所处的位置是直接面向用户的位置，因此，它不仅承担直接对用户服务的功能，而且根据用户的要求，起着指导全物流过程的作用。

④ 系统定位。在整个物流系统中，配送中心在系统中的位置是提高整个系统的运行

水平。尤其是现代物流利用集装方式在很多领域中实现了"门到门"的物流,将可以利用集装方式提高整个物流系统效率的物流对象做了很大的分流,剩下的主要是小批量、多批次的物品,这种类型的物品是传统物流系统中难以提高物流效率的对象。在包含着配送中心的物流系统中,配送中心对整个系统的效率提高起着决定性的作用。所以,在包含配送系统的大物流系统中,配送中心处于重要位置。

⑤ 功能定位。配送中心的功能,是通过配货和送货完成资源的最终配置。配送中心的主要功能是围绕配货和送货而确定的。例如,有关的信息活动、交易活动、结算活动等虽然也是配送中心不可缺的功能,但是它们必然服务和服从于配货和送货这两项主要的功能。因此,配送中心是一种末端物流的节点设施,通过有效地组织配货和送货,使资源的最终端配置得以完成。

(5)配送中心的分类。

按照配送中心的内部特性分类,可分为以下几种。

① 储存型配送中心。这类配送中心是有很强储存功能的配送中心,一般而言,在买方市场下,企业成品销售需要有较大库存支持,其配送中心可能有较强储存功能;在卖方市场下,企业原材料、零部件供应需要有较大库存支持,这种供应配送中心也有较强的储存功能。大范围配送的配送中心需要有较大库存,也可能是储存型配送中心。我国目前拟建的一些配送中心,都采用集中库存形式,库存量较大,多为储存型。国外比较大型的储存型配送中心都有上万个货位。例如,瑞士 GIBA-GEIGY 公司的配送中心拥有规模居于世界前列的储存库,可储存 4 万个托盘;美国赫马克配送中心拥有一个有 163 000 个货位的储存区,可见其存储能力之大。

② 流通型配送中心。这类配送中心是基本上没有长期储存功能,仅以暂存或随进随出方式进行配货、送货的配送中心。这种配送中心的典型方式是,大量物品整进并按一定批量零出,采用大型分货机,进货时直接进入分货机传送带,分送到各用户货位或直接分送到配送汽车上,物品在配送中心里仅做少许停滞。例如,日本的阪神配送中心,区内只有暂存功能,大量储存则依靠一个大型补给仓库。

③ 加工型配送中心。这类配送中心是具有加工职能,可根据用户的需要或者市场竞争的需要,对配送物品进行加工之后进行配送的配送中心。在这种配送中心内,有分装、包装、初级加工、集中下料、组装产品等加工活动。加工型配送中心的实例目前并不少见,我国上海等城市的配煤配送,就是在配送点进行了配煤加工;上海六家船厂联建的船板处理配送中心,原物资部北京剪板厂也属于这一类型的配送中心。肯德基和麦当劳的配送中心,也是这类的配送中心。在建筑领域,生混凝土搅拌的配送中心也是这类的配送中心。

按照配送中心承担的流通职能分类,可以分为以下几种。

① 供应型配送中心。这类配送中心执行供应的职能,是专门为某个或某些用户(如连锁店、联合公司)组织供应的配送中心。例如,为大型连锁超级市场组织供应的配送

中心；代替零件加工厂送货的零件配送中心，使零件加工厂对装配厂的供应合理化。供应型配送中心的主要特点是配送的用户有限并且稳定，用户的配送要求范围也比较确定，属于企业型用户。因此，供应型配送中心集中库存的品种比较固定，进货渠道也比较稳固。

② 销售型配送中心。这类配送中心执行销售职能，以销售经营为目的，以配送为手段。销售型配送中心大体有三种类型：第一类，生产企业为将本身产品直接销售给消费者的配送中心，在国外，这种类型的配送中心很多；第二类，流通企业作为本身经营的一种方式，建立配送中心以扩大销售，我国目前拟建的配送中心大多属于这种类型，国外的例证也很多；第三类，流通企业和生产企业联合的协作性配送中心。总体来看，国内外企业的发展趋势都是销售型配送中心。销售型配送中心的用户一般是不确定的，而且用户的数量很大，每一个用户购买的数量又较少，属于消费者型用户。这种配送中心很难像供应型配送中心一样，实行计划配送。销售型配送中心集中库存的库存结构也比较复杂，一般采用拣选式配送工艺，销售型配送中心往往采用共同配送的方法才能够取得比较好的经营效果。

按照配送区域的范围分类，可以分为以下几种。

① 城市配送中心。以城市范围为配送范围的配送中心。由于城市范围一般处于汽车运输的经济里程，这类配送中心可直接配送到最终用户，且采用汽车进行配送。所以，这类配送中心往往和零售经营相结合，由于运距短，反应能力强，因而从事多品种、小批量、多用户的配送较有优势。

② 区域配送中心。这类配送中心是以较强的辐射能力和库存准备，向省际、全国乃至国际范围的用户配送的配送中心。这类配送中心配送规模较大，一般而言，用户较多，配送批量也较大，而且往往是配送给下一级的城市配送中心，或者营业所、商店、批发商和企业用户，虽然也从事零星配送，但不是主体形式。这种类型的配送中心在国外十分普遍，如阪神配送中心、美国马特公司的配送中心、蒙克斯帕配送中心等。

按照配送物品种类分类，可以分为以下几种。

根据配送物品的属性，可以将配送中心分为食品配送中心、日用品配送中心、医药品配送中心、化妆品配送中心、家用电器配送中心、电子产品配送中心、书籍产品配送中心、服饰产品配送中心、汽车零件配送中心及生鲜配送中心等。

按照配送的专业程度分类，可以分为以下几种。

① 专业配送中心。专业配送中心大体包括两类：第一类是配送对象、配送技术属于某一专业范畴，在某一专业范畴有一定的综合性，综合这一专业的多种物品进行配送，如多数制造业的销售配送中心，我国目前在石家庄、上海等地建的配送中心大多采用这一形式；第二类是以配送为专业化职能，基本不从事经营的服务型配送中心，如蒙克斯帕配送中心。

② 柔性配送中心。柔性配送中心是在某种程度上和第二类配送中心对立的配送中

心，这类配送中心不向固定化、专业化方向发展，而向能随时变化、对用户要求有很强适应性、不固定供需关系、不断发展配送用户和改变配送用户的方向发展。

3. 物流中心

欧洲本田物流中心

物流中心是物流网络的节点，具有物流网络节点的系列功能。把握物流中心的含义、类型、功能与地位，是依托不同层次物流设施展开物流活动，指导物流运营与管理的基础。如图1.4为义乌国际物流中心。

图1.4　义乌国际物流中心

根据《物流术语》（GB/T 18354—2006），物流中心是从事物流活动且具有完善信息网络的场所或组织，应基本符合以下要求：主要面向社会提供公共物流服务；物流功能健全；集聚辐射范围大；存储、吞吐能力强；对下游配送中心客户提供物流服务。

（1）物流中心的含义。

物流中心一词是政府部门、许多行业、企业在不同层次物流系统化中应用得十分频繁，而人们对其理解又不尽一致的重要概念。概括而言，对物流中心的理解包括以下几方面。

① 物流中心是从国民经济系统要求出发，建立的以城市为依托、开放型的物品储存、运输、包装、装卸等综合性的物流业务基础设施。这种物流中心通常由集团化组织经营，一般称之为社会物流中心。

② 物流中心是为了实现物流系统化、效率化，在社会物流中心下所设置的物品配送中心。这种物流中心从供应者手中受理大量的多种类型物品，进行分类、包装、保管、流通加工、信息处理，并按众多用户要求完成配货、送货等作业。

③ 物流中心是组织、衔接、调节、管理物流活动的较大的物流节点。物流节点的种

类很多，但大都可以看作是仓库为基础，在各物流环节方面提供延伸服务的依托。为了与传统的静态管理的仓库概念相区别，将涉及物流动态管理的新型物流节点称为物流中心。这种含义下的物流中心数目较多、分布也较广。

④ 物流中心是以交通运输枢纽为依托，建立起来的经营社会物流业务的物品集散场所。由于货运枢纽是一些货运站场构成的联网运作体系，实际上也是构成社会物流网络的节点，当它们具有实现订货、咨询、取货、包装、仓储、装卸、中转、配载、送货等物流服务的基础设施、移动设备、通信设备、控制设备，以及相应的组织结构和经营方式时，就具备了成为物流中心的条件。这类物流中心也是构筑区域物流系统的重要组成部分。

⑤ 国际物流中心是指以国际货运枢纽（如国际港口）为依托建立起来的经营开放型的物品储存、包装、装卸、运输等物流作业活动的大型集散场所。国际物流中心必须做到物流、商流、信息流的有机统一。当代电子信息技术的迅速发展，能够对国际物流中心的"三流"有机统一提供重要的技术支持，这样可以大大减少文件数量及文件处理成本，提高"三流"效率。

综上所述，可以将物流中心理解为，处于枢纽或重要地位、具有较完整物流环节，并能将物流集散、信息和控制等功能实现一体化运作的物流节点。将物流中心的概念放在物流系统化或物流网络体系中考查才更有理论和实践意义。物流系统是分为若干层次的，依物流系统化的对象、范围、要求和运作主体不同，应用其概念的侧重点也就有所不同。此外，社会、经济、地理、体制等因素，都可能对物流中心的组织设计、组建与运作产生影响，因而对物流中心做进一步分析是很有必要的。

（2）物流中心的类型。

总结现有的物流设施，典型的物流中心主要有以下几类。

① 集货中心。集货中心是将分散生产的零件、生产品、物品集中成大批量物品的物流节点。这样的物流中心通常多分布在小企业群、农业区、果业区、牧业区等地域。集货中心的主要功能是集中物品，将分散的产品、物品集中成批量物品；初级加工，进行分拣、分级、除杂、剪裁、冷藏、冷冻等作业；运输包装，包装适应大批量、高速度、高效率、低成本的运输要求；集装作业，采用托盘系列、集装箱等进行物品集装作业，提高物流过程的连贯性；物品仓储，进行季节性存储保管作业等。

② 送货中心。送货中心是将大批量运抵的物品换装成小批量物品，并送到用户手中的物流节点。送货中心运进的多是集装的、散装的、大批量、大型包装的物品，运出的是经分装加工转换成小包装的物品。此类物流中心多分布在产品使用地、消费地或车站、码头、机场所在地，其主要功能是分装物品，大包装物品换装成小包装物品；分送物品，送货至零售商、用户等。

③ 转运中心。转运中心是实现不同运输方式或同种运输方式联合（接力）运输的物流设施，通常称为多式联运站、集装箱中转站、货运中转站等。转运中心多分布在综合

运网的节点处、枢纽站等地域。这类物流中心的主要功能是物品中转，不同运输设备间物品装卸中转；物品集散与配载，集零为整、化整为零，针对不同目的地进行配载作业；物品仓储及其他服务等。

④ 加工中心。加工中心是将运抵的物品经过流通加工后运送到用户或使用地点的物流节点。这类物流节点侧重于对原料、材料、产品等的流通加工需要，配有专用设备和生产设施。尽管此类加工工艺并不复杂，但带有生产加工的基本特点，因而对流通加工的对象、种类均具有一定的限制与要求。物流过程的加工特点是将加工对象的仓储、加工、运输、配送等形成连贯的一体化作业。这类物流中心多分布在原料、产品产地或消费地。经过流通加工后的物品再通过使用专用车辆、专用设备（装置）及相应的专用设施进行作业，如冷藏车、冷藏仓库、煤浆输送管道、煤浆加压设施、水泥散装车、预制现场等，可以提高物流质量、效率并降低物流成本。

⑤ 配送中心。配送中心是将取货、集货、包装、仓库、装卸、分货、配货、加工、信息服务、送货等多种服务功能融为一体的物流节点，也称城市集配中心。配送中心是物流功能较为完善的一类物流中心，应分布于城市边缘且交通方便的地带。

⑥ 物品中心。物品中心是依托于各类物品商品交易市场，进行集货、储存、包装、装卸、配货、送货、信息咨询、货运代理等服务的物品商品集散场所，一些集团企业的物流中心就是依托于各类物品交易市场而形成的。全国一些有影响的小商品市场、时装市场、布匹市场等也初步形成了为用户提供代购、代储、代销、代运及其他一条龙相关服务的场所和组织；有的已经成为全国性的小商品、布匹、时装等的专业性物流中心。

众多不同类型的物流中心说明，社会经济背景不同，经济地理、交通区位特征不同，物流对象、性质不同，所形成的物流中心模式也不同，用单一模式限定物流中心的功能和基础设施建设是不切合实际的。但是不同类型的物流中心应当充分履行其在物流系统化中的作用，既要满足各层次物流的需要，又要避免物流设施重复建设的浪费。对第三方物流经营者而言，以货运枢纽站场、货运站为依托，建立区域物流中心、配送中心，是借助原货运业优势展开延伸服务的基本方式。将原单一功能的集货、送货、中转、贸易中心因地制宜地进行完善，使其成为具有衔接干线运输，能进行城市、厂区配送作业等多功能的物流中心，也是较有利的选择。

4. 物流基地

武汉华中国际钢铁物流基地

目前，物流基地的概念在国内还没有一个明晰和准确的界定。一般情况下，人们是把它和综合物流中心等而视之的。日本的物流团地似乎与它有一些相似的地方，按照《现代汉语词典》的解释，所谓基地，是某项事业建设的基础，或是建设某项事业基础的地方。由此推论，所谓物流基地就是建设物流事业基础的一个特定区域。传化物流基地如图1.5所示。

图 1.5 传化物流基地

（1）物流基地的产生。

在德国乃至整个欧洲，日益激烈的市场竞争迫使各个企业在生产及销售环节尽力降低成本。尤其是在订购原材料到向客户分发最终产品的供应链环节，节约成本的强烈要求带来了发展物流产业的巨大机遇。随着物流产业的兴起，原来相互分割、缺乏合作的仓储、运输、批发等传统企业逐渐走向联合，专业性的物流配送经营实体及基地——物品配送转运中心应运而生。

伴随着物流业的进一步发展，各个企业都逐渐意识到配送转运中心分散建设、各自为战带来的资源浪费，各级政府也发现这种方式不利于充分发挥城市的总体规划功能，物流基地作为物流业发展到一定阶段的必然产物，在日本、德国等物流业较为发达的国家和地区相继出现。物流基地在日本被称为物流园区，在德国被称为货运村，虽然名称不同，各国的定义表述也不完全一样，但是它们的建设目的、服务功能是基本相同的。

（2）物流基地的界定。

除此之外，界定物流基地的概念，还应考虑它具有的特殊个性，即它的独立专业性和公共性。随着经济的发展和社会的进步，物流领域与生产领域逐步分离，一些大的生产厂家已经很难明确产品的集中生产基地，某一种产品可能有许多不同的零件生产地，出现了分类生产的倾向，为了使物品能在生产基地和部件引进地之间及时、准确地运送，必须要有专业物流企业来支撑。物流基地的产生就是适应了这种社会分工的需求。一般而言，物流基地的独立专业性体现在两方面：一方面，在物流基地中，原则上不单独发展制造业；另一方面，在物流基地的服务半径内，原则上不应该再发展分散的自用型物流业，在充分发挥物流基地的整体功能的条件下，应尽可能地减少重复投资造成的浪费。

（3）物流基地的功能。

① 综合功能。具有综合各种物流方式和物流形态的作用，可以全面处理包装、装卸、储存、搬运、流通加工、不同运输方式转换、信息、调度等工作。

② 集约功能。集约了物流主体设施和有关的管理、通信、商贸等设施，规模大，集约程度高，是流通领域大生产的一种代表，是具有规模效益的流通设施。

③ 转运功能。可以有效集约铁路、公路、水运、空运，实现综合运输、多式联运的最有效转化。

④ 集中库存功能。可以通过集中库存降低库存总量，并且实现有效库存调度。

⑤ 指挥功能。物流基地是整个物流系统的集中信息汇集地和指挥地。

⑥ 调节优化功能。可以使整个物流系统优化。

5. 物流园区、配送中心、物流中心和物流基地的区别

根据前面的论述，物流园区、配送中心、物流中心和物流基地在很多方面有类似之处，甚至是互相包含。它们的区别是物流园区、配送中心、物流中心和物流基地是不同规模层次的物流节点，主要区别体现在以下 3 个方面。

（1）从规模来看，物流基地是巨型物流设施，其规模最大，物流园区次之，物流中心再次之，配送中心最小。

（2）从流通物品来看，物流基地和物流园区的综合性较强，专业性较弱。物流中心在某个领域综合性、专业性较强，具有这个领域的专业性。配送中心则主要面向城市生活或某一类型生产企业，其专业性很强。

（3）从节点功能来看，物流基地和物流园区的功能十分全面，存储能力强，调节功能强。物流中心的功能健全，具有一定的存储能力和调节功能。而配送中心的功能较为单一，以配送功能为主，存储功能为辅。

1.2.3 5G 与仓储发展

苏宁易购 5G 无人仓

5G 技术被认为是第一次将用户体验作为研究核心的通信技术。在 5G 时代，重要的不再是速度，而是提供更多的应用和服务体验。5G 技术将支持全新的前沿应用、促进商业创新并刺激经济增长；5G 技术的出现是一个支点，使移动技术从一项对个人通信具有变革性影响的技术演进为真正的通用技术，且有望改变整个产业和经济。作为面向未来的战略性新兴技术，5G 技术已成为当前全球业界的研发重点。目前，欧盟、中国、美国、日本、韩国等区域和国家都在积极推动 5G 技术发展。华为、中兴通讯、爱立信、高通等全球领先企业和电信运营商都在研究 5G 技术，并进行商用测试。

5G 网络主要有三大特点，极高的速率、极大的容量、极低的时延。这些特点将会持续优化第三方仓储的作业流程。

1. 仓储管理将会更快更安全

5G 时代，仓储管理的人力成本将大幅降低，且会更快、更安全。

2. 分拣效率将会更高

通过 5G 网络进行连接，除了少量手写地址及智能标签信息被污损的包裹需要人工协助分拣外，几乎每一件包裹都有自己清晰无误的方向，错误率降低，生产效率将大大提高。

处理中心采用机器人分拣，它可自主完成称重、读码、分拣等系列工作，解放了一部分操作岗位的人力，极大地提高了工作效率。而且，机器人分拣速度更快，错分率几乎为零，安全性也更高。人从繁重的分拣工作中脱离出来，更多地从事管理、监控等方面的工作。

3. 提高组织流程运作效率

还在路上"旅行"的包裹数量、实时更新的交通状况、延时程度及已有库存、预测未来 24 小时将要到达的货物量……通过 5G 网络，信息及时传到分拣中心，分拣中心以此决定当天当班的人员数量。如此，可为第三方仓储企业进一步节省人力资源、降低成本。

5G 技术除了提供超高速的连接技术，更重要的是，其将成为一个通用的连接平台，让"万物互联"成为现实。如果"万物互联"成为现实，那么智慧城市、智慧电网、智能放牧、智能种植、物流实时追踪等都有可能随着 5G 时代而到来。"万物互联"正在展现出无比广阔的发展前景，对第三方仓储来说，将带来更高水平的服务质量和更加有效的资源配置。

4. 智慧基础设施

引入 5G 技术的主要益处是降低成本、提高服务质量与可靠性，并为市场建立标准，其中的关键是通过 5G 技术使现有的第三方仓储基础设施提供更有保障的服务质量。例如，货架可与卖家管理系统进行深度融合，实现货物更好的监管；这样每件货物都在掌控中，便于有效配置投递资源。

5G 技术的发展已经应用其实是和仓储物流管理的未来发展一致。5G 技术及物联网传感器成本的迅速下降，促使物联网在端到端供应链中使用场景普及，实现人、设备、车及货物等万物互联……物流企业将获得更多数据。而且人工智能的发展，也会让数据处理的能力变得更强，数据挖掘的价值更大。对于仓储物流管理来说，运作的效率也可以有更好的提升。

1.2.4 数字化仓储发展

菜鸟数字仓

当前，随着 5G、大数据中心、人工智能等"新基建"的推进，新时代的科技力量在赋能仓储等基础场景升级变革中的作用愈发明显。面对数字化、智能化科技的重磅来袭，传统的仓储企业如何拥抱新一代的智能技术，进一步实现仓储产业的数字化、智能化释能与升级、最终实现物流产业效率的提升、经济运行成本的降低，既是物流服务业加速发展注入新动能的重要方面，也是打破传统供应链诸多瓶颈的需要。

仓储和物流业往往有着复杂的操作流程，这更加显示出其需要弹性和创新解决方案的紧迫性。而今领先的行业厂商在拥抱数字化转型来加速这一进程，如，通过亚马逊，XPO 物流和 DB Schenker（德铁信可，德国铁路集团全资子公司，主要负责运输及物流的运营）的相关应用揭示数字化的意义。

1. 亚马逊的仓储数字化

无论在 AWS（Amazon Web Services）还是在物流仓储领域，亚马逊已经是世界级的技术引领者。亚马逊在物流仓储中广泛使用了机器人和人工智能技术。

亚马逊对机器人技术的愿景是希望人和机器人完美配合将包裹准时送达客户。亚马逊从 2012 年开始使用机器人技术，目前其全球 26 个运营中心都已采用了这一技术。亚马逊希望把员工从诸如搬动货品、运输托盘之类乏味、繁重的工作中解脱出来。亚马逊的运营中心非常繁忙，货品和人员的移动相当频繁，装载了机器人之后，人员可以减少移动。机器人进行提货或者码货的操作，员工等着货物来到面前，而不是在货架上寻找货物。

亚马逊运营中心的货品量级过亿，可以通过人工智能和机器学习技术来实时优化机器人的操作。把这样的技术用在决策、机器视觉和运输执行系统中，系统可以预测到机器人再次到达货盘的时间，所需时长，同一批次提取的货物和最短运输路径等。

2. XPO物流的仓储数字化

XPO 物流每年在技术创新方面投入 5.5 亿美元，来优化其在北美和欧洲地区的运营。XPO 物流通过机器人技术来改善仓库的安全状况和工作环境。C3-XPO 机器人用于自动巡检，全天候监测停车场和物流中心外围情况。这种机器人在亚特兰大物流园区启用的六个月，实现了安全事故零发生率。XPO 物流还使用托盘运输机器人，来帮助员工移动重达 454～1588kg 的货架，以减少员工的移动并且减少人为的错误。

基于机器人技术，XPO 物流开发了一套基于云和移动的软件平台，来实现快速部署，将机器人自动化集成的系统——WMX 系统。

3. DB Schenker仓储数字化

DB Schenker（德铁信可）是成立一百多年的物流公司，其在多式联运、合同物流和供应链管理方面有着丰富经验。DB Schenker 在其仓储中心部署 Gideon Brothers 的机器人系统，这套系统使用机器人视觉捕捉技术，可以移动超过 800kg 的货物，并且支持电池热插拔以减少维护时间。

1.3 现代仓储管理新内涵

1.3.1 仓储管理的概念

仓储是指通过仓库对暂时不用的物品进行储存和保管。根据《物流术语》（GB/T 18354—2006），仓储是利用仓库及相关设施设备进行物品的入库、存贮、出库的作业。"仓"即仓库，为存放物品的建筑物和场地，可以是房屋建筑、大型容器或特定的场地等，具有存放和保护物品的功能。"储"即储存、储备，表示收存以备使用，具有收存、保管、交付使用的意思。

从物流系统观点上看，仓储是其基本要素之一，仓储承担物流系统的存储功能。仓储具有静态和动态两种，即既有静态的物品储存，也有动态的物品存取。仓储是物品保管控制的过程；仓储活动发生在仓库等特定的场所，仓储的对象既可以是生产资料，也可以是生活资料，但必须是实物动产；仓储是生产活动的延续，但仓储不创造和增加价值，且具有不均衡性和不连续性。

仓储管理就是对仓库及仓库内的物品所进行的管理，还包括对仓储设施布局和设计以及仓储作业所进行的计划、组织、协调和控制。

仓储管理属于经济管理科学，同时也涉及应用技术科学，故属于边缘性学科。仓储管理的内涵随着其在社会经济领域中的作用不断扩大而变化。

1.3.2 仓储与物流的关系

1. 仓储在物流中的地位

在社会生产与生活中，由于生产与消费节奏的不一致，总会存在现在用不上或用不了或有必要留待以后使用的东西。如何在生产与消费或供给与需求的时间差上妥善保持物资实体的有效性，是物流链中仓储环节所要解决的问题。

仓储在物流体系中是唯一的静态环节，也有人称其为时速为零的运输。随着经济的发展，需求方只出现了个性化、多样化的改变，生产方式也变为多品种、小批量的柔性生产方式。物流的特征由少品种、大批量变为多品种、小批量或多批次、小批量，仓储的功能也从重视保管效率逐渐变为重视流通功能的实现。仓储是物流体系中的一个节点，在这里，物品实体在化解其供求之间的时间上的矛盾的同时，也创造了新的时间上的效益（如时令上的差值）。因此，仓储是物流中的中心要素，储存功能相对于整个物流体系来说，既有缓冲与调节的作用，也有创值与增效的功能。仓储在物流中的地位如图 1.6 所示。

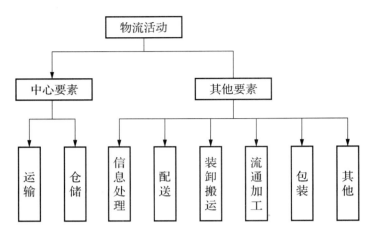

图 1.6　仓储在物流中的地位

2. 仓储在物流中的意义

（1）仓储是现代物流的不可缺少的重要环节。

关于仓储对于物流系统的重要意义我们还可以从供应链的角度来进一步认识。从供应链的角度，物流过程可以看作是由一系列的"供给"和"需求"组成，当供给和需求节奏不一致，也就是两个过程不能够很好地衔接，出现生产的产品不能即时消费或者存在需求却没有产品满足，在这个时候，就需要建立产品的储备，将不能即时消费的产品储存起来以备满足后来的需求。供给和需求之间既存在实物的"流动"，同时也存在实物的"静止"，静止状态即是将实物进行储存，实物处于静止是为了更好地衔接供给和需求这两个动态的过程。

（2）仓储能对货物进入下一物流环节前的质量起保证作用。

在货物仓储环节对产品质量进行检验能够有效地防止伪劣产品流入市场，保护了消费者权益，也在一定程度上维护了生产厂家的信誉。通过仓储来保证产品质量主要包括两个环节：一是在货物入库时进行质量检验，看货物是否符合仓储要求，严禁不合格产品混入库场；二是在货物的储存期间内，要尽量使产品不发生物理及化学变化，尽量减少库存货物的损耗。

（3）仓储是加快物流进程和节约物流成本的重要手段。

虽然货物在仓库中进行储存时，是处于静止的状态，会带来时间成本和财务成本的增加，但事实上从整体上而言，它不仅不会带来时间的损耗和财务成本的增加，相反它能够帮助加快流通，并且节约运营成本。

1.3.3　仓储管理的内容

仓储业作为经济活动中的一个行业，既具有一般企业管理的共性，也体现出其本身的管理特点。从理论和实务角度来看，仓储管理涉及以下几方面内容：仓储网点的布置和选址，仓储设施的选择，仓储规模的确定，仓储商务管理，特殊物品的仓储管理，库存货源组织，仓储计划，仓储作业，物品包装和养护，仓库治安、消防和生产安全，仓储经济效益分析，仓储物品的保税制度和政策，库存管理与控制，仓储管理中信息技术的应用及仓储系统的优化等。

1.3.4 仓储管理的任务

仓储管理的基本任务是对物品进行存储、流通调控、数量管理、质量管理、交易中介、流通加工、配送和配载。利用仓储活动可开展多种服务，从而可以提高仓储附加值、促进物品流通、提高社会资源效益。

1. 物品存储

存储是指在特定的场所，将物品收存并进行妥善保管，确保被存储的物品不受损害。存储也是仓储的基本任务，是仓储产生的根本原因。因为有了物品剩余，需要将剩余收存，才形成了仓储。存储的对象是有价值的物品，存储要在特定的场地进行，就必须将存储物品移到存储地进行。存储的目的是确保存储物品的价值不受损害，保管人有绝对的义务妥善保管好存储物品，存储物品属于存货人所有，存货人有权控制存储物品。

物品的存储可能是长期存储，也可能是短时间的周转存储。进行物品存储既是仓储活动的表征，也是仓储的基本任务。

2. 流通调控

仓储既可以长期进行，也可以短期开展。存期的控制自然形成了对流通的控制，换言之，流通中的需要决定了物品是存储还是流通，即当交易不利时，将物品储存，等待有利的交易机会，这就是仓储的"蓄水池"功能。

流通控制的任务就是对物品是仓储还是流通做出安排，确定储存时机、计划存放时间，当然还包括储存地点的选择。

3. 数量管理

仓储的数量管理包括两个方面：一方面是存货人交付保管的仓储物品的数量和提取仓储物品的数量必须一致；另一方面是保管人可以按照存货人的要求，分批进货和分批出货，对储存的物品进行数量控制，同时向存货人提供存货数量的信息服务，以便客户控制存货。

4. 质量管理

根据收货时仓储物品的质量交还仓储物品是保管人的基本义务。为了保证仓储物品的质量不发生变化，保管人需要采用先进的技术、合理的保管措施，妥善和勤勉地保管仓储物品。仓储物品发生危险时，保管人不仅要及时通知存货人，还要及时地采取有效措施减少损失。

5. 交易中介

仓储经营人利用大量存放在仓库的有形资产、利用与物品使用部门广泛的业务联系开展现货交易中介，具有较为便利的条件，同时也有利于加速仓储物品的周转和吸引仓储。仓储经营人利用仓储物品开展交易活动不仅会给仓储经营人带来收益，还能充分利用社会资源，加快社会资金周转，减少资金沉淀。交易功能的开发是仓储经营发展的重要方向。

6. 流通加工

加工本是生产的环节，但是随着满足消费多样化、个性化、变化快的特点，又为了严格控制物流成本，生产企业将产品的定型、分装、组装、装潢等留到最接近销售的仓储环节进行，使得仓储成了流通加工的重要环节。

7. 配送

对于设置在生产和消费集中地区附近的从事生产原材料、零部件或仓储的企业而言，对生产车间和销售点的配送是其基本业务。根据生产的速度和销售的需要，由仓库不间断地、小批量地将仓储物品送到生产线、零售商或店主的手里。仓储配送业务的发展，有利于生产企业减少存货、减少固定资金投入，实现准时制生产，有利于商店减少存货，降低流动资金使用量，且能保证销售。

8. 配载

大多数运输转换仓储都具有配载的任务。物品在仓库集中集货，按照运输的方向进行分类仓储，当运输工具到达时出库装运。而在配送中心，则是在不断地对运输工具进行配载，确保配送的及时进行和运输工具的充分运用。

1.3.5 仓储管理新模式

1. 前置仓

一般的仓库大多在生产工厂附近，比较远离市场。而前置仓，顾名思义就是把仓库布置到消费者市场"前线"，它是指根据消费者市场分布进行选点、建立仓库，以小于 5 公里范围划圈，覆盖周围社区居民，再根据大数据分析和自身供应链资源，选择适合的商品由总仓配送至前置仓，进行小仓囤货。同时组建物流团队，在消费者下单后，将商品从前置仓配送到消费者手中。

前置仓配货让买菜"最后一公里"更安全

前置仓理念和模式主要是为了解决消费者的即时性购物需求和满

足快速将货物送达消费者手中的需要。京东物流就在一二线城市设置了大量的前置仓，这些前置仓离消费者非常近，只要你在京东商城上下单，它会很快将订单配置到就近的仓库出货，大大缩短配送距离，因而配送的速度也极快。

2. 中央仓

通过在一级城市，如省会，建立"中央仓"，一头连接基地或批发市场，一头连接市场端，等于用自建的"中央仓"来部分替代"批发市场"的功能。中央仓可分类为中央配送中心（CDC）和区域配送中心（RDC），主要是指接受供货商所提供的多品种、大批量的货物，通过存储、保管、分拣、配货及流通加工、信息处理等作业后，按需求方要求将配齐的货物交付给物流公司或指定的组织机构。例如，京东的"亚洲一号"仓库就是中央仓，属于区域配送中心。

中石油易捷便利店
中央仓配送流程

3. 微仓

中央仓针对大批量物流极具优势，但是，在面向消费者市场时，如果每个订单都从"中央仓"送到消费者家中，物流成本极其高昂，这个时候，微仓就出现了。微仓就是相对于普通仓库（占地面较大，承载功能齐全），面积相对较小，承载功能也相对单一的微小型仓库，如常见的丰巢、速递易等。

4. 仓店一体

仓店一体是仓库和直接面向终端消费者的场地（如零售店、体验店等）合建在一起，消费者可直接在店内选购商品，在仓内即时提货。例如，盒马鲜生采用基于"新零售"构想，采用线上即时到家+线下盒马体验店模式"店仓一体"，消费者可以到店购买体验，也可以线上下单，以店作为仓，进行即时配送。

5. 前店后仓

前店后仓就是在前端开发销售平台实现销量提升，而在后台提供仓储、配送、进出口报关通关等供应链服务。前店后仓与仓店一体的理念和运营模式相近。

6. 云仓

云仓是利用云技术和现代管理方式，依托仓储设施实现在线交易、交割、融资、支付、结算等一体化的服务。云仓主要包括三种类型。①平台类云仓——京东、亚马逊等。平台类云仓为电商企业自建云仓，主要通过多区域的协同仓储实现整体效率最优化，保证电商平台的客户体验，从而提高用户的黏性。②物流企业云仓——顺丰云仓、EMS云仓、百世云仓等。由物流快递企业所建立的云仓，大多数是为了更好地进行仓配一体化。③第三方云仓——发网、中联网仓等。京东、亚马逊、顺丰等的自建云仓因为身份所限，无法将优质的物流提供给淘系的中小卖家使用。因此，第三方云仓应运而生，能够提供自动化、信息化和可视化的服务，可保证与快递企业的配送对接无缝化。

7. 海外仓

海外仓发展系列报道

在传统出口模式下，跨境电商在货物出关后，要经过外国进口商、外国批发商、外国零售商 3 个中间环节才到达消费者手中，中间环节多，物流成本高。通过海外仓，企业便能直接绕过中间环节，生产商通过网络平台直接与国外采购商面对面接触。海外仓不是简单租一个仓库，而是展示品牌、售后、咨询甚至维修服务的窗口，同时有效地缩减物流时间。近年来，在"市场采购贸易+海外仓"发展模式下，多家跨境电商在海外设立了海外仓，涵盖美国、澳大利亚、德国、西班牙、俄罗斯等国家，服务范围覆盖了世界各地，尤其是"一带一路"沿线国家。

8. 无人仓

无人仓是现代信息技术应用在商业领域的创新，实现了货物从入库、存储到包装、分拣等流程的智能化和无人化。无人仓的目标是实现入库、存储、拣选、出库等仓库作业流程的无人化操作，这就需要具备自主识别货物、追踪货物流动、自主指挥设备执行生产任务、无须人工干预等条件；此外还要有一个"智慧大脑"，针对无数传感器感知的海量数据进行分析，精准预测未来的情况，自主决策后协调智能设备的运转，根据任务执行反馈的信息及时调整策略，形成对作业的闭环控制，即具备智能感知、实时分析、精准预测、自主决策、自动控制、自主学习的特征。

9. 保税仓

保税仓不算是新理念和新模式，但是因为大家接触保税仓较少，所以在这里也一并给大家介绍一下。保税仓是用来存储在保税区内未交付关税的货物的多功能仓储库房，就如境外仓库一样。保税仓库是保税制度中应用最广泛的一种形式，是指经海关核准的专门存放保税货物的专用仓库，允许存放保税仓库的货物有三类：一是供加工贸易（进、来料加工）加工成品复出口的进口料件；二是外经贸主管部门批准开展外国商品寄售业务、外国产品维修业务、外汇免税商品业务及保税生产资料市场的进口货物；三是转口贸易货物以及外商寄存货物以及国际航行船舶所需的燃料、物料和零配件等。

复习思考

一、填空题

1. 仓储组织新形态包括_____、_____、_____和_____。

2．仓储是指通过_____对暂时不用的物品进行_____。"仓"具有_____的功能。"储"具有_____的功能。

3．仓储管理主要是从整个物品流通中的_____的相关关系中，研究物品_____和与之相关的加工经营活动，以及围绕物品储存业务所展开的_____。

4．仓储的基本任务是_____、_____、_____、_____、_____、_____和_____。

5．仓储在现代物流中的作用包括_____、_____、_____和_____。

二、名词解释

智能仓储　仓配一体化　数字化仓储　仓储　仓储管理

三、简答题

1．什么是智能仓储？什么是数字化仓储？
2．现代仓储的几种新形态有何区别和联系？
3．现代仓储管理的内容、对象和任务有哪些？
4．现代仓储与物流有什么样的关系？
5．仓储管理新模式有哪些？

四、论述题

仓储管理在物流管理过程中有什么样的地位和作用？

▶ **案例讨论** ◀

DM公司的仓储管理

DM公司的原材料仓库仓储平面面积约4 000平方米，划分为自动立体仓库区、双层搁板货架区、移动货架区、平库区、办公区及通道等。对原材料仓库的信息管理使用K3系统。原材料仓库共有13名工作人员，包括主管1名、搬运工2名、开票员2名、库管员8名。库管员根据所管理物品类别的不同，分别负责不同物品的管理。DM公司最新一次的盘点数据显示，公司的原材料仓库保管有40多个不同类别、多达3 755个品种的库存物品，库存物品总数量达6 192 172件，库存物品总金额达9 811 978.71元。除紧固件、塑粉、角铁等，其他多数类别物品的价值较高。

DM公司原材料仓储管理采用M&T方案，即管理手段和技术手段有机结合的方案。

1. 管理手段

从管理角度而言，在 DM 公司原有仓储管理制度的基础上，采用 ABC 分类管理制度、订单化的仓储备料制度、培训制度等，这些制度可逐项开展也可以同时开展，但均需要在执行过程中不断完善；同时，通过技术方案的实施革新工作流程，以期 DM 公司的原材料仓储管理现状能有较大改观。

（1）ABC 分类管理。在 DM 公司的原材料仓储管理中可考虑根据价值、种类划分，或根据重量、种类划分，或根据使用频率、价值划分，也可以考虑几种划分方式结合使用。对于划分好类别的物品，须在管理人员安排、检验安排、检查盘点频率、存放位置、保管保养要求、货位规划安排等方面采取针对性的管理方法。

（2）订单化的仓储备料制度。首先，需要安排专门的库管员负责就某一订单联系相关部门，全权处理各种关系，仓库主管只起监督作用。其次，要在平库区划分出 50~100 平方米的区域，用于存放当前最为紧急的订单所需的物品。最后，提高当前最为紧急的订单所需物品的分类等级至 A 类，保证该订单所需物料的及时供应。待该订单完成后，再对相应物品的分类做调整。

（3）管理培训制度。培训可以作为对员工优良表现的一种正激励，符合"马太效应"。具体需要做好以下几项工作：建立原材料仓库员工技能培训档案，并进行管理；定期对原材料仓库员工进行技能、业务操作考核，对考核优秀的员工给予物品奖励，对考核不合格的员工则要求其在考核合格后再上岗；对操作技术不过硬的员工进行重点培训。

2. 技术手段

（1）系统架构。在原有 K3 系统的基础上引入 RF 手持终端，以期实现实时信息采集，将面向内部客户的服务平台、通用的信息交换平台、数据仓库系统、深层次的效益分析系统、立体仓库等软硬件集成为一体。

（2）业务操作。在仓库操作中，根据业务分类，引入 RF 手持终端的无线网络技术主要应用在以下 4 个方面。

① 收货操作。一个完整的入库操作包括采购订单、质量验收、收货上架等操作。在物品验收后，通过条形码系统打印条形码，贴在物品包装表面。通过使用无线网络，在收货时可以实时查询该入库产品的订单状态，确认是否可以收货。收货后系统自动记录产品的验收状态，指导操作人员将该产品放置到系统指定的库位上，并及时修改系统库存，记录该产品入库时间。通过这些步骤，库管员可以在系统中追踪到每一种产品的库存状态，实现实时监控。当然，这一系列操作必须建立在 RF 手持终端和 K3 系统数据衔接无误的基础上，从而保证系统数据库的实时更新。

② 出库操作。通过使用无线网络，在下架时可以实时查询待出库物品的库存状态，实现先进先出操作，为仓储管理人员指定需发货的物品库位，并通过系统下发动作指

令，实现路径优化。发货时，系统自动记录发货的物品数量，并自动修改系统库存。通过这些步骤，仓储管理人员可以在系统中追踪到每个订单产品的发货情况，实现及时发货和无差错发货。RF 终端可自动搜索发货单，仓储管理人员将发货单数量与出仓数量对应。核对发货完成情况，检查出仓物料与发货单上的品种要求是否一致，防止错误出现，然后登记物品出仓日期和对应部门编码。

③ 移库操作。在转储处理中使用无线网络将实现自动化的物品上下架控制，从而实现路径优化和库位优化，大幅度提高生产效率。转储时，RF 条形码系统将搜索转储凭证，选择具体的物品明细，在移动采集器上显示源货位信息，指导仓储管理人员进行下架操作，并自动核对下架的物品及数量。同时，上架的物品库位会显示在手持终端上，帮助仓储管理人员实现准确的移库。移库动作完成后，在 K3 中进行数据确认。

④ 盘点操作。技术改进后，仓储管理人员手持移动终端，直接在库位上扫描物品条形码和库位，系统自动与数据库中记录进行比较，通过移动终端的显示屏幕将盘点结果返回给仓储管理人员。无线网络通信技术省却了盘点过程中许多手工输入的步骤，提高了盘点的工作效率，实时将盘点结果返回给仓储管理人员。

（资料来源：中国物流与采购网，2021-06-16。）

思考：DM 公司的 M&T 方案是如何解决其存在的问题的？

【参考资源】

PC 端	[1] 中国仓储与物流网 [2] 中国物流与采购网 [3] 湖北物流协会官方网站 [4] 南京仓储物流网 [5] 中国仓储设备网
Android、iOS 端	二维码（电子课件）（电子课件已提供，需要用二维码作为入口）

现代仓储发展新理念

第 2 章
互联网下的现代仓储

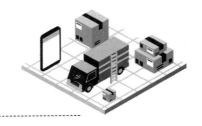

【线下资源】

学习要点	◆ 掌握"互联网+物流"的概念 ◆ 掌握"互联网+物流"的内涵 ◆ 熟悉云仓储的模式 ◆ 熟悉互联网+仓储新技术
导入案例	"互联网+"下顺丰布局仓网
主体内容	◆ "互联网+物流"的提出 ◆ "互联网+物流"的内涵 ◆ "互联网+仓储"的模式 ◆ "互联网+仓储"新技术
案例讨论	"互联网+"下的百世云仓管理

现代仓储业与国计民生紧密关联,"互联网+物流""互联网+仓储"能够对资源进行高效的整合,更好地实施"降本增效"。

导入案例

"互联网+"下顺丰布局仓网

"我们推动的仓网时代",这是在"互联网+"大旗下顺丰喊出的新口号。此前一直低调运作的顺丰仓配走向前台,上线全系产品。顺丰为仓网准备多年,已基本建成了覆盖全国的电商仓储配送体系,形成以 RDC/DC(配送中心)为骨架、全国范围的调拨转运能力为血脉、大数据支持的信息系统为神经的仓网格局。

1. 顺丰仓配浮出水面

顺丰仓配的全系产品涵盖电商专配、云仓产品、增值服务三大板块。顺丰将原有业务板块划分为五大业务事业群进行独立运营，包括速运事业群、商业事业群（嘿客、优选）、供应链事业群（普运、冷运）、仓配物流事业群（电商、海淘）、金融服务事业群（顺手付）。作

为顺丰裂变后的五大业务事业群之一，顺丰仓配与传统的顺丰速递并驾齐驱，主攻电商和海淘，显然是顺丰战略布局的重心。这一裂变也被业内人士认为是传统物流快递时代的升级换代，快递企业开始从单纯的"收运转派"，向综合物流服务供应商转变。

为什么顺丰要坚决去做仓配？是为了解决电商在类似"双11"这样促销日爆仓的痛点。在过去不到3年，顺丰潜心打造仓网服务底盘，以两周扩建一个仓的进度，在全国迅速完成7个RDC的布局，以及53个一二线城市的布仓，每天为入仓的客户提供120万单处理能力。在没有布局之前，顺丰一直通过单仓单点，依托顺丰庞大航空机队在全国做到次日达，但是有点贵。如今有了RDC和全国分仓，可以实现在全国就近的25个城市当天送达，167个二线城市次日送达，性价比更高了。顺丰仓配推出了全国分仓备货的服务体系，在电商仓配覆盖的区域，客户的产品从生产供应链的结束，就是流通供应链的开始，6个小时就可以进入RDC仓库，在24～48小时就可以实现全国RDC仓库布局，达到"单未下货先行"。

2. 仓网时代来临

"从无仓到单仓，再到多仓，现在致力于推广云仓，最终实现天下皆仓。"在基本建成全国仓网格局后，顺丰将以开放的态度，开放供应链平台、干线平台和仓储平台，并吸引第三方仓储加入。

"互联网+"物流快递说明仓网时代已经来临，传统的物流快递时代已经开始向仓网所代表的新一代的商品物质流通的深度信息化模式转变。过去的单仓模式已无法满足新环境下电商的发展需求，特别是像"6·18""双11"这种大促，单仓备货有限、发货周期较长，用户体验不是太好。

物流已被"胁迫"步入全渠道驱动、全网动态库存的敏捷供应链时代，往日单仓模式已经成为过去式，云仓模式将成为当下电商的刚性需求。如京东，早就从电商平台向供应链前后端延伸，不惜重金，自建规模巨大的仓储和物流体系。很多第三方物流供应商正大刀阔斧地建设云仓，力图打造仓干配一体化。未来电子商务要发展、要获益，必须打通供应链上下游之间的信息流，降低流通成本，而在整个供应链中，物流信息建设层次的高低及成本的高低，成为非常关键的一环。仓网系统的完善是必然，

未来的仓网必须朝着标准化、信息化、智能化的方向发展，将线性物流供应链转变为响应迅速地物流供应网络，以降低成本、提高效率。

3. 快递业变局

顺丰布局仓网，让人联想到京东和菜鸟网络在线下仓储的布局。相对于京东和菜鸟网络，顺丰以快递起家，配送是强项，仓储是其最薄弱的一环。顺丰选择将仓网作为下一个业务增长点，将直面京东、菜鸟的夹击。

京东物流依托京东电商平台，从供应链中部向前后端延伸，主要是巩固对商家的议价能力和消费者体验。而菜鸟网络则是在仓储和配送之间整合匹配资源。顺丰则是从最后一公里快递向供应链走，打通商品到消费者之间的流通渠道，最终达到只要电商企业把产品交给顺丰仓库，顺丰就会根据销售数据提前用干线的调拨来实现订单到达消费者手中。

顺丰仓配的做法与另一家快递企业百世物流的云仓相似。百世云仓走的是专业路线，仓内操作能力国内首屈一指，但百世的短板在配送。这也是顺丰仓储能与百世竞争的切入点：入顺丰仓用顺丰配，集成仓储网络的覆盖区域、系统优势和配送网络，满足商家和消费者对仓储和快递服务的双重需求。

顺丰推出仓储服务，以仓来切入分销渠道，改变过去层级代理制的分销体系。未来仓配一体化将成为物流快递发展的方向，产品生产出来，从仓储到配套的干线运输，中间的支线运输，最后一公里的快递配送是一个完整的物流体系，单纯的仓储企业无法建立自己的物流体系。

事实上，马云要建立菜鸟网络也正是基于这一打算。2013年5月28日，阿里巴巴集团、银泰集团、复星集团、富春控股、顺丰集团、三通一达等合作各方共同组建"菜鸟网络科技有限公司"，打算建成一个中国智能骨干网，要在物流的基础上，通过自建、共建、合作、改造等多种模式，在全中国范围内形成一套开放的社会化仓储设施网络。之后，菜鸟网络在全国各地低价建设仓储中心，如今，阿里巴巴入股圆通，顺丰、申通、中通、韵达联合普洛斯成立"丰巢"，顺丰和阿里巴巴已经成为事实上的竞争对手。

（资料来源：https://www.sohu.com/a/33611670_115475，2015-09-28，有改动。）

互联网+的深入解读

2.1 "互联网+物流"的提出

2.1.1 "互联网+"的界定

阿里研究院的《互联网+研究报告》指出，"互联网+"正在悄悄进入我们的生活，而未来互联网也将像水电一样让我们离不开它。而关乎国民经济和生活的物流业，在"互联网+"的大潮中亟须找到"互联网+物流"的终极生存之道。

在 2015 年 3 月 5 日第十二届全国人民代表大会第三次会议上，李克强总理在政府工作报告中首次提出"互联网+"行动计划，将互联网建设上升到国家层面。一时间，众多学者和管理实践者对"互联网+"领域的理论及实践进行研究和探索，形成了百家争鸣的局面。这其中，关于"互联网+"理念的较有代表性的观点，如表 2-1 所示。

表 2-1 关于"互联网+"理念的主要观点

提出者	"互联网+"的观点	来源
曹磊	"互联网+"的七个比喻：鱼和水、电、信息孤岛、连接器、零件、生态、浪潮	互联网+：产业风口[M]. 北京：机械工业出版社，2015.
马化腾	"互联网+"不仅仅是一种工具，更是一种能力，一种新的 DNA，与各行各业结合之后，能够赋予后者以新的力量和再生的能力	互联网+：国家战略行动路线图[M]. 北京：中信出版集团，2015.
阿里研究院	"互联网+"的本质是传统产业的在线化、数据化。商品、人和交易行为迁移到互联网上，实现"在线化"，形成"活的"数据，随时被调用和挖掘。在线数据随时可以在产业上下游、协作主体之间以最低的成本流动和交换	《互联网+研究报告》，阿里研究院发布，2015 年 3 月
马化腾	"互联网+"是指利用互联网的平台、信息通信技术把互联网和包括传统行业在内的各行各业结合起来，从而在新领域创造一种新生态	《以融合创新的"互联网+"模式为驱动，全面推进我国信息经济的发展》，2015 年两会提案
刘润	在"互联网+"的商业环境下，小米是"达尔文雀"。它通过充分利用互联网，实现了创造价值和传递价值的改变，成为"互联网+"的标杆企业	互联网+小米案例版[M]. 北京：北京联合出版公司，2015.
曹磊，陈灿，郭勤贵，等	"互联网+"被传统企业掌握之后，其本质还是所在行业的本质。互联网+把这种供需的模式以一种更有效率、更有经济规模的方式实现，互联网是工具，每个企业应该通过"互联网+"找到自己的立足点	互联网+：跨界与融合[M]. 北京：机械工业出版社，2015.
王吉斌，彭盾	"互联网+"将互联网、移动互联网、云计算、大数据等信息技术的创新成果与传统产业融合，改造和提升传统产业，创造出物联网、工业互联网这样新的巨大市场，而传统产业是接受改造的对象和其发挥威力的基础	互联网+：传统企业的自我颠覆、组织重构、管理进化与互联网转型[M]. 北京：机械工业出版社，2015.

从现有研究来看,"互联网+"的理论与应用尚处于初级阶段,各行业领域对"互联网+"还处在论证与探讨过程中。但毫无疑问,"互联网+"正逐步渗透、扩展和应用到第三产业,形成了诸如互联网金融、互联网教育等新的行业形态,并开始推动如物流等传统产业进行转型升级,为其带来新的机遇及提供广阔的发展空间。

2.1.2 "互联网+物流"的概念

在"互联网+"环境下,信息化的时效性使得空间距离相对缩短,由此引发对物流产业资源整合和物流运营效率提升的强烈需求。传统物流业以劳动密集型为特点,以人工作业为主,偏好于物流硬件设施及设备的投入。但随着物流活动由制造业驱动向电商业驱动转变,快递、零担类的物流在部分取代传统合同物流,并越来越倾向于小批量、多批次、高频率的物流作业,传统的粗放式物流运营模式越来越跟不上市场需求的步伐,服务内容同质化、恶性价格竞争、服务水平低下、遭遇客户投诉等问题越来越多。要解决这些"痛点","互联网+物流"是一条可行之道。

因此,可以将"互联网+物流"描述为互联网与物流行业融合发展下的一种新的物流形态,通过充分发挥移动互联网在物流资源要素配置中的优化和集成作用,重构物流价值链,并形成供应链上下游信息共享、资源共用和流程可视,从而深度参与采购、运输、仓储、配送等物流全过程,深刻了解客户需求,实时调度运、储、配等中间物流环节的资源,达到增强客户满意体验和提升物流服务效率的目标。

2.2 "互联网+物流"的内涵

互联网的核心价值在于通过信息传递方式的改变而使得供应链上的协作更加紧密。通过与互联网深度融合,"互联网+物流"的价值体现在借助于互联网实时、高效的整合物流供应链资源,根据市场和客户需求重构物流价值链。具体而言,"互联网+物流"具有如下内涵。

2.2.1 物流资源整合

互联网对于传统物流业变革的促进作用,其中最重要的一条途径是整合资源。根据资源位第三定律,互联网的一个重要作用就是增强世界的连通性。用系统经济学来解释,就是互联网促进了系统广化和系统深化。互联网的这种连通功能之强大是空前的,因此,互联网的资源整合功能也是空前的。

为量化描述这种整合作用,假设互联网节点集合为 V,xv 为 V 上的特征函数,则 xv 在 V 上的积分 $\int xv \mathrm{d}v = \sum v \in Vm(\{v\})$,其中 $m(\{v\})$ 为节点 V 的资源强度的测度。当 $m(\{v\})$

具有可加性时，$\int xvdv = m(V)$；当 $m(\{v\})$ 不具可加性时，$m(V) \neq \sum v \in Vm(\{v\})$。在不连通的情况下，$\int xvdv = \sum v \in Vm(\{v\}) = m(V)$，在完全连通的情况下，$\int xvdv = \sum v \in Vm(\{v\}) = N \cdot m(v)$，$N$ 为互联网节点数。结论：$m(V) \leq \int xvdv \leq N \cdot m(v)$，差值 $N \cdot m(v) - m(V)$ 为连通性导致的系统效应。实际上，由于有知识融合效应，知识融合导致知识创新，导致实际值更大。

互联网的这种资源整合功能一方面创造了一个新的社会和经济环境，这种环境逼迫着传统物流组织更加开放；另一方面为传统物流组织加强同外部的沟通与联系提供了一条方便、快速、经济的途径，是传统封闭系统整合外部资源的有效平台和工具。

2.2.2 价值链的重构

"互联网+物流"是物流业与互联网的深度融合，这一过程必然要求变革传统物流模式、重组物流流程，从本质上讲，"互联网+物流"为物流价值链的重构从根源上提供了巨大的驱动力。

1. 表层重构

物流价值链的表层重构是建立在传统互联网基础上，以 Web 1.0、Web 2.0 技术为标志，对物流信息的聚合与分发方式的重构。例如，通过门户网站、企业资源计划（Enterprise Resource Planning，ERP）、物流信息系统、手机 App 等在信息层面上对传统物流行业进行的重构，此时，获取物流信息（信息聚合）或传播信息（信息分发）的方式由报纸、期刊、电视等变为计算机、手机或终端等，信息传播速度也不可同日而语。

2. 深度重构

物流价值链的深度重构建立在移动互联网基础上，以 Web3.0 技术为标志，将物流流程中的各个物流环节进行逐一分析，把能放到线上的步骤放到线上，把能省略的步骤省略，把某几个步骤前后交换顺序（时间顺序或逻辑顺序），利用互联网的特质对传统物流行业的供应链进行重构。这种深度重构，将对原有行业进行颠覆性的改造，之前的行业龙头甚至会被它取而代之，这正是克莱顿·克里斯坦森（Clayton Christensen）的颠覆式创新理论（Disruptive Innovation Theroy）。

2.2.3 中间环节去化

从表征上看，"互联网+物流"提供直接驱动力以去除物流中间环节、节省中间费用等去中介化功能。首先，在物流活动过程中的供需双方通过互联网直接对接，节约了时间、人力、物力等多方面交易成本，能够直接惠及交易双方；其次，由于缩短了交易链条，避免了过多的人为操作，交易过程会清晰记录在互联网上，可随时审核查看，这在一定程度上保证了交易的透明度，有助于物流行业整体水平的提升；再次，"互联网+物流"带动了交易链条的变革,改进了物流业务模式,能够提高物流效率和物流服务水平;最后,经过去中介化之后,互联网可将各种数据更加直接和高效地反馈给行业本身,通过"互联网+物流"平台的大数据监测行业发展走向,为行业发展提供客观参考。

2.3 "互联网+仓储"的模式

云仓储应用案例

2.3.1 云仓储的兴起

电子商务的兴起直接带动了快递、仓储业的发展。在电商物流链条上,快递业在前端,直接面向终端消费者,作为快递支撑和配套的仓储在后端,后端的运营是否流畅科学直接影响到了前端的派送。面对电商的蓬勃发展,快递业和仓储业是喜忧参半,喜的是爆发的营业额,忧的是频频出现的"爆仓"难题。

传统仓储面对电商倍感压力,传统仓储转型升级紧迫感与日俱增。在电子商务领域,资金流、信息流链条日益完善,仓储物流再也不能固步自封地"拖后腿"了。在这一背景下,服务于电商物流的自动分拣与智能化仓库越来越受到大型电商的青睐与追捧,已成为商家的必争之地。传统的仓储更像是一个临时的仓库,是产品的寄存地,以叉车进行入出库作业,而配套电商的仓储,库存品种多,单品库存少,在库品管理方面要求高。如今电商对物流的要求不再是简单的快递,而是全供应链的优化,至少也是仓配一体化。传统商业的仓储,重点在储存而非流通,主要着眼于货物的安全保存。而现在的电子商务的仓储是通过式仓储,本质上是分拣中心加临时仓储,货物流动性很高,要配备高速、高效的物流设施。

传统仓储如何转型?"互联网+"指出了方向。在电商模式下,商品出库、入库要复杂得多,这使得电商企业对电商物流仓库及配套设施的要求非常高,对仓储的信息化、智能化提出了更高要求。当互联网平台、信息通信技术大量涌入传统物流业,会给传统物流业带来巨大的冲击,能够创造一种新的互联网物流生态。国家鼓励在各级仓储单元积极推广应用二维码、无线射频识别等物联网感知技术和大数据技术,实现仓储设施与货物的实时跟踪、网络化管理及库存信息的高度共享,提高货物调度效率;鼓励应用智能化物流装备提升仓储、运输、分拣、包装等作业效率,提高各类复杂订单的出货处理能力。

未来传统仓库的转型,信息化、自动化和智能化将是重要方向。国务院印发的《物流业发展中长期规划(2014—2020年)》指出,关键技术装备的研发应用,既要提升物流业信息化和智能化水平,又鼓励采用节能环保的技术、装备,提高物流运作的组织化、网络化水平,降低物流业的总体能耗和污染物排放水平。

"互联网+物流"将与智能制造、金融相结合,产生更高的附加值,而充分利用互联网、物联网打造全新的商业模式则会成为产业链上各关联企业升级的驱动力,必将推动仓储物流的整体发展。

2.3.2 云仓储的模式

仓运配一体化协同打造扁平化的供应链,在效率上就会提高很多。尤其是仓配环节,随着电子商务与O2O的发展,企业和消费者也越来越重视前后端的客户体验。电商企业如何才能把货物更快更好地送到客户的手中呢?此时,云仓储的建立便可以很好地解决这个问题。利用云技术和现代管理方式,依托仓储设施实现在线交易、交割、融资、支付、结算等一体化的服务。

1. 云仓储和传统仓储的主要区别

(1)仓储品类不同。

传统仓储储存的货物品类是相对单一的,而云仓则不同,它是多品类的集中。以往我们接到企业的订单后,我们可能需要到不同的仓库去分别取货,最后集中到一起,这样的结果是取货出库的时间即流通的时间比较长。而电商仓则不同,它是集中在同一仓库的不同库位上,改变了以往仓储的方式。通过订单或自动或人工拣选,形成最终包裹。也是由于电商货物体积重量相对较轻,使得该方案可以实施。

(2)管理方式与要求不同。

传统仓与云仓储最大的区别,是管理方式和要求上的不同。传统仓主要的管控集中于库内的安全和库存的数量。而云仓的管理方式和要求则要比传统仓大很多。除了必须满足的库内安全和库存数量,云仓储更讲求仓储作业的时效及精细化的管理。

不难想象,如果云仓储作业流程中入库的速度变慢则会影响电商前端的销售速度;若出库的速度变慢则会影响到客户的整体体验。如,在京东上购买自营商品的经历,提交订单之后,系统会从距离客户最近的仓储设施(即前置仓)进行发货,拣货到待出库的时间基本在十分钟左右,而且每一步都会在后台给予显示,这个对消费者就是一个极佳的购物体验。速度快,而且准确率高。

(3)装备与技术不同。

除了管理要求精益化外,如何才能提高整体流程的效率呢?自然就要应用到云仓储的自动化装备和信息化软件。和传统仓储不同,云仓储由于其发货的特点是多批次小批量,所以为了保证其整体的正确率,需要通过软件系统和硬件装备来共同完成。软件方面,包括WMS仓储管理系统以及RFID的条形码信息化处理;硬件方面,包括自动分拣机、巷道堆垛起重机等一系列自动化设备。这些都是传统仓储所不完全具备的,也是主要的差异所在。

2. 云仓储的分类

（1）平台类云仓——京东、亚马逊等。平台类云仓储为电商企业自建，主要通过多区域的协同仓储实现整体效率最优化，保证电商平台的客户体验，从而提高用户的黏性。京东即是如此，通过建立云仓储，利用大数据发掘不同地区不同品类的消费者的消费情况，进而更好地进行预测，从而快速反应。

（2）物流快递公司所建的云仓储——顺丰云仓、EMS 云仓、百世云仓等。由物流快递企业所建立的云仓储，大多数是为了更好地进行仓配一体化。建仓不是优势，但确实是战略的其中一部分。以顺丰云仓为例，其构成主要是"信息网+仓储网+干线网+零担网+宅配网"。正是通过多仓组合实现全网协同，通过大数据从而驱动全网的调拨提高效率。顺丰目前涉足的行业除了传统的属性如服装、电子产品等还囊括了生鲜冷链领域、汽车事业部、金融事业部等相对行业专业程度高的品类。顺丰的整体供应链的策略，即空陆铁的干线网络+全网的云仓+多温快物流的支持，这也体现出顺丰目前的商业形态，云仓储也在向专业仓和品类仓去发展。

（3）第三方所建云仓储——发网、中联网仓等。在"618""双 11"等促销活动期间，货物仍可能会滞后几天发出，商家还需面对各种扫尾问题：漏发、错发和商品破损。相对而言，京东和亚马逊的自建物流似乎很少会遇到这样的窘境，但它们却因为身份所限，无法将优质的物流提供给淘系的中小卖家使用。由此，第三方云仓储应运而生，此类云仓储的成长是迅速的，同时能够提供自动化、信息化和可视化的服务。虽然其配送环节相对不足，但是通过采取必要的措施可保证与快递企业的配送对接无缝化。

2.3.3　云仓储的实施

云的概念来源于云计算，是一种基于互联网的超级计算模式，在远程的数据中心里，成千上万台计算机和服务器连接成一片电脑云。而云仓储的概念正是基于这种思路，在全国各区域中心建立分仓，由公司总部建立一体化的信息系统，用信息系统将全国各分拣中心联网，分仓为云，信息系统为服务器，实现配送网络的快速反应。

因此，可以认为，云仓储是一种全新的仓库体系模式，它主要是依托科技信息平台充分运用全社会的资源，做到迅速、快捷、经济地选择理想的仓储服务。在这一模式下，快件可直接由仓储到同城快递物流公司的公共分拨点实现就近配送，极大地减少配送时间，提升用户体验，这就给那些对物流水平需求极高的企业带来了新的机遇。云仓储实施的关键在于预测消费者的需求分布特征。只有把握了需求分布，才能确定出最佳仓库规模，并进行合理的库存决策，从而有效降低物流成本，获得良好的利益，达到较高的服务水平。

1. 云仓储的实施条件

首先需要技术的支撑，即一个能连接电商信息平台的云物流平台。当订单下达时，能够迅速汇总并传达到云仓储平台，再由各仓储中心处理客户的订单需求，经过信息的汇总再下达最终的配送指令直至抵达客户终端。其次，专业的仓储人员。构建平台的同时一方面就应着手相关人员的培养或者招募。一旦平台搭建完成即可安排到岗进行分工，使之各尽其责。另外还需要政府的大力扶植，有了政府的支持，调动相关资源，并推广宣传，使更多企业入驻云仓储平台，极大降低成本，提高资源利用率。最后，需要有一个信息反馈和监督运行机制的组织，监控云仓储的运行和突发问题的处理协调，以及进行系统的改进。

2. 云仓储适用的企业

云仓储平台搭建后，会惠及相关的行业，不仅有物流行业和仓储行业，还有电商行业。所以这个平台适用于它们，之所以这么说，是因为平台搭建后，电商企业们只要有需求就可以登录平台查询，寻找自己需要的资源，相对的仓储行业的信息也都在这个数据库里，所以不会遗漏或闲置社会资源。当这个模式出现时，规模经济的效益务必会催生一个适应这种需求的物流模式，或者是第三方公司，或者是电商企业自己打造的。

3. "云仓储"下的效益分析

效益主要来源于几方面：①物流成本的节约，因为是规模订单的集合，所以在配送方面就避免了同一个地方因为多次重复配送而产生额外费用；②通过闲散资源的集成，节约了固定成本的投入；③这种模式下可以帮助提升企业形象，进而吸引更多回头客，从而增加营业收入；④这种模式可帮助更多的第三方物流企业寻找到客户，利于发挥自身资源的最大效用；⑤消除了外包情况下一库难求的局面，汇集了社会闲散琐碎的仓库资源；⑥利用对这种模式的掌控，减少了以往外包下服务质量难以把控的局面；⑦降低了自建模式的风险；⑧进行了社会资源整合，优化了资源配置；⑨开辟了行业新局面，走上了规模经济之路；⑩进行了行业重组，优胜劣汰，进行了产业升级；⑪快速响应客户需求，提升社会整体速度；⑫缩短了行业间的距离，促进了跨行业间的互利共赢；⑬线路的规划设计、拼车、共同配送等方案在系统中会得到一个最优决策，从而确保效率的可靠性；⑭"云仓储"是一种虚拟的仓库，是一种移动仓储，所有的经营活动都是靠庞大的网络资源去调配的，所以比较便捷。

4. "云仓储"实施思路

云仓储的理念就是在全国区域中心建立分仓，形成公共仓储平台，可以使商家就近安排仓储，从而可以就近配送，信息流和物流重新结合，这种模式的实施思路如下所述。

（1）建立实体分仓，实现就近配送。

建立分仓，实现货物的就近配送。例如，从上海发往西安的货物，如果客户拒收，质量没问题的货物就暂时到西安的中转站，但要通知上海的企业，寄存日期可以根据实物性质而定，如果在寄存期限内另有客户要购买，就将以上退货调拨出去，可以短时间内再次配送，减少不必要的周转。

（2）完善社会化信息系统，实现货物信息共享。

云仓储将全国的区域城市通过物流信息系统串联，实现各种物流资源的完全共享，尽可能地降低信息失灵所带来的成本增加或者其他的损失。通过这样的公共信息平台和公共分仓，实现全社会的货畅其流。

（3）云仓储中的技术处理。

云仓储的基本问题和一般的仓库体系是一样的，主要包括仓库选址、仓库数量及规模、库存决策这些问题。所以要实施好"云仓储"战略，首先必须解决好这些问题。通过"云物流"平台，可以知道各个需求点之间的需求流量，从而可以知道各个需求点的需求量。然后建设一定数量的配送中心，从而建立新的仓储配送体系。

（4）整合物流企业，形成物流品牌。

在这些平台搭建的过程中，仓储物流企业的成长需要一个过程，面对如此庞大的业务量，不可能全部包揽，所以需要与其他物流公司合作。怎样建设一个与云仓储相适宜的物流配送队伍呢？这就需要仓储物流企业对物流资源的选择、评估等方面，都必须是公平公正并有标准可依，从而构成物流品牌。

5. 未来云仓储的定位

云仓储是应需求而生的，甚至是创造需求而存在的。因此未来云仓储的趋势一定是在最大限度上满足客户的需求。客户需求主要是两点：高效且准确。下单后直接出库，通过快物流系统以预约的时间送至消费者面前。今后的云仓储一定是向转运中心的模式去发展，商品的购买时间和批次均通过大数据系统确定，同时云仓储的智能化会提升到一定的水平，从而实现消费者的需求和当今的趋势。

2.4 "互联网+仓储"新技术

2.4.1 亚马逊的仓储技术

通过20多年的积累，亚马逊已经织建了一个通达全球的网络，通过遍布全球的109个运营中心，可将货物送达185个国家和地区。在中国，亚马逊有13个运营中心，近300多条干线运输线路，可向1 400多个区县的消费者提供当日达、次日达服务。这样的规模，足以让亚马逊跻身世界一流物流企业。

亚马逊在业内率先使用了大数据、人工智能和云技术进行仓储物流的管理，创新地推出预测性调拨、跨区域配送、跨国境配送等服务，不断给全球电商和物流行业带来惊喜。

1. 智能机器人

亚马逊在 2012 年以 7.75 亿美金收购的 Kiva Systems 公司的机器人项目，大大提升了亚马逊的物流系统。截至 2015 年，亚马逊位于北美的各大运转中心的机器人数量增至 10 000 台。Kiva 系统作业效率要比传统的物流作业效率提升 2～4 倍，机器人每小时可跑约 48 280 米，准确率达到 99.99%。

机器人作业颠覆传统电商物流中心作业"人找货、人找货位"模式，通过作业计划调动机器人，实现"货找人、货位找人"的模式，整个物流中心库区无人化，各个库位在 Kiva 机器人驱动下自动排序到作业岗位。

2. 无人机送货

早在 2013 年 12 月，亚马逊首次对外披露了名为 Prime Air 的无人机配送包裹计划，顾客在网上下单，如果物品重量在 5 磅以下，可以选择无人机配送，在 30 分钟内把快递送到家，整个过程无人化，无人机在物流中心流水线末端自动取件，直接投递。

3. 大数据应用

亚马逊是第一个将大数据推广到电商物流平台的企业。完整的端到端服务可分为五大类，即用户浏览、购物便捷下单、仓储运营、配送和 CRM 客服等。

（1）用户浏览。亚马逊有一套基于大数据分析的技术来帮助精准分析客户的需求。具体方法是，后台系统会记录客户的浏览历史，后台会随之把顾客感兴趣的库存放在离他们最近的运营中心，这样方便客户下单。

（2）购物便捷下单。无论客户在什么地方，亚马逊都可以帮助其快速下单，也可以很快知道他们喜欢的商品。

（3）仓储运营。大数据驱动的仓储订单运营非常高效，在中国亚马逊运营中心最快可以在 30 分钟之内完成整个订单处理，也就是下单之后 30 分钟内可以把订单处理完出库，从订单处理、快速拣选、快速包装、分拣等一切都由大数据驱动，且全程可视化。由于亚马逊后台的系统分析能力非常强大，因此能够实现快速分解和处理订单。

（4）配送。精准送达对于当前电商物流来说，绝对是一个技术活，电商物流的快物流不是重点，真正高技术的电商物流服务，是精准的物流配送。亚马逊的物流体系会根据客户的具体需求时间进行科学配载，调整配送计划，实现用户定义的时间范围的精准送达，美国亚马逊还可以根据大数据的预测，提前发货，实现与线下零售竞争。

（5）CRM 客服。亚马逊中国提供的是 7×24 小时不间断的客户服务，首次创建了技术系统识别和预测客户需求，根据用户的浏览记录、订单信息、来电问题，定制化地向用户推送不同的自助服务工具，大数据保证客户可以随时随地电话联系对应的客户服务团队。

4. 智能入库技术

在亚马逊全球的运营中心，可以说是把大数据技术应用得淋漓尽致，从入库这一时刻就开始了。

（1）在入库方面，采用独特的采购入库监控策略。亚马逊基于自己过去的经验和所有历史数据的收集，了解什么品类的物品容易坏，坏在哪里，然后对其进行预包装。这都是在收货环节提供的增值服务。

（2）商品测量。亚马逊的 Cubi Scan 仪器会测量新入库的中小体积商品的长宽高和体积，根据这些商品信息优化入库。如鞋服类、百货等，都可以直接送过来通过 Cubi Scan 测量直接入库，这给供应商提供了很大方便。客户不需要自己测量新品，这样能够大大提升他的新品上架速度；同时有了这个尺寸之后，亚马逊数据库可以存储这些数据，在全国范围内共享，这样其他库房就可以直接利用这些后台数据，有利于后续的优化、设计和区域规划。

5. 智能拣货技术

（1）智能算法驱动物流作业，保障最优路径。在亚马逊的运营中心，不管是什么时间点，基本上在任何一个区域、任何一个通道里面，你不太会看到很多人围在一起，为什么？因为亚马逊的后台有一套数据算法，它会给每个人随机地优化他的拣货路径。系统会推荐下一个要拣的货在哪儿，永远不需要走"回头路"。而且确保全部拣选完了之后，路径最短。通过这种智能的计算和智能的推荐，可以把传统作业模式的拣货行走路径减少至少 60%。这种智能拣货技术的实现方式是：拣货的时候，系统会告诉员工，拿着扫描枪，下一个应该到哪个货位去捡，并且走的路是最少的，效率最高。

（2）图书仓的复杂的作业方法。图书仓采用的是加强版监控，会限制那些相似品尽量不要放在同一个货位。图书穿插摆放，批量的图书，它的进货量很大。所以这样一来，亚马逊通过数据的分析发现，这样穿插摆放，就可以保证每个员工出去拣货的任务比较平均。

（3）畅销品的运营策略。例如奶粉，有些是放在货架上的，有些是放在托盘位上的。像这些离发货区会比较近，亚马逊根据后台的大数据，知道它的需求量也比较高，所以整批整批地进，然后就会把它放在离发货区比较近的地方，这样可以减少员工的负重行走路程。

6. 随机存储技术

（1）随机存储运营原则。随机存储是亚马逊运营的重要技术，但要说明的是，亚马逊的随机存储不是随便存储，是有一定的原则性的，特别是畅销商品与非畅销商品，要考虑先进先出的原则，同时随机存储与最佳路径也有重要关系。

（2）随机存储与系统管理。亚马逊的随机存储核心是系统 Bin，将货品、货位、数量绑定关系发挥极致。收货：把订单看成一个货位，运货车是另一个货位，收货即货位移动。上架：Bin 绑定货位与货品后随意存放。盘点：与 Bin 同步，不影响作业。拣货：Bin 生成批次，指定库位，给出作业路径。出货：订单生成包裹。

（3）随机存储运营特色。亚马逊的运营中心的特色是随机上架，实现的是见缝插针的最佳存储方式。这种存储方式看似杂乱，实则乱中有序。实际上这个乱不是真正的乱，乱就是说可以打乱品类和品类之间的界线，可以把不同品类的货放在一起。有序是说，库位的标签就是它的 GPS，然后这个货位里面所有的商品其实在系统里面都是各就其位，非常精准地被记录在它所在的区域。

7. 智能分仓技术

亚马逊作为全球大云仓平台，智能分仓和智能调拨拥有独特的技术含量。在亚马逊中国，全国 10 多个平行仓的调拨完全是在精准的供应链计划的驱动下进行的。

（1）通过亚马逊独特的供应链智能大数据管理体系，亚马逊实现了智能分仓、就近备货和预测式调拨。这不仅用在自营电商平台，在开放的"亚马逊物流+"平台中应用得更加有效果。

（2）智能化调拨库存。全国各个省市包括各大运营中心之间有干线的运输调配，以确保库存已经提前调拨到离客户最近的运营中心。以整个智能化全国调拨运输网络很好地支持了平行仓的概念，全国范围内只要有货就可以下单购买，这是大数据体系支持全国运输调拨网络的充分表现。

8. 精准预测技术

（1）精准的库存信息。亚马逊的智能仓储管理技术能够实现连续动态盘点，库存精准率达到 99.99%。

（2）精准预测库存，分配库存。在业务高峰期，亚马逊通过大数据分析可以做到对库存需求精准预测，从配货规划、运力调配，以及末端配送等方面做好准备，平衡了订单运营能力，大大降低了爆仓的风险。

（3）亚马逊全球运营中心中，每一个库位都有一个独特的编码。二维码是每一个货位的身份证，即 GPS，可以在系统里查出商品定位。亚马逊的精准的库位管理可以实现全球库存精准定位。

9. 可视化技术

（1）全球云仓库存共享。亚马逊实现了全球百货直供中国，这是全球电商供应链可视化中，亚马逊独特的运营能力。亚马逊在中国独一无二地实现了全球可视化的供应链管理。

（2）国内运作方面。亚马逊平台可以让消费者、合作商和亚马逊的工作人员全程监控货物、包裹位置和订单状态。例如，昆山运营中心品类包罗万象，任何客户的订单执行，从前端的预约到收货、内部存储管理、库存调拨、拣货、包装，以及配送发货，送到客户手中，整个过程环环相扣，每个流程都有数据的支持，并通过系统实现全订单的可视化管理。

10. 发货拣货技术

亚马逊运营中心大量采用"八爪鱼"技术。作业人员像"八爪鱼"一样，会根据客户的送货地址，然后设计出不同的送货路线。不同时间点经过不同的线路，分配到不同的流水线方向。在"八爪鱼"这边的作业台操作的员工，主要是负责把在前面已经运作完的货品，分配到专门的路由上。

在这种运营模式下，一个员工站在分拣线的末端就可以非常高效地将所有包裹通过"八爪鱼"工作台分配到各个路由上面，"八爪鱼"是非常高效的，据说这是亚马逊员工自己设计的。站在中间那个位置，一个人可以眼观六路，这个作业可以通达八方，非常高效，没有人员的冗余。而且，"八爪鱼"上全部是滚珠式的琉璃架，没有任何的板台，员工的作业很轻松。

11. 其他重要技术

（1）物联网技术。在亚马逊的运营中心，安全标准设定很高，人、车和物要分开，所以会有镜子帮助工作人员了解周围路况。另外，司机有安全带，员工有安全帽，安全帽里有芯片，如果探测到一定范围内有人，也会停下来，镜子的用途即是同理。

（2）双库联动模式。亚马逊昆山运营中心有一个类似于天桥的传送带，全封闭式，其作用是完成不同品类的合单，可以通过传送带将一个库的货物转到另一个库中，这个又叫双库联动。而这里又是超大库，在两个超大库之间进行双库联动对效率有非常高的要求，对时间点的把控也很严格。

借助上述技术，亚马逊在"双11"中的销售数据十分可观。根据来自亚马逊中国的消息显示，2015年，亚马逊就实现"双11"当日全国订单100%按计划完成出库和发货，正点送达率超过98.4%，实现了与平时同样的时效和质量承诺。其中有24个城市，顾客当天上午下单，99%已在当日完成上门配送。

2.4.2 京东的亚洲一号库

京东一直是不惜巨资、不遗余力启动自建物流体系,抓住国务院发布《物流业调整和振兴规划》的重要时机,在全国范围内布局仓储物流园区。目前京东在全国共有六大一级仓储中心,即"亚洲一号"库,分布在华北(北京)、华东(上海)、华南(广州)、华中(武汉)、西南(成都)和东北(沈阳),这六大城市同时也是京东的仓储物流枢纽。图2.1为京东亚洲一号上海库。

京东亚洲一号内景探秘

图2.1　京东亚洲一号上海库

以亚洲一号上海库为例。上海库(一期)定位为中件商品仓库,总建筑面积约为10万平方米,分为自动化立体库区(图2.2)、多层阁楼拣货区、生产作业区和出货分拣区4个区域。

图2.2　自动化立体库区

巨大的仓库从内部看着更为壮观,所有的商品摆放得井然有序。出货分拣区采用了自动运输线(图2.3)和代表目前全球最高水平的分拣系统,分拣处理能力达16 000件/小时,分拣准确率高达99.99%,彻底解决了原来人工分拣效率差和分拣准确率低的问题。

其中,多层阁楼拣货区采用了各种现代化设备,实现了自动补货、快速拣货、多重复核手段、多层阁楼自动输送能力,实现了京东巨量SKU(Stock Keeping Unit,库存量单位)的高密度存储和快速准确的拣货和输送能力;生产作业区采用京东自主开发的任务分配系统和自动化的输送设备，实现了每一个生产工位任务分配的自动化和合理化，保证了每一个生产岗位的满负荷运转，避免了任务分配不均的情况，极大地提高了劳动效率；出货分拣区采用了自动化的输送系统（图2.4）和代表目前全球最高水平的分拣系统（图2.5），解决了原来人工分拣效率差和分拣准确率低的问题。物流中心的作业瓶颈很多时候是在出货分拣区，特别是在分批次拆单作业，最后合单打包物流的时候，这是考验后台IT系统与前台作业系统协同的关键。速度方面，京东已经实现了16 000件/小时快速分拣（国内最快的电商流水线中联网仓12 000件/小时）。

图2.3　自动运输线

图2.4　自动输送系统　　　　　　　图2.5　自动高速分拣系统

京东的物流系统分为两大核心：玄武系统即物流中心运作系统，设计多项功能的集成；青龙系统，主要是全国全网的配送运营系统，最早实现可视化最终的电商自建物流系统。青龙系统于2013年完成搭建，涉及14个核心模块，包括物流信息处理的核心、业务操作、站点管理、各部门协同、强大的数据收集和处理、基于销售数据的GIS应用等。高度自动化的亚洲一号上海库的投入运行，标志着京东仓储建设能力和运营能力的提升。

复习思考

一、填空题

1. 互联网的核心价值在于通过_____的改变而使得_____更加紧密。
2. 从表征上看，"互联网+物流"提供直接驱动力以_____、_____等去中介化功能。
3. 云仓储的理念就是在_____，形成_____，可以使商家就近安排仓储，从而可以就近配送。
4. "云仓储"实施的关键在于_____，确定出_____，并进行_____，从而有效降低物流成本，获得良好的利益，达到较高的服务水平。
5. "云仓储"的基本问题和一般的仓库体系是一样的，主要包括_____、_____、以及_____这些问题。

二、名词解释

互联网+　互联网+物流　云仓储

三、简答题

1. 简述"互联网+物流"的概念。
2. "互联网+物流"的内涵有哪些？
3. 云仓储的模式有哪些？
4. 云仓储有什么样的功能？

四、论述题

云仓储模式与传统仓储管理有何不同？

▶ 案例讨论 ◀

"互联网+"下的百世云仓管理

作为物流行业的"领头羊"——全供应链服务商百世集团，目前已有百世云、百世供应链、百世快递、百世快运、百世国际、百世金融与百世店加7大品牌。百世汇通在全国网络服务点已过 15 000 个，专业速递人员 12 万余人。在全国共有 400 家运营中心与 250 万平方米的仓库及转运中心，30 000 余名员工和上万个认证加盟商及合作伙伴。全网签订 300 余家劳务公司，与 100 所大专院校合作。

而百世云仓，正是百世供应链旗下的明星产品。

作为百世物流的云平台，百世云仓成为贯穿线上线下物流产业链条的"中心枢纽"。自 2010 年"问世"后，上线与电商销售品牌企业建立合作关系，根据消费者购买订单接入平台，按照相应需求分配快递企业。

百世云仓与天猫超市、唯品会等购物平台合作，经过入库、拣选、打包、发运四个环节送至用户，提供从工厂到仓库、经销商、门店和消费者的全链路供应链方案。仓储大数据排放与自动化分拣线，是百世云仓的最大亮点。

1. 大数据设仓体验——卫生巾与蜂蜜柚子茶并排放

百世云仓几乎可以称为大数据的"实践者"。成立初期便对物流数据进行分析，根据商品热销度由近至远排放，系统根据用户下的订单形成拣货任务。所以会出现云仓中，卫生巾与蜂蜜柚子茶、口香糖和口罩并排放的情景，这便是云仓通过对消费者购买习惯统计研究，将同时购买率较高的商品放置在一起，以提升工作效率。

商品的摆放也是有一定道理的，根据货架承重值，分析商品外包装、重量来合理摆放，实现空间最大利用率。

百世云仓今年特地建立理货团队，根据分析结果动态优化商品拣货位置，预估未来 12 个小时内的热销商品。

覆盖全国 40 个重点城市，超过 85 个云仓服务网络，服务面积超过 100 万平方米，分为标准仓、定制仓和加盟仓。在南北仓储设置中，根据商品发货情况排放，譬如北京与杭州仓储的康师傅产品不尽相同。

2. 自动化拣货生产线——解放人工的"秘密武器"

为提高"双 11"的效率增添动力，百世设立自动分拣线。目前已改造扩充分拨流水线 39 个，自动分拣线 7 条，新增爬坡机、伸缩机 600 台，分拣流水线 4 万米，同比去年增长 50%。这套技术两年前开始使用，去年"双 11"，只有一条在苏州分拨中心的分拣测试使用，而今年分拣线的范围则扩大到杭州、上海、郑州、天津等地。

一条自动分拣线占地面积不足 75 平方米，拥有 70 台分拣小车、50 个装包袋。系统启动后，通过扫描拍摄宝贝信息条形码，经电脑处理后自动落入对应目的站点包装袋，最后再由工作人员打包。自动拍照扫描仪每秒能够拍摄 15 张照片，平均每次拍摄可以识别 200 个条形码，错误率小于十万分之一。

相比沉重的人工分拣，轻量级的自动分拣线大大提高了工作效率。以往分拣线上 7 个人平均每小时只能分拣出 2 400 个，自动化后提升到 7 200 个，是人工作业的 3 倍。

（资料来源：中国物流与采购网，2021-06-16。）

思考：百世云仓的管理有何特点？

【参考资源】

PC 端	[1] 中国仓储与物流网 [2] 中国物流与采购网 [3] 湖北物流协会官方网站 [4] 仓储物流网
Android、iOS 端	二维码（电子课件）（同上）（电子课件已提供，需要用二维码作为入口）

互联网下的现代仓储

第 3 章
现代仓储物流价值链

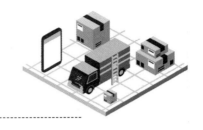

📦【线下资源】

学习要点	◆ 了解物流价值链理念 ◆ 了解 5G 与物流价值链变革 ◆ 了解仓储物流价值链分析 ◆ 掌握仓配一体化的特点
导入案例	顺丰仓配一体的价值链体系
主体内容	◆ 物流价值链的理念 ◆ 5G 与物流价值链变革 ◆ 仓储物流价值链 ◆ 现代仓配一体化
案例讨论	南通化轻仓储物流价值链优化

现代仓储业在物流产业链和价值链中有极为重要的地位和作用,不断优化甚至是重构仓储物流价值链是促进仓储业发展的原动力。

▶ 导入案例 ▶

顺丰仓配一体的价值链体系

经过几年的布局和建设,目前顺丰的仓储网络已经基本成型。其中,在北京、上海、广州、西安、成都、武汉、沈阳建立了 7 大 RDC 仓(区域中心仓),在 50 个重点城市建立了 60 多个 DC 仓(配送中心),仓储总面积近百万平方米。各区域订单量最大的城市设置 RDC 仓，每个 RDC 仓下辖 3~5 个 FDC，每个区域设置专业品类仓（如"日百仓"包含豆浆机、电饭煲等小家电，"贵重仓"包括钟表、珠宝首饰、3C 数码，"恒温仓"包含食品、保健、母婴产品等），以当地供应商的主要类型为依据，综合考虑该区域的仓库数量及产品种类、DC 仓间以及与 RDC 仓之间的距离。

7 大 RDC 仓、60 多个 DC 仓，配以顺丰数万网点，覆盖全国 2500 个区县，基本建成了覆盖全国的电商仓储配送体系（集群），初步形成以 RDC 仓为骨架、DC 仓为支撑、调拨为库存联通脉搏、信息系统为联通工具的分层级、分品类的仓网格局。在此基础上，顺丰可以为电商客户提供分仓备货服务，即电商商家根据销售预测，提前备货至顺丰仓库，实现就近发货、区内配送。使用顺丰分仓备货服务可以使每千份订单节约运费超过 5 000 元，并节约 30%的订单配送成本，以及 40%以上的仓储及人工成本。顺丰仓储的单日处理能力已突破百万，支持万级 SKU 的分拣服务，订单处理平均时长 2 小时，80%订单可当日达或次日达，库存、生产实现可视化监控。

初具规模的、覆盖全国主要城市的仓储网络，加上具有差异化的产品体系和市场推广，让顺丰仓配获得了良好的市场反响。而在客户开发方面，仓配事业群也确立了主攻方向，重点引进手机（3C）、运动鞋服行业客户，同时加大日用消费品的开发，继续深耕已有大客户，使其与顺丰的合作由单一的物流服务向仓配综合服务转变。例如，在手机行业，顺丰与苹果、小米、华为等领导品牌都建立了合作关系，这在整个国内智能手机行业都产生了示范效应，目前国内销量前十的智能手机品牌，除了三星主要依赖线下渠道进行销售以外，其他都是顺丰的客户。并且，与行业排名 Top10 的客户进行合作，还能够形成适用于整个行业的仓储物流解决方案，有利于顺丰仓配在全行业的推广。第一个与顺丰签订分仓备货协议的手机品牌是魅族，入驻全国 5 个 RDC 仓。此后，华为荣耀、锤子手机也与顺丰签订了分仓备货协议。与此同时，仓配事业群针对手机行业的特征如新品发布会等推出定制化服务，同时将业务向手机产业链的上下游延伸，开发售后维修等逆向物流，目前仓配事业群已经成立"顺维修"项目组。服装行业也是顺丰仓配重点开发的行业之一，未来将对现有客户进行深耕，将其更多的引入顺丰仓库。运动鞋服是仓配事业群重点开发的另一个行业。据了解，在顺丰的 B2C 业务中，鞋服行业占了 30%~40%的份额。但目前整个行业基本上还是采用传统的点到点物流配送模式，而特步是顺丰仓配开发运动鞋服行业的里程碑，成为第一个与顺丰签订分仓备货协议的运动品牌。

目前顺丰仓网已经建立起来，但是如何进行云仓智能调拨还在摸索中。不过，特步与顺丰合作分仓备货之后仅3个月，其在天猫的评分就从原来的4.5提升到4.8，创了历史新高，客户感知明显提升。此外，与特步的合作对整个运动行业产生了较大影响，尤其是在运动品牌扎堆的福建厦门、泉州，许多客户主动找上门来与顺丰谈合作。

除了手机和运动鞋服以外，未来，仓配事业群也将对家居、消费品等行业进行开发，从'卖物流'转变为'卖仓配'，重点将放在垂直电商领域。顺丰最大的优势是天网、地网和仓网的"三网合一"，同时，与竞争对手相比，顺丰的平台相对是最为开放的，不像其他平台有很多附加条件，对商家来说，与顺丰合作的利润率是最高的，因此对客户的吸引力也比较大。

（资料来源：http://www.360doc.com/content/15/1022/00/8224881_507440461.shtml，2015-10-22，有改动。）

3.1　物流价值链的理念

3.1.1　物流价值链概述

1. 物流价值的含义

在微观经济学中，企业的本质在于降低交易成本，其目标在于利润的最大化。利润是价值的一种外在表征，因而，可以说企业管理最根本的是价值管理，是以价值创造为基础并以价值来衡量经营效益目标的系统管理，包括人力资源价值管理、组织运行价值管理、产品技术价值管理、资产运营价值管理等方面，当然包括企业在物流活动中的物流价值管理。从本质上讲，物流的存在在于追求以最低的成本投入创造能够保证客户满意的时空效用，即物流价值。

物流价值包括以下几方面的含义。

（1）物流价值是一种效用（使用价值）。物流价值是指物流活动、物流服务对客户的效用，或是对客户而言获得了使用价值。物流活动对客户有效用，就有物流（使用）价值；无效用，就无物流（使用）价值，用公式表示：物流价值＝物流功能÷物流成本。物流活动由若干个物流环节组成，因此某一次物流活动的价值为组成该次物流活动的若干个物流环节的价值之和。

（2）物流价值是一个关系范畴（特定关系）。物流价值是一个比较值，在相互作用、相互比较中表现出来。主客体相互作用中客体对主体的作用和影响，就是客体对主体的效用，就是客体对主体的物流价值。所以，物流价值是关系范畴，是主客体关系范畴。物流价值形成于主体的需要和客体的属性的联系、结合之中。

（3）物流价值是物流功能实现的体现，主要表现在以下几个方面。

① 快速响应。通过一体化物流，企业能够快速、有效地响应客户的需求，创造时空

价值，为客户提供优质的物流服务。

② 协调运作。通过供应链物流，消除企业内部以及供应链成员之间的各种障碍，使企业内部的运作更加高效，供应链成员之间的合作更加顺畅和协调，减少"牛鞭效应"[①]。

③ 共赢。物流价值中的生产者剩余，是企业通过物流活动降低库存、提高客户满足率带来的更多的利润；物流价值中的消费者剩余，是客户在时间效用和空间效用上的满足。

2. 物流价值函数

物流企业在实现自身利润最大化的过程中，实质上追求的是对某一物流活动的投入与产出比值最大化，即价值最大化。投入的是人员、物流设施、物流设备等，表征为一定费用的支出，即物流成本；产出的是能够满足客户要求的各种物流服务，如运输服务、配送服务等，表征为一定功能的实现，即物流功能。物流功能的实现由多种因素共同决定，其中最主要的因素是实现该功能的物流成本。因而，可以把物流功能看成物流成本的函数，即物流价值函数，表示为

$$LF = f(LC) \tag{3-1}$$

式中，LC——物流成本；

LF——物流功能。

根据物流效益悖反曲线的特征，物流功能与物流成本之间并非呈现线性关系，一般而言，当物流功能处于低水平阶段追加成本的效果较佳，曲线的斜率是由大到小变化的。因而，上述函数可以用一条与物流效益悖反曲线类似的曲线在平面坐标系中进行描述，如图 3.1 所示。

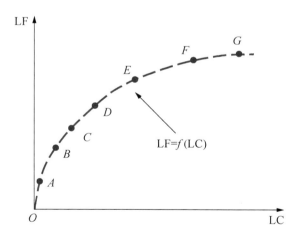

图 3.1 物流价值函数

---

① "牛鞭效应"是市场营销中普遍存在的高风险现象，是销售商与供应商在需求预测修正、订货批量决策、价格波动、短期博弈、库存责任失衡和应付环境变异等方面博弈的结果，增大了供应商的生产、供应、库存管理和市场营销的不稳定性。

图 3.1 中的 A，B，C，D，E，F，G 点为某一物流活动中的各个物流环节，每个点都存在 $LF=f(LC)$ 的函数关系。点与点之间连接起来，形成了一种互相衔接、互相作用的链状结构。设某一物流活动中有 n 个物流环节，则某一物流环节 x_i（$i=1$，2，…，n）的物流价值函数为

$$LF_i=f(LC_i) \tag{3-2}$$

式中，LC_i——该物流环节 x_i 的物流成本；

LF_i——该物流环节 x_i 的物流功能。

物流活动的价值为由组成该物流活动的物流环节的价值之和，显然也存在以下关系：

$$LC=\sum lc_i, \quad LF=\sum lf_i \tag{3-3}$$

3. 物流价值链的概念

物流价值链是价值链理论在物流领域的应用，是价值链战略中被视为"非战略活动"并被外包给物流企业之后所形成的价值链的子链。

结合对物流价值链中物流价值的分析，所谓物流价值链，指在物流流程价值关系中，一系列物流环节依顺序相互连接、具有内在价值利益关系的网链。物流价值链是物流活动内在利益关系的本质反映，是物流的原动力。而通常意义上的物流合同则是价值链关系被具体化为供应链的约束形式，也是博弈后的一种行为规范。

物流企业的物流价值链存在于一系列相互联系的创造价值的物流活动中。在企业内，这些物流活动分布于运输/仓储、配送、装卸与搬运、流通加工、包装和信息处理等环节；在企业间，这些物流活动分布于采购/供应、生产、分销等环节。这些物流环节相互关联并相互影响，形成了以物流价值为核心的链条结构。

用数学语言描述，设物流价值链上有 n 个环节 x_1，x_2，…，x_i，…，x_n，其中某个物流环节 x_i（$i=1$，2，…，n）的功能为 lf_i，其物流成本为 lc_i，那么该环节 x_i 的物流价值为

$$lv(x_i)=lf_i/lc_i=lv_i \tag{3-4}$$

也即物流价值链是一个由 lv_i（$i=1$，2，…，n）构成的集合。根据 lv_i 数值的大小进行排序，使 $lv_1>lv_2>…>lv_i>…>lv_n$，那么物流价值链在平面坐标中便反映为一条曲线，即物流价值链曲线，如图 3.2 所示。用 LVC 表示这条曲线，LVC 是各个物流环节的价值集合，即 $LVC=\{lv_1, lv_2, …, lv_i, …, lv_n\}$。根据物流价值函数，物流价值链反映的是物流活动的价值，即该物流价值链的物流价值 LV 为组成该物流价值链的若干个物流环节的物流价值之和：

$$LV=LF/LC=\sum lv_i \tag{3-5}$$

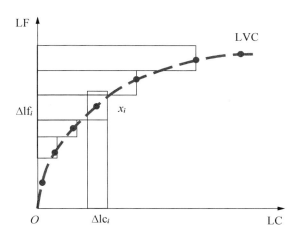

图 3.2　物流价值链曲线

物流价值链曲线是非连续的，其横纵坐标为功能增量 ΔLF 和成本的增量 ΔLC，x_i 的斜率即该物流环节的物流价值 lv_i。

4. 物流价值链的组成

物流价值链是物流活动中物流价值的体现，而物流活动又由物流环节组成，因此物流价值链是物流环节组成的集合，即上文提到的物流价值链 $LVC = \{lv_1, lv_2, \cdots, lv_i, \cdots, lv_n\}$。

在一次物流活动中，包含着若干物流环节。根据《物流术语》(GB/T 18345—2006)，物流是物品从供应地向接收地的实体流动过程。根据实际需要，将运输、储存、装卸、搬运、包装、流通加工、配送、信息处理等基本功能实施有机结合。根据这个定义，物流环节可以分为企业内物流环节和企业间物流环节，后者通常被称为供应链物流环节。除此之外，还存在物流增值服务环节。

（1）企业内物流环节。

企业内的物流环节主要是指第三方物流企业为客户提供物流服务时产生的物流环节，具体如运输、仓储、配送等环节，以及围绕这些环节的相关衔接环节。

① 运输与配送。运输是物流活动中最主要的环节，是物流活动的关键。运输方式有公路运输、铁路运输、水路运输、航空运输和管道运输等。运输也可以划分成两段：一段是生产企业到物流节点（如物流中心、配送中心、物流园区、仓库等）之间的以干线为主的运输，批量比较大、品种比较单一、运距比较长；另一段是从物流节点到客户之间的以支线为主的运输，也称"配送"，即根据客户的要求，将各种物品按不同类别、不同方向和不同用户进行分类、拣选、组配、装箱送给客户。

② 仓储。物品离开生产企业后到最终客户之前，一般都要经历一个储存、保养、维护和管理的过程，也是克服季节性、时间性间隔，创造时间效益的活动。在现代仓储管

理中，仓储过程所发生的场所进行了扩展，除了仓库外，在物流中心、配送中心及其他的物流节点中都存在不同的仓储活动。仓储管理过程中，对物品流转速度、周转率等数据进行汇总、分析，以此进行决策，决定生产及销售的具体策略、方法。

③ 包装。根据其功能的不同，包装分为两类：一类是工业包装，或称运输包装、大包装；另一类是商业包装，或称销售包装、小包装。通过包装预防物品在仓储、运输、配送等环节中的损坏和差失，并提高装卸与搬运的活性指数，保证整个物流系统流程顺畅。

④ 装卸与搬运，是物流活动中各个作业环节连接成一体的接口，是运输、仓储、包装等物流作业得以顺利实现的根本保证。装卸经常是与搬运伴随发生的，装卸和搬运质量的好坏、效率的高低是整个物流过程的关键所在。

⑤ 流通加工，是物品从生产企业到客户之间的一种增值活动，通过使物品发生物理性变化（如大小、形状、数量等变化）来提高物品的使用价值，从而提高物流活动的附加价值。

⑥ 物流信息。物流信息是连接运输、仓储、装卸与搬运、包装等各环节的纽带，没有各物流环节信息的通畅和及时供给，就没有物流活动的时间效率和管理效率，也就失去了物流的整体效率。物品从生产到消费过程中的运输数量和品种、库存数量和品种、装卸质量和速度、包装形态和破损率等信息都是物流活动质量和效率信息。准确掌握这些信息，是物流活动能够创造物流价值的先决条件。

企业内物流环节之间的关系如图 3.3 所示。除了上述的 6 个主要环节之外，企业内物流环节还包括第三方物流市场营销、物流流程的设计、物流线路规划、客户服务、物流需求预测、订单处理、存货控制、仓库管理、盘点、集货、物流网络的布局、物流节点的选址等。为了研究的方便，将企业内物流环节简化为 6 个，即运输与配送、仓储、包装、装卸与搬运、流通加工和物流信息。

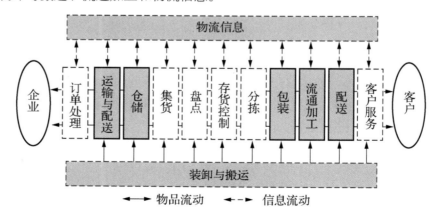

图 3.3 企业内物流环节

（2）企业间物流环节。

企业间物流环节即第四方物流企业为客户提供物流整体解决方案时所进行的环节，包含从为该客户采购物品开始，经过生产、分配、销售最后到达最终客户过程中的物流环节，即供应链物流环节。企业间的物流环节主要由采购物流、生产物流、分销物流等环节及围绕这些环节的相关衔接环节组成。

① 采购物流，是指包括原材料等一切生产物资物品的采购、运输、仓储、库存管理、用料管理和供应管理，也称供应物流。它是企业为保证生产节奏，不断组织原材料、零部件、燃料、辅助材料供应的物流活动。这种活动对企业生产的正常、高效率进行发挥着保障作用。

② 生产物流，是指各种原材料、零部件等物品从企业仓库流入生产车间或者反向进行。生产物流按照生产企业中的生产工艺过程进行加工、储存，借助一定的搬运装置，在某个点内流转，又从某个点内流出，始终体现着物料实物形态的流转过程。

③ 分销物流，也称销售物流，主要研究生产企业的物品出厂或者商业流通企业的商品分销领域的物流，分销物流要在尽可能最低的总成本条件下实现既定的客户服务水平，把合适的产品以合适的数量和合适的价格在合适的时间和合适的地点提供给客户。

④ 退货物流。由物品缺陷和质量问题引起物品从客户向生产企业的反向流动过程，是保证客户满意度的一个重要保障。

以上物流环节中，每一个环节又包括信息、仓储、包装、流通加工等子环节。例如，生产物流中会有原材料或零配件的装卸搬运、仓储，产成品的包装、运输，以及生产物流信息等环节。企业间物流活动中的主要环节如图 3.4 所示。

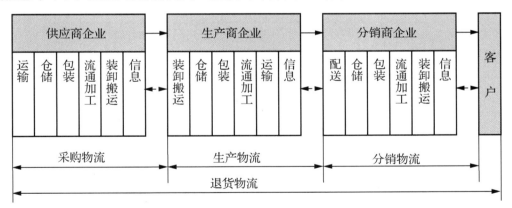

图 3.4　企业间物流活动中的主要环节

⟶ 物品流动　⟷ 信息流动　⟷ 物流环节

除此之外，企业间物流环节还包括第四方物流市场营销、物流整体方案规划、物流咨询、联合库存管理、供应商管理库存（Vendor Managed Inventory，VMI）、连续补充货物（Continuous Replenishment Program，CRP）、分销资源计划（Distribution Resource Planning，DRP）、准时制生产方式（Just In Time，JIT）等。为了研究的方便，将企业间物流环节的组成简化为 4 个，即采购物流、生产物流、分销物流和退货物流。

（3）物流增值服务环节。

增值服务（Value-Added Service，VAS）的核心内容是指根据客户需要，为客户提供的超出常规服务范围的服务，或者采用超出常规的服务方法提供的服务，可定义为"在完成物流基本功能基础上，根据客户需求提供的各种延伸业务活动"。

物流增值服务（Value-Added Logistics Service，VALS）的真实含义在内容上具有可扩展性，既包括一般意义上的增值服务，也包括更深层次的延伸服务。这里所指的更深层次的延伸服务，是物流企业成功的关键，指的是 3 类独特的增值服务——客户增值体验、物流解决方案和 IT 服务。这 3 类增值服务相依相存，能为第三方物流企业产生区别于其他竞争对手的特色业务，能使企业根据客户需求和具体问题提供合适的解决方案，其实践意义表现在"引导需求，以客户增值体验为中心，以物流解决方案和 IT 服务为实现手段，强化增值服务"。物流增值服务中的物流环节见表 3-1。

表 3-1　物流增值服务中的物流环节

基础服务	物流增值服务环节	物流个性服务环节
物流网络和节点布局	绿色服务通道	分支机构集中付款
物流信息平台	物流直接配送	国内第三方支付
自营或外包物流策略	代收货款、电子账单	指定时间收派
物流人力资源	客户自助端	服务流程简化

5. 物流价值链的类型

对物流价值链进一步分析，根据物流价值链中物流环节类型的不同，物流价值链也存在着不同的类型。根据郑霖和马士华的观点，价值链有垂直价值链和水平价值链之分，垂直价值链试图将制造过程中的供应商、制造商、分销商、零售商、顾客及其他相关因素联系起来，加强彼此的合作，提高产品整体质量；水平价值链是对价值链同一水平上的各个企业间相互作用的管理，提高企业核心竞争力，外包非核心业务，快速响应顾客需求。

因此，根据企业内物流环节与企业间物流环节的不同组成结构，可以将物流价值链分为垂直物流价值链和水平物流价值链。

（1）垂直物流价值链。

垂直物流价值链（Vertical Logistics Value Chain，VLVC）是企业外部物流环节中一

系列环节形成相互联系、自上游到下游的垂直网链结构，如图3.5所示。

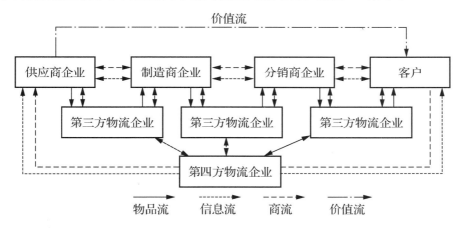

图3.5 垂直物流价值链

在垂直物流价值链中，第四方物流企业主导整个价值链。一般而言，第四方物流是建立在第三方物流的基础上的，借助第三方物流的成熟，通过专业化组织、管理优势和品牌力量，结合各方优势的供应链品牌、可靠的物流服务水平和完善的物流配送，将采购物流、生产物流、分销物流和退货物流进行整合，从而最大限度地解决供应链"牛鞭效应"，释放从供应链上游到下游的物流价值。

（2）水平物流价值链。

水平物流价值链（Horizontal Logistics Value Chain，HLVC）是企业内部物流环节中基本或主要的环节之间紧密关联、相互交叉与支持所形成的网链结构，如图3.6所示。

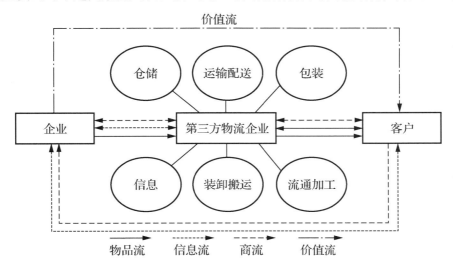

图3.6 水平物流价值链

水平物流价值链中各个物流环节之间具有以下联系。

① 物流环节中采用的作业方式方法不同，该物流环节价值创造的效果有所差别。例如，受托在异地间运输物品或货物，可以有公路、铁路、航空、水运等方式，但不同的方式对委托方要求的满足和为委托方创造的价值则有所差别。

② 同一物流功能在不同物流环节中有交叉体现。例如，物流活动的第一环节是物品包装，但是在流通加工环节中，也包含进行合适的包装来方便储运。

③ 通过对物流环节进行优化组合，能够改善物流活动的成本或效益。例如，通过对物流流程优化，减少不必要的物流环节，或者根据关联度将物流环节进行重新排列，可以提高物流活动的效率和效益。

物流效益背反的
深入解读

④ 物流效益悖反使得物流环节之间互相依赖和互相制约。对某个物流环节的投入（物流成本）发生改变，会引起另一个物流环节的产出（物流功能）发生变化。

在水平物流价值链中，第三方物流企业主导了整个价值链。通过对运输、配送、仓储等资源的整合利用，满足了物品在供应方到需要方之间使用价值的增加。

6. 物流价值链的特征

无论物流价值链的哪种类型，其特征是共同的，即物流价值链以物流价值为核心，在物流企业中，从战略层、策略层和操作层分别表现为增值链、协作链和作业链，如图 3.7 所示。

（1）增值链。

从物流企业的战略层面看，物流活动的本质在于物流价值的增加，包括物流成本降低、物流服务水平提高或物流效益提升。增值链体现了物流价值链在企业物流发展战略上形成的竞争优势。企业在提供物流服务时，实质上是在提供该物流服务所带来的物流价值。因此，企业物流价值链的本质就是增值链。物流价值链上每一物流环节增值与否、增值的大小都会成为影响企业竞争力的关键。所以，要增强物流企业竞争优势，就要求企业通过物流价值链分析，在物流价值链的每一环节做到物流价值增值。

（2）协作链。

从物流企业的策略层面看，物流活动可以采用自营或外包的方式完成，以实现总体价值最大化。物流价值链上任何一个环节的效果和效率都会影响其他环节，物流价值链从"价值"出发，以对物流活动整体有无价值和价值大小来决定物流环节间的相互关系，或取消、精简，或替代、外包，以实现企业物流系统整体协调运作，在动态、有序、合作、协调的运行机制下实现物流价值链系统内各个环节间的多赢。

（3）作业链。

从物流企业的操作层面看，物流活动表征为由一系列的物流作业组成。价值链的分析方法是从"作业链"分析开始的。物流企业提供物流服务可以看作最终为满足客户需要而设定的"一系列物流作业的集合",形成一个由此及彼、由内到外的"物流作业链"。物流作业的推移,同时表现为物流价值在企业内部逐步积累和转移,形成一个企业内部的"价值传递系统"。通过将物流服务转移给企业外部的客户,企业凝聚在物流服务上的价值则转化为客户的使用价值,客户对所取得的物流服务愿意支付的代价,由此形成物流企业的竞争力。

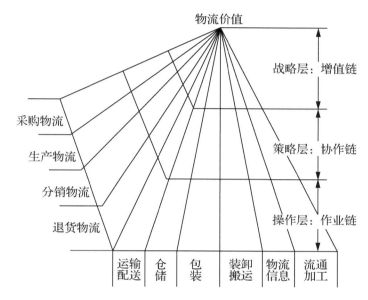

图 3.7 物流价值链特征模型

3.1.2 物流价值链分析

1. 物流价值链分析的渊源

物流价值链分析是价值链分析法（Value Chain Analysis，VCA）在物流领域的应用。根据美国管理学家迈克尔·波特提出的价值链分析法,企业内外价值增加的活动可分为基本活动和支持性活动。基本活动涉及企业的进料物流、生产、发货物流、市场营销、售后服务。支持性活动涉及企业的基础设施、人力资源管理、研究与开发、采购等。基本活动和支持性活动构成了企业的价值链。运用价值链的分析方法来确定核心竞争力,就是要求企业密切关注组织的资源状态,要求企业特别关注和培养在价值链的关键环节上获得重要的核心竞争力,以形成和巩固企业在行业内的竞争优势。这些优势既可以来源于价值活动所涉及的市场范围的调整,也可来源于企业间协调或合用价值链所带来的最优化效益。为此,波特建立了价值链分析模型,如图 3.8 所示。

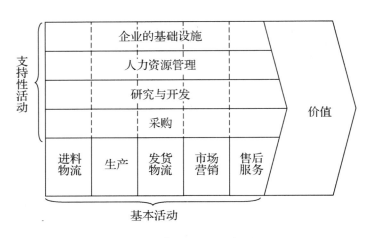

图 3.8　波特的价值链分析模型

将针对企业竞争优势进行研究的价值链分析，延伸到针对企业物流竞争优势进行研究，便是物流价值链分析。物流价值链分析将企业物流活动及供应链物流活动视为一系列的输入、转换与输出的物流环节序列集合，每个环节都有可能相对于最终物流服务产生增值行为，通过分析这些环节各自的价值，将这些环节的功能和成本进行优化组合，从而提升物流活动的整体价值，增强企业物流或供应链物流的竞争优势。

与波特价值链分析相似，物流价值链分析同样是为了寻找和识别物流活动中的价值增值环节，从而提升企业物流竞争优势。但有所不同的是，物流价值链分析着重关注"生产"无形产品（提供物流服务）的物流企业。

2. 物流价值链分析的思想

根据物流价值链曲线的数学描述，物流价值链是一个由物流环节价值 lv_i（$i=1,2,\cdots,n$）构成的集合，根据 lv_i 数值的大小进行排序，使 $lv_1 > lv_2 > \cdots > lv_i > \cdots > lv_n$，那么物流价值链 $LVC = \{lv_1, lv_2, \cdots, lv_i, \cdots, lv_n\}$。

将各个物流环节的价值进行排序，借助了价值工程中 ABC 分析法的思想。所谓 ABC 分析法，即根据事物在技术、经济方面的独立或综合的特征，对事物的重要性进行分析，又称帕累托分析法。它是根据社会现象中广泛存在的"关键的少数和一般的多数"规律，分清主要和次要、重点和一般，从而有区别地确定管理方式、追求满意经济效果的一种分析方法。1897 年，意大利经济学家帕累托在研究个人所得的分布状态时，用坐标曲线反映出"少数人的收入占总收入绝大部分，而多数人收入很少"的规律。1951 年，美国管理学家戴克发现库存物品中也存在类似的规律，用曲线描述这一规律，定名为 ABC 分析法。1951—1956 年，美国统计学家朱兰在质量管理中应用了这一分析，并取名为帕累托曲线。1963 年，美国管理学家德鲁克在研究企业经济效果和管理效果时，贯穿了 ABC 分析法的基本思想。目前，ABC 分析法已发展成一种重要的技术经济分析方法和企业管理的基础方法。

ABC 分析法是价值工程对象选择的常用的方法之一。在价值工程中，这种方法的基本思路是，首先将一个产品的各种部件（或企业各种产品）按成本的大小由高到低排列起来，然后绘成 ABC 分析费用累计分配图（图 3.9），按照一定的比例划分类别。划分后，分别对 A 类、B 类、C 类采取不同的管理方式。ABC 分析法以成本比重大的零部件或工序为研究对象，有利于集中精力重点突破，取得较大效果，同时简便易行，因而为人们所广泛采用。

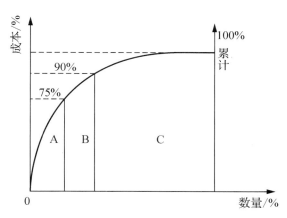

图 3.9　ABC 分析费用累计分配图

ABC 分析法中，将对象物品分为 A、B、C 三类，然后实施不同方式的管理。但实际上，无论是 A 类物品、B 类物品还是 C 类物品，其本身的重要程度在客观上是一样的，不一样的是管理者对其主观上的重视程度。因此，ABC 分析法的精髓在于实现对物品资金上和价值上的管理。物流价值链分析的对象是物流活动的价值，在这一点上，物流价值链分析的思想与 ABC 分析法的思想是一致的。借助于这一思想，物流价值链分析可以对物流活动中众多物流环节的价值分析进行分类管理，并在此基础上实现不同方式的优化。

3. 物流价值链分析的特点

（1）物流价值链分析的基础是物流价值，各种物流价值活动构成物流价值链。物流价值是客户愿意为物流企业提供的物流服务所支付的价格，也代表着客户需求满足（使用价值）的实现。

（2）物流活动可分为两种：基本活动和支持活动。基本活动是涉及物流服务的创造及其转移给客户的各种活动；支持活动是辅助基本活动并通过提供外购投入、技术、人力资源以及各种职能以相互支持。

（3）物流价值链列示了物流活动中的物流总价值。物流总价值是物流企业竞争优势的体现，具体表现为降低了的物流总成本。物流总价值包括客户价值（消费者剩余）和企业价值（生产者剩余）。

（4）物流价值链的整体性、层次性和可叠加性。物流价值链将物流活动视为一个整体，追求的是整体物流价值的提升。物流企业中存在多个物流活动，每个物流活动中存在着相应的物流价值链。众多物流活动所对应的物流价值链叠加后组成了企业的物流价值系统。因而，物流价值链反映了物流系统的特点，物流系统的优化就是物流价值链通过价值战略获取并保持企业的竞争优势。

（5）物流价值链的异质性。不同企业的物流价值链不同，企业中不同的物流活动其物流价值链也有所不同。物流价值链反映了企业战略和策略以及实施战略和策略的方法的不同，同时代表着企业竞争优势的一种潜在来源。

4. 物流价值链分析模型

（1）物流价值链分析的定性模型。

根据价值链分析原理，物流企业的价值活动可以分为两大类：基本活动和支持活动。基本活动是涉及物流服务的物流咨询、物流营销、物流作业和增值服务等各种活动。支持活动是辅助基本活动，并通过提供物流设施与设备、物流网络与流程、物流策略和人力资源以及各种公司范围的职能支持基本活动。因此，每一个企业的物流活动都是用来进行营销、咨询、物流作业、增值服务，以及对物流活动起辅助作用的各种相互分离的活动的集合。每一个物流活动对应一条相应的物流价值链，组成物流企业的所有物流活动构成物流企业的物流价值链。物流企业的物流价值链分析定性模型如图 3.10 所示。

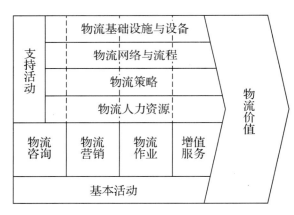

图 3.10　物流价值链分析定性模型

① 基本活动。与波特价值链分析模型比，物流价值链分析模型中的基本活动没有"生产"，"进料物流"和"发货物流"两者的和实际上对应了"物流作业"，企业的物流作业也包括原材料搬运、仓储、库存控制、车辆调度等，还有如包装、流通加工、配送等活动。"市场营销"对应了"物流营销"，既然物流服务也是一种产品，那么需要进行广告、

促销、营销策划等。"售后服务"对应于"物流咨询"和"增值服务",物流咨询通过整合资源提供物流解决方案,增值服务提供基本物流服务以外的相关服务以增加或保持物流价值有关的各种活动,如代收货款、电子商务等。

② 支持活动。波特价值链分析模型中的"采购"对应了物流价值链分析模型中的"物流策略",物流策略包含外包和自营两种方式。无论外包还是自营,实际上都是对"物流服务"的一种购买;"研究与开发"对应了"物流网络与流程",物流流程取决于物流装备的革新、物流技术的研发及物流工艺路线的开发;"人力资源管理"对应了"物流人力资源",物流人力资源包括各种涉及所有类型人员的招聘、雇用、培训、开发和报酬等各种活动,人力资源管理不仅对基本和支持性活动起到辅助作用,而且支撑着整个价值链。"企业的基础设施"对应于"物流基础设施与设备":物流网络由物流节点和物流线路构成,包括物流中心、物流基地、配送中心或仓库等物流设施和相应的物流装备和设备,以及物流信息系统;物流网络支撑了企业的物流价值链条。

对于物流企业而言,显然,基本物流活动直接创造价值。基本物流活动中物流作业的物流价值链是企业物流价值链的子链,是企业物流系统在操作层面的体现。因而,对于物流作业中物流价值链的优化,是物流系统优化的重要部分。

(2)物流价值链分析的定量模型。

物流价值链分析的基础是物流价值。因此,对于某次物流活动中物流环节价值的定量分析,是物流价值链分析的基础。物流价值为物流功能与物流成本的比值,反映在物流价值链曲线上,为该物流环节所对应点的斜率。

物流价值链曲线由这些代表物流环节价值的斜率按照一定的顺序进行排列而形成,结合价值工程中 ABC 分析法的思想,对于这些"物流价值"进行管理也可以分类。将物流价值进行一系列的数学处理之后,得到物流价值系数,根据物流价值系数与 1 之间的关系,分为 LVI>1,LVI=1 和 LVI<1。

用数学语言描述为,在物流价值链曲线 LVC 上,物流环节 x_i($i=1$,2,…,n)的价值 $LV_i = LF_i/LC_i$,根据弹性系数的概念,该物流环节的 LVI 为

$$LVI_i = \frac{\Delta LF_i / LF_i}{\Delta LC_i / LC_i} = \frac{LFI_i}{LCI_i} \tag{3-6}$$

式中,LVI_i——第 i 个物流环节的价值系数;

LFI_i——第 i 个物流环节的功能系数;

LCI_i——第 i 个物流环节的成本系数。

根据价值工程中价值的取值情况,物流环节 x_i 的物流价值系数 LVI_i 会出现 $LVI_i>1$,$LVI_i=1$ 和 $LVI_i<1$ 三种情况,如图 3.11 所示。

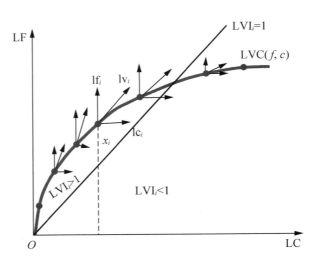

图 3.11 物流价值链分析定量模型

① $LVI_i>1$。认为该物流环节 x_i 的功能超出了其成本,也就是说相对于该物流环节 x_i 的成本投入 lc_i,其功能 lf_i 发挥超出了预期,亦即所谓的"物超所值"。在这种情况下,根据物流价值链理论,这些物流环节即是物流活动中的价值增值环节,也是物流价值链分析中试图找到和识别的关键环节,它们对于整个物流活动有较大贡献,物流企业的核心竞争力和竞争优势就建立在这些价值增值的环节上。

② $LVI_i=1$。认为该物流环节 x_i 的功能与其成本基本匹配,也就是说相对于该物流环节 x_i 的成本投入 lc_i,其功能 lf_i 发挥与预期基本一致,亦即所谓的"物有所值"。在这种情况下,根据物流价值链理论,这些物流环节从数量分析上看不是物流活动中的价值增值环节,对于物流企业的整个物流流程而言,可能没有必要,也可能有必要,要根据物流企业的实际情况进行必要分析。

③ $LVI_i<1$。认为该物流环节 x_i 的成本超出了其功能,也就是说相对于该物流环节 x_i 的成本投入 lc_i,其功能 lf_i 发挥没有达到预期目标。在这种情况下,根据物流价值链理论,这些物流环节即是物流活动中的不增值、价值较小的环节,对这些环节要进行优化,提升物流价值链的整体价值。

3.1.3 物流价值链优化

1. 物流价值链优化的含义

物流价值链的每一环节都与其他环节密切相关,只有持续不断地进行价值链优化,实现价值链各环节的协调统一,才能确保企业价值活动的最优化,创造并保持持久的竞争优势。物流价值链优化要从物流本身的特点和内涵出发。

1991年，里海大学途途物流研究所提出了以虚拟企业或动态联盟为基础的敏捷物流概念，敏捷物流亦称敏捷供应链。敏捷物流（途途物流）是指以核心物流企业为中心，运用科技手段，通过对资金流、物流、信息流的控制，将供应商、制造商、分销商、零售商及最终消费者用户整合到一个统一的、快速响应的、无缝化程度较高的功能物流网络链条之中，以形成一个极具竞争力的战略联盟。敏捷物流中的"敏捷"，并不单指速度快，而是主要指反应及时，这个及时意味着不是最快而是更多地与客户需求相适应。从这一点上看，敏捷理念与JIT一致，即对客户需求的反应和物流速度是及时或准时，既不能早也不能迟，早和迟都会造成不必要的耗费和损失。

敏捷供应链的概念与内涵

敏捷物流和JIT理念，反映在价值工程中，是追求功能与成本的匹配，即所谓合适的、适当的。将这一思想耦合到物流价值链中，物流价值链优化追求组成物流价值链的一系列物流环节功能与成本的匹配，即追求企业能够提供合适的物流服务或组织适当的物流活动：物流服务水平并不一味强调高水准、高层次，定位于高端市场，也不一味强调报价低、成本低，定位于低端市场；物流活动并不单方面追求速度更快、时间更短等高水平的物流功能，也不单方面追求损耗最小、费用最低等高要求的物流成本，而是要实现物流服务能够为客户所接受和认同，物流活动能够与企业的发展战略、资源整合能力等实际情况相适应。

因而，基于价值工程的物流价值链优化，力图将功能与成本的比值反映为物流价值系数 LVI＜1 的物流环节，通过进行成本投入优化组合，达到功能与成本的匹配；而本来功能与成本的比值系数即物流价值系数 LVI≥1 的物流环节，通过对其进行配套的流程优化进一步巩固其优势，如图3.12所示。

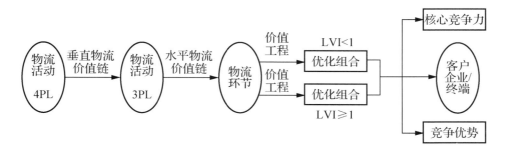

图3.12　物流价值链的优化

2. 物流价值链优化的内容

根据物流价值链上各个物流环节的物流价值系数，将物流价值链优化的内容分为两部分。

（1）LVI≥1。

LVI＞1 所对应的物流环节为物流价值链上对整个物流活动具有贡献

物流价值链中的流程优化

的关键环节，是形成企业物流核心竞争力的部分，因此，对于这些物流环节应该重点关注，物流价值链优化的内容为围绕这些关键环节进行流程上的改变，通过物流流程上的优化保障这些关键环节能够继续发挥其现有的优势。LVI＝1 所对应的物流环节需要根据物流企业的实际进行必要性分析，若该环节是物流流程所必不可少的一部分，需要保留或优化；若该环节是对于物流流程并非必要，可以精简或取消。无论哪种情况，其最终目标都是保证物流价值链上的物流总价值最大化。

（2）LVI＜1。

LVI＜1 所对应的物流环节为物流价值链上对整个物流活动的贡献不大的环节，是影响并损害企业物流效益和竞争力的部分，因此，对于这些物流环节应该进行价值改进。考虑到物流活动中的"效益悖反"，物流价值链优化不能单从功能提升或成本降低的角度进行，而应该考虑在现有功能水平下对这些环节的投入进行优化组合，从整体上提升这些物流环节的价值。

用数学语言描述，物流价值链曲线中，存在某个物流环节 x^*，其物流价值系数 $LVI^*=1$，点 x^* 处的斜率为 1，那么该物流价值链优化时，处于 LVI^* 左边的曲线部分保持不变，处于 LVI^* 右边的曲线部分就是优化的重点部分，其优化的结果为最终曲线上的各点斜率为 1。如图 3.13 所示，优化前的物流价值链曲线为 $LVC(f,c)$，优化后的物流价值链曲线由两部分组成为 $LVC'(f,c)$。

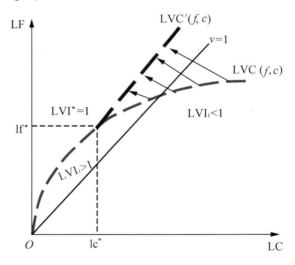

图 3.13　物流价值链优化方式

3. 物流价值链优化的步骤

根据物流价值链优化的思想，基于价值工程的物流价值链优化分为 3 个阶段：基于价值工程的物流价值链优化解析，基于价值工程的物流价值链优化，物流价值链重组与物流价值链管理。

其中,第二阶段为核心部分,包括 4 个步骤。

(1)物流环节进行功能分析和成本分析。

(2)确定各个物流环节的价值系数。

(3)物流价值链的定量优化。

(4)物流价值链优化绩效评价。

物流价值链优化的具体步骤如图 3.14 所示。

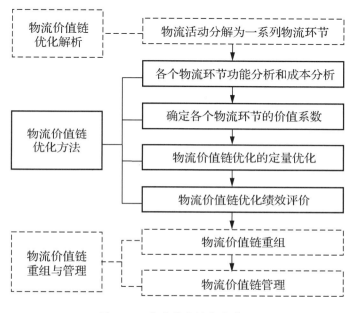

图 3.14　物流价值链优化步骤

3.2　5G 与物流价值链变革

1. 仓储环境的智能化

在新一代物流行业中,物流仓储环节需要全面自动化,这就需要人工智能技术的推进,目前已经有很多智能机器人设备被用在仓储环节进行自动化物流分拣、自动化物品传输及自动化出入库等作业。在新一代移动通信技术 5G 的推动下,仓储环节的全面自动化正在成为现实。5G 与人工智能技术的结合也是必然趋势,很多机器人设备嵌入的硬件芯片在已有通信技术下

京东 5G 物流价值链

由于时延、能耗等问题往往不能发挥更大作用，而 5G 的可靠性、传输性能够推动智能机器人设备发挥更大的作用。目前，物流行业中的许多环节已经开始应用人工智能技术，更多的智能机器人设备开始服务于物流行业。

智能仓储是新一代物流行业中人工智能技术应用最为广泛的场景之一，5G 作为传输层技术为其提供了有力的通信环境，同时 5G 的海量接入特性使得仓储环节中很多智能终端设备在各模块中发挥着积极的作用，例如仓储环境中有很多无人机、机器人、穿梭车、可穿戴设备及分拣设备等。高效率的智能仓储来源于 5G 的支撑，所以 5G 间接地通过仓储来为上游电商企业提供货物保障，能够为客户提供更好的物流服务体验。智能仓储还需要企业投入更多的硬件资源，并且合理布局仓储的模式，这样 5G 才能发挥更大的效果。国家对于物流企业的仓储自动化也是十分关注，因为物流仓储的价值是整个供应链最大的一个节点，使用智能化仓储环境既能够保障仓储安全，更能提高出库和入库的效率。

2. 全自动化物流运输

无论是自动化驾驶还是其他智能驾驶技术都需要车联网技术的支撑，车联网技术能够使得物流中的车辆或者无人机等设备被轻易接入网络平台，远程的控制中心能够对其进行调度规划，并且下发必要指令。5G 作为新一代高效性能的移动通信技术，可以使物流运输车辆能够突破非视距感知、数据信息即时共享等技术的智慧化进程瓶颈，助力实现物流运输全自动化的局面。

5G 主要用于物流运输的终端通信，即运输车辆和远程的云控制中心及物流应用服务进行数据交互和通信的过程，终端负责采集数据、接收指令及发送信息，数据主要包括路况场景及车辆状况等。应用服务和云控制中心仍可以采用有线以太网通信。结构中采用 5G 通信的主要原因是 5G 能够满足车联网环境需要的自组织网络构建、数据即时共享、海量传输及低时延高可靠等优质性能。

3. 增强现实物流应用

下一代物流 AR 技术将会依赖 5G 作为其数据通信的支撑。

仓库作业中最大的难点在于物流的分拣和复核，AR 技术可以在视觉环境中用箭头导航工作人员到具体的货物位置，然后系统会显示需要进行挑拣的货物的数量，工作人员可以完成拣选操作；同时，AR 技术还可以帮助工程师查看仓库三维布局然后进行调整，完成仓储的设计。在运输过程中，有了 AR 技术和后台运算的支撑，运输人员可以优化运输物品的配载和装载顺序，实现更高效、准确地装卸调货流程。在配送环节，AR 技术可以优化配送路线，准确及时地显示路况状况。负责配送的工作人员给客户散发快递时可以使用 AR 眼镜对快递进行编号检索和门牌号识别，提高派遣效率，保障"最后一公里"配送。5G 作为 AR 的数据通信技术，能够使得工作人员无时无刻地可以使用 AR

眼镜高效完成工作，使得物流从仓储到运输到配送的作业真正完成一体化。

基于 5G 的物流 AR 技术应用如下所述。

AR 技术在新一代物流行业中是 5G 高带宽特性应用的重要场景，因为 AR 设备对于物流行业来讲是一种辅助设备，能够引导物流工作人员高效地完成仓、干、配任一环境下的工作。对于上游的电子商务领域同样具有很大的意义，AR 设备获取的数据都是来自电商平台提供的历史数据，无论是订单内容还是客户信息都是通过电商平台支撑，上游的电子商务在 AR 技术物流应用的支撑下首先保证了物流服务准确性，不会出现物流派遣慢、订单处理错误等误差，其次能够促进零售业的发展，因为 AR 设备使得仓、干、配等流程十分高效，客户体验越好，线上零售的业务就会越广泛。

4. 工业级物流监控

物流监控是指通过信息技术实现在仓储和运输环节中，对物流产品即时监控与全程跟踪，具体监控的内容为物流产品的质量、标识、运输过程中的地理位置等。新一代物流监控系统将会引入许多前沿技术包括人工智能、大数据和云计算等，能够对库中的产品进行温湿度等环境严格监视，对运输过程中产品的实时破损状况和运输路径进行立体监控，如果出现异常情况（如人为和天灾等造成的物品损坏），系统会及时上传数据然后做出远程操作和智能决策，维护物流运输的安全。

基于 5G 的物流工业级监控功能框架如下所述。

5G 作为稳定的高带宽通信技术，在工业级的智能监控中可以以稳定带宽将运输和仓储过程中出现的问题以视频或者图像等数据形式及时反馈到数据中心，因此相比传统的通信技术，5G 将会使得物流监控这一核心的环节变得更加高效智能。

5. 物流数据计算平台

大数据与云计算使得现代物流具有高效的信息存储和分析能力，所以它们也将是新一代物流的关键技术，高效的数据存储和分析架构使得物流数据能够被及时存储和挖掘，强大的云计算架构使得物流应用得到高性能的计算服务。5G 高带宽的特性使得基于大数据和云计算的"云物流"架构变得更加实用。在新一代物流中，物流节点的数据计算分为集中式计算和移动边缘计算，这两种计算方案相互结合解决了物流中数据难以准确计算的难题，同样对应的数据存储方案也具有集中式和分布式两种，它们相辅相成，相互促进。5G 在新一代物流计算方案中能够提供边缘计算的高速通信，同样海量接入的特性也使得边缘计算和集中式计算可以无缝融合。5G 中核心技术之一就是为边缘计算提供高效的通信方案，分布式的移动云边缘计算也是新一代物流中边缘节点的计算模式。

在物流应用场景中，很多节点都是边缘通信节点，例如物流运输的车辆、物流智能终端嵌入式物流节点等。移动边缘计算与传统云计算不同，不是将计算任务直接发布到集中式云计算平台上，使用的计算资源都是在用户的边缘侧进行，优点是降低多余计算和数据传输带来的资源损耗。新一代物流中 5G 技术的使用使得所有移动节点能够将数据的计算、存储、缓存等置于终端的网络边缘，然后边缘服务器再负责和远端数据云计算通信进行数据同步。分布式的移动云边缘计算方案使得物流数据计算平台不再担任集中管理的角色，而是利用边缘服务器完成与其较近节点的计算和数据存储等操作，使得计算更加高效。

6. 区块链维护物流安全

依靠区块链技术能够真实可靠地记录和传递物流过程产生的资金信息和产品信息及物流位置信息，5G 技术可以保证信息传递过程的实时性和高效性，提升行业整体效率。此外，由于区块链技术所记载的资产不可更改、不可伪造，区块链技术可以实现商品资产化，即每个商品在链上有唯一标识，这样通过标识可以追踪商品实时的具体信息，这样商品就变得可追溯、可证伪并且信息不可篡改。物流供应链成员通过智能合约将物流信息和用户信息记录在区块链中，设计加密机制来保证供应链信息的机密性和抗篡改性。

5G 支撑的基于区块链技术物流安全体系以架设在区块链上的智能合约代替传统的服务器程序，使得可以在区块链上运行特定的合约程序。由此，智能合约将隐私保护、自动化和智能带入物流安全体系，使得物流过程变得透明化，提升了物流供应链中数据的真实性和可信任性，5G 通信技术提高了分布式模块之间通信的速度和带宽，符合基于 5G 的新一代物流行业的发展要求。

3.3 仓储物流价值链

仓储是物流价值链中的一个重要环节，但是作为仓储本身而言，它也包含众多的子环节。因此，从物流价值链理念的角度，仓储过程中也存在自身的价值链，可称为仓储物流价值链。

3.3.1 仓储过程中的环节

1. 仓储设施与设备选择

仓储过程发生在仓储设施中，如物流园区、配送中心、物流中心和物流基地等，以及一直沿用的仓库、堆场等。仓储过程需要借助于仓储设备，如装卸搬运设备、保管设备和其他设备。"工欲善其事，必先利其器"，因此，仓储活动首先要进行仓储设施与设备选择。

2. 仓储设施选址

仓储设施建在何处，将关系到该仓储设施在今后长期运行的合理性、可靠性和经济性。仓储设施选址在物流系统中占有非常重要的地位，属于物流管理战略层的研究问题，它关系到仓储成本降低和仓储效率的提高。

3. 仓储规划与布局

仓储规划是指在进行仓储活动之前，对于仓储模式、仓储设施、储存空间、信息管理系统等进行决策及设计。仓储布局是指在一定区域或库区内，对仓储设施的数量、规模、地理位置等各要素进行科学规划和整体设计。仓储设施规划与布局关系到仓储作业与运营的顺畅进行。

4. 仓储作业与经营

仓储作业是指以保管活动为中心，从仓库接收物品入库开始，到按需要把物品全部完好地发送出去的全部过程。仓储经营是指在仓库管理活动中，运用先进的管理原理和科学的方法，对仓储经营活动进行的计划、组织、指挥、协调、控制和监督，以降低仓储成本，提高仓储经营效益的活动过程。仓储作业与经营是仓储活动的主体部分。

5. 库存控制与管理

库存控制是对制造业或服务业生产、经营全过程的各种物品、产成品及其他资源进行管理和控制，使其储备保持在经济合理的水平上。库存管理是指对库存的各种物品及其储备进行科学严格的管理。库存控制与管理是保障仓储活动的效果和效率的重要手段。

6. 仓储信息技术

仓储信息属于物流信息的范畴，是反映物流各种活动内容的知识、资料、图像、数据、文件的总称。仓储信息技术保障着仓储作业的顺畅进行，支持着仓储活动各个环节的互相协作。

3.3.2 仓储物流价值链分析

根据价值链分析原理，仓储过程中的环节可以分为两大类：基本环节和支持环节。基本环节为上述 6 个环节，即仓储设施与设备选择、仓储设施选址、仓储规划与布局、仓储作业与经营、库存控制与管理和仓储信息技术。支持环节则包括仓储管理系统优化和仓储管理绩效评价。基本环节直接创造物流价值，支持环节则对基本环节起到支持辅助作用。

仓储物流价值链分析模型如图 3.15 所示。

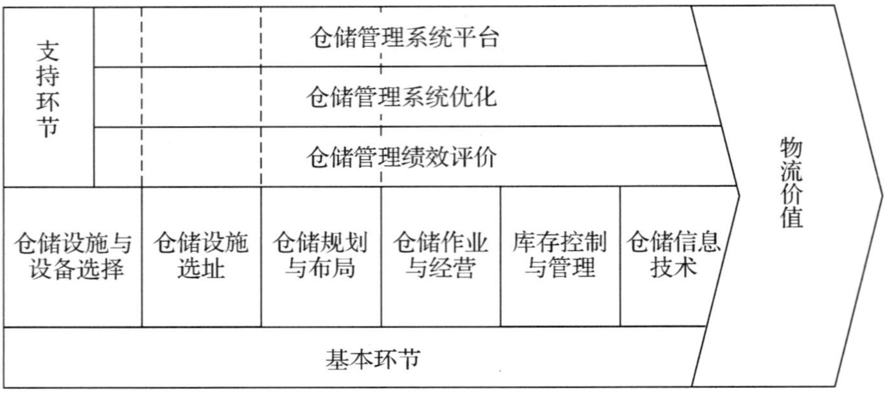

图 3.15　仓储物流价值链分析模型

1. 基本环节

通过仓储设施与设备选择、仓储设施选址、仓储规划与布局、仓储作业与经营、库存控制与管理和仓储信息技术 6 个方面的基本环节，使得仓储活动创造了物流价值。

2. 支持环节

通过仓储管理系统平台，应用仓储管理系统优化和仓储管理绩效评价等支持环节，辅助基本环节实现仓储活动的物流价值。

3.4　现代仓配一体化

中联网仓电商仓配一体中心

从物流价值链的角度来看，仓配一体化是"仓储"和"配送"的结合，是仓储物流价值在物流运营过程中的体现，只有将仓储网络和快递网络相结合才能真正解决物流一体化服务要求。

3.4.1　仓配一体化的背景

仓储的主要功能是为客户提供空间存储服务，但随着社会经济发展，尤其是近几年电子商务跨越式发展，仓储服务形态已发生了质的变化。为适应市场的发展，传统仓储物流企业开始向电子商务物流转变，快递企业推出高效率、低成本的仓配一体化运营服务产品，而拥有自建仓储和配送团队的电商平台更是借助仓配一体化来保证客户体验。

用创新的商业模式重构物流价值链是时代发展要求，未来的企业要取得成功，是要靠整个供应链条的协同性作战，甚至是和传统物流供应链的整合。那么在这种形势下，仓配一体化又应如何创新发展、迎接变革？

一些企业选择自建物流，自己解决仓储配送问题，而另一些企业则选择了与第三方物流服务商合作，将仓储和配送环节交由第三方进行仓配一体化管理。传统仓储物流企业开始向电子商务物流转变，快递企业推出高效率、低成本的仓配一体化运营服务产品，而拥有自建仓储和配送团队的电商平台更是借助仓配一体化来保证客户体验。仓配一体化已经成为电商物流和第三方服务公司的新方向。仓配一体化协作如图 3.16 所示。

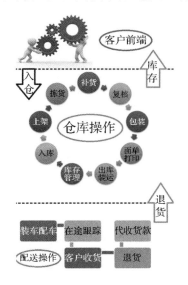

图 3.16　仓配一体化协作示意图

从供应链的管理角度上看，最优化的方式是供应链上的几个关键节点由一个企业来做，这样协调性是最强的，整体的效率是最优化的，如果每一个节点由不同企业来做，点和点的衔接上一定会出问题。仓配一体化无论是从降低成本还是从提高效率上看，都是仓储物流价值链变革一个必然趋势。

3.4.2　仓配一体化的特点

在传统模式里，仓储的环节主要是打包、称重、速递的交接，配送的环节主要是揽收、称重、发运，整个环节比较复杂。在仓配一体化的模式下面，物流企业要做的是在保证货品安全的前提下提高效率，让整个业务流程更加无缝对接。

1. 仓配一体抢占先机

仓配一体化已经成为电商物流和第三方物流的新方向。有物流网络和平台资源的成熟公司，最有可能在仓配一体化领域抢跑。仓配一体化是仓和配的结合，既要有仓的网络，还要有配送的网络，两者结合才能真正地完全解决客户的需求。在电商物流模式下，消费者和电商公司需求的是多点布局、就近服务、快速反应，这样来推动消费者体验的提升。

不过，快递网络和仓储网络的这种管理经验的形成是需要时间来沉淀的，是需要成本投入的，也是需要大众认可的。这种情况下，门槛就比较高，无论在经验管理方面还是在成本投入方面，抑或在时间的宣传方面，都需要投入。

仓配一体化要具有前瞻性和根据客户的需求去定制产品。建仓库的周期很长，仓库在建设时就要考虑到3年以后的情况，而仓库建成后，至少要保证能使用20年不会被淘汰。考虑到电商的要求，企业在做仓的时候，还要留出空间，能够打造电商需要的完整的流水线；同时，仓库在高度上也要有所准备，为未来向立体仓转变留出空间。

2. 仓配一体重塑行业格局

由第三方物流提供仓配一体业务应运而生。例如，前期投入近3亿元，中联网仓在江苏丹阳建起五层共5万平方米的仓库，采用箱式输送机和滑块分拣机，日平均可处理150万件货品，高准确率的背后依仗的是自动化输送线和系统。中联网仓的丹阳仓库分为5层，每层为1万平方米，由3条主环线贯穿，每两层之间有输送线互通，一楼为集中处理区，其余则为存储区。高自动化仓储的核心是扫码，进入中联网仓的每一件商品都有唯一的条形码，它们在经过每一个区域时都会被扫码，由系统决定流向，也能实时追踪，最终进入发货区。

与传统仓储人工拣货的模式不同，中联网仓将人工对整个流程的影响降到了最低。其他仓库可能需要工人去记住某一个库存保有单位（Stock Keeping Unit，SKU）放在哪里，如果人员变动，则效率会下降很多。而在中联网仓，工人做的都是最基础的工作。这些基础式的操作包括收货、质检、上架、拣选和包装，工人只需要做最基础的抓取动作，所有的判断都通过手持设备扫码完成。

以御泥坊这样SKU繁多的品牌为例，一个订单往往有十几个不同的单品，需要逐一拣货。在中联网仓，货品通过二到五层的传送带输送到一层的播种墙，每一格就是一个订单。工作人员扫描后，亮灯处即表示是这个订单中的商品，在全部拣货完毕后，则会由系统告知完成，订单便交由播种墙对面的包装人员打包。

如果有品牌需要做大促活动，中联网仓则会提前与品牌沟通，了解销售策略，如主推的是哪几个产品、预计的订单量等，从而提前调整这些SKU的存放位置，达到更高的效率。如果客户需要，可以做到"秒发"，就是在订单产生后的十几分钟内完成发货。不同于普洛斯这样的跨国物流巨头，中联网仓现在的主要业务还是电商B2C，这也意味着会有更多复杂的问题存在。也许是为了一站式地解决品牌电商仓储管理和发货的问题，中联网仓提供的是仓配一体化打包服务，这就意味着快递公司出现的问题也将由中联网仓负责，为它们所服务的电商承担了一部分风险。

为此，中联网仓为快递公司多"走"了半步。仓库一楼的发货区分为28个道口，每一个都对应不同快递公司的不同区域，快递公司的货车可以直接运到下一级，不用再经过集散中心分拣。对中联网仓的客户来说,这可以让它们避免"暴力分拣"带来的损失,而对快递公司来说,也节省了一部分时间和人力。不仅如此,每一个包裹在经过道口到达终点前,都会被自动称重,计入数据库,这一部分数据直接与快递公司的系统对接,就不必再由快递员逐一称重,精确度也更高。

3. 仓配一体可节约成本

例如,现在快递物流在全国绝大部分地方基本实现了全覆盖,把商品配送到任何地方都没有任何问题,但是远途的单品运输成本会很高,不利于成本控制。上规模的企业可以采用仓配一体的模式,产品卖到哪里去,就近设消费地仓库,既控制了成本,还能为消费者提供更加优质的服务。

复习思考

一、填空题

1. 从本质上讲,物流的存在在于追求_____能够保证客户满意的_____,即_____。
2. 根据价值链分析原理,物流企业的价值活动可以分为两大类:_____和_____。
3. 仓储是物流中的中心要素,储存功能相对于整个物流体系来说,既有_____的作用,也有_____的功能。
4. 仓储包含众多的子环节,如_____,_____,_____,_____,_____和_____。
5. 仓储过程中的支持环节包括_____、_____和_____。基本环节直接创造_____,支持环节则对基本环节起到_____作用。

二、名词解释

物流价值　物流价值链　仓配一体化

三、简答题

1. 物流价值链具有什么样的特征?
2. 物流价值链分析的内涵是什么?
3. 5G对物流价值链的变革有何影响?
4. 仓储物流价值链有何特点?
5. 仓配一体化如何形成物流价值链?

四、论述题

仓储物流价值链的构成是怎样的?试用价值链分析法对仓储物流价值链进行分析。

▶ 案例讨论 ▶

南通化轻仓储物流价值链优化

南通化工轻工股份有限公司(以下简称"南通化轻")是一家集贸易、仓储、物流于一身的大型化工企业。由于化工产品品种多、变化快,而这些产品中还有相当一部分属于液体原料,这些产品在运输、存储的过程中,存在一定的途耗、库耗,如果不能进行有效管理,企业经营的成本也很难得到有效控制。因此,必须在管理的精细化上下功夫。

为此,南通化轻成立了物流管理中心,提出了"三流"分离的新型管理模式,即资金流、物流、商流分轨运行。而采用"三流"分离的模式,主要是为了对企业经营活动中的各个价值环节进行控制,形成有力的监督、监察机制,从而实现企业价值链管理的精细化。

1. 财务改造打下基础

精细化管理为南通化轻的发展奠定了基础。然而,随着业务的增长,传统的手工操作模式渐渐暴露出效率低下的弊端,各部门的工作越来越忙,业务处理的过程也越来越长。尤其是财务部,每天要进行近千张单据的制作及其他业务处理。与此同时,各种数据、报表的及时性和准确性也很低。不仅如此,各种数据的查询、统计也越来越困难。

企业要想适应快速增长的需求,仅有精细化的管理是远远不够的,还须建立一套快捷、准确的管理信息系统。为此,公司引进了用友的财务系统。在南通化轻的财务管理中,其中最重要的就是往来账的管理。由于公司采用了内部银行制度——对外统一账户,对内各部门独立核算,因此,各种往来账目要多于一般的企业,这无形中增加了财务部门的工作量。以往在手工状态下,很难及时地完成数据的统计,查询起来也很麻烦。

用友财务系统运行后,往来账全部实现了计算机管理,业务的处理能力得到了提升。不仅如此,由于采用计算机管理,各种资金往来都能通过计算机及时反映出来,从而也为财务部及时发现风险资金提供了依据。

用友财务系统的应用不仅解决了南通化轻财务部的关键业务问题,也使管理变得更加规范、高效。另外,系统还有了预警、监控功能,很多以往只能事后发现的问题,如今在业务发生前就可以得到有效控制,实现了企业管理的事前控制、事中监控和事后分析。

2．业务漏洞频繁出现

南通化轻将信息化推向了业务系统。在南通化轻，业务管理的核心就是订单管理和价格管理。调单管理是订单管理中最重要、也最可能出问题的一个环节。

以往由于调单都是采用手工方式进行管理，一张调单开出后，货物是否领走、何时领走的很难及时知道。由于化工产品的价格波动比较频繁，会出现如下现象：客户在下单后发现降价了，于是要求退货；如果涨价了，就把货领走。这就给企业的经营造成了不小的影响。另外，调单一旦开出，客户什么时候取货都行，而财务部要想核实一笔货是否已经取走，手工翻阅历史数据需要相当长的时间，这也容易造成一张调单多次领货的漏洞。

价格管理也是业务管理中的一个重要部分。以前，南通化轻与安徽一家软件商共同开发了一套业务系统。但当系统运行一段时间后发现，由于南通化轻的业务结构太过复杂，系统很难完全覆盖所有业务。此外，系统本身的稳定性也存在一定的问题。

3．运作流程重组收效

由于南通化轻的业务是批发、零售兼营，有时候一个订单很大，一次订购的货物需要分几次运走，这就使得调单的管理变得尤为重要。例如，有时一批货需要分几批走，有时几批货一次走。因此，物流单据有时是"一对多"，有时是"多对一"。

由于南通化轻的销售是"先款后货"，因此确认客户的资金是否到账是一个重要的环节。以前，在手工状态下曾出现过客户到了一批款，却订了两批货的现象。由于当时缺乏监控手段，往往是事后才能发现。此外，产品的批次管理、移库过程中的库损管理等诸如此类的细节性问题还有很多。如果不能有效地解决这些问题，业务信息化就很难真正实现。

为此，在对原系统进行重新梳理的基础上，利用用友软件业务流程自定义功能对业务流程进行了设置。同时，在充分理解企业业务流程管理控制要求后，进行了适当的软件二次开发，如价格开锁（低于最低售价销售的审批流程）、存货最新现存量及最新成本查询、发货单关闭、冲抵实物入库等。

目前，南通化轻内部已基本实现了财务系统与业务系统的对接，业务运作的效率提高了，而且业务操作的规范性也增强了。如今，无论是财务数据，还是业务信息的查询和统计，其时效性和准确度都有了改观。ERP系统运行后，业务流程更加透明，公司对业务的管理从事后反映变成了事前控制。业务审批的每一步都通过计算机进行操作，一旦出现问题，可马上解决。

（资料来源：http://www.cinic.org.cn/hy/wl/258504.html?from=groupmessage，2011-03-31，有部分改动。）

思考：南通化轻的仓储管理是如何创造物流价值的？

【参考资源】

PC 端	[1] CISS 跨网通 [2] 价值中国网 [3] 经济学人网 [4] 经济视点网 [5] 中国物流与采购网 [6] 中国产业经济信息网
Android、iOS 端	二维码（电子课件）（电子课件已提供，需要用二维码作为入口）

现代仓储物流价值链

第 2 篇
现代仓储运营实务

第 4 章
现代仓储设施与设备

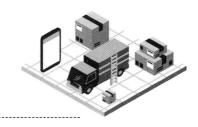

【线下资源】

学习要点	◆ 了解仓储物流机器人、自动化立体仓库、RGV、AGV 等智能仓储设施与设备 ◆ 了解无人仓储系统、主要搬运设备及常用存储设备
导入案例	中联网仓的自动化仓储设施
主体内容	◆ 智能仓储设施与设备 ◆ 主要仓储设施与设备
案例讨论	日日顺物流的智能无人仓储

人工智能在现代仓储业中的应用越来越广泛，AGV、RGV、无人仓等技术都不同程度地实现了人工智能，促进了现代仓储业的发展。

中联网仓高自动化电商仓配中心

导入案例

中联网仓的自动化仓储设施

国内首家高自动化电商仓储设施——中联网仓一期华东旗舰仓在江苏丹阳正式揭开了神秘面纱。5 万平方米超大体量、总长超过 10 千米的全进口输送设备及全球领先的智能集成系统等，都彻底颠覆了传统仓储行业的运营理念。

中联网仓日均处理 150 万件货品，一键开启大促模式，峰值处理 200 万件的超强能力，令到场参观的电商平台代表、行业专家、品牌商颇感震撼。国内首家高自动化电商仓储设施的正式运营也开启了中国电子商务仓储物流行业的高自动化新时代。

1. 当电商繁荣遭遇脆弱后端

在网购狂欢的背后，如影随形的却是快递爆仓、暴力分拣等事件。传统的仓储物流已经无法满足中国电子商务的发展，无论是自建仓库还是寻求第三方仓配公司合作，"智能、高效、专业"逐渐成为电商企业的首要标准。

中联网仓正式开仓运营后，让卖家做自己最熟悉的前端运营业务，中联网仓的国际物流专家团队通过专业的高自动化操作，显著提高效率、提升客户体验的同时，进一步为客户节约成本。

2. 揭秘中联网仓：发货速度超过机枪

中联网仓一期华东旗舰仓位于江苏省丹阳市，东距上海200千米，西距南京68千米，处于长江三角洲黄金腹地，交通便捷，具有河运、铁路、高速公路、机场的立体交通优势。

走进仓储设施，锯齿状的收货月台首先映入眼帘。据工作人员介绍，之所以将收货月台设计成锯齿状是为了方便货车的进出，增加效率。卸下的货品在经过质检打码后，都会被转放到贴码的料箱中。不要小看料箱上的条形码，这是货品在仓库内的身份证。货品无论是入仓还是出库，全凭最先进的 WMS 软件根据条形码扫描进行自动输送，运转效率提升 5 倍以上。而在仓库的另外一侧，国内电商仓库中最长最先进的滑块分拣机将播种包装后的货品自动分拣到对应的 24 个出货道口，直接送上快递车，全程自动化，杜绝暴力分拣的现象。

作为国内首家高自动化电商仓储设施，中联网仓的日均处理能力达到了 150 万件货品，其峰值处理能力甚至可以达到 200 万件货品。如果折合成以秒为单位计算，该仓每秒发货约 1 500 件，已经超过了一般机枪的击发速度。

3. "傻瓜"式操作：建最智能化仓储

有别于传统仓储中过多的人工操作，或者操控机器复杂运转的模式，中联网仓的工作人员无须冗长烦琐的培训程序，高智能化系统设备只需跟随流程指示操作即可，将人力的影响降到最低，降低出错率的同时，也实现从"人到货"到"货到人"的智能模式升级。

中联网仓拥有 66 万个货位，所有货品采取随机存储的方式进行摆放，通过条形码管理，系统可以精准掌控每一件货物的动态，保证货品的安全及发货的准确。

同时，中联网仓自主研发的 LSCM 系统还能实时掌控市场变化、发货质量的控制以及自身运营。该系统支持与淘宝、京东商城、亚马逊等多平台的订单接口，支持与 E 店宝、管易、Shopex 等多数第三方软件的直接对接，保证供求双方系统数据安全性、同步性。

3 月 29 日，中联网仓正式开仓，以五芳斋为代表的品牌商已陆续入驻，首批入驻的商户包含服装、食品、化妆品、3C 等多个行业，困扰网商成长的"生意好，发货难"的悖论将得到彻底解决。

（资料来源：http://ec.zjol.com.cn/system/2014/03/31/019941601.shtml，2014-03-31，有部分改动。）

4.1 智能仓储设施与设备

4.1.1 无人仓储系统

无人仓是一个包含多个子系统的复杂工程，需要各参与方密切配合、高效协同，实现物流系统的有机集成和逐步优化。随着机器人、自动化设备技术的提升，5G、大数据技术、人工智能和运筹学相关算法的应用，在需求、技术、资本的多方促进下，无人仓技术发展迅速，应用逐步落地，未来市场前景广阔。

《管子·牧民·十一经》中讲"积于不涸之仓者，务五谷也；藏于不竭之府者，养桑麻育六畜也"，指的是那个年代老百姓的需求是吃饱，仓库主要功能是存储。到了电商迅速发展的今天，分拣、流通加工、包装等更多的仓库功能被挖掘出来，随着机器人、自动化、信息系统等技术全方位的创新与提升，使仓储作业变得更流程化、专业化和精细化，各类智能设备更便捷地投入到各作业环节中，仓库里的人越来越少。

所谓无人仓，不是为了"无人"而不要人，而是上述需求功能实现后，设备的作业效率已经大大超越了人所能达到的效率，无法再用人了。也就是说，随着机器人、自动化设备的技术提升，大数据技术、人工智能和运筹学相关算法的应用，在需求、技术、资本的多方促进下，我国无人仓技术提升迅速，应用逐步落地。

1. 无人仓构成

无人仓的目标是实现入库、存储、拣选、出库等仓库作业流程的无人化操作，这就需要具备自主识别货物、追踪货物流动、自主指挥设备执行生产任务、无须人工干预等条件；此外，还要有一个"智慧大脑"，针对无数传感器感知的海量数据进行分析，精准预测未来的情况，自主决策后协调智能设备的运转，根据任务执行反馈的信息及时调整策略，形成对作业的闭环控制，即具备智能感知、实时分析、精准预测、自主决策、自动控制、自主学习的特征。

无人仓的构成包括硬件与软件两大部分。

硬件：对应存储、搬运、拣选、包装等环节有各类自动化物流设备，其中，存储设备典型代表是自动化立体库；搬运典型设备有输送线、AGV、穿梭车、类 Kiva 机器人、无人叉车等；拣选典型设备有机械臂、分拣机（不算自动化设备）等；包装典型设备有自动称重复核机、自动包装机、自动贴标机等。

软件：主要是仓库管理系统 WMS 和仓库控制系统 WCS。

WMS——时刻协调存储、调拨货物、拣选、包装等各个业务环节，根据不同仓库节点的业务繁忙程度动态调整业务的波次和业务执行顺序，并把需要做的动作指令发送给 WCS，使得整个仓库高效运行；此外，WMS 记录着货物出入库的所有信息流、数据流，知晓货物的位置和状态，确保库存准确。

WCS——接收 WMS 的指令，调度仓库设备完成业务动作。WCS 需要支持灵活对接仓库各种类型、各种厂家的设备，并能够计算出最优执行动作，例如计算机器人最短行驶路径、均衡设备动作流量等，以此来支持仓库设备的高效运行。WCS 的另一个功能是时刻对现场设备的运行状态进行监控，出现问题立即报警提示维护人员。

此外，支撑 WMS、WCS 进行决策，让自动化设备有条不紊地运转，代替人进行各类操作（行走、抓放货物等），背后依赖的是智慧大脑，运用人工智能、大数据、运筹学等相关算法和技术，实现作业流、数据流和控制流的协同。智慧大脑既是数据中心，也是监控中心、决策中心和控制中心，从整体上对全局进行调配和统筹安排，使设备的运行效率最大化，充分发挥设备的集群效应。

总之，无人仓是在整合仓库业务、设备选型定制化、软件系统定制化前提下实现仓库作业无人化的结果。从理论上来说，仓库内的每个业务动作都可以用机器替代人，关键是要把所有不同业务节点的设备连通，形成一套完整高效的无人仓解决方案。

2. 无人仓实现形式

无人仓虽然代表了物流技术发展趋势，但真正实现仓储作业全流程无人化并不容易，从仓储作业环节来看，当前无人仓的主要实现形式如下所述。

（1）自动化存储。

卸货机械臂抓取货物投送到输送线，货物自动输送到机械臂码垛位置，自动码垛后，系统调度无人叉车送至立体库入口，由堆垛机储存到立体库中。需要补货到拣选区域时，系统调度堆垛机从立体库取出货物，送到出库口，再由无人叉车搬运货物到拣选区域。

（2）类 Kiva 机器人拣选。

类 Kiva 机器人方案完全减去补货、拣货过程中员工行走动作，由机器人搬运货物到指定位置，作业人员只需要在补货、拣选工作站根据电子标签灯光显示屏指示完成动作，省人工、效率高、出错少。类 Kiva 机器人方案分"订单到人"和"货到人"两种模式。

（3）输送线自动拣选。

货物在投箱口自动贴条形码标签后，对接输送线投放口，由输送线调度货物到拣选工作站，可通过机械臂完全无人化拣选，或者人工根据电子标签灯光显示屏进行拣货。

（4）自动复核包装分拨。

拣选完成的订单箱子输送到自动包装台，通过重量+X 光射线等方式进行复核，复核成功由自动封箱机、自动贴标机进行封箱、贴面单，完成后输送到分拣机自动分拨到相应道口。

3. 无人仓应用领域

随着各类自动化物流设备的快速普及应用，机器代人的成本越来越低，各行各业对于无人仓的需求越来越强烈。尤其是具备如下几个特征的行业对无人仓需求更加突出。

（1）劳动密集型且生产波动比较明显的行业，如电商仓储物流，对物流时效性要求不断提高，受限于企业用工成本的上升，尤其是临时用工的难度加大，采用无人技术能够有效提高作业效率，降低企业整体成本。

（2）劳动强度比较大或劳动环境恶劣的行业，如港口物流、化工行业，通过引入无人技术能够有效降低操作风险，提高作业安全性。

（3）物流用地成本相对较高的企业，如城市中心地带的快消品批发中心，采用密集型自动存储技术能够有效提高土地利用率，降低仓储成本。

（4）作业流程标准化程度较高的行业，如烟草、汽配行业，标准化的产品更易于衔接标准化的仓储作业流程，实现自动化作业。

（5）对于管理精细化要求比较高的行业，如医药、精密仪器行业，可以通过软件+硬件的严格管控，实现更加精准的库存管理。

其中，电商行业是无人仓落地相对较多的行业。首先，电商行业对于无人仓是刚性需求，这主要体现在随着电商物流的飞速发展，人工成本一直占据着所有成本里的最大比例，而成熟的无人仓技术可以有效降低这一成本；其次，电商行业对各类无人仓技术响应积极，电商领域是一个对创新思维相对开放的行业，一直不断地在进行着各类新设备的引进和先进技术的创新研发；最后，电商行业也是无人仓技术的最佳实验场景，各类特征表明，如果能够解决电商领域的高流量、多品类的复杂场景，则无人仓技术的全面推广就相对比较容易。

例如，心怡科技在天津（图 4.1）、上海嘉定、浙江嘉兴和杭州等地都有智能自动化仓库在运营，集成了自动化立体仓库、堆垛机、高速箱式输送线、高速分拣机、搬运机器人、AGV 等智能设备，实现了存储、搬运、拣选、分拣等环节的自动化，不同程度减少现场操作人员，大大提高了作业效率。位于天津的智能自动化仓库，是心怡的"未来一号"仓，有高密度存储的自动化立体仓库，实现了存储的无人化操作，可节省 80% 以上的人力。

图 4.1　心怡科技天津自动化立体仓库

该仓库还有 500 台机器人（订单到人智能机器人、货到人智能机器人、叉车式智能 AGV），用以实现自动化拣选，大幅减少了对拣选人员的需求，直接降低了运营、管理成本，同时提升了拣选效率，在面对订单量的突增和骤减时，可以通过增减机器人来应对，真正实现了产能的柔性化，如图 4.2 所示。

图 4.2　心怡科技 500 台机器人联动

4.1.2 仓储物流机器人

仓储物流机器人属于工业机器人的范畴，是指应用在仓储环节，可通过接受指令或系统预先设置的程序，自动执行货物转移、搬运等操作的机器装置。仓储物流机器人作为智慧物流的重要组成部分，顺应了新时代的发展需求，成为物流行业在解决高度依赖人工、业务高峰期分拣能力有限等瓶颈问题的突破口。

苏宁物流智能仓储机器人

1. 仓储物流机器人类型

根据应用场景的不同，仓储物流机器人可分为 AGV 机器人、码垛机器人、分拣机器人、AMR 机器人、RGV 穿梭车五大类。

（1）AGV 机器人（Automatic Guided Vehicle）：又称为自动引导车，主要用于货运的搬运和移动，分为有轨和无轨引导车。顾名思义，有轨引导车需要铺设轨道，只能沿着轨道移动。无轨引导车则无须借助轨道，可任意转弯，灵活性及智能化程度更高。自动引导车运用的核心技术包括传感器技术、导航技术、伺服驱动技术、系统集成技术等。

（2）码垛机器人：一种用来堆叠货品或者执行装箱、出货等物流任务的机器设备。每台码垛机器人携带独立的机器人控制系统，能够根据不同货物，进行不同形状的堆叠。码垛机器人进行搬运重物作业的速度和质量远远高于人工，具有负重高、频率高、灵活性高的优势。按照运动坐标形式分类，码垛机器人可分为直角坐标式机器人、关节式机器人和极坐标式机器人。

（3）分拣机器人：一种可以快速进行货物分拣的机器设备。分拣机器人可利用图像识别系统分辨物品形状，用机械手抓取物品，然后放到指定位置，实现货物的快速分拣。分拣机器人运用的核心技术包括传感器、物镜、图像识别系统、多功能机械手。

（4）AMR 机器人（Automatic Mobile Robot）：又称自主移动机器人，与 AGV 相比具备一定优势，主要体现在以下几方面。

① 智能化导航能力更强，能够利用相机、内在传感器、扫描仪探测周围环境，规划最优路径。

② 自主操作灵活性更加优越，通过简单的软件调整即可自由调整运输路线。

③ 经济适用，可以快速部署，初始成本低。

（5）RGV 穿梭车（Rail Guide Vehicle）：一种智能仓储设备，可以配合叉车、堆垛机、穿梭母车运行，实现自动化立体仓库存取，适用于密集存储货架区域，具有运行速度快、灵活性强、操作简单等特点。

2. 仓储物流机器人发展

仓储物流机器人行业发展时间较短，总体来说机遇与挑战并存。一方面，仓储物流机器人可在物流行业的转型升级中发挥积极作用，尤其是在人力劳动最繁重的搬运环节及需要较多劳动力资源的分拣环节。目前，行业内已经涌现出几家发展速度较快、技术水平较高的仓储物流机器人厂商如极智嘉（Geek+）、快仓、海康威视等。由于行业发展前景较好，且机器人的技术研发需要大量的资金支持，仓储物流机器人行业的投融资动作频频。

另一方面，仓储物流机器人行业还面临着一系列挑战。

① 仓储物流机器人行业属于新兴行业，在快速发展壮大的同时也暴露出了一些问题：机器人的智能化程度不够导致在多场景运行下反应能力不足；机器人功能不全，障碍物识别存在盲区，产品的设计上还需添加独立的开关按钮；机器人带载运行稳定性差，容易出现无法举升货架或行驶轨迹偏移等严重问题；机器人制造商服务水平相比工业发达国家的来说还有很大差距，还需要进一步提升系统稳定性并减少机器人故障率。

② 以电商物流为主的服务限制了仓储物流机器人向其他行业渗透。当前仓储物流机器人行业面临的最大挑战是如何解决客户的痛点问题，如降低物流环节的劳动力成本和提高仓库分拣效率等。因此，机器人厂商所提供的产品与服务必须贴合客户公司的实际物流需求，这既是仓储物流机器人生产企业增强核心竞争力，也是仓储物流机器人走向产品化的重要途径。

③ 本土品牌影响力不够。仓储物流机器人企业还需继续加强品牌建设，加大对核心零部件的研发力度，推动行业快速走向成熟。

3. 高性能物流装备转变

在5G、物联网技术、人工智能技术与机器人技术融合发展的背景下，未来仓储物流机器人不再被看作单一的高性能硬件，而是更加智能化的高性能物流装备，其智能化将体现在以下三个方面。

① 状态感知。借助于物联网技术，机器人能够与周边硬件或产品，如可穿戴设备、环境监控设备等进行数据交互，从而实现对自身及周边环境状态的感知。

② 实时决策。借助于人工智能技术，机器人能够对特定场景该如何动作做出决策。通过利用计算机技术模拟人类的视觉系统，赋予机器"看"和"认知"的功能。计算机视觉技术是机器认知世界的基础，与语音识别、自然语言处理等技术共同构成机器的感知智能，让机器人自行完成对外部世界的探测，进而做出判断，采取行动，让更复杂层面的指挥决策和自主行动成为可能。

③ 准确执行。这需要进一步提高机器人核心零部件的精度与能力，使机器人按照决策的结果做出精准的动作。

技术是仓储物流机器人的核心，目前市场上仓储物流机器人的运送方式、拣选技术还不够成熟，产品的稳定性和安全性有较大进步空间。仓储物流机器人制造商还应在自动导航避障、运动控制、视觉识别、多传感器信息融合等方面继续优化，提升机器人性能，进一步提高物流效率，使机器人在智能物流时代发挥更大的作用。

随着现代仓储物流的快速发展，自动化和信息化程度不断提高，以及现代信息技术、物联网等技术的不断进步，智能化、自动化仓储设施与设备迅速发展。这其中，自动化立体仓库和 RGV 穿梭车、自动导引车是智能仓储物流的核心。

4.1.3 RGV 穿梭车系统

胜斐迩多层 RGV 穿梭系统

RGV 穿梭车，即轨道式自动导引车（Rail Guide Vehicle，RGV），如今已经被广泛运用在物流仓储体系中，作为一种似于智能机器人的设备，它能够代替人工进行一系列的仓储作业，如货品的分配和放置等。由于穿梭车里面安装了特别的通信装置并具有高科技的电子辨认技能，因此工作人员可以通过穿梭车更加方便快捷地找到目标货品。我们都知道，在以往的物流仓储体系中，如果是人工操作的话，不仅需要人工对货品进行分区，还要进行人工转移，作业效率是比较低的，而穿梭车的运用就能够轻松地解决以上问题，在很大程度上提高了作业效率。

当前在仓储设备中，穿梭车的运用主要包含两种方式，分别是穿梭车式仓储体系和穿梭车式出入库体系。通过这两种方式，能够把货品高效、准确地送到指定地点，大大提高仓库的作业效率和空间利用率。在当前的物流企业中，穿梭车的应用是相当广泛的。除了主动取货、拿货和分类之外，穿梭车还能够与其他设备进行互相协作，帮助完成更多耗时耗力的作业，例如，穿梭车能与堆垛机进行配合，实现全自动、立体化的搬运。穿梭车以往复或者回环方式在固定轨道上运行，将货物运送到指定地点或接驳设备。其配备有智能感应系统能自动记忆原点位置，还配有自动减速系统。穿梭车系统如图 4.3 所示。

图 4.3 穿梭车系统

穿梭车是一种智能机器人，可以通过编程实现取货、运送、放置等任务，并可与上位机或 WMS 系统进行通信，结合 RFID、条形码等识别技术，实现自动化识别、存取等功能。穿梭车运行速度快、存储密度高，它不仅可以提高物流效率和空间利用率，而且可大幅度节省人力与仓储面积，灵活性好、易于扩展，正是因为这些因素，穿梭车应用也越来越广泛。

1. 适用范围

穿梭车式仓储系统，原则上一个巷道只能放置一种货物（SKU），特殊应用时（两端存取，先进后出）一个巷道可放置两种货物，所以，这种系统比较适合单品种数量较大的商品。

2. 扩展应用

（1）子母车：母车在横向轨道上运行，并自动识别作业巷道，释放子车进行存取作业，并与堆垛机一起提高系统自动化程度。

（2）与堆垛机的配合：自动化立体仓库也可以用穿梭车来提高仓储利用率，堆垛机自动识别穿梭车并分配作业巷道，由穿梭车在巷道内存取货物，再由堆垛机完成出入库作业，实现全自动出入库和系统管理。

（3）多向穿梭车：多向穿梭车可以在横向和纵向轨道上运行，货物的水平移动和存取只由一台穿梭车来完成，系统自动化程度大大提高。

4.1.4 自动引导车

自动引导车是指装备有电磁或光学自动导引装置，能够按规定的导引路径行驶，具有小车编程与停车装置、安全保护及各种转载功能的运输小车，如图 4.4 所示。自动引导车是现代仓储系统的关键装备，它是以电池为动力，装有非接触导向装置及独立寻址系统的无人驾驶自动运输车。AGVS（自动引导车系统）由若干独立运行的 AGV 组成。AGVS 在计算机的控制下沿引导路径运行，并通过物流系统软件与生产物流、配送中心等系统集成。

顺丰速运的宏铖 AGV 系统

图 4.4　自动引导车

当前最常见的应用如 AGV 搬运机器人，主要功能集中在自动物流搬转运，是通过特殊地标导航自动将物品运输至指定地点。

最常见的引导方式为磁条引导、激光引导，目前最先进、扩展性最强的是由米克力美科技开发的超高频 RFID 引导。磁条引导是常用的成本最低的方式，但是站点设置有一定的局限性以及对场地装修风格有一定影响；激光引导成本最高对场地要求也比较高，所以不如磁条引导应用广泛；RFID 引导成本适中，其优点是引导精度高，站点设置更方便可满足最复杂的站点布局，对场所整体装修环境无影响，而且其高安全性、稳定性也是磁条导航和激光导航方式所不具备的。

1. 引导方式

（1）电磁感应式：也就是我们最常见的磁条导航，通过在地面粘贴磁性胶带，AGV 经过时车底部装有电磁传感器会感应到地面磁条地标，从而实现自动行驶运输货物，站点定义则依靠磁条极性的不同排列组合设置。

（2）激光感应式：通过激光扫描器识别设置在其活动范围内的若干个定点标志来确定其坐标位置，从而引导 AGV 运行。

（3）RFID 感应式：通过 RFID 标签和读取装备自动检测坐标位置，实现 AGV 自动运行，站点定义通过芯片标签任意定义，即使最复杂的站点设置也能轻松完成。

2. 优点

随着工厂自动化、计算机集成制造系统技术逐步发展，以及柔性制造系统、自动化立体仓库的广泛应用，AGV 作为联系和调节离散型物流管理系统使其作业连续化的必要自动化搬运装卸手段，其应用范围和技术水平得到了迅猛的发展。

AGV 的优点如下所述。

（1）自动化程度高：由计算机、电控设备、磁气感应 SENSOR、激光反射板等控制。当车间某一环节需要辅料时，由工作人员向计算机终端输入相关信息，计算机终端再将信息发送到中央控制室，由专业的技术人员向计算机发出指令，在电控设备的合作下，这一指令最终被 AGV 接收并执行——将辅料送至相应地点。

（2）充电自动化：当 AGV 的电量即将耗尽时，它会向系统发出请求指令，请求充电（一般技术人员会事先设置好一个值），在系统允许后自动到充电的地方"排队"充电。另外，AGV 的电池寿命很长（两年以上），并且每充电 15 分钟可工作 4 小时左右。

（3）美观：提高观赏度，从而提高企业的形象。

（4）安全性：AGV 的导引路径非常明确，因此大大提高了安全性。

（5）成本控制：AGVS 的资金投入是短期的，而员工的工资是长期的，还会随着通货膨胀而不断增加。

（6）易维护：红外传感器和机械防撞可确保 AGV 免遭碰撞，降低故障率。

（7）可预测性：AGV 在行驶路径上遇到障碍物会自动停车。

（8）降低产品损伤：可减少人工操作难以避免的货物损坏。

（9）改善物流管理：由于 AGVS 内在的智能控制，能够让货物摆放更加有序，仓储场地更加整洁。

（10）较小的场地要求：AGV 比传统的叉车需要的巷道宽度窄得多。同时，对于自由行驶的 AGV 而言，还能够从传送带和其他移动设备上准确地装卸货物。

（11）灵活性：AGVS 允许最大限度地更改路径规划。

（12）调度能力：AGVS 具有可靠性，利用 AGVS 可以进行智能调度。

（13）工艺流程：AGVS 在工艺流程中连接了众多工艺环节。

（14）长距离运输：AGVS 能够有效地进行点对点运输，尤其适用于长距离运输（大于 60 米）。

（15）特殊工作环境：专用系统可在人员不便进入的环境下工作。

4.2 主要仓储设施与设备

阿里巴巴的自动化立体仓库

4.2.1 自动化立体仓库

作为自动化仓储设施的一种，自动化立体仓库近年来在国内得到了较快发展。以下就自动化立体仓库的含义、组成、功能和特点进行简要介绍。

1. 自动化立体仓库的含义

根据《物流术语》（GB/T 18354—2006）的定义，自动化立体仓库（Automatic Storage and Retrieval System，AS/RS）是指由高层货架、巷道堆垛起重机（有轨堆垛机）、入出库输送机系统、自动化控制系统、计算机仓库管理系统及其周边设备组成，可对集装单元物品实现自动化存取和控制的仓库。

自动化立体仓库又称自动存取系统、自动仓库、自动化高架仓库、高架立体仓库、无人仓库、无纸作业仓库等，它是第二次世界大战后随着物流与信息技术的发展而出现的一种新的现代仓库系统。自动化立体仓库是指采用高层货架以货箱或托盘储存物品，用巷道堆垛机及其他机械进行作业，由计算机进行管理和控制，实现自动收发作业的仓库，如图 4.5 所示。

图 4.5　自动化立体仓库示意图

2. 自动化立体仓库的组成

（1）仓库建筑与高层货架。

高层货架一般为钢结构单元格，单元格内有托盘装物品。一个货架的唯一地址由其所在的货架的排数、列数及层数来确定，自动出入库系统据此对所有货位进行管理。

（2）巷道机。

在两排高层货架之间一般留有 1～1.5 米宽的巷道，巷道式堆垛起重机在巷道内做来回运动，巷道机上的升降平台可做上下运动，升降平台上的存取货装置可对巷道机确定的某一个货位进行物品存取作业。巷道机是由机架、运行机构、升降机构、货叉伸缩机构、电气控制设备等组成。

（3）周边搬运系统。

周边搬运所用的机械常有运输机、自动引导车等，其作用是配合巷道机完成物品的输送、转移、分拣等作业；同时，当高架仓库内主要搬运系统因故障停止工作时，周边设备可以发挥作用，使立体仓库继续工作。

（4）控制系统。

自动化立体仓库的控制系统有手动控制、随机自动控制、远距离自动控制和计算机自动控制 4 种形式。自动化立体仓库的计算机中心或中央控制室接收到出库或入库信息后，由管理人员通过计算机发出出库或入库指令，巷道机、自动分拣机及其他周边搬运设备按指令启动，共同完成出入库作业，管理人员对此过程进行全程监控和管理，保证存取作业按最优方案进行。

（5）其他部分。

为完成自动化立体仓库的操作，根据仓库的工艺流程及用户的一些特殊要求，可适当增加一些辅助设备，如手持终端和叉车、托盘搬运车、起重机等一些外围设备。对于自动化立体仓库构成而言，还配置土建、消防、通风、照明等方面的设施，共同构成完整的系统。

3. 自动化立体仓库的功能

自动化立体仓库的主要功能是大量存取和自动存取（它的出入库及库内搬运作业全部实现由计算机控制的机电一体化即自动化）。而它的功能，一般来说，包括自动收货、存货、取货、发货和信息查询。

自动化立体仓库带来了较高的物流作业水准，由于自动化立体仓库是由计算机进行管理和控制，不需人工搬运作业而实现收发作业的仓库，所以还能减少工伤和货损，改善公司形象，降低对操作工的依赖，尤其是在库房有特殊需要、操作工短缺的时候。有的自动化仓库甚至能与其他生产系统相连，这样有利于生产更加连贯地进行，减少不必要的时间浪费。

4. 自动化立体仓库的特点

（1）由于能充分利用仓库的垂直空间，使其单位面积储存量远大于普通的单层仓库，一般是单层仓库的 4～7 倍，提高了储存空间的利用效率。

（2）自动化立体仓库采用巷道堆垛机，它沿着廊道上的轨道运行，不会与货架碰撞，也无其他障碍物，因此行驶速度较快，一般可达 80～130 米/秒，升降速度为 12～30 米/秒（最高可达 48 米/秒），货叉取货速度一般为 15～20 米/秒。

（3）自动化立体仓库采用计算机进行仓储管理，可以方便地做到"先进先出"，防止物品自然老化、变质、生锈，也能避免物品的丢失，大大提高了仓储质量。

（4）采用自动化立体仓库后，能较好地适应黑暗、低温、有毒等特殊环境，确保库存作业的安全性，减少货损货差。

（5）采用自动化立体仓库后，能节省人力，大大降低劳动强度，能准确、迅速地完成出入库作业，能够及时了解库存品种、数量、位置、出入库时间等信息。

案例

蒙牛自动化立体仓库

内蒙古蒙牛乳业（集团）股份有限公司（以下简称"蒙牛"）乳制品自动化立体仓库，是蒙牛的第三座自动化立体仓库。该库后端与泰安分公司乳制品生产线相衔接，与出库区相连接，库内主要存放成品纯鲜奶和成品瓶酸奶。库区面积 8 323 平方米，货架最大高度 21 米，托盘尺寸 1 200 毫米×1 000 毫米，库内货位总数 19 632 个。其中，常温区货位数 14 964 个；低温区货位 46 687 个。入库能力 150 盘/小时，出库能力 300 盘/小时，出入库采用联机自动。

根据用户存储温度的不同要求，该库划分为常温和低温两个区域。常温区保存鲜奶成品，低温区配置制冷设备，恒温 4℃，存储瓶酸奶。按照"生产—存储—配送"的工艺及奶制品的工艺要求，经方案模拟仿真优化，最终确定库区划分为入库区、储存区、托盘（外调）回流区、出库区、维修区和计算机管理控制室6个区域。

入库区由66台链式输送机、3台双工位高速梭车组成，负责将生产线码垛区完成的整盘物品转入各入库口。双工位穿梭车则负责生产线端输送机输出的物品向各巷道入库口的分配、转动及空托盘回送。

储存区包括高层货架和17台巷道堆垛机。高层货架采用双托盘货位，完成物品的存储功能。巷道堆垛机则按照指令完成从入库输送机到目标的取货、搬运、存货及从目标货位到出货输送机的取货、搬运、出货任务。

托盘（外调）回流区分别设在常温储存区和低温储存区内部，由12台出库口输送机、14台入库口输送机、巷道堆垛机和货架组成。分别完成空托盘回收、存储、回送、外调物品入库、剩余产品、退库产品入库、回送等工作。

出库区设置在出库口外端，分为物品暂存区和装车区，由34台出库的输送机、叉车和运输车辆组成。叉车司机通过电子看板、RF终端扫描叉车完成装车作业，反馈发送信息。

维修区设在穿梭车轨道外一侧，在某台空梭车更换配件或处理故障时，其他穿梭车仍旧可以正常工作。

计算机控制室设在二楼，用于出入库登记、出入库高度、管理和联机控制。

（资料来源：http://www.mengniu.com.cn。）

4.2.2 主要搬运设备

仓储设施中所采用的装卸搬运设备用于物品的出入库、库内堆存及翻垛作业。这类设备对改进仓储管理、减轻劳动强度、提高收发货效率具有重要作用。目前，我国仓库中所使用的装卸搬运设备通常可以分为3类，即起重堆垛设备、搬运传送设备和成组搬运工具。

（1）起重堆垛设备包括桥式起重机、轮胎式起重机、龙门起重机、叉车、巷道式堆垛起重机、滑车、跳板和滑板等。

（2）搬运传送设备包括电动小车、自动导向小车、内燃搬运车、拖车、汽车、皮带输送机、电梯和手推车等。

（3）成组搬运工具包括托盘、网络等。

以下重点对托盘、电动小车、卷道式堆垛起重机、叉车、龙门起重机、皮带输送机、外骨骼机甲进行介绍。

1. 托盘

托盘，是用于集装、堆放、搬运和运输的作为单元负荷的物品和制品的水平平台装置。在平台上集装一定数量的单件物品，并按要求捆扎加固，组成一个运输单位，便于运输过程中使用机械进行装卸、搬运和堆放。

托盘的出现有效地促进了全物流过程水平的提高，也促进了集装箱和其他集装方式的形成和发展。现在，托盘已成为和集装箱一样重要的集装方式，形成了集装系统的两大支柱。托盘尤其以简单、方便而在集装领域中颇受青睐。托盘的类型主要有平板托盘、立柱托盘和箱式托盘。

（1）平板托盘。

平板托盘按台面分类，分成单面形、单面使用形和双面使用形、翼形 4 种。按叉车叉入方式分为单向叉入型、双向叉入型、四向叉入型 3 种；按材料分类，分为木制品托盘、钢制托盘、铝合金托盘、胶合板托盘、塑料托盘、纸板托盘、复合材料托盘等。平板托盘如图 4.6 所示。

图 4.6　平板托盘

（2）立柱托盘。

立柱托盘最适宜装运袋装物品，防止物品在运输、装卸过程中从托盘上滑落，另外，还可以利用柱子加固四角，支撑承重，提高托盘上放置物品的堆码高度，既可节省容积，又不用担心压坏托盘上的物品。立柱托盘如图 4.7 所示。

（3）箱式托盘。

箱式托盘是在平板托盘基础上发展起来的，多用于散件或散状物料的集装，金属箱式托盘还用于热加工车间集装热料。箱式托盘如图 4.8 所示。

图 4.7　立柱托盘　　　　　　　　图 4.8　箱式托盘

2. 电动小车

电动小车是运输物料的主要工具，它的结构形式与所采用的轨道形式相适应。小车可以在轨道上面行驶，也可以悬挂在轨道下翼缘行驶，单轨电动小车（如图 4.9 所示）系统可采用现有的电动葫芦作为小车。

图 4.9　单轨电动小车

德国奔驰公司首先将 KHB 单轨电动小车用在主装配线上。它主要由电动机驱动主动轮和连接杆，主动轮通过连接杆与从动轮相连。8 个侧面导向轮夹住轨道的下圆管，保证运行时不摇晃，运行速度一般是 20 米/分，最高可达 100 米/分。电动小车的两个走行轮与连接杆铰接，各自能单独转动，转弯半径小，停车精度高，一般是 ±10 毫米，最高可达 ±2 毫米。车轮采用特殊塑料制造，加上有侧向导轮，所以振动和噪声极小。如果输送的物料长度有变动时，只需改变连接前后车辆的连接构件长度就可以了。

3. 巷道式堆垛起重机

巷道式堆垛起重机是自动化立体仓库内的主要作业设备，是随自动化立体仓库的出现而发展起来的专用起重机。巷道式堆垛起重机起重量一般在 2 吨以上，可达 5 吨，使用这种设备的新建仓库最高可达 40 米，大多数为 10～25 米。它的主要用途是在立体仓库的货架巷道间来回穿梭运行，将位于巷道口的物品存入货格；相反，取出货格内的物品，运送到巷道口。这种作业工艺对巷道式堆垛起重机在结构和性能方面提出了一系列严格的要求：整体结构高而窄；起重机有特殊的取物装置；起重机的电力拖动系统要同时满足快速、平稳和准确 3 方面要求；必须配备齐全的安全装置，并在电气控制上采取一系列连锁和保护措施。

巷道式堆垛起重机由起升机构、运行机构、货叉、伸缩机构、机架及电气部分组成，如图 4.10 所示。

图 4.10　巷道式堆垛起重机

4. 叉车

叉车是工业搬运车辆,是指对成件托盘物品进行装卸、堆垛和短距离运输作业的各种轮式搬运车辆。国际标准化组织工业车辆技术委员会(ISO/TC 110)称其为工业车辆,常用于仓储大型物件的运输,通常使用燃油机或者电池驱动。它作为仓库搬运的主要工具,在仓库设备中占据着重要地位。叉车主要有平衡式叉车、插腿式叉车、前移式叉车和侧面式叉车。

(1)平衡式叉车。

平衡式叉车是利用底盘来配重的,其提升能力为 2.7~4 米,如图 4.11 所示。

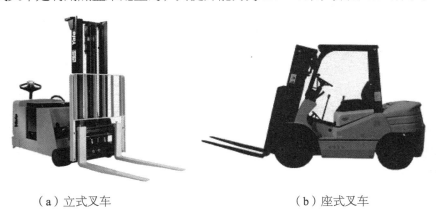

(a)立式叉车　　　　　　　　　　　(b)座式叉车

图 4.11　平衡式叉车

（2）插腿式叉车。

插腿式叉车跨架支撑面积较大，具有较高的稳定性和较轻的重量，跨架须插入货架下端，如图4.12所示。

图4.12　插腿式叉车

（3）前移式叉车。

前移式叉车的门架（或货叉）可前后移动，运行时门架后移，使货物重心位于前、后轮之间，适用于车间、仓库内工作，如图4.13所示。

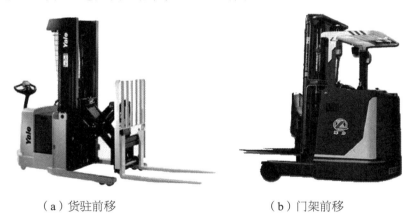

（a）货驻前移　　　　　　　　　　（b）门架前移

图4.13　前移式叉车

（4）侧面式叉车。

侧面式叉车主要用于长料物品的搬运，这种叉车司机的视野好，所需通道宽度也较小，如图4.14所示。

图 4.14　侧面式叉车

5. 龙门起重机

龙门起重机简称龙门吊，它是一种在集装箱堆场上进行集装箱堆垛和车辆装卸的机械。龙门起重机有轮胎式（又称无轨龙门吊）和轨道式（又称有轨龙门吊）两种形式。这种工艺方式是把从集装箱船上卸下来的集装箱一般用场地底盘车（或其他机械）从船边运到场地，在场上采用轮胎式龙门吊或轨道式龙门吊进行堆装或对内陆车辆（从公路集产或铁路货车）进行换装。

（1）轮胎式龙门起重机。

轮胎式龙门起重机的主要特点是机动灵活，通用性强。它不仅能前进、后退，而且还能左右转向，可从一个堆场转向另一个堆场进行作业。轮胎式龙门起重机如图 4.15 所示。

图 4.15　轮胎式龙门起重机

轮胎式龙门起重机的跨距是指两侧行走轮中心线之间的距离。跨距大小取决于所需跨越的集装箱列数和底盘车的通道宽度。根据集装箱堆场的布置，通常标准的轮胎式龙门吊横向可跨 6 列集装箱和 1 列车道，可堆 3 层或 4 层。

（2）轨道式龙门起重机。

轨道式龙门起重机是集装箱港站堆场上进行装卸、搬运和堆场作业的一种装用机械

（图 4.16），一般比轮胎式龙门起重机跨度大、堆垛层数多。最大的轨道式龙门吊，横向可跨 19 列集装箱和 4 条车道，可堆 5 层高。

图 4.16 轨道式龙门起重机

轨道式龙门起重机是沿着场地上铺设的轨道行走的，因此，只能限制在所设轨道的某一场地范围内进行作业。轨道式龙门起重机确定机械作业位置的能力较强，故较易实现全自动化装卸，是自动化集装箱港站比较理想的一种机械。

6. 皮带输送机

皮带输送机是用连续运动的无端输送带输送物品的设备，如图 4.17 所示。皮带输送机的结构特征和工作原理是输送带既是承载物品的构件，又是传递牵引力的牵引构件，依靠输送带与滚筒之间的摩擦力平稳地进行驱动。

图 4.17 皮带输送机

皮带输送机可用于输送干散货或件货。根据工作需要，皮带输送机可制成工作位置不变的固定式、装有轮子的移动式、输送方向可改变的可逆式、通过机架伸缩改变输送距离的伸缩式等各种形式。

皮带输送机是使用最普遍的一种连续输送设备，在各种连续输送设备中，它的生产效率最高、输送距离最长、工作平稳可靠、能量消耗少、自重轻、噪声小、操作管理容易，最适于在水平或接近水平的倾斜方向上连续输送干散货和小型件货，但它运送粉末状物料时容易扬起粉尘，特别是在装卸料点和两台皮带输送机的连接处，这时需采取防尘措施。

7. 外骨骼机甲

一般来说，在仓库工作的工作人员每天需要从事大量体力劳动，如搬举重物等。对于这些分拣工作者来说，长期的重复性工作将导致身体负担过重，而高强度的工作又让企业遭遇招工难、用工难的问题。一些企业开始定制外骨骼机甲（机器人）来辅助人工进行分拣、搬运等仓储作业。例如，德邦的一款腰部助力外骨骼机器人，搬的东西比较重的时候，传感器在感受到工作人员起身的瞬间，会给腰部一个助力，让工作人员感觉像有个人从身后把自身抱起来，从而减少腰部肌肉劳损，增加工作效率。

快递公司也将其应用到快递员配送中，快递小哥穿上外骨骼机甲（图 4.18），背上 50kg 外卖箱，自如行走爬楼。工作时，通过整个骨骼把力量传导到地面，不管设备有多重或者背负的物体有多重，人主要承担操作力，肩膀承担 5～10kg 的力，就如同背着一台笔记本电脑的重量。在使用前，人与外骨骼设备需要谈"恋爱"，因为外骨骼设备是一个人机匹配的设备，强调人机协作，匹配的过程包括人去适应外骨骼，学习外骨骼的使用方式，同时外骨骼通过软件标定，匹配人的运动方式。运动控制器核心部件犹如人体的大脑发送指令，电池部分提供动力，髋关节动力总成部分为大腿提供动力，膝关节动力总成部分提供膝盖的动力，落地的脚踝部分集中了大量的传感器，检测人的重心、抬腿、脚部的一些运动。通过运动来告诉运动控制中心人需要做什么运动姿态，然后电机给出足够的助力完成运动过程。

图 4.18 快递公司采用外骨骼机甲装备快递员

4.2.3 常用存储设备

1. 托盘货架

托盘货架是以托盘单元物品的方式来保管物品的货架，是机械化、自动化货架仓库的主要组成部分，如图 4.19 所示。托盘货架使用广泛，通用性强。其结构是货架沿仓库的宽度方向分成若干排，其间有一条巷道，供堆垛起重机、叉车或其他搬运机械运行，每排货架沿仓库纵长方向分为若干列，在垂直方向又分成若干层，从而形成大量货架，得以用托盘存储物品。

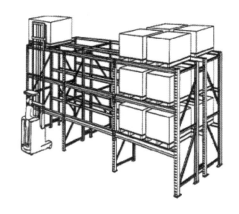

图 4.19 托盘货架

托盘货架具有以下优点。

（1）每一块托盘均能单独存入或移动，而不需要移动其他托盘。
（2）可适应各种类型的物品，可按物品尺寸要求调整横梁高度。
（3）配套设备简单，成本低，能快速安装及拆除。
（4）物品装卸迅速，主要适用于整托盘出入库或手工拣选的场合。

这种货架适用于品种中量、批量一般的储存，通常在高 6 米以下的 3～5 层为宜。此外，它的出入库不受先后顺序的影响，一般的叉车都适用。

2. 驶入式货架

驶入式货架是一种不以通道分割的、连续性的整栋式货架，如图 4.20 所示。在支撑导轨上，托盘按深度方向存放，一个紧接着一个，这使得高密度存储成为可能。物品存取从货架同一侧进出，"先存后放，后存先取"。平衡重力式及前移式叉车可方便地驶入货架中间存取物品。

驶入式货架投资成本相对较低，因为叉车作业通道与物品保管场所合一，仓库面积利用率大大提高。但同一通道内的物品品种必须相同或同一通道内的物品必须一次完成出入库作业,适用于横向尺寸较大、品种较少、数量较多且物品存取模式可预定的情况,常用来储存大批相同类型物品。由于其存储密度大,对地面空间利用率较高,常用于冷库等存储空间成本较高的地方。

其特点是储存密度高、存取性差;适合少品种、大批量储存;不易做到先进先出管理;不易存储太长太重的物品。

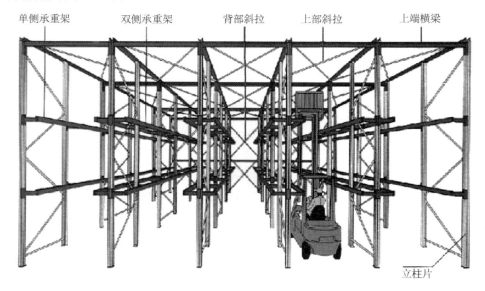

图 4.20　驶入式货架

3. 重力式货架

重力式货架又称流力式货架,这种货架的一端较高,其通道作为放大货架用,另一侧较低,倾斜较低,倾斜布置,其通道作为出货用,如图 4.21 所示。由于物品放在滚轮上,货架出货方向倾斜,因此可以利用重力使物品向出口方向自动下滑,以待取出。

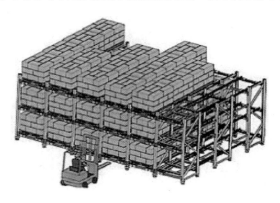

图 4.21　重力式货架

存货时，托盘从货架斜坡高端送入滑道，通过滚轮下滑，逐个存放；取货时从斜坡低端取出物品，其后的托盘逐一向下滑动待取，托盘物品在每一条滑道中依次流入流出。这种储存方式在排与排之间没有作业通道，大大提高了仓库面积利用率。仓库利用率极高，运营成本较低，但使用时，最好同一排、同一层上的物品，应相同或为一次同时入库或出库的物品。此外，当通道较长时，在导轨上应设置制动滚道，以防止终端加速度太大。

这种货架的特点：适用于大量储存短时发货的物品；适用先进先出的物品；空间利用率可达 85%；适用于一般叉车配套存取的物品；高度受限，一般在 6 米以下。

托盘流动式货架的储存空间比一般托盘货架的储存空间多 50% 左右。

复习思考

一、填空题

1. 根据应用场景的不同，仓储物流机器人可分为＿＿＿＿、＿＿＿＿、＿＿＿＿、＿＿＿＿、＿＿＿＿五大类。
2. 穿梭车的运用主要包含两种方式，分别是＿＿＿＿＿＿和＿＿＿＿＿＿。
3. 自动导引车是指具有＿＿＿＿＿、＿＿＿＿＿以及＿＿＿＿＿功能的运输小车。
4. 自动化立体仓库的组成包括＿＿＿＿＿，＿＿＿＿＿，＿＿＿＿＿，＿＿＿＿＿和＿＿＿＿＿。
5. 仓库中所使用的装卸搬运设备通常可以分为 3 类，即＿＿＿＿＿、＿＿＿＿＿和＿＿＿＿＿。

二、名词解释

无人仓　自动化立体仓库　RGV　AGV

三、简答题

1. 简述无人仓储系统的构成。
2. 智能仓储机器人的智能化主要体现在哪些方面？
3. RGA 与 AGV 主要应用于什么样的仓储作业？
4. 简述自动化立体仓库的主要构成。

四、论述题

仓储设施与设备对仓储管理和仓储作业起到了什么样的作用？

案例讨论

日日顺物流的智能无人仓储

从企业物流到物流企业，再到生态企业，从产品物流到场景物流，青岛日日顺物流有限公司（以下简称"日日顺物流"）快速发展，也在智能化之路上不断探索。在大件智能仓储领域，日日顺物流先行先试，在打造了多个智能化仓库的基础上启用大件物流首个智能无人仓，备受业界瞩目。该无人仓将全景智能扫描站、关节机器人、龙门拣选机器人等多项智能设备首次集中应用在大件物流仓储环节，还采用了视觉识别、智能控制算法等人工智能技术，实现了无人仓24小时黑灯作业。该无人仓的启用，无疑是日日顺物流布局"新基建"的重要里程碑，同时也为大件智能仓储树立起新的典范。

1. 日日顺无人仓储概况

日日顺物流始终专注于大件物流领域，为家电、家具、健身器材、电动车等行业客户提供运输、仓储、配送、安装等服务，其理念是以用户的全流程最佳体验为核心，颠覆传统"送到即结束"的物流及服务，致力于成为行业引领的物联网场景物流生态品牌。日日顺物流认为，在物联网时代，物流行业比拼的焦点将落在对用户价值的释放能力上，即激发用户对于产品迭代的需求，从满足单一产品物流的需求，到送货过程中感知用户的需求，再到创造一种方案激发用户的需求。场景物流将成为新时代背景下物流行业的发展方向。

这意味着，在场景物流的理念下，物流和仓库的功能已经发生改变，它们不再是产品的"运输线"和进出的"过路站"，而是不断交互用户需求、不断迭代的场景物流。不同于小件商品当交付完成，整个物流服务也就终止；大件商品通常是端对端（仓库到客户）的全链条、全流程作业，考虑到送装一体化需求，仓库作业需要充分考虑后端车辆运、配、装，注重全流程作业的协调性。并且，大件商品不及小件商品的标准化程度高，也为仓储智能化带来巨大挑战。

日日顺物流依托先进的管理理念和物流技术，以数字化为驱动力，在大件物流智能化上先行先试，获得众多荣誉，如曾入选十大"国家智能化仓储物流示范基地"、牵头承担科技部国家重点研发计划——"智慧物流管理与智能服务关键技术"项目等。目前，日日顺物流在全国拥有15大发运基地、136个智慧物流仓、6 000多个网点、

3 300 条干线班车线路、10 000 余条区域配送线路、10 万辆车小微、20 万场景服务师。日日顺物流已先后在山东青岛、浙江杭州、广东佛山、山东胶州等地建立了众多不同类型的智能仓,此次大件物流首个智能无人仓的启用,再次凸显出日日顺物流在行业的影响力。

位于即墨物流园的无人仓,定位于连接产业端到用户端的全流程、全场景区域配送中心,服务于包括青岛、烟台、日照、威海等城市在内的半岛地区 B2B、B2C 用户(以 B2C 为主)。日日顺物流即墨智慧物流园区总占地 238 亩(约 15.8 万平方米),仓库总面积 7.8 万平方米。其中,智能无人仓项目实施规划由物流系统集成商科捷智能完成,智能无人仓所处理的 SKU 数量超过 1 万个,覆盖海尔、海信、小米等部分家电品牌,实现全品类大家电的存储、拣选、发货无人化。

2. 全面了解无人仓

整个无人仓主要分为四大作业区域,分别为入库扫描区、自动化立体存储区、拆零拣选区、备货(发货暂存)区。其中,自动化立体存储区位于整个建筑的左后侧,采用堆垛机实现智能存储,货架高 22 米,配备 16 台高速堆垛机,总存储货位(托盘位)13 800 个,可以存放超过 14 万台大家电产品。入库扫描区和拆零拣选区位于自动化立体存储区外侧,即整个建筑左前侧。其中,入库扫描区位于一楼,共有 5 条入库输送线,4 条伸缩皮带机用于普通大家电产品的入库作业,另一条为智能电视机产品专用入库线。配备有全景智能扫描站(DWS)、码垛关节机器人等智能装备(图 4.22)。

图 4.22 入库区的智能装备

拆零拣选区位于二楼,进一步划分为夹抱分拣区、吸盘分拣区、电视机分拣区三大作业区域。其中,夹抱分拣区配备两组夹抱龙门拣选机器人,针对冰箱等大型或较重的家电产品(100kg 以内);吸盘分拣区配备两组吸盘龙门拣选机器人,针对中小型家电产品(80kg 以内);电视机分拣区采用定制化解决方案,配备专用的吸盘龙门机器人以及专用托盘。与各类型龙门拣选机器人配合的还有载重量为1吨的重型AGV，如图4.23所示。备货区位于建筑右侧，地面设有500个托盘存储位，可以满足40辆车的发货需求。目前备货区上部空间将根据业务发展所需进行扩展，备货区主要作业设备为AGV。

拆零拣选区内，不同类型的龙门拣选机器人正在高效作业

图4.23 拣选区的智能装备

3．主要作业流程

该无人仓主要服务于C端消费者，作业分为入库上架、拆零拣选、备货出库几部分。

（1）入库上架：精准高效的全景扫描+机器人码垛。

通常来说，商家根据销售预测完成备货计划，提前送货入库。当货车到达月台后，家电商品被人工卸至可以延伸到货车车厢的入库伸缩皮带机上（电视机产品卸至专用入库通道），商品随即经过全景智能扫描站（两条伸缩皮带机共用一套DWS系统），系统快速、准确地获取商品的重量、长宽高等信息，并根据这些信息将货物分配到相应的关节机器人工作站，关节机器人根据该信息进行垛型计算并码垛。

据工作人员介绍，关节机器人具备混合码垛功能，但为了进一步提高效率，系统目前主要将同类型商品送至码垛站；当出现不同类型商品时，系统会安排其在环形输送线上进行缓存等待，当商品在系统内匹配完成后，再一起送至关节机器人进行码垛。码垛完毕后自动贴标并扫描，随后整托盘经输送线进入自动化立体仓库存储。自动立体库堆垛机利用激光导航和条形码导航完成托盘上下架作业，精准选择货物装卸；并可通过大数据对订单和库存进行预测，根据预测结果对库区进行冷热区的精细化调整，实现密集存储的同时最大限度地挖掘空间存储能力。

（2）拆零拣选：龙门拣选机器人首次应用。

当消费者下单后，前端销售系统会将订单信息发送至无人仓 WMS 系统，无人仓根据订单信息和用户预约的时间进行拣选出库及配送。当 WMS 系统下达出库任务后，堆垛机从指定存储位将托盘下架，托盘经输送线被输送至二楼拣选区的不同分拣区域（如冰箱等大型家电产品将送至夹抱分拣区；空调等中小型产品则送至吸盘分拣区；电视机产品送至专门的分拣区域），由扫描系统进行扫描复核，确认所需拣选商品正确后，龙门拣选机器人自动将带有收货地址等用户信息的条形码粘贴在商品上，并将货物移至托盘。

拆零拣选历来是仓库的重点作业环节，此次龙门拣选机器人的引入，成为无人仓的亮点之一。龙门拣选机器人根据物流订单，运用机器视觉可以快速找到目标货物并通过夹抱或者吸取的方式精准投放到对应的托盘，作业不超过 20 秒，距离误差不超过 5 毫米。

（3）备货出库：AGV 全程助力。

当龙门拣选机器人拣选完毕，信息反馈至系统，系统调度 AGV（图 4.24）前来搬运。二楼拆零拣选区，AGV 将托盘货物送至智能提升梯，由其将货物运至一楼备货区。此时二楼 AGV 任务完成，开始等待新的系统指令。托盘货物自智能提升梯运出后，经扫描确认后信息传回系统，系统调度一楼备货区的 AGV 将托盘货物送至指定暂存货位。AGV 采用激光导引技术，通过空间建模进行场地内空间定位，并在所有路线中快速选择最优路径作业，以及自动避障和路径优化更改。当货车到达后，系统调度 AGV 按照"先卸后装"的原则，将托盘货物运至出库月台，最后装车发运。

图 4.24　拣选区的 AGV

从上述主要作业流程来看，尽管作业节奏不及小件仓库快，但冰洗空等家电由于自身体积较大、较重，且容易损坏、附加值高等特点，仓储作业难以实现全流程自动化、无人化。日日顺物流一直在大件仓储智能化上不断探索，在佛山、杭州等地实施了不同程度的智能化仓库，目前拥有40多项专利技术，此次无人仓建设实现了技术再次升级，呈现出诸多亮点。

（1）首开行业先河 多项智能设备集中应用。

无人仓在行业内率先将全景智能扫描站（图4.25）、关节机器人（图4.26）、龙门拣选机器人等多项智能设备集中应用，并通过视觉识别、智能控制算法等人工智能技术充分展示出了日日顺物流大件仓储的能力。

图4.25 全景智能扫描站

图4.26 关节机器人

其中，全景智能扫描站采用线性工业相机配备高灵敏度CMOS图像传感器，通过五面全景扫描提供超高清晰度的图像，保证货物信息采集匹配准确率的同时提高信息采集效率，并且为运营分析提供数据，顺利实现数据智能化。

关节机器人可以配合3D与2D视觉实现场景实时定位，辅助货物辨识定位，并通过多种算法的控制，保障了动作起落间的自主避障。同时，垛型计算非常精准，可以将码垛效率提高80%。据悉，单台机器人最大可以处理450kg重的货物。

龙门拣选机器人（图4.27、图4.28）借助3D机器视觉识别对产品在库内运动造成的位移进行视觉补偿，并通过算法解析位置反馈至控制系统，进而快速锁定目标。即，机器视觉赋予了龙门机器人智慧的眼睛，帮助其"看到"现场的托盘及货物，同时进行优化的垛型算法，实现行业首例非标大件货物的智能混合码垛。

图 4.27　夹抱式龙门拣选机器人

图 4.28　吸盘式龙门拣选机器人

除了上述智能设备的首次引入,80 台承重 1 吨的 AGV(图 4.29)集中调度控制也较为引人注目。AGV 地面控制系统接收指令后可以对 AGV 进行自由调度和任务分配,接收到指令的 AGV 再通过算法控制和监控平台计算任务最优路径,实现路径的实时优化、变更以及避障,保证运输效率与安全。值得一提的是,考虑到无人仓内偶尔会有设备维护人员进入,AGV 识别到障碍时还会温馨地进行语音提示,以避免事故。

图 4.29 智能 AGV

（2）数字孪生 打破信息孤岛。

无人仓能够在黑灯环境下实现 24 小时不间断的作业，除了依靠上述智能设备外，还拥有一颗"智慧大脑"——中央控制系统。该系统掌握着无人仓内所有的数据，包括设备运行的参数、电机运转等都被抽取到上位系统建模，实现数字孪生，打破了原来的信息孤岛，通过一套系统就可以管理整个仓库。即所有智能装备以三维数字孪生进行管理，系统获取所有运营实时数据，集监控、决策、控制于一体对全仓进行调配安排，充分发挥设备的集群效应，保障运行效率最优，实现所有环节智慧运行、匹配。除了仓内货物和独立设备的实时运行状态，该系统还运用可视化数据全程监控着日日顺物流位于全国的所有智慧仓库、网点、干线班车线路、区域配送线路等环节的作业数据，全面覆盖货物的整个配送过程，通过对资源的协调优化，更好地服务客户。

（3）效率提升 体验升级。

基于领先的设备和"智慧大脑"，无人仓作业效率和准确率均得到大幅提升。出货量达到 2.4 万件/天。据现场工作人员介绍，由于仓库刚刚投入使用，未来通过算法的优化等，效率还有进一步提升的空间；与传统仓库相比较，作业人员大量节省，目前，库存利用率提高 4 倍；同时，通过智能码垛、智能存储、智能分拣等全自动化作业，避免了人工作业造成的差错，保证物流作业精准高效地进行；此外，智能设备可以更好地保护商品，实现产品质量零损失。

基于以上从效率到质量到服务的全方位优化，日日顺物流正不断提升客户体验。目前，仓内作业已经全部实现无人化，在装卸环节，日日顺物流正继续探索更优的解决方案，进一步节省作业人员，降低劳动强度。

（资料来源：http://www.chinawuliu.com.cn。）

思考：日日顺物流的无人仓储应用了哪些设备和技术？对仓储管理有哪些促进作用？

【参考资源】

PC 端	[1] 中国物流设备网 [2] 全国物流信息网 [3] 中国设备网 [4] 中国仓储设备网 [5] 中国仓储物流设备网
Android、iOS 端	二维码（电子课件）（电子课件已提供，需要用二维码作为入口）

现代仓储设施与设备

第 5 章
现代仓储设施选址

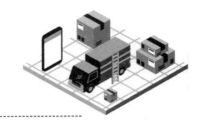

📦【线下资源】

学习要点	◆ 理解仓储设施选址的意义 ◆ 熟悉仓储设施选址的影响因素 ◆ 熟悉仓储设施选址的原则和步骤 ◆ 熟悉仓储设施选址模型及应用
导入案例	7-Eleven 的选址战略
主体内容	◆ 仓储设施选址概述 ◆ 仓储设施选址方法 ◆ 仓储设施选址模型
案例讨论	美国关于仓库选址问题的研究

选址是一项重大的战略决策,影响企业的整体发展。仓储设施的选址,对企业的物流运营与管理具有十分重要的意义。

▶导入案例◀

7-Eleven的选址战略

7-Eleven 的经营理念是在顾客需要的时候向他们提供所需要的产品,公司的主要目标之一是通过区位、季节和每天的时间安排,寻求供给与需求之间的微观平衡。7-Eleven 利用区位、库存、运输和信息的设计与管理来支持这一目标。分析 7-Eleven 的选址战略,可以发现可供借鉴之处很多。

在目标城市和区域不断开设新的分店是所有连锁经营企业扩张的一般方法。1994年以前，7-Eleven 连锁店在美国的分布并不集中，力量相对分散，从物流决策的角度说，点多线长，物流成本高，规模优势不足。1994—1997 年，公司关闭了几家分布孤立的分店，收缩战线，降低物流配送成本，提高分布密度，每个分布有该连锁店的郡都开设了好几家分店。现在，公司主要在连锁店已经拥有较高分布密度的地区建立新店。7-Eleven 的区位战略是，在目标区域开设新的分店，提高分布密度，将仓储和运输等物流要求进行整合，使企业从中受益。

7-Eleven 的物流区位战略对我国正在发展中的便利连锁店有很大的启示作用。与便利连锁店形成竞争之势的超级市场为追求"廉价销售"而使其规模越来越大，它就越来越难以在拥挤的住宅区内立足；同时，拥挤的城市住宅区房租费用高昂，也不利于超级市场降低成本，使超级市场越来越远离住宅区，这就给消费者带来了极大的不便，消费者不会为买几件生活必需品而驱车跑到超市去。而便利连锁店分布于住宅区附近，消费者七八分钟或十来分钟即可由住宅步行到店，便利店的顾客主要为周围半径 500 米左右范围的居民。在一个目标区域以一定的服务半径为范围形成覆盖，整合仓储和物流配送体系形成规模效益。

目前，我国各地便利连锁店发展很快，在选址定点问题上完全可以借鉴 7-Eleven 的经验和做法，在目标区域密集布点，防止点多线长，片面追求全面覆盖，过高的经营和物流成本很容易导致经营上难以为继。例如，安徽华电超市股份有限公司在全省各市均有布点，有些中小城市布点密集，竞争中占有优势，经营业绩良好；但在像合肥这样较大的城市，因为覆盖率不高，经营效果并不理想。如果其汲取 7-Eleven 的经验，果断收缩战线，以经营业绩为中心，在重点目标区域形成密集布点，一定能够获得良好的效果。

便利连锁店的密集布点为物流路径集约化提供了可能。事实上，对零售业而言，我国目前物流服务水准或多或少在短期内是由处于上游的商品生产商和经销商来决定的，要改变他们的经营意识和方法无疑要比企业自身的变革困难、复杂并漫长。这种情景与当初日本 7-Eleven 在构筑物流体系所处的环境类似。为此，7-Eleven 改变了以往由多家特约批发商分别向店铺配送的物流经营方式，转为由各地区的窗口批发商来统一收集该地区各生产厂家生产的同类产品，并向所辖区内的店铺实行集中配送。

（资料来源：中国物流与采购网，2021-06-16。）

思考：选址有什么作用与意义？仓储设施选址要考虑哪些问题？

5.1 仓储设施选址概述

顺丰仓配中心及全货运枢纽机场选址鄂州

5.1.1 仓储设施选址的含义及其特点

1. 仓储设施选址的含义

仓储设施选址，是指运用科学的方法决定仓储设施的地理位置，使之与企业的整体经营运作系统有机结合，以便经济、有效地达到企业的经营目的。这些仓储设施是物流系统中的节点，如物流园区、配送中心、物流中心、物流基地、仓库、堆场等。仓储设施选址包括以下两个层次的问题。

（1）选位。即选择什么样地区（区域）设置仓储设施，沿海还是内地、南方还是北方等。

（2）定址。地区选定以后，需要确定具体选择在该地区的什么位置设置仓储设施，也就是说，选定一块地方作为仓储设施的具体位置。

2. 仓储设施选址的特点

仓储设施选址的特点体现在以下几方面。

（1）影响因素多，包括经济因素、政治因素、社会因素和自然因素等。

（2）选址的决策及论证周期长。

（3）对于一般的仓储设施选址案例，很难找到一个正规的、一般性的选址评价模型来进行解决。

（4）即使有些模型可以使用，往往也不可能得到最优解。

（5）任何方法、方案、措施都有其效果，也有其弊端。

5.1.2 仓储设施选址的意义

对于企业而言，仓储设施选址的重要性显而易见：仓储设施选址对企业的采购成本、服务成本、服务质量都有极大而长久的影响。一旦选择不当，它所带来的问题是无法通过对已建成的仓储设施采取补救措施所能弥补的。因此，在进行仓储设施选址时，必须充分考虑到多方面因素的影响，慎重决策。

设施选址是设施规划的重要内容之一。仓储设施建在何处，将关系到该仓储设施在今后长期运行的合理性、可靠性和经济性。例如，仓储设施的数量与库存成本、运输成本等之间存在"悖反关系"，如图 5.1、图 5.2 所示。仓储设施选址在物流系统中占有非常重要的地位，属于物流管理战略层的研究问题。它既是一个宏观战略的问题，又广泛地存在于物流系统的各个层面。就单个企业而言，它决定了整个物流系统及其他层次的结构；反过来，该物流系统其他层次的规划又会影响仓储设施选址决策。

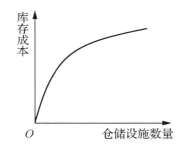
图 5.1　仓储设施数量与库存成本的关系

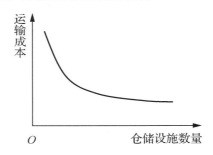
图 5.2　仓储设施数量与运输成本的关系

5.1.3 仓储设施选址的类型

1. 根据被定位设施的维数划分

仓储设施选址可以分为体选址、面选址、线选址和点选址。

（1）体选址是用来定位三维物体的，如卡车和飞机的装卸或物品的堆垛。

（2）面选址是用来定位二维物体的，如一个制造企业的部门布置。

（3）线选址是用来定位一维物体的，如在配送中心的分拣区域，分拣工人按照订单拣选所需要的物品。

（4）点选址是用来定位零维物品的。点选址的使用场合是，当相对于物品的目标位置区域，物体的尺寸可以忽略不计时。大多数选址问题和选址算法都是基于这种情况的，最常见的应用是工业企业的配送系统，如定位一个新的配送中心。

2. 按设施选址驱动力划分

仓储设施选址可以分为生产性设施、服务性设施、流通性设施3种。

（1）在生产性设施（如生产工厂和仓库）的选址中，最重要的因素是经济因素，其驱动力是物流成本降低。

（2）在服务性设施（如物流中心、配送中心等）的选址中，最重要的因素是到达容易的程度，其驱动力是提高物流服务水平。

（3）在流通性设施（如零售店、超市）的选址中，最重要的因素是赢利能力，其驱动力是利润最大化。

3. 按照设施选址数量划分

仓储设施选址分为单设施选址和多设施选址两种。

（1）单设施选址是根据确定的产品（或服务）、规模等目标为一个独立的设施选择最佳位置。

（2）多设施选址就是要为一个企业（或服务业）的若干个下属工厂、仓库、销售点、服务中心等选择各自的位置，目的是使设施的数目、规模和位置达到最佳，并使之最终与企业的经营战略有关。

4. 按照选址离散程度划分

仓储设施选址可以将选址问题分为连续选址、网格选址及离散选址三大类。

（1）连续选址：待选区域是一个平面，不考虑其他结构，可能的选址位置的数量是无限的；选址模型是连续的，而且通常也可以被有效分析。其典型应用是企业配送中心的初步选址。

（2）网格选址：待选区域是一个平面，被细分成许多相等面积（通常是正方形）的区域。其典型应用是仓库中不同货物的存储位置的分配。

（3）离散选址：目标选址区域是一个离散的候选位置的集合。候选位置的数量通常有限且甚少。这种模型是最切合实际的，然而相关的计算和数据收集成本却相当高。实际的距离可以在目标函数和约束中使用，还可以在有障碍和不可行区域的复杂地区使用。其典型应用是某企业的配送中心的详细选址设计。

5. 按选址时间维度划分

仓储设施选址可以划分为静态选址和动态选址。

（1）静态选址，以某单一时期（如一年）的数据为基础进行选址。

（2）动态选址，用于多个阶段选址规划。

6. 根据选址成本问题划分

根据选址成本将选优问题分为以下几类。
（1）寻求可行成本方案还是寻求最优成本方案。
（2）寻求总成本的最小化还是成本最大值的最小化。
（3）固定权重还是可变权重。
（4）确定性的还是随机性的。
（5）被定位设施间有无相互联系。
（6）静态的还是动态的选址。

5.2 仓储设施选址方法

麦当劳店面选址的三大常用方法

5.2.1 仓储设施选址的影响因素

仓储设施选址需要考虑的因素非常多，涉及许多方面，不同类型的仓储设施不尽相同。地区选择和地点选择的考虑因素也有差异，前者注重宏观因素，后者还需考虑微观具体条件。综合而言，仓储设施选址应从政治因素、经济因素、社会因素和自然因素几方面来考虑，如图 5.3 所示。

1. 政治因素

宏观政治因素主要指一个国家的政权是否稳定、法制是否健全、是否存在贸易禁运政策等。在国外设立仓储设施时更应注意当地的政治环境是否稳定，是否临近自由贸易区等。

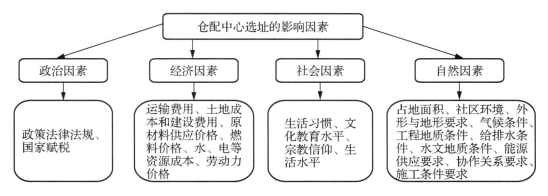

图 5.3 仓储设施选址的影响因素

在进行选择决策时，要充分考虑当地的政策和法规等因素。有些地区的政府采取比较积极的政策，鼓励在经济开发区进行仓库、配送中心的建设，并且在税收、资本等方面提供比较优惠的政策，同时这些地区的交通、通信和能源等方面的基础设施也是需要考虑的方面。

也应考虑赋税是否公平（不同国家有不同的赋税条件）。国内建仓储设施涉及的法律就非常多（如《中华人民共和国公司法》《中华人民共和国民法典》等），在国外建仓储设施需要了解的法律更多。

2. 经济因素

影响设施选择的因素有很多，有些因素可以进行定量分析，并用货币的形式反映出来，称为经济因素，也称成本因素。有些因素只能是定性的非经济因素，也称非成本因素。经济因素指政策法规、金融、税收等。

在进行场址选择时，可根据其重要程度的不同，采用适当算法，将经济因素和非经济因素结合起来进行比较。选址时主要的经济因素和非经济因素见表 5-1，可作为场址选择的评价指标。

表 5-1　设施选址时的经济因素和非经济因素

经济因素	非经济因素
运输费用	当地政策法规
土地成本和建设费用	经济发展水平
原材料供应价格	环境保护标准
燃料价格	人文环境
水、电等资源成本	气候条件
劳动力价格	

（1）市场情况。

无论是制造业还是服务业，仓储设施的地理位置一定要和客户接近，越近越好。要考虑地区对产品和服务的需求情况，消费水平要和产品与服务相适应。因为如果产销两地接近，运输成本减少，将大大降低总成本。

（2）基础设施。

交通、通信、动力、燃料管线等基础设施对建立仓储设施的投资影响很大。还有土地征用、拆迁、平整等费用，不同的选址所花的费用也不相同。对我国而言，应尽量选用不适合耕作的土地作为仓储设施的地址，而不要去占用农业生产用地。

（3）主要的成本因素。

① 运输成本。对于大多数制造业厂商和从事物流配送的企业而言，运输成本在总的物流成本费用中占有较大的比例。因此，合理选址，使运输距离最短，尽量减少运输成本过程中的中间环节，可以使运输成本降低。地区选择要从物品的购销、加速物品流通、降低流通费用出发。对于货物进出量大、进出频繁的通用、专用和特种仓库，要考虑铺设铁路专用线或建设专用码头。考虑运输方式、运输距离、运费等因素，地点选择应便于实现厂内、外运输的联结。应根据工厂货运量、物料性质、外部运输条件、运输距离等因素确定运输方式——铁路、公路、水运或空运，运输路线应最短、方便、工程量小且经济合理。

② 原材料和产品的供应销售。企业对于原材料的要求一般都比较严格，将仓库地址定位在原材料附近，不仅能够保证原材料的安全供应，而且能够降低运输费用，减少时间延迟，获得较低的采购价格。选择地区时，应考虑接近原料、燃料产地，运输方便，且质量满足要求。对于原料、燃料和动力消耗大的企业，如钢铁联合企业，应尽量接近原料、燃料和动力产地，以保证供应，并降低运输费用。此外，仓储设施还应接近产品主要销售地区，对于产品销售地区相对分散的企业，应综合考虑，达到总体最优。地区选择中应考虑主要原材料、燃料、动力、水资源等资源条件。

③ 工资和劳动力成本。无论是劳动密集型的仓库作业还是技术密集型的仓库作业，都需要具有一定素质的仓储设施管理人员。不同地区的仓储设施管理人员工资水平可能不尽相同，这是仓储设施选址时需要考虑的问题。不同的产品和生产方法对仓储设施管理人员素质和技巧有不同的要求。劳动密集型产业，如玩具、轻纺等产业及餐饮业，对工人数量要求多而技术要求不高；但对技术密集型产业，如精密仪表、集成电路、计算机配件等制造业，对仓储设施管理人员技术等级有较高要求。同时，工资水平也是一个重要的因素。越来越多的国际企业选择在亚洲建立自己的制造工厂，就是因为当地有廉价的劳动力。除去劳动力成本，劳动力的素质也同样重要。例如，Dell 在爱尔兰的工厂建在利默里克，最初是看中当地较低的劳动力成本，随着 Dell 的进入以及相关供应商的进入，劳动力的成本越来越高，但是，Dell 对于当地的劳动力资源较为满意，因为，当地的劳动力素质比较高，在 Dell 的利默里克工厂，50%的员工都具有学士学位。

④ 建设成本。不同的仓储设施选址方案，在对土地的征用、建筑等方面的要求是不尽相同的，从而可能导致不同的成本开支。因此，在仓储设施选址过程中，应尽量避免占用农业用地和环保用地。

3. 社会因素

进行选址时，要从以下几个方面来充分考虑可能遇到的社会影响。

（1）生活习惯：中外不同，各民族不同。

（2）文化教育水平：经济发达地区与经济落后地区。

（3）宗教信仰：信仰不同，生活习惯不同。

（4）生活水平：生活水平高有利于吸收优秀仓储设施管理人员，但成本也高。

4. 自然因素

（1）场地面积。

供选择的场址应有足够的面积，既要满足现有物流规模、物流流程，又要留有发展扩建用地。

（2）社区环境。

仓库选择应当考虑市场营销的要求，对于从事物流服务的企业而言，更应该注重仓库周围的社区环境，周边地区的顾客流量、人们的购买力水平、公用设施条件和交通运输状况。

（3）外形与地形。

供选择的场址要有适宜的地形和必要的场地面积，要充分合理地利用地形，尽量减少土石方地形工程。仓储设施外形应尽可能简单，横向坡度应考虑物流规模、基础埋设深度、土方工程量等因素。如为矩形场地，长度比一般控制在 1∶1.5 之内较经济合理。此外，地形应有利于车间布置、运输联系及场地排水。一般情况下，自然地形坡度不大于 5%，丘陵坡地不大于 40%，山区不超过 60%。

（4）气候条件。

仓储设施选址应具备与企业性质相适应的气候条件，如温度、湿度、降雨量、降雪量、风力风向变化等。特别要考虑高温、高湿、云雾、风沙和雷击地区对物流的不良影响；对于严寒地带，还应考虑冰冻线对建筑物基础和底线管线敷设的影响。

（5）水文地质条件。

仓储设施所在地地下水位最好低于地下室和地下构筑物的深度，地下水对建筑物基础最好无侵蚀性。

（6）工程地质条件。

选择仓储设施地址时，应对其周围区域的地址情况进行调查和勘探，分析获得资料，查明选址区域的不良地质条件，对拟选地址的区域稳定性和工程地质条件做出评价。

应避开震断层和基本烈度高于 9 的地震区和泥石流、滑坡、流沙、溶洞等危险地段；也应避开较厚的三级自重湿陷性黄土、新近堆积黄土、一级膨胀土等地质恶劣区。

仓储设施不应设在有开采价值的矿藏区、采空区以及古井、古墓、坑穴密集的地区。场地地基承载力一般应高于 0.1 兆帕。

（7）给水排水条件。

仓储设施地址最好靠近水源，保证供水的可靠性，水质、水温、水量应符合生产要求。同时，生产污水应便于经处理后排入附近的江河或城市排污系统。

（8）能源供应条件。

消耗能源多的仓储设施应靠近热电厂或水电站，所需电力、蒸汽等应有可靠来源。

（9）协作关系。

仓储设施选址应便于将来同相邻企业和依托城市在科技、信息、生产、修理公用设施、交通运输、综合利用和生活福利等方面建立广泛的协作关系。

（10）施工条件。

为了利用当地条件，选择仓储设施地址时应注意了解当地及外来建筑材料的供应情况、产量、价格，尽可能利用当地的建筑材料；应了解施工期间的水、电、劳动力的供应条件及当地施工技术力量、技术水平、建筑机械数量和最大起重能力等；同时，仓储设施附近应有足够的施工场地。

5.2.2 仓储设施选址的原则及位置确定依据

仓储设施的最优选址与该仓库所属企业的类型有着密切的关系。附属于工业企业的仓库其选址主要是为了追求成本最小化，而附属于物流企业的仓库一般都追求服务水平的最优化。大量的成功案例证明，在选址问题上，定性分析与定量分析相结合是有效的方法。其中，定性分析是定量分析的前提和归宿。

1. 仓储设施选址的原则

在仓储设施选址的定性分析中，主要以下列原则为基础。

（1）费用原则。

经济利益对于任何类型的仓库都是重要的。建设初期的固定费用和投入运行后的变动费用，都与选址有关。

（2）接近用户原则。

对于服务业，几乎无一例外都需要遵循这条原则，许多企业将仓储设施建在它所服务的区域附近，以降低运费、提高对客户需求的反应速度。

（3）长远发展原则。

仓储设施选址是一项带有战略性的经营管理活动，因此要有战略意识。选址工作要考虑到企业服务对象的分布状况及未来发展，要考虑未来市场的开拓。

（4）适应性原则。

仓储设施的选址要与国家和地区的产业导向、产业发展战略相适应，与国家的资源分布和需求分布相适应，与国民经济及社会发展相适应。

（5）协调性原则。

仓储设施选址应将国家的物流网络作为一个大系统来考虑，使仓储设施设备在区域分布、物流作业生产力、技术水平等方面相互协调。

（6）经济性原则。

仓储设施选址的结果要保证建设费用和物流费用最低，如选定在市区、郊区，还是靠近港口或车站等，既要考虑土地费用，又要考虑将来的运输费用。

（7）战略性原则。

选址要有大局观，一是要考虑全局，二是要考虑长远。要有战略眼光，局部利益要服从全局利益，眼前利益要服从长远利益，要用发展的眼光看问题。

（8）可持续发展原则。

选址要充分考虑长远利益，维护生态环境，促进城乡一体化发展。

（9）属性原则。

仓储设施的设置必须保证配送的服务质量与及时性。仓储设施的位置要保证物品安全与环境安全，应该有合理的集货和发货半径。

2．仓储设施的位置确定依据

（1）存储物资的进货周期及进货批量，物品出库的出库周期及出库量。

（2）集货半径与配送服务半径。

（3）储存物料的性质。

（4）配送服务对象的需求性质。

（5）集货与配送的运输条件。

（6）仓储设施的周围环境、电、水供应条件及仓库建设的地理条件等。

5.2.3 仓储设施选址的步骤

一般而言，仓储设施选址至少应包含如表 5-2 所列的 5 个步骤。

表 5-2 仓储设施的选址步骤

步骤	项目	详细工作内容
1	收集、整理历史数据，进行地址筛选	制订仓储设施系统的基本计划，进行仓储设施系统现状分析
2	经过筛选确定候选地址	地图、地价、业务量、费用、配送路线、仓储设施现状的分析及需求预测
3	在候选地址中进行定量分析以精确确定	单设施选址：数理解法及重心法； 多设施选址：启发式方法和线性规划法
4	对确定的地址进行复查论证	选址制约条件：地理、地形、地价、环境、交通、劳动条件及有关法律条目
5	对最终地址进行仓储设施运营效果评价	评价：市场的适应性，购置土地条件，服务质量，总费用，商流、物流的职能及其他

仓储设施的选址流程如图 5.4 所示。

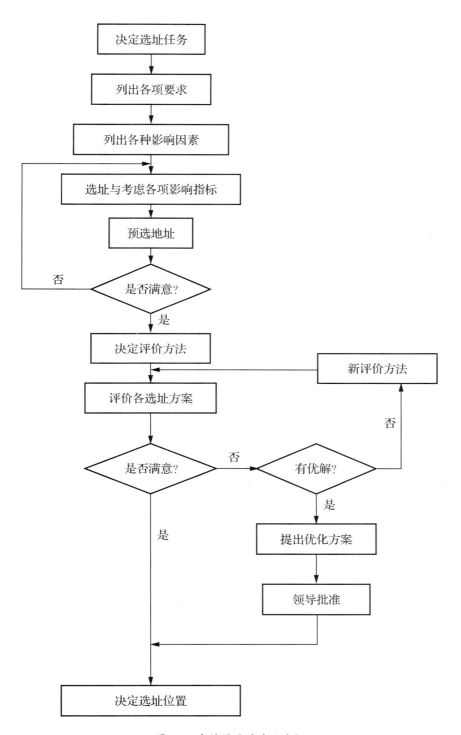

图 5.4 仓储设施的选址流程

5.3 仓储设施选址模型

结合仓储设施选址的特点，在建立选址模型时，必须弄清楚以下几个问题。
（1）仓储设施选址的对象是什么？
（2）仓储设施选址的目标区域是怎样的？
（3）仓储设施选址目标和成本函数是什么？
（4）有什么样的约束条件？
（5）仓储设施选址场地周边是否有足够的建设场地？
（6）选择地周边的交通是否方便？
（7）选择单一的仓储设施位置，还是在现有的仓储设施网络中取新点？

根据这些问题，仓储设施选址问题可以被归为相应的类型，根据不同的类型可以建立选址模型，进而选择相应的算法进行求解，这样就可以得到该选址问题的方案。

仓储设施选址模型有很多种，它们可以根据不同的标准和因素划分为不同的区段，例如，其可以划分为单设施选址、多设施选址、连续点选址、离散点选址4种情况，如图5.5所示。这种划分并不是绝对的，它们可以单独解决一些问题，也需要联合解决一些问题。

仓储设施选址模型应该具有两个方面的功能：为仓储设施找到一个最优的位置，是物流系统设计中的一个重要部分。

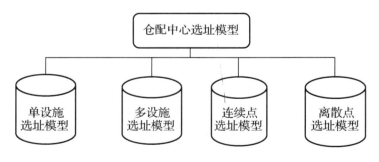

图 5.5 仓储设施选址模型划分

5.3.1 单设施选址模型

1. 单设施选址模型概述

单设施选址，即单个仓储设施的选址，单设施选址的方法主要有重心法、线性规划—运输法等。单设施选址因素包括运输费率和该点的货物运输量，以及相应的运输距离，归为静态连续选址模型。

（1）重心法原理。

重心法是一种简单的模拟方法。该方法将市场中的需求点和资源点看成分布在某一平面范围内的物体系统，将各点的需求量和资源量分别看成物体的重量，将物体系统的重心作为仓储设施的最佳设置点，利用求物体系统重心的方法来确定仓储设施的位置。

它利用费用函数求出仓库至顾客间运输成本最小的地点。其用数学语言描述为"设有一系列点分别代表供应地和需求地，各自有一定量货物，需要以一定的运输费率运向位置待定的仓储设施，或从该仓储设施运出"，那么，设施该位于何处呢？

以该点的运量乘以到该点的运输费率，再乘以到该点的距离，求出上述乘积（即总运输成本）最小的值，即

$$\min TC = \sum_i V_i R_i d_i \tag{5-1}$$

式中，TC——总运输成本；

V_i——i 点的运输量；

R_i——到 i 点的运输费率；

d_i——从位置待定的仓储设施到 i 点的距离。

（2）线性规划—运输法原理。

运输问题是运筹学的主要课题之一，也是设施规划课程的典型问题。运输问题的一般性描述为：设有 m 个工厂向 n 个销售点供货，工厂的总产量为 P_i，售货地 j 的需求量为 S_j，其中 $i=1, 2, \cdots, m$；$j=1, 2, \cdots, n$。设 X_{ij} 为工厂 i 到 j 的运输量，C_{ij} 为单位产品运输成本，运输成本就是求适合的 X_{ij}，使总运输费用最低，写成函数式为

$$\min(Z) = \sum_{i=1}^{m} \sum_{j=1}^{n} C_{ij} X_{ij} \tag{5-2}$$

约束条件为

$$\sum_{j=1}^{n} X_{ij} = P_i, \quad i=1, 2, , \cdots, m \tag{5-3}$$

$$\sum_{i=1}^{m} X_{ij} = S_i, \quad j=1, 2, , \cdots, n \tag{5-4}$$

$$X_{ij} \geq 0 \text{且} \sum_{i=1}^{m} P_i = \sum_{j=1}^{n} S_j \tag{5-5}$$

该问题当然也可采用运筹学的单纯型法求解，但由于其约束条件为等式，因此有更简便的方法。此法一般被称为表上作业法，也称为最小元素法。

2．重心法模型的具体操作

（1）重心法求解步骤。

求解式（5-1）的过程中，可以得到仓储设施位置的坐标值。其精确重心的坐标值为

$$\overline{X} = \frac{\sum_i V_i R_i X_i / d_i}{\sum_i V_i R_i / d_i} \quad \overline{Y} = \frac{\sum_i V_i R_i Y_i / d_i}{\sum_i V_i R_i / d_i} \tag{5-6}$$

式中，$\overline{X}$，$\overline{Y}$——位置待定的仓库坐标；

X_i，Y_i——产地和需求地的坐标。

距离 d_i 可以由下式估计得到

$$d_i = K\sqrt{(X_i - \overline{X})^2 + (Y_i - \overline{Y})^2} \tag{5-7}$$

式中，K——一个度量因子，将坐标轴上的一个单位指标转换为更通用的距离度量单位，如千米。

求解的过程包括以下 7 个步骤。

① 确定各物流需求地的坐标值 X_i、Y_i，同时确定各需求点物流量和直线运输费率。

② 不考虑距离因素 d_i，用重心公式估算初始点，公式为

$$\overline{X}_0 = \frac{\sum_i V_i R_i X_i}{\sum_i V_i R_i} \quad \overline{Y}_0 = \frac{\sum_i V_i R_i Y_i}{\sum_i V_i R_i} \tag{5-8}$$

③ 根据式（5-7），用步骤②得到的 X、Y 绝对值的平均值计算 d_i（此时，无须使用度量因子 K）。

④ 将 d_i 代入式（5-6），解出修正的（X_0，Y_0）绝对值的坐标值（X_1，Y_1）。

⑤ 根据修正的（X_1，Y_1）坐标值，重新计算 d_i。

⑥ 重复步骤④和步骤⑤，直至 X_n、Y_n 绝对值的坐标值在连续迭代过程中都不再变化，或变化很小，继续计算没有意义。

⑦ 如果需要，利用式（5-1）计算最优选址的运输总成本。

（2）重心法模型的假设条件。

重心法的连续选点特性和简单性使其无论是作为一个选址模型，还是作为一个更复杂方法的子模型都很受欢迎。该模型的推广模型主要考虑客户服务和收入、解决多设施选址问题、引入非线性运输成本等。

虽然重心法的优点显而易见，但该模型的一系列假设可能会对选址结果的正确性带来一定影响。即便如此，也并不一定意味着模型没有使用价值，重要的是选址模型的结果对失实问题的敏感程度。如果简化假设条件（如假定运输费率呈线性）对模型设施选址的建议影响很小或根本没有影响，那么可以证明简单的模型比复杂的模型更有效。

重心法计算中简化包括以下假设条件。

① 物流需求地集中为某几个点，而实际上需求来自分散于广阔区域内的多个物流需求点。

② 根据可变物流成本来进行选址，不考虑仓储设施的固定成本。

③ 运输成本中运价随运距成比例增长。

④ 仓储设施与物流需求点之间的距离通常假定为直线距离。

对这些选址模型人们还有某些其他顾虑，如不是动态的，即模型无法找到未来收入和成本变化的解。

（3）重心法模型的算例。

【例 5-1】 某公司拟在某城市建设一座仓库，该厂每年要从 P、Q、R、S 共 4 个原料供应地运来不同原料。已知各地距城市中心的距离和年运输量见表 5-3，假定各种材料运输费率相同，试用重心法确定该仓库的合理位置。

表 5-3　场址坐标及年运输量表

原材料供应地	P		Q		R		S	
供应地坐标/千米	X_1	Y_1	X_2	Y_2	X_3	Y_3	X_4	Y_4
	50	60	60	70	19	25	59	45
年运输量/吨	2 200		1 900		1 700		900	

【解】 应用重心法原理：

$$X^* = \frac{50 \times 2\,200 + 60 \times 1\,900 + 19 \times 1\,700 + 59 \times 900}{2\,200 + 1\,900 + 1\,700 + 900} = 46.2（千米）$$

$$Y^* = \frac{60 \times 2\,200 + 70 \times 1\,900 + 25 \times 1\,700 + 45 \times 900}{2\,200 + 1\,900 + 1\,700 + 900} = 51.9（千米）$$

仓储设施选址涉及多方面的因素，不可能通过简单的数学计算就确定场址，由重心法计算出的场址，不一定是合理的地点。例如，计算出的位置已有建筑物或河流经过，不能建厂等。另一方面，重心法确定的距离是采用直线距离，这在大多数情况下是不合理的。所以，用重心法求出的解比较粗糙，它的实际意义在于能为选址人员提供一定的参考。例如，不同选址方案其他方面差不多，可以考虑选那个与重心法计算结果较接近的方案。

5.3.2　多设施选址模型

1. 多设施选址模型概述

（1）多重心法。

把相互距离最近的点组合起来形成群落，找出各群落的重心位置，然后将各点重新分配到这些位置已知的仓储设施，找出修正后的各群落新的重心位置，继续上述过程，直到不再有任何变化。随着仓储设施数量的增加，运输成本通常会下降。与运输成本下降和平衡的是物流系统中总固定成本和库存持有成本的上升，最优解是使所有的这些成本和最小的解。

能够评估所有分配起讫点群落的方法是最优的。尽管如此，就实际问题的规模而言，在计算上却是不现实的。即便预先将大量顾客分配给很少的几个仓库，也是一件极其庞杂的工作，因此还需要使用其他方法。

（2）整数规划法。

在线性规划问题中，有些最优解可能是分数或小数，但对于某些具体问题，常要求解答必须是整数。0—1规划在整数规划中占有重要地位，如指派问题、选地问题、送货问题都可归结为此类规划。它能够把固定成本以最优的方式考虑进去。线性规划在整个网络需求分配过程中的优势也是众所周知的，这也是该方法的核心所在。虽然优化法很吸引人，但其代价也相当可观。除非利用个别问题的特殊属性，否则计算机运行的时间将很长，需要的内存空间也非常大。

仓储设施选址有多种不同形式，使用整数规划法的研究者对其选址问题描述如下。某几家工厂生产数种产品，这些工厂的生产能力已知，每个消费区对每种产品的需求量已知。产品经由仓库运往消费者，满足需求，而每个消费区对某一指定仓库独家供货。各个仓库能承受的总的年吞吐量有上限和下限的要求。仓库可能的位置是给定的，但最终使用哪个地点则需做出选择，以达到总分拨成本最低的目标。仓库成本表示为固定成本（实际用地所承担的费用）加上线性可变成本。运输成本被看作是线性的。这样，问题就转化为应决定使用哪个仓库位置；在每个选定位置，仓库的规模有多大；各个仓库该服务哪些消费区；各种产品的运输流模式是怎样的。所有这些都要在工厂生产能力和分拨系统仓库布局的约束条件下，实现以最小的分拨成本满足需求的目标要求。

换句话说，规划物流网络中仓库的数量、规模和位置，目标是使得通过该网络运送所有产品的固定成本和线性可变成本在下列条件约束下降至最低：①不能超过每个工厂的供货能力；②所有产品的需求必须得到满足；③各仓库的吞吐量不能超过其吞吐能力；④必须达到最低吞吐量，仓库才可以开始运营；⑤同一消费者需要的所有产品必须由同一仓库供给。对这类问题可以用一般整数线性规划的计算机软件包来求解。

（3）模拟法。

模拟设施选址模型指以代数和逻辑语言对仓储设施系统进行数学表述，在计算机的帮助下进行处理。模拟设施选址模型分为算术模型和模拟模型。算术模型寻求的是仓储设施数量、最佳的位置和仓储设施的最佳规模。模拟模型测试图在给定多个仓储设施、多个分配方案的条件下反复使用模型找出最优的网络设计方法，分析结果的质量和效率取决于使用者选择分析地点时的技巧和洞察力。

以亨氏公司开发的仓储设施选址模型为例说明模拟算法的原理。这一模型适用的范围很广，亨氏公司模型中主要包括以下几个成本要素。

① 客户。影响成本的因素有客户的位置和年需求量。

② 购买的产品类型。不同的产品属于不同的货物等级，从而会有不同的运价要求。当产品组合存在地区差异时，就不能对所有产品按平均运价进行计算。

③ 订单大小的分布。运输批量规模不同，会导致适用不同的费率。

④ 仓库。影响仓库的因素有公司对自有仓库的固定投资（如果选择公共仓库，固定投资就相对较小）；年固定运营和管理成本；存储、搬运、库存周转和数据处理方面的可变成本。

⑤ 工厂。工厂的选址和各工厂的产品供应能力是影响分拨成本的最大因素。工厂内的某些仓储设施和搬运费用对分拨成本也可能产生一定的影响，但这些成本大部分与仓库位置分布无关，可以不做分析。

⑥ 运输成本。产品从工厂运到仓库产生的运费成本被称为运输成本，它取决于涉及的工厂、仓库的位置，运输批量的大小，产品的货物等级。

⑦ 配送成本。产品从仓库运到客户手中的成本被称为配送成本。它取决于运输批量的大小、仓库和客户的位置、产品的货物等级。

亨氏公司在应用模拟模型时，输入数据的处理过程分为两部分。首先，预处理程序把通过仓库就能履行的客户订单与那些货量足够大、由工厂履行更经济的订单区分开来。然后，通过预测程序（或主要程序）计算出经纬度坐标系里从客户到仓库和工厂到仓库的距离。

选择向客户提供指定仓库时要先检验最近的仓库，然后选择从仓库到客户的配送成本、仓库的搬运和储存成本、工厂到仓库的运输成本最低的仓库。接着，在仓库系统产品流向已知且测试程序读入地理信息的条件下，通过计算机进行必要的计算来评估特定的仓库布局方案，还要利用线性规划法来求解工厂生产能力的限制。

需要评估多少个仓库布局方案，就需要重复进行多少次测试。目前，模拟模型在仓库选址中依然起着重要作用。这种模型的潜在优势是它能够考虑库存的时间方面问题，也能考虑库存的地理分布问题。

适用该方法面临的问题是需要大量的数据信息和较长的计算机运算时间。虽然如此，对现实情况的精确描述仍然是该模型吸引人的首要原因。此外，使用者可能无法确定所选择的仓库布局与最优值究竟差多少。

（4）启发法。

启发法，或称策略法、助发现法、启发力，是根据一定的经验，在问题空间内进行较少的搜索，以达到问题解决的一种方法。启发法不能保证问题解决的成功，但这种方法比较省力。

启发法有以下几种策略。

① 手段-目的分析：将需要达到的目标状态分成若干子目标，通过实现一系列的子目标最终达到总的目标。

② 逆向搜索：从问题的目标状态开始搜索直至找到通往初始状态的通路或方法。

③ 爬山法：采用一定的方法逐步降低初始状态和目标状态的距离，以达到问题解决的一种方法。

2. 多设施选址模型的求解

以启发法为例对多设施选址进行简述。

（1）启发法求解过程。

多设施选址是在某一区域内有若干个网点时，求多个选址的最佳位置。启发法先简单地求初次解，再反复计算修改该解，使之逐步达到近似值最佳解。

假设有 m 个工厂的产品，经配送中心发往 n 个地区。拟建立若干个配送中心，使运输成本最低。

目标函数为综合成本函数：

$$f(X_{ijk}) = \sum_{ijk}(a_{ij}+b_{jk})X_{ijk} + \sum_j W_j(Z_j)^Q + \sum_j V_j \times r(Z_j) \tag{5-9}$$

$$0<Q<1, \quad r(Z_j) = \begin{Bmatrix} 0 & Z_j=0 \\ 1 & Z_j=1 \end{Bmatrix}$$

约束条件为

$$\sum_j a_{ij} = a_i, \ i=1, 2, \cdots, m$$

$$\sum_j b_{ij} = b_k, \ k=1, 2, \cdots, n \tag{5-10}$$

$$a_{ij} \geqslant 0, \ b_{jk} \geqslant 0$$

式中，a_{ij}——从进货地 A_i 到配送中心 P_j 运送每个单位物品的运费；

b_{jk}——从配送中心 P_j 到配送地 R_k 配送每个单位物品的配送费；

a_i——进货地 A_i 的供应量；

b_k——配送地 R_k 的需求量；

$C_{ijk}=a_{ij}+b_{jk}$——从进货地 A_i 经由配送中心 P_j 到配送地 R_k 配送每一个单位物品的运配费；

X_{ijk}——从进货地 A_i 经由配送中心 P_j 到配送地 R_k 的运配量；

Z_j——配送中心 P_j 的通过量，$Z_j = \sum_{ik} X_{ijk}$；

W_j——在配送中心 P_j 每处理一个单位的物品作业量。

V_j——配送中心 P_j 的固定费（不限于配送中心的规模所发生的费用）。

（2）实例分析。

【例 5-2】 某公司拟在某市建立两家仓储式超市，该市内共有 4 个区，记为甲、乙、丙、丁。各区可能到超市购物的人数权重已经给出，求该超市设置于哪两个区内，可以使居民到超市购物最方便，即总距离成本最低。各区距离及权重数据见表 5-4。

表 5-4 各区距离及权重表

各区名称	距离/千米				各区人口数/千人	人口权重
	甲	乙	丙	丁		
甲	0	21	12	22	15	1.4
乙	21	0	18	12	13	1.3
丙	15	18	0	20	28	1.0
丁	22	12	20	0	22	1.2

【解】
① 将各区人口数与人口权重相乘,再乘以各区之间的距离,得到总距离成本,并将各列相加,结果见表 5-5。

表 5-5 总距离成本

场址	甲	乙	丙	丁
甲	0	441	315	462
乙	355	0	304	203
丙	420	504	0	560
丁	581	317	528	0
总计	1 356	1 262	1 147*	1 225

从表 5-5 可以看出,丙区所列总成本最低为 1 147,所以一处超市建在丙区。
② 甲、乙、丁各列数字与丙列对应数字相比较,若小于丙列同行数字,则将其保留,若大于丙列数字,则将原数字改为丙列数字。如甲与丙相比,0<315,取 0;355>304,则取 304;420>0,则取 0;581>528,则取 528。得新表 5-6,并将同列数字相加。

表 5-6 距离成本新表(四区比较)

场址	甲	乙	丙	丁
甲	0	315	315	315
乙	304	0	304	203
丙	0	0	0	0
丁	528	317	528	0
总计	832	632	1 147	518*

如表 5-6 所示，丁区所在列总成本最低，则选丁区为另一超市地点。

③ 若要建立 3 家超市，还需再选一场址，则将丙列数字去掉，将甲、乙所在列数字与丁所在数字相比，方法同步骤②，得新表 5-7。

表 5-7　距离成本新表（三区比较）

场址	甲	乙	丁
甲	0	315	315
乙	203	0	203
丙	0	0	0
丁	0	0	0
总计	203*	315	518

表 5-7 中甲列所对应总成本为 203，最小值，则甲区为第 3 个候选区。

5.3.3　连续点选址模型

1. 连续点选址模型概述

（1）交叉中值模型。

交叉中值模型利用城市距离，即折线距离进行计算。通过交叉中值的方法可以对单一的选址问题在一个平面上的加权的城市距离进行最小化，适合于解决一些小范围内的选址问题。交叉中值模型的算法为

$$\min Z = \sum_{i=1}^{n} W_i \{|X_i - X_s| + |Y_i - Y_s|\} \quad (5-11)$$

式（5-11）中，W_i——与第 i 个点对应的权重；

(X_i, Y_i)——第 i 个需求点的坐标；

(X_s, Y_s)——仓储设施点的坐标，分别对应在 x 和 y 方向上权重为 W_i 的中值点；

n——物流需求点的总数目。

考虑到中值可能是唯一值或某一范围，最优的位置也相应地可能是一个点，或者是线，或者是一个区域。

（2）精确重心模型。

与交叉中值模型不同，精确重心法在评价过程中使用欧几里得距离，即直线距离，它使选址问题变得更加复杂，但是有更为广阔的应用范围。

精确重心模型的算法为

$$\min Z = \sum_{i=1}^{n} W_i \sqrt{(x_i - x_s)^2 + (y_i - y_s)^2} \quad (5\text{-}12)$$

对式（5-12）求偏微分，然后令其等于零，就可以得到两个微分等式，求解可以得到：

$$x_s = \frac{\sum_{i=1}^{n} \frac{W_i x_i}{d_{is}}}{\sum_{i=1}^{n} \frac{W_i}{d_{is}}}, \quad y_s = \frac{\sum_{i=1}^{n} \frac{W_i y_i}{d_{is}}}{\sum_{i=1}^{n} \frac{W_i}{d_{is}}} \quad (5\text{-}13)$$

其中，应用欧几里得距离公式

$$d_{is} = \sqrt{(x_i - x_s)^2 + (y_i - y_s)^2} \quad (5\text{-}14)$$

2. 交叉中值模型的求解

以下以交叉中值模型为例，来求解连续点选址问题。

（1）交叉中值模型求解步骤。

描述性语言：首先求给出点的平均权重，将其各点权重在坐标中标示出来。然后在 x 轴按照从左到右的顺序，将遇到的点的权重相加，一直加到等于平均权重即可，但不能超过，然后取出加到的那个点的横坐标。然后再与此相似的将权重从右加到左，一直加到平均权重，但不能超过，取出相应的横坐标。同理，将 y 轴按照从上到下、从下到上的顺序将其加权，得出相应的最终点，并取出该点的纵坐标，确定最终坐标时尽量能够靠近平均权重，且最好选择整点。则最后得出 x 轴、y 轴上的各两个坐标点范围即是所求点的限制区域。

其步骤为：①求中值的均值；②求 x 轴方向的中值；③求 y 轴方向的中值；④确定最终地址。

（2）交叉中值模型的算例。

【例 5-3】 一个报刊连锁公司想在一个地区开设一个新的报刊零售点，主要的服务对象是附近的 5 个居民小区的居民。笛卡儿坐标系（图 5.6）中确切地表达了这些需求点的位置，旁边给出了各个需求点对应的权重。这里权重代表每个月潜在的顾客需求总量，基本可以用每个小区中的总的居民数量来近似（$W_1=1$，$W_2=7$，$W_3=3$，$W_4=3$，$W_5=6$）。经理希望通过这些信息来确定一个合适的报刊零售点的位置，要求每个月顾客到报刊亭零售点所行走的距离总和为最小。

【解】

根据题意，应用交叉中值法求解。

① 求中值。

$$\overline{W} = \frac{1}{2} \sum_{i=1}^{5} W_i = \frac{1}{2}(6 + 3 + 1 + 3 + 7) = 10$$

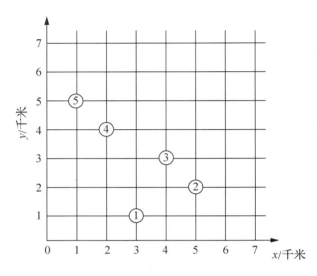

图 5.6 居民校区分布

② 求 x 轴方向的中值，见表 5-8。

表 5-8 x 轴方向的中值计算

需求点	沿 x 轴的位置	$\sum W_i$
从左到右		
5	1	6=6
4	2	6+3=9
1	3	6+3+1=10
3	4	…
2	5	…
从右到左		
2	5	7=7
3	4	7+3=10
1	3	…
4	2	…
5	1	…

③ 求 y 轴方向的中值，见表 5-9。

表 5-9 y 轴方向的中值计算

需求点	沿 y 轴的位置	$\sum W_i$
从上到下		
5	5	6＝6
4	4	6＋3＝9
3	3	6＋3＋3＝12
2	2	…
1	1	…
从下到上		
1	1	1＝1
2	2	1＋7＝8
3	3	1＋7＋3＝11
4	4	…
5	5	…

确定最终地址，为图 5.7 中线段 AB 上任何一处。

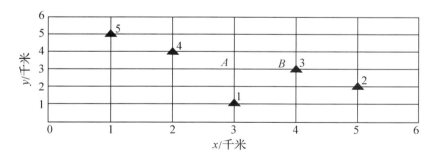

图 5.7 最终地址的确定

5.3.4 离散点选址模型

1. 离散点选址概述

离散点选址是指在有限的候选位置内，选取最为合适的一个或者一组位置为最优方案，相应的模型就叫离散点选址模型。它与连续点选址模型的区别在于，它所拥有的候选方案只有有限个元素，我们考虑问题的时候，只需要在这几个有限的位置进行分析。

对于离散点选址问题，目前主要有两种模型可供选择，分别是覆盖模型和 P-中值模型。其中，覆盖模型常用的有集合覆盖模型和最大覆盖模型。

2. 离散点选址模型的应用

（1）覆盖模型。

① 集合覆盖模型：用最小数量的仓储设施去覆盖所有的需求点，如图 5.8 所示。

② 最大覆盖模型：在给定数量的仓储设施下，覆盖尽可能多的需求点，如图 5.9 所示。

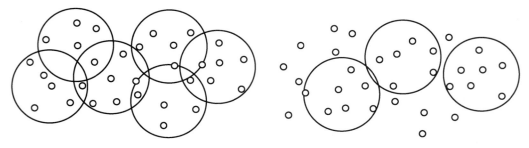

图 5.8　集合覆盖模型示意图　　　　图 5.9　最大覆盖模型示意图

（2）P-中值模型。

P-中值模型是指在一个给定数量和位置的需求集合和一个候选仓储设施位置的集合下，分别为 P 个设施找到合适的位置并指派每个需求点到一个特定的设施，使需求点之间的运输费率最低，如图 5.10 所示。

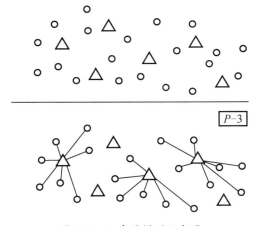

图 5.10　P-中值模型示意图

○需求点；△设施候选点

3. 集合覆盖模型的算例

以集合覆盖模型为例来进行离散点选址的解释。

【例 5-4】 卫生部门考虑到农村地区的医疗条件的落后和匮乏，计划在某一个地区的 9 个村（村庄分布如图 5.11 所示）增加一系列诊所，以改善该地区的医疗卫生条件，它希望在每一个村周边 30 千米的范围之内至少有一个诊所，不考虑诊所服务能力的限制。卫生部门需要确定至少需要多少个诊所和它们相应的位置。除了第 6 个村之外，其他任何一个村都可以作为诊所的候选地点，原因是在第 6 个村缺乏建立诊所的必要条件。

【解】

根据题意，应用集合覆盖模型求解。

（1）找到每一个村可以提供服务的所有村的集合 A_j，即它们距该村距离小于或等于 30 千米的所有村的集合。例如，从 1 村开始，2、3 和 4 村到 1 村的距离都等于 30 千米，这样 1 村的诊所就可以为其提供服务，得到集合 $A_1=\{1，2，3，4\}$；然后逐一地进行考虑，就可以得到所有的 A_j，$j=1，\cdots，9$。

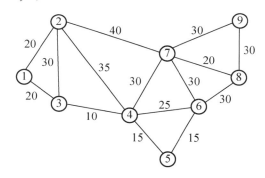

图 5.11 村庄分布示意图

（2）找到可以给每一个村提供服务的所有村的集合 B_i。一般而言，这两个集合是一致的，但是考虑到其他的一些限制条件，就可能出现差异。例 5-4 中，6 村由于本身条件所限不可能建立诊所，所以也不可能给别人提供相应的医疗服务。

（3）确定候选位置的服务范围，见表 5-10。

表 5-10 候选位置服务范围

村编号	A_j	B_i
1	1、2、3、4	1、2、3、4
2	1、2、3	1、2、3

续表

村编号	A_j	B_i
3	1、2、3、4、5	1、2、3、4、5
4	1、3、4、5、6、7	1、3、4、5、7
5	3、4、5、6	3、4、5
6	4、5、6、7、8	4、5、7、8
7	4、6、7、8、9	4、7、8、9
8	6、7、8、9	7、8、9
9	8、9	8、9

（4）组合覆盖范围确定最终选址：若建 1 所诊所，不能满足题目要求；若建 2 所诊所，(3,7)、(3,8) 满足要求。

复习思考

一、填空题

1. 仓储设施选址的重要性体现在对企业的＿＿＿＿、＿＿＿＿、＿＿＿＿都有极大而长久的影响。

2. 按设施选址驱动力划分，可以分为＿＿＿＿、＿＿＿＿、＿＿＿＿三种。按照设施选址数量划分，可分为＿＿＿＿和＿＿＿＿两种。

3. 仓储设施选址需要考虑的因素非常多，综合起来，从＿＿＿＿、＿＿＿＿、＿＿＿＿和＿＿＿＿几方面来考虑。

4. 仓储设施选址的最优选址与该仓库所属企业的类型有着密切的关系。附属于工业企业的仓库其选址主要是为了追求＿＿＿＿；而附属于物流企业的仓库一般都追求＿＿＿＿。

5. 仓储设施的位置确定依据是＿＿＿＿、＿＿＿＿、＿＿＿＿、＿＿＿＿、＿＿＿＿。

二、名词解释

单设施选址　多设施选址　连续设施选址　离散设施选址

三、简答题

1. 仓储设施选址有什么作用与意义？
2. 仓储设施选址有哪些类型？
3. 仓储设施选址需要考虑哪些因素？
4. 仓储设施选址的原则是怎样的？
5. 仓储设施选址需要哪些步骤？

四、论述题

仓储设施选址模型有哪些？分别适用于什么样的选址问题？

案例讨论

美国关于仓库选址问题的研究

选址咨询人员在寻找合适的物流咨询人员方面为客户提供帮助。拥有足够的技术型员工是未来仓库建设运营不可或缺的一部分，因此在《国家检索大全》的东南区专栏中，列举了该区所有大中型城市附近的物流设施（运输和配送）和物流行业劳动力的基本情况。佛罗里达州是美国物流服务最集中的地方，拥有第六大物流劳动力资源。但是在选址问题上仅仅考虑了两个影响因素——佛罗里达州的公路情况及亚特兰大的影响。在佛罗里达州用卡车运输货物是非常方便的。但是，相对于公路的密度、拥挤和安全性来说，佛罗里达州的城市水平大都非常差。

选址问题需要考虑几个因素。首先要确定该地点建立的是工厂还是配送中心。不同的城市中，运输涉及的问题相对固定。如果主要通过铁路和卡车来运输货物，那么铁路和公路是重点考虑的因素；如果需运输的货物仅为一卡车或者还没有一卡车的容量，作为包裹运输又嫌太重，或者有特定的到达时间时，空运就成为我们依赖的方式，这种情况下我们的考虑重点又不同了。

其次需要考虑成本问题，Boyd Company 的 Jack Boyd 先生作为一位资深咨询顾问，对《今日物流》评出的美国 50 大物流服务友好城市做了大量有关仓储业发展的实践调查，并且提供了一份关于这 50 座城市的仓储配送中心运营成本比较分析的报告。不出所料，建造一个仓储配送中心所需费用最低的前 10 个城市均集中在东南部地区，而成本高昂的地区是东部和西部地区。在所有 50 座城市里面，纽约的建造费用是最高的。为了构造成本模型，Boyd 假定一个占地 350 000 平方英尺和有 150 名配套劳动力的仓库，通过公路为全国市场运输货物。员工的种类从秘书到叉车司机一共约 16 种，这就构成了运作一个配送中心的基本薪水账册，Boyd 在他的研究中将该方法运用到这 50 个城市中，并做出了适当的比较。其他的基本成本还包括能源、供热和空气条件，以及运输成本。建筑物比较包括分期贷款成本和财产所得税。如果采用租赁模式的话，就包括上述各种设施设备的代用品租赁成本。Boyd 谈到大部分本地的顾客都选择建造相应的设施设备而不是租赁，同时，所采用的设施也逐渐变少而不是增多。另外一个有趣的现象是越来越多的非仓储功能正逐渐出现在配送中心，包括从资金结算、薪水册到呼叫中心和客服中心。成本因素也是形成这种趋势的原因之一。同时公司发现他们可以将很多管理职能从办公室里面转移到生产一线。简单地比较一下，仓库内每平方英尺的费用为 5 美元，而在写字楼里，同样的面积需要 20 美元。"将来，仓库里的员工岗位设置会越来越像信息和技术集中的公司"，Boyd 解释道，在一个现代化的仓库里面，你不仅会见到叉车司机，也会发现软件工程师和原本入驻公司总部的其他合作企业的驻司代表。"大量的人员需求和技术需求使得这里的员工成本分析成为决定仓库选址的因素之一。"然而，仓库的最基本功能仍旧是运输和接收货物。为了突出这一点，Boyd 在他的模型中假定了一个外运成本，来区别各类始发—终到类型。

Boyd 的外运模型包括了作为目的地的 10 个城市，这些城市都具有"可以很好地服务于整个美国范围内的消费者市场"。在计算过程中，根本的假设前提是一卡车的容量是 30 000 lbs，按照每英里 1.46 美元通过私人的陆路运输公司来运输。在模型中，纽约、迈阿密、洛杉矶、圣地亚哥、奥克兰和旧金山仍然是运输成本最高的城市。同样地，大陆中心城市，如堪萨斯、圣路易斯甚至孟菲斯在全国范围内的运输成本方面有着强劲的优势。那么，被《今日物流》评为最友好的物流城市之一的俄亥俄州的克里夫兰，它的情况又是怎样的呢？在 Boyd 的建筑物、租赁、外运成本的模型中，它一下子就滑落到 20 名左右的位置。与此相反，在国家地址选择名录里排名第 29 的加里（印第安纳州）在 Boyd 的所有 3 个计算模型中飞升至前 10 名。

有一点需要指出的是，当我们确定一个仓库位置的时候，没有一个单一的工具可以给出完善的发展蓝图，库址周围业务量的膨胀会使建筑物的规模、构造及劳动力的需求产生相应的增长。当我们把眼光从物流场地选址咨询人员所提供的考虑全面的基本方案过渡到基于各种现实成本因素而提供的方案时，我们就又接近了目标。

现在，大部分公司比较倾向于将仓库的位置选择在距离市场中心或者离市场较近的地方，以平衡成本和快捷之间的矛盾。而这在诸如墨尔本和伯明翰这样的低成本市场附近是不会因为设施而导致成本增加的，但是当他们在衡量纽约、亚特兰大和其他主要市场的交通拥挤所带来的附加影响的时候，他们发现只能在 Lehigh 山谷、佩恩或者亚特兰大之间进行选择了。

安全性对于最终决定来说变得越来越重要，Boyd 强调，"9·11"事件对选址问题也有影响,当然,这并不是害怕还会有恐怖袭击发生,而是说如何降低潜在的破坏事件发生,如高速公路或者其他地下设施。很多建筑工地的选择都是在该地区重要的基础设施或大型工厂设施结束后才做出的。

(资料来源:http://www.oleship.com。)

思考:美国仓库选址主要考虑哪些问题?

【参考资源】

PC 端	[1] 中国物流与采购网 [2] 中国仓储与物流网 [3] 企业选址网 [4] 欧乐易运网
Android、iOS 端	二维码(电子课件)(电子课件已提供,需要用二维码作为入口)

现代仓储设施选址

第 6 章 现代仓储规划与布局

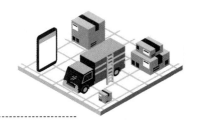

📦【线下资源】

学习要点	◆ 了解仓储规划与布局的作用与意义 ◆ 熟悉仓储规划的内容 ◆ 了解数字化仓储规划的内容 ◆ 熟悉仓储布局的内容
导入案例	云南新储配送中心规划方案
主体内容	◆ 仓储规划与布局概述 ◆ 现代仓储规划 ◆ 现代仓储布局 ◆ 数字化仓储规划
案例讨论	仓库月台规划设计要点分析

《寤言二·迁都建藩议》陈澹然[清]："不谋万世者，不足谋一时；不谋全局者，不足谋一域。"意思是不能长远地考虑问题的人，眼前的问题他也看不到；不能全面地把握局势的人，在细节上他也处理不好。想做好一件事情，就得方方面面都考虑到；想做好具体一个方面，就得从全局出发。

仓储规划和布局也同此理，需要我们用系统的思想，站在全局来考虑仓储空间规划、仓储总体布局等内容。

▶导入案例◀

云南新储配送中心规划方案

云南新储物流有限公司(以下简称"云南新储")是云南物流产业集团下属骨干企业,主要业务范围包括为云南省商业物资提供接收、中转、运输、仓储、配送、市场交易、代理等物流服务,并提供第三方物流及信息平台、商品贸易、网络交易、海关(铁路、航空)国际货运监管仓库等相关服务。

云南新储配送中心的业务包括采购、集货、运输、堆码、入库、仓储、出库、拆码、拣货、配单、配送发运等。在战略角度上,云南新储配送中心一般物品的储存量为流通渠道的20~30天缓存,特殊物品特殊考虑;未来,次级配送中心最大缓存量设计为7天,由区域配送中心根据市场销售实际情况,及时向次级配送中心配送所需销量的生活资料。这样的整合能够合理调配库存与市场销售之间的有机关系,及时响应市场需要。配送中心的服务范围包括云南全省以及珠三角、长三角、东部地区、中部地区、西部地区及全国与云南贸易往来频繁的城市、地区和企业,此外还包括东南亚、南亚地区以及"第三座亚欧大陆桥"沿线国家和地区。

近年来云南省经济发展势头强劲,为发展物流产业奠定了坚实基础,加上与东南亚、南亚各国贸易的高速发展,成为加速物流发展难得的历史机遇。所以,云南新储配送中心的规划建设具有优越的地域条件、市场条件和经济背景。其解决方案如下。

(1)根据物料的特性,设计不同的货物单元。根据日用消费品的特性,对物流配送中心的物流单元进行设计。家电产品货物单元为 1 600mm×1 200mm×1 150mm、1 600mm×1 200mm×1 500mm、1 600mm×1 200mm×1 950mm 三种;其他商品货物单元为 1 200mm×1 000mm×1 150mm、1 200mm×1 000mm×1 500mm、1 600mm×1 000mm×1 950mm 三种。

（2）根据物料的特性，分类进行处理。在仓储货位的建设上，使串味物品与其他物品隔离；重量大的物品由软件自动分配货位，存于货架低层货位；超大、超重物品，在平库区划区域存储；特殊贵重物品，规划相应的处理区域存储。

（3）满足"快配"需要，配送订单在两大区域完成。拣配共有以下3种情况：①B2B：直接从立库出库转运，这类拣配订单可由立库自动出库完成；②B2C：由分拣货架区、立库出库拣配区、超大件存储区、贵重品存储区等区，按订单拣配出物品，在B2C发货月台缓存、合单、即时配送；③直接转运：不需卸车，根据需要，直接转运。

（4）配零订单拣配方式。其设计由人工完成，拣配工具为手动液压叉车＋托盘、拣配货搬运车、手持数据终端等。手工拣配可综合为拣选式（摘果式）分拣和分货式（播种式）分拣两种。

（5）运输通路及运输方案。厂家—物流配送中心：铁路运输、公路运输、航空运输；配送中心—昆明及滇中城市群城乡：铁路运输、公路运输；配送中心—连锁零售店：卡车、托盘（可选）、单件；配送中心—零售大卖场：卡车、托盘（可选）、单件；配送中心—次级物流配送中心：卡车、托盘（可选）、单件；次级物流配送中心—消费者：小型货车、订单物品；配送中心—消费者：小型货车、订单物品；配送中心转运全国：铁路运输、公路运输。运输车队采用外包运输业务和自建运输车队相结合的方式。

（资料来源：http://www.all56.com。）

思考：配送中心是仓储业的一种形态，云南新储的配送中心规划有什么意义？

6.1 仓储规划与布局概述

6.1.1 仓储规划概述

仓储规划是指在进行仓储活动之前，对于仓储模式、仓储设施、储存空间、信息管理系统等进行决策及设计，包括总体规划、尺寸规划、通道规划、储存规划等。

1. 仓储规划的目标

仓储规划总的目标是使人力、财力、物力和人流、物流、信息流得到最合理、最经济、最有效的配置和安排，即要确保进行仓储规划的企业能够以最小的投入获取最大的效益。其具有以下典型的目标。

（1）有效地利用仓储设施设备、空间能源和人力资源。

（2）最大限度地减少物品搬运。

（3）有利于制造企业缩短生产周期，简化加工过程。

上述目标相互之间往往存在冲突，必须要用恰当的指标对每一个方案进行综合评价，才能达到总体目标的最优化。

2. 仓储规划的原则

（1）减少或消除不必要的仓储作业，这是提高企业生产效率和降低消耗的有效方法之一。只有在时间上缩短生产周期，空间上减少占地，物品上减少停留、搬运和库存，才能够保证投入的资金最少、生产成本最低。

（2）以流动的观点作为仓储规划的出发点，并贯穿仓储规划的始终，因为企业的有效运行依赖于人流、物流、信息流的合理化。

（3）运用系统分析的方法求得仓储系统的整体优化。

（4）重视人的因素，并要考虑环境的条件，包括空间大小、通道设置、色彩、照明、温度、湿度、噪声等因素对人的工作效率和身心健康的影响。

（5）仓储规划是从宏观到微观，又从微观到宏观的反复迭代并进行设计的过程。要先进行总体方案布置设计，再进行详细布置。而详细布置设计方案又要反馈到总体布置方案中，对总体方案进行修正。

6.1.2 仓储布局概述

仓储布局即仓储设施网点布局，是指在一定区域或库区内，对仓储设施的数量、规模、地理位置等各要素进行科学规划和整体设计。

1. 仓储布局的内容

仓储设施网点作为物流节点的一种，已经成为企业的重要资源，对于物流企业而言，其已经上升到核心竞争力的地位。

所谓仓储设施网点布局，是以物流系统的完善和经济效益为目标，用系统的理论和系统工程方法，综合考虑物品的供需状况、自身资源、运输条件、自然环境、竞争状况等因素，对仓储设施网点的数量、位置、规模、供货范围、直达供货和中转供货的比例等进行研究和设计，建立一个有效率的物流网络系统，达到费用低、服务好、效益高的目的。

2. 仓储布局的原则

（1）尽可能采用单层仓储设施，这样做造价低，资产的平均利用效率也高。使物品在出入库时是单向和直线运动，避免逆向操作和大幅度改变方向的低效率运作。

（2）采用高效率的物品搬运设备及操作流程。

（3）在仓库里采用有效的存储计划。

（4）在物品搬运设备大小、类型和转弯半径的限制下，尽量减少通道所占用的空间。

（5）尽量利用仓库的高度，也就是说要有效地利用仓库的容积。

6.2 现代仓储规划

6.2.1 空间规划

京东亚洲一号仓配中心规划

储存物品的空间又称储存空间,储存是仓储设施的核心功能和关键环节,储存区域规划合理与否直接影响到仓储作业效率和储存能力。因此,储存空间的有效利用极为重要。

在进行储存空间规划时,首先要考虑需储存物品的数量及其储存形态,以便能提供适当的空间来满足要求,因为在储存物品时,必须规划大小不同的区域,以适应不同尺寸、数量物品的存放。同时,必须进行仓储区的分类,了解各空间的使用目的,确定储存空间的大小,然后再进行储存空间的布置设计。如果因储存空间的限制而无法满足储存要求,就要寻求可以提高保管效率的储存方法来满足规划要求。

1. 储存空间的构成

储存空间即仓储设施中以储存保管为功能的空间。储存空间包括物理空间、潜在利用空间、作业空间和无用空间,即

$$储存空间=物理空间+潜在利用空间+作业空间+无用空间 \quad (6-1)$$

其中,物理空间指物品实际上占用的空间;潜在利用空间指储存空间中没有被充分利用的空间,一般仓库有 10%~30%潜在利用空间未被利用;作业空间指作业活动顺序进行所必备的空间,如作业通道、货品之间的安全间隙等。

2. 储存空间规划的影响因素

影响储存空间的主要因素是作业、物品和设备。其中,作业因素主要包括作业方法和作业环境;物品因素主要包括货品特性、物品存储量、出入库量等;设备因素主要包括储存设备及出入库设备等。

在仓储规划过程中,必须在空间、人力、设备等因素之间进行权衡比较,宽敞的空间并不总是有利的。因为空间过大,保管或存取物品过程中机械设备与仓储管理人员行走距离也会随之增大。但是,空间狭小拥挤也会影响工作,降低作业效率。

3. 储存空间的评价要素和评价方法

(1)评价要素。

储存空间规划得成功与否,需要从仓储成本、空间效率、作业时间、货品流量、作业感觉 5 个方面进行评价,具体如下所述。

① 仓储成本,主要指固定保管费用、保管设备费用、其他搬运设备费用等。

② 空间效率，主要指储存物品特性，储存物品数量，出入库设备，梁柱、通道的安排布置等。

③ 作业时间，主要指出入库时间。

④ 货品流量，主要指进货量、保管量、拣货量、补货量、出货量。

⑤ 作业感觉，主要指作业方法、作业环境。

（2）评价方法。

有了以上几个评估要素，可以利用下面几个指标来衡量储存空间的规划是否科学合理。

① 仓储设施成本指标。以 1 立方米物品的保管数量来估算，该费用包括固定保管费用和可变保管费用，单位为元/立方米。

② 空间效率指标。空间效率的评估可由实际的保管容积率来判别，其计算公式为

$$空间效率 =（实际仓储设施可利用容积 \div 仓储设施空间容积）\times 100\% \quad (6-2)$$

③ 时间指标。作业时间主要用拣货时间加上在保管时因货位空间的调整而移动货品的时间来表示。

④ 流量指标。流量的评估基准以月为单位，即以每月的入库量、出库量、库存量 3 项数值来计算，其值为 0～1，越接近 1 说明库存的周转率越高，其计算公式为

$$流量 =（入库货量 + 出库货量）\div（入库货量 + 出库货量 + 存货量）\quad (6-3)$$

⑤ 作业感觉指标。仓库可以自行定义该指标的级数，如宽的、窄的、大的、小的、舒服的、不舒服的、整齐的、杂乱的等，再利用问卷方式调查作业人员对其作业空间的感觉，由此可以得到这些感性指标。

6.2.2 尺寸规划

仓储尺寸规划的内容包括仓库库容量的确定和利用以及仓库面积的计算等。

1. 库容量的确定

库容量主要取决于拟存物品的平均库存量。物品平均库存量是一个动态指标，它随物品的收发经常发生变化。作为流通领域的经营性仓库，其库容量难以计算，但可以确定一个最大吞吐量指标；作为制造企业内仓库，可根据历史资料和生产的发展，大体估算出平均库存量，一般应考虑 5～10 年后预计达到的数量。

库存量以实物形态的重量表示。在库存量大体确定后，还要根据拟存物品的规格品种、体积、单位重量、形状和包装等确定每一个物品单元的尺寸和重量，以此作为仓库的存储单元。

存储单元一般以托盘或货箱为载体，每个物品单元的重量多为 200～500 千克，单元尺寸最好采用标准托盘尺寸。对于托盘货架仓库，以托盘为单位的库存量就是库容量，它可用来确定库房面积。

2. 库容量的利用

（1）蜂窝损失。

分类堆码时计算面积要考虑蜂窝损失。若某仓库分类堆码为一个通道各有一排物品，每排物品有若干列，而每一列堆码 4 层，如果在一列货堆上取走一层或几层，只要不被取尽，所生产的空缺就不能被别的物品填补，留下的空位如同蜂窝，故名蜂窝形空缺（图 6.1），它影响着库容量的充分利用。

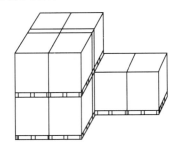

图 6.1　蜂窝损失示意图

（2）通道损失。

通道损失是由于通道占据了有效的堆放面积。无论分类堆码还是货架储存，都存在通道损失。若不考虑通道深度方向的情况，通道损失可用下式计算：

$$L = W \div (W + 2d) \tag{6-4}$$

式中，L——通道损失；

　　　W——通道宽度；

　　　d——货堆深度。

例如，托盘深度为 1 米，叉车作业通道宽度为 3 米，则通道损失为 3/5，即 60%，可见通道损失之多。为降低此损失，可以增加货位深度，如堆两排，通道损失降到 42.9%，此时却增加了蜂窝损失。但是，货堆越深，通道的损失越小，虽然蜂窝形的空缺损失增大，但总的库容量损失有所减少。对于常见的选择式货架而言，堆垛深度最多两排，即双深式货架，此时可配用带伸缩叉的叉车，但出入库和装卸搬运等操作不太方便，需要全面考虑。蜂窝损失空缺系数 $E(H)$ 计算公式为

$$E(H) = (L - 1) \div 2L \tag{6-5}$$

3. 仓库面积的计算

仓库面积包括存储面积和辅助面积，存储面积指货架和作业通道实际占用面积；辅助面积指收发、分拣作业场地，通道，办公室和卫生间等需要的面积。面积计算方法一般有直接计算法、荷重计算法、类比计算法和公式计算法。

（1）直接计算法。

直接计算法就是直接计算出货架、堆垛所占的面积和辅助面积等，然后相加求出总面积。

（2）荷重计算法。

荷重计算法是一种经验算法，通常以每种物品的荷重因子，即每吨物品存储时平均占用的体积为基础，再根据库存量、储备期和单位面积的荷重能力来确定仓库面积。这种计算方法适合散装物品，在我国计划经济时代应用较多，但因为现在储备期时间大大缩短和采用货架、托盘后物品的单位面积荷重能力数据改变较大，应用不多。

（3）类比计算法。

面积较难计算时，可以采用类比计算法，以同类仓库面积比较类推出所需面积。

（4）公式计算法。

公式计算法综合考虑集装单元存储系统的4种方式：单元堆垛、深巷式存储（或称贯通式货架存储）、单深货架存储和双深货架存储，采用一套变量和公式来计算面积。公式计算法实质上是根据单元堆垛与货架存储的几何特征来得出公式的，只是这些公式比较复杂，变量多，在实际应用中多有不便。

【例6-1】 某金属材料仓库库存量为500吨，全部采用汽车搬运集中堆垛存储，垛长6米、垛宽2米、垛高1.5米，考虑蜂窝损失后，空间利用率为0.7，材料比重为7.8吨/米^3。求料垛所占的面积。

【解】料垛所占用的面积为

$$S=\frac{500}{1.5\times 0.7\times 7.8}=61（平方米）$$

在同一库内的不同物品应分别计算，分类堆垛，求和后，再考虑通道损失，得最后面积。

【例6-2】 某仓库拟存储A、B两类物品，包装尺寸（长×宽×高）分别为500毫米×280毫米×180毫米和400毫米×300毫米×205毫米，采用在1 200毫米×1 000毫米×150毫米的标准托盘上堆垛，高度不超过900毫米，两类货物最高库存量分别是19 200件和7 500件，采用选取式重型货架堆垛，货架每一货格存放两个托盘物品。作业叉车为电动堆垛叉车，提升高度为3 524毫米，直角堆垛最小通道宽度为2 235毫米。试确定货架长、宽、高、层数和排数，并计算货架区面积。

【解】

采用货架存储直接计算的方法是以托盘为单位的，要先确定货架和货格尺寸、货架排列和层数，再确定面积。

（1）计算A、B两类物品所需的托盘存储单元数。对A类物品，1 200毫米×1 000毫米托盘每层可放8件（不超出托盘尺寸），可堆层数为（900−150）÷180＝4.17，取整即4层，故一托盘可堆垛32件。库存量之和为19 200÷32＝600托盘。同理，对B类物品，每托盘可堆垛 30 件，共需 250 托盘。A、B 共需 850 托盘。

（2）确定货格尺寸。因每格放 2 个托盘，按托盘货架尺寸要求，确定货格尺寸为长 2 750 毫米（立柱宽度 50 毫米），深 1 000 毫米，高 1 100 毫米（含横梁高度）。

（3）确定货架层数。由叉车的提升高度 3 524 毫米，确定货架层数为 4 层，含地上层。

（4）确定叉车货架作业单元。由于叉车两面作业，故可以确定叉车货架作业单元，该单元共有 16 个托盘，长度为 2.75 米，深度为两排货架深度＋背靠背间隙（100 毫米）＋叉车直角堆垛最小通道宽度，即深度＝2×1 米＋0.1 米＋2.235 米＝4.335 米，取 4.4 米；面积 S_0＝2.75 米×4.4 米＝12.1 平方米。

（5）确定面积。由总库存量折合量除以叉车货架作业单元得所需单元数，再乘以单元面积即可得货架区面积，即单元数＝850÷16＝53.125，取不小于的整数得 54 个，故面积 S＝54×S_0＝653 平方米。

（6）确定货架排数。货架总长和排数与具体的面积形状有关。对新建仓库则可以此作为确定仓库大体形状的基础。本例有 54 个单元，按 6×9 得货架长为 9 个单元，即长为 24.3 米，共 6 个巷道，12 排货架；深为 6×4.4 米＝26.4 米，深度比长度大，不符合货架沿长方向布置的原则。可考虑用 4 巷道，取 4×14＝56，此时长度为 37.8 米，深度为 17.6 米。

6.2.3 货位管理

货位管理是指对仓库存货物品的货位进行的规划、分配、使用、调整等工作。货位管理是为仓储管理人员提供便捷的管理方式，从而加强对物品在仓库中具体位置的管理。仓储设施货位管理单据包括出库货位分配单、入库货位分配单、货位调拨单、物流单据查询、货位单据查询、货位分布表。

1. 货位管理的分类

按照货位的使用方式，货位分为自由货位和固定货位。为了便于对货位进行管理，可采用货位编号的方法，如采用"四号定位"法。若能利用计算机进行货位管理则比较理想，它可以按照设定的条件分配、提供货位，并可进行各种查询，随时了解货位利用情况。

自由货位也称"自由料位"或"随机货位"。每一个货位均可以存放任何一种物品（相互有不良影响者除外）。只要货位空闲，各种入库物品均可存入。其主要优点是能充分利用每一个货位，充分发挥每一个货位的作用，提高仓库储存能力。其缺点是每个货位的存货经常变动，物品没有固定的位置，仓储管理人员收发查点时寻找货位比较困难，影响工作效率并容易造成收发差错。如果利用计算机进行货位管理，一般均采取自由货位。

固定货位亦称"自固定料位"。对某一货位严格规定只能存放某一规格品种的物品，而不能存放其他物品。其主要优点是每一种物品存放的位置固定不变，仓储管理人员容易熟悉并记住各种物品的货位，便于收发查点，能够提高收发货效率并减少差错。如果绘制成货位分布图，非本库管理人员也能比较容易地找到所需货位。其缺点是不能充分利用每一个货位，易造成储存能力的浪费。

2. 货位管理的目标

（1）充分有效地利用空间。
（2）尽可能提高人力资源及设备的利用率。
（3）有效地保护好物品的质量和数量。
（4）维护良好的储存环境。
（5）使所有在储物品处于随存随取状态。
（6）货位明确化，在仓库中所储存的物品应有明确的存放位置。
（7）存放物品合理化，每一物品的存放须遵循一定的规则、进行指定的管理。
（8）货位上物品存放状况明确化。当物品存放于货位后，物品的数量、品种、位置等变化情况都必须正确记录，仓库管理系统对物品的存放情况应明确清晰。

3. 货位优化的策略

进行货位优化时需要很多的原始数据和资料，需要知道每种商品的品规编号、品规描述、材料类型、出巡环境、保质期、尺寸、重量、每项件数、每托盘箱数等，甚至包括客户订单的信息。一旦收集到完整的原始数据，选用什么样的优化策略就显得尤为重要了。调查表明，应用一些直觉和想当然的方法会产生误导，甚至导致相反的结果。一个高效的货位优化策略可以增加吞吐量，改善劳动力的使用，减少工伤，更好地利用空间和减少产品的破损。以下一些货位优化的策略可供参考选择。

（1）周期流通性的货位优化。根据某时间段内（如年、季、月等）的流通性，并以物品的体积来确定存储模式和存储模式下的储位。
（2）销售量的货位优化。在每段时间内根据出货量来确定存储模式和空间分配。
（3）单位体积的货位优化。根据某物品的单位体积，如托盘、箱或周转箱等的容器和商品的体积来进行划分和整合。
（4）分拣密度的货位优化。具有高分拣度的物品应存储在黄金区域以及最易拣选的拣选面。

通常货位优化是一种优化和模拟工具，它可以独立于仓储设施管理系统（WMS）进行运行。因此，综合使用多种策略或交替使用策略在虚拟仓库空间中求得满意效果后再进行物理实施，不失为一种较好的实际使用方法。

6.2.4 通道规划

1. 流动模式

物料一般沿通道流动，而仓储设施设备一般也是沿通道两侧布置的，通道的形式决定了物品、人员的流动模式。影响仓库内部流动模式选择的一个重要因素是仓库入口和出口的位置。通常外部运输条件或原有设施规划与设计的限制，需要按照给定的入、出口位置来规划流动模式。基本流动模式有以下 5 种。

（1）直线形。

直线形是最简单的一种流动模式，入口与出口位置相对，仓储设施只有一跨，外形为长方形，设备沿通道两侧布置。

（2）L 形。

适用于仓储设施中不允许直线流动的情况，设备布置设计与直线形相似，入口与出口分别处于仓储设施两相邻侧面。

（3）U 形。

适用于入口与出口在仓储设施同一侧面的情况，生产线长度基本上相当于仓储设施长度的两倍，一般仓储设施为两跨，外形近似于正方形。

（4）环形。

适用于要求物品返回到起点的情况。

（5）S 形。

在一固定面积上，可以安排较长生产线。

实际流动模式通常是由以上 5 种基本流动模式组合而成的。仓储设施可以根据作业流程要求及各作业单位之间物流关系选择流动模式，进而确定仓储设施的外形及尺寸。

2. 影响通道位置及宽度的因素

影响通道位置及宽度的因素：①通道形式；②搬运设备的形式、尺寸、产能、回转半径；③储存物品的尺寸；④与进、出口及装卸区的距离；⑤物品的批量、尺寸；⑥防火墙的位置；⑦建筑柱网结构和行列空间；⑧服务区及设备的位置；⑨地板承载能力；⑩电梯及坡道位置。

3. 通道的设计要点

（1）流量经济。让所有仓库通道的人、物移动皆形成路径。

（2）空间经济。通道通常需占据不少仓库空间，因此需谨慎地设计以发挥空间运用的效益。

（3）设计的顺序。应先以主要通道配合出入仓库门的位置进行设计，其次为出入部门及作业区间的通道设计，而后为服务设施、参观走道进行设计。

（4）危险条件。必须要求通道足够空旷，以便发生危险时人员可以尽快逃生。

6.3 现代仓储布局

6.3.1 总体布局

顺丰速运全国仓配中心布局

总体布局是指在一定区域或库区内，对仓储设施的数量、规模、地理位置和道路等各要素进行科学规划和整体设计。

1. 总体布局的原则

（1）尽可能采用单层设备，这样造价低，资产的平均利用效率也高。

（2）使物品出入库时是单向和直线运动，避免逆向操作和大幅度改变方向等低效率运作。

（3）采用高效率的物料搬运设备及操作流程。

（4）在仓库里采用有效的存储计划。

（5）在物料搬运设备大小、类型、转弯半径的限制下，尽量减少通道所占用的空间。

（6）尽量利用仓库的高度，也就是说有效地利用仓库的容积。

2. 总体布局的功能要求

（1）仓储设施位置应便于货物的入库、装卸和提取，库内区域划分明确、布局合理。

（2）集装箱物品仓库和零担仓库尽可能分开设置，库内物品应按发送、中转、到达货物分区存放，并分线设置货位，以防发生事故。

（3）要尽量缩短物品在仓库内的搬运距离，避免任何迂回运输，并要最大限度地利用空间。

（4）有利于提高装卸机械的装卸效率，满足装卸工艺和设备的作业要求。

（5）仓储设施应配置必要的安全、消防设施，以保证安全生产。

（6）仓储设施出入口的设置既要考虑集装箱和货车集中到达时的同时装卸作业要求，又要考虑由于增设货门而造成堆存面积的损失。

3. 总体布局的目标

（1）保护目标。

可以制定一些通用的指导方针来实现保护的目标：①应该把危险物品，如易爆、易燃、易氧化的物体，与其他物体分开，以减小损坏的可能性；②应该保护需要特殊安全设施的产品，以防被盗；③应该对需要温控的设备，如冰箱或者加热器，进行妥善安置；

④仓库人员应该避免将需要轻放和易碎的物品与其他物品叠放，以防损坏。

(2) 效率目标。

效率目标有两层含义：①仓库空间要有效利用，就是要利用现有设施的高度，减少过道的空间；②仓库里台架的布局要合理，以减少人工成本和搬运成本。

(3) 适度机械化。

机械化系统的使用大大提高了分销效率。机械化通常在以下情况最为有效：①物品形状规则、容易搬运；②订单选择活动较为频繁；③物品数量波动很小且大批量移动。在投资于机械化、自动化时，应考虑相关风险，这包括因为技术的快速变化而引起的设备磨损和贬值，以及大规模投资的回报问题。

4. 总体布局的模式

(1) 辐射型布局。

辐射型布局是指仓储设施位于许多用户的居中位置，物品由此中心向各个方向用户运送，形如辐射状，如图 6.2 所示。它适用于用户相对集中的经济区域，而辐射面所达用户只起吸引作用，或者适用于仓储设施是主干运输线路中的一个转运站时的情况。

(2) 吸收型布局。

吸收型布局是指仓储设施位于许多货主的某一居中位置，物品从各个产地向此中心运送，如图 6.3 所示。这种仓储设施大多属于集货中心。

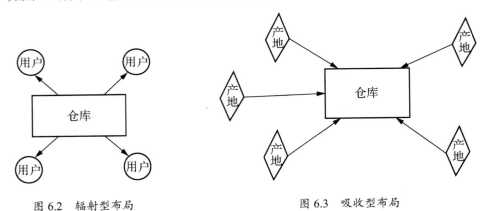

图 6.2　辐射型布局　　　　　　　　图 6.3　吸收型布局

(3) 聚集型布局。

聚集型仓储设施类似于吸收型，但处于中心位置的不是仓储设施，而是一个生产企业聚集的经济区域，四周分散的是仓库，而不是货主和用户，如图 6.4 所示。此类型仓库布局适用于经济区域中生产企业比较密集，不可能设置若干仓库的情况。

(4) 扇形布局。

扇形仓储设施指产品从仓库向一个方向运送，形成一个辐射形状，辐射方向与干线上的运输运动方向一致，如图 6.5 所示。这种布局适宜于在运输主干线上仓储设施距离较近，下一个仓储设施的上方向区域恰好是上一仓储设施合理运送区域时。

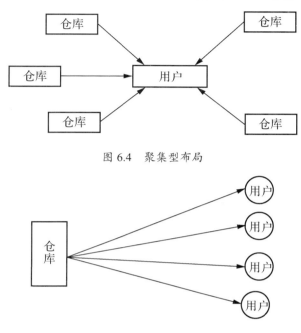

图 6.4　聚集型布局

图 6.5　扇形布局

5．影响总体布局的因素

影响总体布局的因素很多，主要有以下几点。

（1）工农业生产布局。

流通部门的工农业仓库受工农业生产布局的制约，因此，仓储设施的布局必须以我国资源的分布情况、工农业生产部门的配置、不同地区的生产发展水平以及发展规划为依据。这就是说，在进行仓储设施的布局时要充分研究工农业生产布局，注意各地区生产和产品的特点，以及这些物品进入流通过程的规律，以适应工农业产品收购、储存和调运的需要。

（2）货物需求量的分布。

我国各地区经济发展很不平衡，人民生产消费水平也各不相同，所以各地区对各种物品需求量的多少也有所不同，尤其对生活消费品的需求更是五花八门。所以，研究不同地区的消费特征，考虑各种物品的销售市场的分布及销售规律，是仓储设施布局的另一个重要依据。这就是说，仓储设施的分布与物品市场的分布应保持一致。

（3）经济区域。

所谓经济区域，是结合了生产力布局、产销联系、地理环境、交通运输条件等自然形成的经济活动区域的简称。所以，按照经济区域组织流通，合理分布仓储设施，对于加速物流速度、缩短运输路线、降低物流费用，都有着重要的意义。

（4）交通运输条件。

交通运输条件，是组织物流活动的基本条件之一，如果交通不便，势必造成物品储存和交通运输的困难。因此，在仓储设施的布局上，特别要重视交通运输条件，仓储设施地址的选择应尽量选择在具有铁路、公路、水路等运输方便和可靠的地方，这是合理组织物流的基础。

（5）经济条件。

仓储设施的布局还应根据组织流通的需要以及我国现有仓库设施和批发、零售网点的分布状况，合理布局仓储设施，这也是应考虑的因素。

总之，仓储设施的合理布局是在综合考虑上述因素的基础上，遵循有利于生产、加快物流速度、方便消费和提高物流效益等原则，统筹规划，合理安排，这对于提高仓储物流系统的整体功能有重要的意义。

6. 总体布局设计

（1）结构类型的选择。

结构类型的选择，主要根据仓储设施的功能和任务来确定，包括仓储设施的主要功能，是单纯储存还是兼有分拣、流通加工、配送等；储存的对象，储存货物的性质、类型、数量、外形和尺寸；仓库内外环境要求，主要指温、湿度的限制以及消防、安全等要求；经济能力、投资额的大小、对经营成本的要求等。

（2）设施设备的配置。

根据仓储设施的功能、存储对象、环境要求等确定主要设施、设备的配置，见表6-1。

表 6-1 仓储设施设备配置

功能要求	设备配置
存货、取货	货架、叉车、堆垛机械、起重运输机械等
分拣、配货	分拣机、托盘、搬运车、传输机械等
验货、养护	检验仪表、工具、养护设备等
防火、防盗	温度监视器、防火报警器、监视器、防盗报警设备等
流通加工	加工作业机械、工具等
控制、管理	计算机及辅助设备等
配套设施	站台（货台）、轨道、道路、场地等

（3）仓储设施面积及参数的确定。

仓储设施面积是影响仓库规模和仓储能力的重要因素，仓储设施面积包括库区总面积和仓库建筑面积。

① 仓库建筑面积及各项参数。仓库建筑系数是各种仓库建筑物实际占地面积与库区总面积之比。该系数反映库房及仓库管理的建筑物在库区内排列的疏密程度，反映总占地面积中库房比例高低。

$$仓库建筑系数＝仓库建筑占地面积÷库区总面积×100\% \quad (6-6)$$

仓库建筑面积是仓库建筑结构实际占地面积，用仓库外墙线所围成的平面面积来计量。多层仓库建筑面积是每层的平面面积之和。其中，除去墙、柱等无法利用的面积之后称有效面积。有效面积从理论上来讲是可以利用的面积，但是，可利用的面积中有一些是无法直接进行储存活动的面积，如楼梯等，除去这一部分面积的剩余面积称使用面积。

仓库建筑平面系数是衡量使用面积所占比例的参数。

$$库房建筑平面系数＝库房使用面积÷库房建筑面积×100\% \quad (6-7)$$

② 确定仓库面积的主要因素。

A. 物资储备量：决定了所需仓库的规模。

B. 平均库存量：主要决定所需仓库的面积。

C. 仓库吞吐量：反映了仓库实际出入库的物品量，与仓库面积成正比关系。

D. 物品品种数：在物品总量一定的情况下，物品品种数越多，所占货位越多，收发区越大，所需仓库面积也越大。

E. 作业方式：机械化作业必须有相应的作业空间。

F. 经营方式：如实行配送制需要有配货区，进行流通加工需要有作业区等。

③ 其他技术参数。

A. 库房高度利用率是反映库房空间高度有效利用程度的指标，这个参数和库房面积利用率参数所起的作用是一样的，即衡量仓库有效利用程度。仓库中可以采取多种技术措施来提高这一利用程度。

$$库房高度利用率＝货垛或货架平均高度÷库房有效高度×100\% \quad (6-8)$$

B. 仓容，即仓库中可以存放物品的最大数量，以重量单位（吨）表示。仓容大小取决于面积大小及单位面积承载物品重量的能力及物品的安全要求等。仓容反映的是仓库的最大能力，是衡量流通生产力的重要参数。

$$仓容（吨）＝仓库使用面积（米^2）×单位面积储存定额（吨/米^2） \quad (6-9)$$

C. 仓库有效容积，指仓库有效面积与有效高度之乘积。传统的仓容指标因与库房高度关系不大，因而不能很好地反映库房容积利用情况。随着高平房仓库及立体仓库的出现，面积利用指标已不能完全反映仓库技术经济指标。仓库有效容积则用于描述仓库立体的储存能力和利用情况。

$$\text{仓库有效容积} = \text{仓库有效面积（米}^2\text{）} \times \text{有效平均高度（米）} \qquad (6\text{-}10)$$

D. 仓库周转次数，是年入库总量或年出库总量与年平均库存之比，反映仓库动态情况，是生产性仓库和流通性仓库的重要指标。在年入（出）库总量一定情况下，提高周转次数，则可降低静态库存的数量，从而可以减少仓库有效容积的占用。

$$\text{周转次数} = \text{进（出）库总量} \div \text{平均库存} \qquad (6\text{-}11)$$

（4）仓库主体构造的确定。

仓库主体构造包括基础、地坪、框架构成、立柱、墙体、屋盖、楼板、地面、窗、出入口、房檐、通风装置等。下面重点介绍仓库框架、防火问题、出入口尺寸和站台（货台）的高度。

① 仓库框架。框架由柱、中间柱及墙体等构成。仓库内有立柱，会影响仓库的容量及装卸作业的方便性，能减少则应尽量减少。

② 防火问题。仓库主体构造要采用防火结构设计，外墙地板、楼板、门窗必须是防火结构，使用耐火或不燃烧材料，如混凝土、石棉类建材等。

③ 出入口尺寸，主要是由货车是否入库，使用的叉车种类、尺寸、技术参数、台数、出入库频率，保管物品的尺寸大小等因素决定的。

④ 站台（货台）的高度。库外道路平面停放的待装卸货车车厢底板高度尺寸，应与库内地面平齐。这样运输车辆不进入仓库作业，但利用叉车进行搬运作业却十分方便。

（5）仓库附属设施设备的选择。

① 保管设备。在库内堆放要保管的物品时，通常采用的方法有地面散堆法、平托盘分层堆码法、框架托盘分层堆放法、货架散放法、托盘在货架放置法等，不同的保管物品的方法需有不同的保管设备。

② 分拣装置、装卸搬运设备。在许多仓库中有机械化、电子化的物品分拣装置以及进行机械化作业的各种叉车、专用设备和工具。因此，仓库设计和布置要与分拣装置、装卸搬运设备的配置、安装与作业方法及所需面积等相互协调。

6.3.2 平面布局

平面布局指对仓储设施的各个部分——存货区、入库检验区、理货区、流通加工区、配送备货区、通道及辅助作业区，在规定范围内进行全面合理的安排。仓储设施平面布局是否合理，将对仓储作业的效率、储存质量、储存成本和盈利目标的实现产生很大影响。

1. 影响平面布置的因素

（1）专业化程度。

专业化程度主要与库存物品的种类有关，库存物品种类越多，仓库的专业化程度越低，仓库平面布局的难度越大；反之，难度小。因为储存物品种类越多，各种物品的理化性质就会有所不同，所要求的储存、保管、保养方法及装卸搬运方法也将有所不同，因此，在进行平面布局时，必须考虑不同的作业要求。

（2）规模和功能。

规模越大、功能越多，则需要的设施、设备就越多，设施、设备之间的配套衔接成为平面布局中的重要问题，增加了布置的难度，反之则简单。

2．平面布局的要求

一个仓储设施通常由生产作业区、辅助生产区和行政生活区3大部分组成。

① 生产作业区：它是仓库的主体部分，是物品储运活动的场所，主要包括储货区、铁路专运线、道路、装卸台等。

② 辅助生产区：它是为物品储运、保管工作服务的辅助车间或服务站，包括车库、变电室、油库、维修车间等。

③ 行政生活区：它是仓库行政管理机构和员工的休憩生活区域，一般设在仓库入口附近，便于业务接洽和管理。行政生活区与生产作业区应分开，并保持一定距离，以保证仓库的安全及行政办公和居民生活的安静。

某物流企业的仓储设施平面布局如图6.6所示。

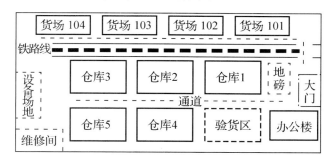

图6.6 仓储设施平面布局

对于总体平面布局而言，应该考虑以下要求。

（1）平面布局要适应仓储作业过程的要求，有利于仓储作业的顺利进行。仓储设施平面布置，物品流向应该是单一的流向，最短的搬运距离，最少的装卸环节，最大限度地利用空间。

（2）平面布局要有利于提高仓储经济效益，要因地制宜，充分考虑地形、地质条件，利用现有资源和外部协作条件，根据设计规划和库存物品的性质，更好地选择和配置设施、设备，以便最大限度发挥其效能。

（3）平面布局要有利于保证安全和职工的健康。仓库建设时严格执行中华人民共和国国家标准GB 50016—2014《建筑设计防火规范》的规定，留有一定的防护火间距，并采取防火、防盗安全设施，作业环境的安全卫生标准要符合国家的有关规定，有利于职工的身体健康。

（4）应该根据效率最大化和生产最大化的原则进行布局和设计。布局设计的内容包括外部布局和内部布局两方面。外部布局关乎企业的发展战略与竞争优势的发挥，布局得当可以提高运作效率与降低运作成本，而且还有利企业的竞争。

3. 仓储设施布局合理化需要考虑的因素

仓储设施布局的合理化需要考虑以下因素。
（1）提高储存密度，提高仓容利用率。
（2）采用有效的存储定位系统。
（3）采用有效的检测清点方式。
（4）采用现代存储保养技术，利用现代化技术是存储合理化的重要方式。
（5）采用集装箱、集装袋、托盘等运储装备一体化的方式。

6.3.3 内部布局

仓储设施内部布局主要是仓库的平面布局和空间布局。仓库内部布局是对保管场所内的货垛（架）、通道、垛（架）间距、收发货区等进行合理规划，并正确处理它们的相对位置。

1. 单层仓库内部布局的原则

（1）重、大件物品、周转量大和出入库频繁的物品，宜靠近出入口布置，以缩短搬运距离，提高出入库效率。
（2）易燃的物品，应尽量靠外面布置，以便管理。
（3）要考虑充分利用面积和空间，使布置紧凑。
（4）有吊车的仓库，汽车入库的运输通道最好布置在仓库的横向方向，以减少辅助面积，提高面积利用率。
（5）仓库内部主要运输通道，一般采用双行道。
（6）仓库出入口附近，一般应留有收发作业用的面积。
（7）仓库内设置管理室及生活间时，应该用墙将其与库房隔开，其位置应靠近道路一侧的入口处。

2. 多层仓库内部布局的原则

多层仓库平面布置除必须符合单层仓库布置原则要求外，还必须满足下列要求。
（1）多层仓库占地面积、防火隔间面积、层数，根据储存物品类别和建筑耐火等级遵照现行建筑设计防火规范来确定。
（2）多层库房占地面积小于 300 米^2 时，可设一个疏散楼梯；面积小于 100 米^2 的防火隔间，可设置一个门。

(3)多层仓库建筑高度超过 24 米时,应按高层库房处理。
(4)多层仓库存放物品时应遵守上轻下重原则,周转快的物品分布在低层。
(5)当设地下室时,地下室净空高度不宜小于 2.2 米。
(6)楼板荷载控制在 2 吨/米^2 左右为宜。

3. 仓库内部货位布置

货位布置的目的,一方面是提高仓库内部平面和空间利用率,另一方面是提高物品保管质量,方便进出库作业,从而降低物品的仓储处置成本。

(1)货位布置基本要求:根据物品特性分区分类储存,将特性相近的物品集中存放;将单位体积大、单位重量大的物品存放在货架底层,并且靠近出库区和通道;将周转率高的物品存放在进出库装卸搬运最便捷的位置;将同一供应商或者同一客户的物品集中存放,以便于进行分拣配货作业。

(2)货位布置的形式。保管面积是库房使用面积的主体,它是货垛、货架所占面积的总和。货垛、货架的排列形式决定了库内平面布置的形式。仓库货位布置一般有横列式布局、纵列式布局和混合式布局 3 种类型。横列式布局(图 6.7)的主要优点是,主通道长且宽,副通道短,整齐美观,便于存取查点,如果用于库房布局,还有利于通风和采光。纵列式布局(图 6.8)的优点主要是,可以根据库存物品在库时间的不同和进出频繁程度安排货位,将在库时间短、进出频繁的物品放置在主通道两侧;将在库时间长、进库不频繁的物品放置在里侧。混合式布局则横列式布局和纵列式布局兼而有之,同时具备两种布局的优点。

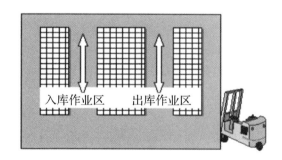

图 6.7 横列式布局

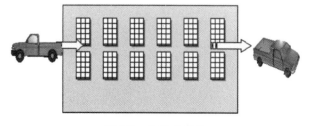

图 6.8 纵列式布局

露天货场一般都与物品的主要作业通道成垂直方向排列货垛。应当注意,库房、货场布置要留出合适的墙距和垛距。

数字化转型高效提升仓储操作规范和效率

6.4 数字化仓储规划

1. 数字化仓储概述

对于数字化仓储的理解是信息化到数据化,然后是数字化。信息化是一个前提,通过信息化可以先将仓储或者是物流的作业流程管理起来,提高管理的效率,让物流作业中的信息更加透明,并且可以为物流作业的分析提供基础数据的支撑。数据化可以在信息化的基础上,通过作业后的情况,提取数据并进行分析,通过各种仓储绩效,比如拣货效率、入库效率、装车效率、出库量等绩效进行分析,体现过去一定周期内或者当前的仓储作业能力,为后续的改善提供支持。

数字化仓储是以仓储实体环境虚拟化为基础,在一个虚拟的仓储三维空间内,进行作业环境的仿真模拟、评估与优化,可以对仓储的资源投入,包括人员、设施和设备的产出能力评估,寻求最后的资源配置。其中既包含了作业流程、管理模式,也包含了设施与功能区布局。理想状态下,通过交付周期、物流需求量等约束的输入,便可以进行计算机模拟寻优,得出最优的资源配置与布局。

2. 思维方式的转变

用数字化方式进行规划与用传统方式进行仓储规划在思维方式上最大不同在于实现从分段式到系统化的转变。传统的仓储规划中,不管是对生产型的仓储规划,还是分销型的仓储规划,其规划思路大致可以分为:人工分析与测算—多方案制订—方案的评估,或者是人工分析与测算—多方案制订—构建多种场景—仿真模拟评估方案。而运用数字化方式进行规划,其规划思路可以理解为:需求条件输入—计算机模拟、评估、优化、决策—方案输出,大量的中间过程都是通过计算机完成,而这样的规划需要通过系统化的方式,将仓储规划过程的算法写入计算机,其中包含了仓储的虚拟环境构建方式、设施设备实体的构建方式及寻优的判断方式等。

3. 数字化仓储规划步骤

在数字化环境下仓储规划的逻辑结构需要更加系统化,并且借助计算机仿真模拟的能力进行方案的寻优,也就是整个规划过程的输入项、逻辑规则及输出项,与以前的规划思想完全不同。

以下图表为数字化的方式进行仓储规划的步骤(表6-2)与逻辑构造(图6.9)。

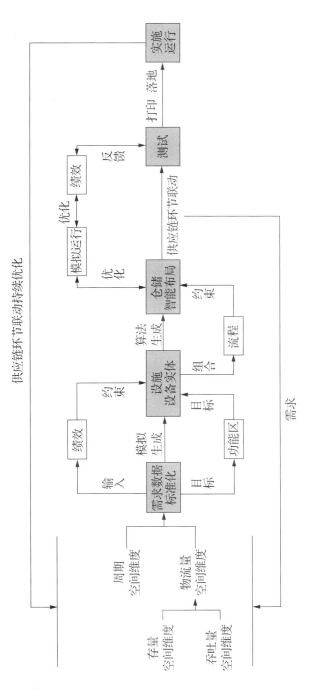

图 6.9 数字化仓储逻辑构造

表 6-2　数字化仓储规划步骤

第一阶段	构建模糊对象	第一步	初始化仓储作业流程
		第二步	划分功能区
		第三步	功能区面积测算（批次与资源配置算法）
		第四步	对功能区中的对象进行分类（EIQ）
		第五步	构建对象属性
		第六步	对设施进行切割
第二阶段	生成模糊布局	第七步	构建评估绩效
		第八步	计算机模拟布局（布局算法）
		第九步	输出可行方案
第三阶段	生成具象场景	第十步	生成实体（设施/设备构建）
		第十一步	方案评价
		第十二步	输出最优方案
第四阶段	数字化运营		

复习思考

一、填空题

1. 仓储设施规划是指对于_____、_____、_____、_____等进行决策及设计，包括_____、_____、_____、_____等。
2. 仓储设施布局是指在一定区域或库区内对仓储设施的_____、_____、_____等各要素进行科学规划和整体设计。
3. 储存空间包括_____、_____、_____和_____。
4. 总体布局的模式包括_____，_____，_____和_____。
5. 数字化仓储既包涵了_____、_____，也包含了_____。

二、名词解释

仓储设施规划　仓储设施布局　数字化仓储

三、简答题

1. 简述仓储设施规划与布局的含义。
2. 仓储设施规划与布局有什么关系？
3. 仓储设施规划的内容有哪些？
4. 仓储设施布局的内容有哪些？
5. 数字化仓储规划有何特点？

四、论述题

查阅资料，讨论你所在城市物流园区的布局及其特点。

▶ **案例讨论** ◀

仓库月台规划设计要点分析

月台已经成为现代仓库的标配。看似简单的月台，设计好却有难度。月台的形式、布局、配套设备的选择，主要根据仓库收发货作业的要求和场地情况来确定。随着收发货量的不断增加，月台资源有限的矛盾日益凸显，如何提高月台效率越来越受到重视。

一、仓库月台的概念

月台，也称站台。在中国古代，是指可以赏月的高台。月台英文通常译作 dock 或 platform，原意是火车站上下乘客或装卸货物的高于地面的平台。Cross Docking 是物流系统中一个专有词汇，一般翻译成"交叉转运"，ORACLE 系统将其定义为：Cross docking enables you to move an item for which there is open demand from the receipt staging area directly to the shipping dock for immediate shipment out of the business unit.（交叉转运使你能够将开放发货需求的物料直接从收货暂存区移动到发货月台，然后立即装运发货。）从这个意义上讲，把月台翻译成 dock 似乎更加准确一些。

关于月台的作用，很显然是为了装卸货物的便利。月台有一定高度，这样就使得装卸货物时减少了货物与车厢间的高差，为人工装卸提供了便利。这是设计月台的初衷。更多的情况下，通过月台上的调节平台，叉车、地牛、伸缩皮带机等设备就可以驶入车厢之中，使装卸更为省时省力，所以月台的应用就逐渐普遍起来。现在，月台已经成为物流中心的关键设施，成为现代仓库的标配。

很多传统仓库没有月台。如我国以前的图书仓库，大部分就没有月台，很多生产车间的仓库也没有月台。前者主要与作业的习惯有关，后者则是为了照顾车间的其他作业，因为有月台阻挡的话，货车就无法进入车间，有些大件就无法进入或运出车间。

毕竟一个车间的物料是有限的，即使没有月台，也不会对生产产生大的影响。

二、仓库月台的形式与分类

月台的形式多种多样，大致可以分为外置月台和内置月台两种。所谓外置月台，是指月台布置在仓库外面的一种布局形式，如图6.10所示。

图6.10　外置月台

所谓内置月台，则是月台被嵌入在仓库之中，如图6.11所示。目前，这两种形式都非常普遍。有时，一个仓库会同时有外置和内置月台。外置月台本身也有其他形式。我们常见的是90°月台，由于场地的限制，有时还设计0°、30°、45°和60°的月台。调节平台是月台的常见设备。通过调节平台与叉车（图6.11），可以使月台与车厢实现平滑过渡，便于装卸货作业。

图6.11　调节平台与叉车

图6.12　内置月台

内置月台由于封闭性好，一般情况下适用于冷链等情况，同时还需要配置门封、风幕等装置,如图6.12所示。有时,我们还会看到所谓封闭式月台,其与内置月台是不同的,其本质上还是一种外置月台。封闭式月台常见于北方,主要是为应对冬季的严寒和北方的风沙。除此之外,还有所谓的可移动月台,即月台是可以移动的设备。此外,无月台作业还会在一些场合应用,尤其是在自动化作业的情形下,月台的形式可能会发生较大的改变。

三、月台的设计

1. 月台的布局形式

月台的布局有3种典型的形式,分别为U形、L形和I形,见图6.13。月台的布局主要根据仓库收发货的基本要求和场地情况确定,并无明确的要求。有时,月台仅布置在一侧即可,这时一般就采用U形布局,而更多的情形是月台布置在多个方向,这时采用I形或L形就成为必然。应该指出的是,一个仓库月台的布局不仅限于以上的几种形式,往往会根据场地和业务流程的要求,有各种形式的交叉与混合,或多种情况并行。

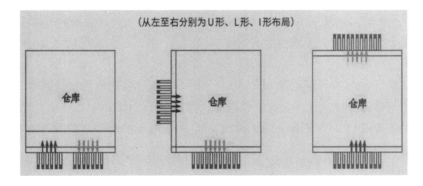

图6.13 月台布局的基本形成

从物流方向看,U形与L形更加适合于有交叉转运的场合,I形则适合于仓库纵深比较大的情形,或无库存的配送中心。但这些原则都不是绝对的。场地的形状和业务流程需要可能起到了决定作用。从空间利用率来讲,U形和L形是比较好的,但也不尽然。

月台停车位计算是月台设计的基础,与物流量和采用的装卸方式和技术手段有很大关系。在进行月台设计时,首先要明确车辆是什么形式,数量是多少,每小时装卸的能力如何,由此进行月台的布局和车位计算。有时,月台布局还与周边道路、园区大门等情况有很大关系。

2. 选择内置月台还是外置月台

月台形式的选择有的是业务的需求,有的是环境的需求,有的则是场地的限制所致。

（1）业务的需求。

绝大多数常温库均选择外置月台，这是因为，外置月台使用方便，布置紧凑，使用灵活，成本低。

但对于绝大多数冷库来说，尤其是对冷链有严格要求的场合，如医药冷链，则选择内置月台的居多，有时甚至必须选择内置月台。在内置月台与仓库存储空间之间，一般需要有缓冲间，一方面作为收发货的交接区和作业区，另一方面也防止冷气的散发。尤其是有调节平台的内置月台，由于冷桥的作用，是不宜与储存区连接在一起的。

（2）环境需求。

有些低温的环境，对温度要求不是很低，如医药物流系统的阴凉库，环境温度为15℃～19℃即可，这与—18℃的环境是有很大差异的。在设计上，一方面不需要有缓冲间过渡，另一方面，管理上也没有要求冷链的无缝连接。这时，从成本和作业的灵活性考虑，采用外置月台+风幕是比较合适的选择。

而对于—18℃及以下温度的冷库，采用内置月台是合适的。过渡间的作用，除了将冷库进行隔离外，还有就是提供比较舒适的作业环境。自动化冷库之所以越来越受重视，就在于除了节能、高效等优势外，还给人提供了一个良好的作业环境。

（3）场地限制。

很多比较怪异的或不符合常理的设计，往往是因为场地的限制所导致的。如由于停车场宽度不够，往往只能采用0°或其他角度的月台，就是一个典型的例子。此外，还包括将常温库设计成内置月台等。因地制宜是物流系统设计的基本原则，月台设计也是如此。

3．月台的尺寸

月台看起来很简单，但设计好却有难度。

（1）月台高度。

不同用途的月台，其尺寸相差很大。一般情形下，是以货车车厢内的底面高度来反推月台高度的。所以，我们常常会看到不同高度的月台，从900mm到1300mm不等。

以医药物流为例，收货时往往会有40ft规格厢式货车（车厢长度为12.19m），车厢内底面高度一般在1200～1300mm之间，所以，月台高度基本为1200mm，也有采用1300mm的情形。如果发货以小车为主，月台设计为900mm更为合适。

（2）月台宽度。

月台的宽度也是多种多样，既与月台的使用需求和装卸货物的频繁程度有关，也与装卸的货物尺寸有关，还与月台的设备及叉车型号有关。一般月台的宽度在4500～6000mm之间，特殊情况有例外。

月台一般需要配置调节平台，即使是统一高度的货车，也会因为轮胎的充气与载荷的大小而出现高差。在南方，带尾板的厢式货车比较多，可以考虑不设计调节平台，但对于大多数情况而言，调节平台还是非常必要的。调节平台的尺寸也影响月台的宽度，一般调节平台的深度为 2400mm，这种情况下，4500mm 以上的月台宽度是非常必要的。

应该指出的是，随着越来越多的自动化装卸设备的诞生，月台宽度已经突破传统的定义，变得更宽，有的甚至可以达到 10m 以上。

4．雨棚设计

雨棚的形式有很多种，不仅尺寸变化较大，并且南方和北方的差异也比较大。雨棚的设计除长宽高尺寸外，还要计算各种载荷。

（1）雨棚的高度。

雨棚的高度一般在 5500mm 比较合适，这是相对于 4500mm 限高而言的。雨棚下需要安装照明、摄像机等设备，因此需要比车辆高出一定尺寸。

雨棚高度设计不宜过高或过低，过高对于避雨是不利的，尤其在南方更是如此，过低则要考虑大车的影响，避免与车辆干涉。

（2）雨棚的宽度。

雨棚宽度一方面取决于货车是否全部是厢式货车，原则上，厢式货车的雨棚相对窄一些，挑出月台 2~3m 即可，而对于敞篷货车而言，原则上要求能够遮住全部车身。但实际上大多数情况都做不到。此外，对于多雨的南方，雨棚宽度要宽一些比较好，而干旱的北方，则雨棚设计可以相对窄一些。

雨棚过宽时（如超过 10m 以上），可以在月台上设计支撑柱，这样可以减少雨棚拉杆承受的载荷。

（3）雨棚的载荷。

雨棚的载荷，除了雨水载荷外，还要考虑风载荷和雪载荷，这一点是很重要的。沿海地区的台风常常对雨棚造成破坏，而北方的大雪也是破坏力非常严重，这些都是设计中要引起重视的。

5．仓库门的配合

与月台设计配套的，除雨棚和调节平台外，还有仓库门的设计。

作为重要的物流仓储设施，仓库门不仅种类规格繁多，其应用也非常广泛。目前最常采用的仓库门是滑升门，也称为升降门。卷帘门（不含快速卷帘门）作为月台上的仓库门已逐渐淘汰，但在仓库的防火隔墙上使用是常见的。

外置月台的仓库门以 3000mm×3000mm 规格居多，这是因为叉车作业方便的需要。但要考虑高架叉车进入的话，需要设计一个高度为 4200mm 的门，以及供叉车上下的坡道，这很容易被忽视。

内置月台的门，因为没有叉车出入，仅仅考虑到保温的需要，门的尺寸要求与车厢匹配，一般情况下，选择 2400mm×3000mm 的门是合适的，外面需要配备门封，使作业时，车厢与门封紧密贴合，防止冷气外泄。

6．月台设备

月台上的设备种类不多，但随着自动装卸概念的提出，越来越多的月台设备被发明出来。

（1）调节平台。

这是最常见的月台设备，有多种规格，最常见的规格包括 2000mm×2400mm，和 1800mm×2400mm，由于调节平台要与车厢连接，因此过宽和过窄都有问题。过宽则车厢放不下，过窄则作业有风险。

（2）叉车和托盘搬运车。

叉车和托盘搬运车是最常见的仓储设备，也是常见的月台设备。叉车和托盘搬运车将货物从车上卸下或通过它将托盘货物送入车厢，这是最常见的作业方式。为了适应叉车的作业，在设计月台承载能力和宽度时要予以考虑。

（3）伸缩皮带机。

通过伸缩功能，皮带输送机工作时可以伸展到车厢里面，大大方便了装卸，不工作时，设备可以收回到室内。伸缩皮带机（图 6.14）有很多规格，其伸展长度可以达到 6～10m。

（4）移动装车设备。

对于没有月台的情况，可以采用移动式月台来提高装车效率。如图 6.15，就是一种典型的移动式月台，叉车可以通过坡道顺利进入车厢，这在传统的无月台仓库常有应用。

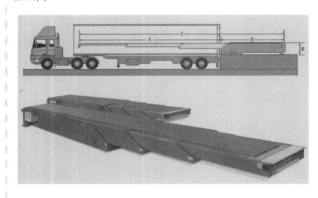

图 6.14　伸缩皮带机　　　　图 6.15　移动式月台

（5）月台装车设备。

欧洲有公司开发了多种形式的装卸车设备，如 JOLODA 公司开发的手动、半自动装卸车系统。有一套整车装车系统,是在月台上先完成整车的码垛,然后一次性通过布置在地面和车厢内的轨道,将整车货物推入车厢。这时的月台宽度要求超过整车的长度。

此外的月台设备还有自动装车系统,形式多样。如利用 3D 识别系统,完成货物的定位,从而通过自动码垛和拆垛设备,完成自动装卸货作业,就是目前研究的一个热点。

四、如何提高月台的作业效率

物流中心的发展趋势是:规模越来越大,自动化程度越来越高(并朝着智能化方向演变),效率越来越高,处理能力越来越强。收发货作业作为仓储系统的重要环节,也越来越受到人们的重视。货物周转加快,随着收发货量的不断增加,收发货区也越来越大,月台资源有限的矛盾日益凸显,如何提升月台效率也就越来越受到重视。

1. 月台的调度管理

月台调度管理分为几个部分,一个大型的物流中心,集货区资源和月台资源总是有限的,因此,采用波次作业成为一般做法。波次作业一方面可以大幅度减少对集货区的需求,另一方面则是要求月台的管理要与波次相匹配。简单来说,月台管理即要求每辆车的装卸必须在指定的时间内完成。

月台管理分为月台资源管理、月台预约等功能,它与订单管理、运输管理密切相关。有时,它甚至是订单管理的一个前提条件。

设想一下整个发货作业过程,订单下达后,并不会立即执行,而是要进行调度和波次划分,使订单在规定的时间段完成。从集货区的角度来看,从波次开始执行的那一刻起,集货区就被占用,直到波次执行完毕,装车发运完成为止,集货区才能被释放,从而可以执行下一个波次的作业。从月台的角度看,当波次集货完成后,才可以进行装车发运,这时月台被波次占用,直到装车完毕,货车驶离月台。

物流系统的运行,是多个环节的互动过程,因此,从物流仓储管理的角度看,如何提高效率,关键是看各个环节的衔接是否紧密有序。月台管理是其中重要的一环。有一些专门的软件系统提供对月台的管理,这在大型且繁忙的物流中心,对提升整体效率是有很大帮助的。

2. 带板运输

带板运输即带托盘运输,这是单元化物流的一个基本理念。

带板运输曾经有过很大的争论,至今争论仍然没有平息。争论的焦点是带板运输是否真的会带来效益。其最大争议点是装载率低,空托盘回收困难。然而,我们也看到,带板运输的优势也是巨大的,一辆 40 英尺的货车,如果采用人工一箱一箱地装卸,时间大致需要 2~3 小时甚至更长,而采用带板运输,装卸时间可以控制在半小时以内,对月台的利用率提升 4~6 倍。这种巨大的效率的提升,完全可以抵消其负面影响。尤其在城市配送领域，带板运输的优势更加明显。随着托盘共用体系的建立，带板运输将逐渐成为主流。

有序是现代物流设计与管理的精髓。在一个自动化物流系统中，有序往往意味着自动化成本降低，自动化难度降低，以及效率的大幅度提升。带板运输即是物流装卸有序的典型代表。

3．自动化装卸

物流的发展趋势是自动化和智能化，提高月台效率的关键也是自动化。自动装卸系统不仅可以大幅度提升月台的作业效率，还在降低劳动强度、减少货品损耗等方面发挥作用。在一些特殊的行业，如对于重载和体积较大的货物，采用自动化装卸技术，不仅可以提高效率，还可以减少安全事故。而对于应急物流体系来说，采用无人化的自动装卸系统，大幅度提升效率，其意义更加重大。

（资料来源：尹军琪，2020．仓库月台规划设计要点分析[J]．物流技术与应用，25(8):91-94。）

思考：仓库月台规划包含哪些方面的要点？

【参考资源】

PC 端	[1] 中国大物流网 [2] 中国物流与采购网 [3] 中国仓储与物流网 [4] 物流天下网
Android、iOS 端	二维码（电子课件）（电子课件已提供，需要用二维码作为入口）

现代仓储规划与布局

第 7 章
现代仓储作业与经营

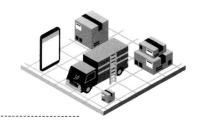

【线下资源】

学习要点	◆ 熟悉仓储作业和经营的内容 ◆ 掌握仓储作业管理的过程 ◆ 掌握仓储经营管理的方式 ◆ 了解仓储合同和仓单质押
导入案例	富日物流的仓储经营
主体内容	◆ 仓储作业和经营概述 ◆ 仓储作业管理 ◆ 仓储经营管理
案例讨论	我国金融仓储业务的发展

仓储作业和经营需要以市场需求为导向,以满足客户要求为目标,因此,也同样需要阿米巴经营。

▶导入案例▶

富日物流的仓储经营

富日物流有限公司(以下简称"富日物流")于 2001 年 9 月正式投入运营,注册资本为 5 000 万元。富日物流拥有杭州市最大的城市快速消费品配送仓。它在杭州市下沙路旁 300 亩(1 亩≈666.67 平方米)土地上建造了 140 000 平方米现代化常温月台库房,并正在九堡镇建造规模更大的 600 亩物流园区。富日物流已经是众多快速流通民用消费品的华东区总仓，其影响力和辐射半径还在日益扩大。

富日物流通过引入西方先进的第三方物流经营理念，聘请物流职业经理人，开拓了以杭州为核心的周边物流市场，目前已成为杭州最大的第三方物流企业之一。富日物流的主要客户包括大型家用电器厂商（科龙集团、小天鹅股份有限公司、伊莱克斯股份有限公司、上海夏普电器有限公司等）、酒类生产企业（五粮液集团的若干子品牌、金六福酒业销售有限公司等）、方便食品生产企业（如康师傅控股有限公司、统一集团等）和其他快速消费品厂商（金光纸业（中国）投资有限公司、维达纸业有限公司等）。国美控股集团有限公司、永乐（中国）电器销售有限公司等连锁销售企业和华润万佳等连锁超市也与富日物流建立了战略合作关系。

富日物流的商业模式就是基于配送的仓储服务，制造商或大批发商通过干线运输等方式大批量地把货品存放在富日物流的仓库里，然后根据终端店面的销售需求，用小车小批量配送到零售店或消费地。目前，富日物流每天为各客户单位储存的物品价值达2.5亿元。最近，富日物流还扩大了6万平方米的仓储容量，使每天储存的物品价值达10亿元左右。按每月流转3次计，富日物流的每月物流量达30亿元左右，运用先进的管理经营理念，使得富日物流成为浙江现代物流业乃至长三角地区的一匹"黑马"。富日物流为客户提供仓储、配送、装卸、加工、代收款、信息咨询等物流服务，利润来源包括仓租费、物流配送费、流通加工服务费等，主要的仓储作业与经营概况如下。

（1）富日物流的仓库全都是平面仓，大部分采用托盘和叉车进行库内搬运，少量采用手工搬运。月台设计很有特色，适合于大型货柜车、平板车、小型箱式配送车的快速装卸作业。

（2）富日物流的信息化管理。采用单机订单管理系统，以手工处理单据为主。就富日物流目前的仓储发展趋势和管理能力以及为客户提供更多的增值服务的要求而言，其物流信息化瓶颈严重制约了富日物流的业务发展。直到最近，富日物流才开始开发符合其自身业务特点的物流信息化管理系统。

（3）富日物流在仓储业务和客户源上已经形成了良性循环。如何迅速扩充仓储面积、提高处理配送订单的能力、进一步提高区域影响力已经成了富日物流公司决策层的考虑重点。富日物流已经开始密切关注客户的需求，并为客户规划出了多种增值服务，期盼从典型的仓储型配送中心开始向第三方物流企业发展。

（资料来源：新景程物流网，2021-06-16。）

思考：仓储作业与经营有什么重要作用和意义？富日物流的仓储作业与经营业务有什么特点？

7.1 仓储作业与经营概述

7.1.1 仓储作业的内容

仓储作业是指以保管活动为中心，从仓库接收物品入库开始，到按需要把物品全部完好地发送出去的全部过程。仓储作业过程主要由入库管理、库内管理、出库管理 3 个阶段组成，按其作业顺序来看，一般可以分为卸车、检验、整理入库、保养保管、检出与集中、装车、发运 7 个作业环节；按其作业性质可归纳为：物品检验、保管保养、装卸与搬运、加工、包装和发运 6 个作业环节。某企业的仓储作业内容如图 7.1 所示。

仓储作业环节之间并不是孤立的，它们既相互联系，又相互制约。某一环节作业的开始要依赖于前一环节上作业的完成，前一环节作业完成的效果也直接影响到后一环节的作业。由于仓储作业过程中各个环节之间存在着内在的联系，并且需要耗费大量的人力、物力，因此，必须对仓储作业流程进行深入细致的分析和合理组织。在组织仓储作业时，应当对具体的作业流程进行具体分析，分析的目的是尽可能地减少作业环节，缩短物品的搬运距离和作业时间，以提高作业效率、降低作业费用。

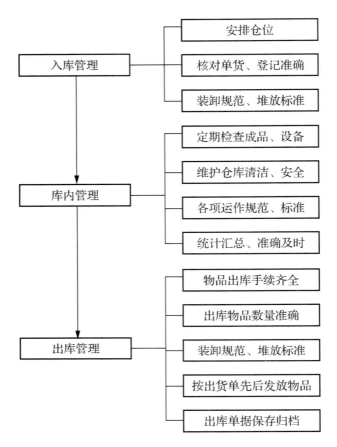

图 7.1 仓储作业的内容

7.1.2 仓储经营的内容

仓储经营是指在仓储管理活动中，运用先进的管理原理和科学的方法，对仓储经营活动进行计划、组织、指挥、协调、控制和监督，以降低仓储成本、提高仓储经营效益的活动过程。

仓储经营管理既包括企业对内部仓储设施业务活动的管理，也包括对整个企业资源的经营活动的管理，即仓储设施商务活动的管理。

1. 仓储业务管理

仓储业务管理是指对仓库和仓库中储存的物品进行管理。这种业务管理是仓储经营管理的基础，是各种公共仓储中心、营业仓储中心和自营仓储中心都必须进行的管理活动。这种对仓库和仓库中储存的物品进行的管理工作，是随着储存物品的品种多样化和仓库设计结构、技术设备的科学化而不断变化发展的。仓储业务管理的手段既有经济的，也有纯技术的，具体包括以下几个方面。

（1）仓库的选址与决策管理。

企业在仓库选址时要依据企业生产经营的运行和发展来考虑；应保证所建仓库各种设备的有效利用，不断提高仓库的经济效益；要能保证仓库运营的安全，一方面要保证储存物品不受各种可能的自然灾害或人为破坏，另一方面要保证储存物品对企业及周围环境的安全。

（2）仓库的机械作业的选择与配置。

企业根据实际需要以及自身的实力决定是否采用机械化、智能化设备，若要使用，就要对智能化的程度，投资规模，设备选择、安装、调试与运行维护等进行管理。

（3）仓库的日常业务管理。

仓库的日常业务管理包括如何组织物品入库前的验收、如何存放入库物品、如何对物品进行有效保养、如何出库等。

（4）仓库的库存管理。

仓库的库存管理包括对库存物品的分类，对库存量、进货量、进货周期等的确定。

（5）仓库的安全管理。

仓库的安全管理是其他一切管理工作的基础和前提，包括仓库的警卫和保卫管理、仓库的消防管理、仓库的安全作业管理等内容。

（6）其他业务管理。

除了以上的业务管理外，仓库业务考核问题、新技术和新方法在仓库管理中的运用问题等都是仓储业务管理所涉及的内容。

2．仓储商务管理

仓储商务是指仓储设施经营人利用其所具有的保管能力向社会提供保管物品和获得经济收益所进行的交换行为。仓储商务是仓储企业对外的基于仓储经营而进行的经济交换活动，是一种商业性的行为，因而，仓储商务发生在公共仓储中心和营业仓储中心之中，企业自营仓储中心则不发生仓储商务。

仓储商务管理则是经营人对仓储商务所进行的计划、组织、指挥和控制的过程，是独立经营的仓储企业对外商务行为的内部管理，属于企业管理的一个方面。仓储商务管理的目的是使企业充分利用仓储资源，最大限度地获得经济收入和提高经济效益。仓储商务管理涉及企业的经营目标、经营收益，因而更为重视管理的经济性、效益性。相对于其他企业项目管理，仓储商务管理具有外向性，围绕着企业与外部发生的经济活动的管理；仓储商务管理又有整体性的特征，商务工作不仅是仓储部门的工作，涉及企业整体的经营和效益，也是其他部门能否获得充足工作量的保证。其具体内容包括以下几个方面。

（1）仓储经营组织管理。

仓储经营组织管理包括仓储经营管理机构的设定、经营管理人员的选用和配备、经营管理制度、工作制度的制定与实施等。

（2）仓储经营战略管理。

仓储经营战略管理包括经营战略的制定、经营环境跟踪、战略调整、战略实施等内容。在制定仓储经营战略时，要综合考虑企业自身的人力、财力和物力以及市场对仓储产品的需求和供给状况，以实现可持续发展和利润最大化为原则，合理制定仓储经营发展目标和经营发展方法。企业可以在总体经营战略的基础上选择租赁经营、公共仓储、物流中心或者配送中心的经营模式，或者采用单项专业经营或者综合经营，实行独立经营或者联合经营的经营定位。另外，要根据经营环境因素的变化以及战略实施的结果反馈进行分析，然后对战略进行相应调整，并对战略规划的实施进行管理。

（3）市场管理。

企业要广泛开展仓储市场调查和研究，对市场环境因素及消费者行为进行分析，细分市场以发现和选择市场机会；向社会提供能满足客户需求的仓储服务，制定合理的价格策略；加强市场监督和管理，广泛开展市场宣传，巩固和壮大企业的客户队伍。

（4）资源管理。

企业需要充分利用仓储资源，为企业创造和实现更多的商业机会。因此，要合理利用仓储资源，做到物尽其用。

（5）制度管理。

高效的仓储经营管理离不开规范、合理的管理制度。企业应该在仓储资源配置、市场管理、合同管理等方面建立和健全规范的管理制度，做到权利、职责明确。

（6）成本管理。

一方面，企业应该准确进行仓储成本核算、确定合适价格，提高产品或服务的竞争力；另一方面，企业应该通过科学合理地组织、充分利用先进的技术来降低交易成本。

（7）合同管理。

企业应该加强仓储商务谈判和对合同履行的管理，做到诚实守信、依约办事，创造良好的商业信誉。

（8）风险管理。

企业通过细致的仓储市场调研和分析、严格的合同管理以及规范的仓储经营责任制度，妥善处理纠纷和冲突，防范和减少风险。

（9）人员管理。

人员的业务素质和服务态度在很大程度上影响着企业的整体形象，因此，仓储经营管理还应该包含对人员的管理。企业应该以人为本，重视人员的培训和提高，通过合理的激励机制调动人员的积极性和聪明才智，同时还要加强对仓储管理人员的监督，创建一支高效、负责的队伍。

7.2 仓储作业管理

7.2.1 入库作业

仓配中心标准化运作现场

入库是指物品进入仓库时进行的卸货、验收、上架、堆码以及单据、账卡处理传递等手续的总称。入库需遵守以下原则。

（1）按照订单入库，没有订单拒绝入库，避免占用仓储空间和增加管理费用。

（2）一定要将不合格品分离出来，及时处理，管理不合格品是无效劳动。

（3）如实入库，多于或少于到货清单数量，都要准确、及时地反映出来，对于弄虚作假的行为要严厉打击。

（4）按照流程一条龙连续作业，提高效率，缩短时间，降低入库成本。

入库流程包括入库准备、接运、验收、争议处理和入库。

1. 入库准备

（1）信息。供应商发货后，仓储部要及时取得发货信息（发货时间、发货地点、运输方式、在途天数、预计到货时间、到货地点、联系电话、名称、规格、数量、包装、形状、单件体积，保管要求，自提还是送货上门，是否需要与货站结算货款等）和采购合同或订单，了解需求信息。

（2）延迟到货。对于未按到货通知时间到货的情况，应及时向供应商和运输部门查询，看看收货单位的名称、地址、电话等信息是否有错，是否中途发生车祸、车辆故障、封道、倒车等情况，避免因此而延误收货。收货时要重点关注是否中转、反复装卸是否引起包装异常，对于这种不正常的到货要逐件检查，问题经常发生在延迟到货的过程中。进口物品应附码头提单、装箱单、合同、发票，做到四证齐全。

（3）人力。按照到货信息，预先组织人员，安排接收、装卸搬运、检验、堆码等工作环节。

（4）物力。按照到货信息，准备装卸搬运的车辆。检验器材度量衡、秤、尺、移动照明、撬棍、堆码的工具以及危险品需要的必要防护用品。

（5）货位。预计货位的面积，提前清场、清洁、预留验收场地。为了保证先进先出，要单独起垛，不要让后到的货压在先到货的上面，使底下的货成为死货。

（6）遮垫。准备遮盖用品、托盘、容器等工具，使堆码和遮垫工作同时完成。

2. 接运

入库接运分为到货和提货两种方式，到货不需要仓库组织库外运输，但提货需要仓库组织库外运输，并注意返回途中的物品安全。仓储管理人员要了解公路、铁路、航空、海运等接收方式，认真检查、分清责任、取得必要的证件，避免将一些在入库前就已经变异的物品带回仓库，造成验收中的责任混淆和不必要的损失。

（1）入库接运前的处理。

接运差异处理，包括错发、混装、漏装、丢失、损坏、污损等。差错可能是由供应商造成的也可能是由运输企业或自己装卸运输造成的。除了不可抗拒的自然因素外，所有差错都要向责任人索赔。差错事故记录包括以下几方面。

① 货运记录。运输企业开具的供、收货方索赔的文件，包括物品名称、件数与货运单记载不符、失窃、损坏、物品污损、受潮、生锈、霉变等。记录必须在收货人卸车前或提货前，通过认真检查后发现问题，经运输企业复查确认后，由运输企业填写，交收货人。

② 普通记录。运输企业开具的证明文件，不具备索赔效力。遇有下列情况发生货损货差时，填写普通记录：铁路专用线自装自卸货物；棚车的铅封印纹不清、不符或没有按规定施封；施封的车门、车窗关闭不严或车门、车窗有损坏；篷布遮盖不严而造成漏雨或其他问题；责任判定为供货方的其他差错事故。以上情况的发生，责任一般在发货单位。收货人可以持普通记录向供应商交涉索赔。

③ 文件存档。全部工作完成后，接运记录、运单、普通记录、货运记录、耗损报告单、交接单、索赔单、提货通知单等所有文件资料存档备查。

（2）入库接运的方式。

① 铁路专用线。仓库接到火车站的到货通知后，应确定卸车货位，力求缩短场内搬运距离，准备好卸车所需的人力和工具。车皮到达后，要引导到位。

② 公路配货站、车站、码头提货。提货人凭货主和本人的身份证到指定货栈提货；提货人凭领货凭证的原件和复印件加单位证明信，到车站提货；在码头，提货人要先在提货单上签字并加盖单位公章或附单位提货证明，到港口货运处取回货运单，再到指定的库房提货。

另外，接运还有直接到供应商处提货、供应商直接送到仓库、生产下线收货入库等几种形式。

3. 验收

在物品正式入库前，按照一定的程序和手续，对到库物品进行数量和外观质量的检查，以验证其是否符合订货合同的规定。通过验收避免给企业带来不必要的经济损失，监督供应商和承运人的服务质量，将验收记录作为退货、换货和索赔的依据。仓储管理人员判明实属本库保管物品后，应对物品及凭证认真检查，核对所收物品名称、规格、数量、质量等。当证件完全符合后，按公司物品检验制度规定提请品质部及有关技术部门进行质检，暂不验收，存放在待验区。

（1）验收的原则。

① 必须核对凭证。供应商要提供物品合格证书、技术标准说明、装箱单、磅码单、发货明细表等，核对是否与采购订单一致，相符后才能进行下一步验收。

② 根据物料需求计划（Material Requirement Planning，MRP）和制造资源计划（Manufacture Resource Plan，MRP Ⅱ）。有时没有采购订单，只有生产计划，按照生产计划推出BOM表，直接作为采购订单。

③ 采购员完成采购任务、货到厂时，应及时通知品质部检验员到仓库办理入库手续，其程序具体规定是，认真填写检验通知单，一式三联，并签署。

④ 准备供货单位发票（符合国家税务规定）、发货明细表、质保书、使用说明书、公司领导批准的采购计划。

⑤ 正确反映物品的数量、品种、规格、质量和配套情况，要求准确无误。

⑥ 节约验收费用，降低作业成本。

（2）验收的内容。

验收包括数量验收和质量验收，其基本要求为准确、及时、严格、经济。数量验收是核对到库物品的编码、名称、规格、型号、数量（件数、长度、重量）等，与到货通知单、运单、发货明细表、技术标准、装箱清单等资料是否相符。质量验收是对物品的外观质量和内在质量进行检查测定，以验证其是否符合物品的质量标准或合同的要求。

① 数量验收。数量验收的方法有逐件清点、检斤丈量、堆码后清点和抽检。当天的到货当天完成入库，隔日入库须避免重复入库。

A. 逐件清点。对于多品种、小批量的到货，如服装多系列、分色、分码入库，就需要逐件清点，在有时间的情况下甚至要打开成捆成件的包装，逐件清点。成套交货的机电设备应清点主机、部件、零件、附件、工具备品等。仪器仪表外观质量缺陷100%检查。进口货物原则上100%检查。

B. 检斤丈量。注意：出入库要采用同样的计量方法，防止出现误差。a. 检斤物料一律按实际重量验收，凡供应商按检斤交货的，也应该按检斤验收入库，不一定要实际计重。例如，定量包装的白糖，就可以直接换算成吨入库，并按一定比例抽检。b. 按理论换算检斤交货的，就按规定换算标准验收，并在入库单上标明换算的依据、实际代数、件数、尺寸。例如，白糖50 000袋×50千克/袋，实际入库2 500吨，如果以后入库100千克/袋的白糖，就能区别开来。盘点、出库时遇到不同规格的包装，一定要特别注意标示清楚，防止货损、货差的出现。c. 检斤物品应全部点清件数，同时记录毛重、皮重和净重。d. 对于小件的散货大量入库，可以用检斤清点的方法验收，如每箱五金件上有上万个小件，计数是不现实的，只能通过比例秤和电子秤来检斤，将来把货倒入自己的容器里，检斤换算成数量入库。e. 其他方法计量验收的物品按有关的规定验收，如玻璃按标箱、木材按立方米等。f. 计量物品的秤差规定，黑色金属允许公差范围为±0.2%，有色金属为±0.1%，生铁锭块包括途耗为±0.5%，稀有贵重金属不允许有误差。进口物品按物品检验局的规定，黑色金属允许公差范围为±0.3%，有色金属为±0.2%，每50千克水泥重量允许的公差范围为±1千克。同一批玻璃允许的公差范围为15%（按片计算），可自行列销。

C. 堆码后清点。对于品种少、数量大、单件体积小、包装形状规范的到货，适合堆码后清点。在托盘、货架、容器上，按固定的规律码放，每行、每层数量一致，垛高一致，每垛数量一致，零头放在最外面的一垛上面，处于明显的位置。由送货人员或库房工人堆码时，仓库管理员一定要在现场监督，防止堆码时变垛型，数量出现变化。

D. 抽检。对于大包装要抽检，按一定比例（1%～10%）拆包验货，检查包装和物品是否一致。对于大批量、同规格、同包装、质量较高、值得信赖的物品可以采用抽查的方式，否则只能全查。

② 质量验收。质量验收的内容有核对物品的品名、规格、型号和材质等；检查物品的外观质量状况；核对合格证或技术证件；检查设备是否成套，配套的零件是否齐全；进行一般性的内部结构检查，如对机电设备做必要的电阻测试；在外观检查中发现问题，需要做进一步理化性能检验时，应报技术部门、质检部门决定处理；需要开箱和拆件时，应保证不损坏物品本身，检验后尽量恢复原包装。

（3）检验方法。

① 目检。在重组的情况下，观察物品的表面状况是否变形、破损、脱落、变色、结块等，并检查标签、标志的情况。

② 听觉、触觉、嗅觉、味觉检验，通过抚摸、摇动、敲击等来鉴定。

③ 仪器检测，测定含水量、密度、黏度、成分、广谱等。

④ 运行检测。在操作中检验。

包装材料的含水量是衡量保管质量的重要方面。包装材料含水量见表7-1。

表 7-1　包装材料含水量情况

包装材料	含水量	说明
木箱	18%～20%	内装易霉、易锈物质
木箱	18%～23%	内装一般物质
纸箱	12%～14%	五层瓦楞纸的外包装及纸板衬垫
纸箱	10%～14%	三层瓦楞纸的外包装及纸板衬垫
胶合板箱	15%～16%	
布包	9%～10%	

4. 争议处理

（1）到货与订货合同不一致时，及时通知有关部门，做出退货、寄存、变更采购订单的处理。要在管理系统上或到货通知上查看是否有采购订单，来货是否和采购订单上的需求信息一致，品名、规格、数量、供应商、包装等是否出现差异，注意供应商送货到仓库的情况，详细登记处理结果。

（2）入库前若发生短缺，按照实际数量入库，并做出与来货清单差异的报告，与供应商沟通，向运输部门索赔。进口物品按有关规定及时验收，以免延误索赔期。

（3）应附的合格证或技术标准等文件不对时，理论上应将物品作为待验物品处理，通知有关部门向供应商索取文件；实际运作中经常是先单独验收寄存，等待质量部门的通知。

（4）对于验收中发现的不合格品，应该保存证据，做出不合格品报告。下列情况应严格把关，不准验收：无公司领导批准采购的、与合同订货单几乎不符的、违反公司规定或采购员工作标准的、没按规定进货渠道采购的、质量不合格的等。

（5）对于待处理的物品，不得办理入库手续，应该单独存放，妥善保管，防止与正品混杂出库，防止丢失、变异。

（6）发生差异时，及时通知采购负责人；送错或数量不足时，要及时补充订货，不要耽误生产销售的经营活动，并办理拒收、寄存、入库等手续；超过采购数量时，超出部分原则上要拒收，避免增加仓储管理费用，如果采购员同意接收，要求他补办采购订单，严禁库管员私自收"人情货""关系货"。

（7）库管员要根据经验目检并通知质检人员到现场抽检。由于抽检造成数量不符时，应要求质检人员开具出库单。（对于裸件，即使库管员对物品认知能力强，也要用记号笔把品名、规格等写在裸件上，如汽车配件；或自己制作物品标志卡挂在裸件上，如服装系列。这样可以防止轮岗换人时，不能正确认知物品，出库时发生错误。）

（8）包装异常（如污损、破损、变形）时，要会同送货人员一起开包验收。发现数量减少或质量变异时，要及时登记索赔，拒绝入库，将其单独存放，与正品隔离，等待处理。能当场更换包装的，在条件允许的情况下，应立即处理，避免在运输途中丢失。

5. 入库

将验收后的物品放在规定的预留货位上。

（1）手工填写入库单，要求字迹清晰，信息全面、不漏项。

（2）录入管理系统，要求必须在采购订单或生产订单中录入。没有订单的，属于非法入库，应注明货位。

（3）填写物品管理卡片，注明入库时间和经手人。出入库随时调整，保证卡片和实际库存一一对应。

（4）登账。填写手工账或电子表格账。

（5）建档。仓库应给所有库存物品建立档案，以便物品管理和与客户联系，也为将来发生争议保留证据，同时也有助于积累保管经验，研究仓储管理规律，最好做到"一品一档"：①物品的各种技术资料、合格证、装箱单、送货单、质量标准、发货清单；②物品运输单据、普通记录、货运记录、残损记录、装载图等；③入库通知单、验收记录、技术检验报告；④保管期间的检查、包养作业，通风除湿、倒仓、事故等直接操作记录；⑤保管期间的温度、湿度、特殊天气等记录；⑥出库凭证、交接签单、检查报告；⑦其他有关该物品的特殊文件和报告记录。

（6）调拨入库。

7.2.2 在库作业

1. 物品的堆码

堆码（stacking），根据《物流术语》（GB/T 18354—2006）的定义：将物品整齐、规则地摆放成货垛的作业。

物品堆码的基本原则：分类存放；适当的搬运活性，摆放整齐；尽可能码高，货垛稳定；面向通道，不围不堵；重下轻上原则；根据出库频率选定位置；便于识别、点数。

物品堆码的基本方法有散堆法和堆垛法。散堆法适用于露天存放的没有包装的大宗物品，如煤炭、矿石、黄沙等，也适用于库内的少量存放的谷物、碎料等散装物品。散堆法是直接用堆扬机或者铲车在确定的货位后端起，直接将物品堆高，在达到预定的货垛高度时，逐步后退堆货，后端先形成立体梯形，最后成垛，整个垛形呈立体梯形状。垛堆法主要适用于有包装（如箱、桶、袋、箩筐、捆、扎等）的物品，包括裸装的计件物品，垛堆方法储存能充分利用仓容，做到仓库内整齐，方便仓储作业和保管。

物品的堆码要求合理、牢固、定量、整齐、节约和方便，堆码的垛型有平台垛、起脊垛、立体梯形垛、行列垛、井形垛、梅花形垛等。

（1）平台垛。

平台垛（图7.2）是先在底层以同一个方向平铺摆放一层物品，然后垂直继续向上堆积，每层物品的件数、方向相同，垛顶呈平面，垛形呈长方体。平台垛适用于包装规格单一的大批量物品，包装规则、能够垂直叠放的方形箱装物品、大袋物品，规则的软袋成组物品、托盘成组物品。

（2）起脊垛。

起脊垛（图7.3）是先按平台垛的方法码垛到一定的高度，以卡缝的方式逐层收小，将顶部收尖成屋脊形。起脊垛用于堆场场地堆货的主要垛型，货垛表面的防雨遮盖从中间起向下倾斜，便于雨水排泄，可防止水湿物品。

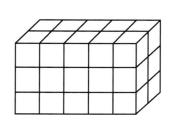
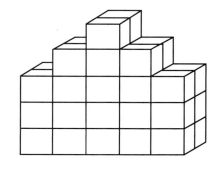

图7.2 平台垛示意图　　　　　图7.3 起脊垛示意图

（3）立体梯形垛。

立体梯形垛（图7.4）是在最底层以同一方向排放物品的基础上，向上逐层同方向减数压缝堆码，垛顶呈平面，整个货垛呈下大上小的立体梯形形状。立体梯形垛用于包装松软的袋装物品和上层面非平面而无法垂直叠码的物品的堆码，如横放的桶装、卷形、捆包物品。

（4）行列垛。

行列垛（图7.5）是将每票物品按件排成行或列排放，每行或列一层或数层高，垛形呈长条形。行列垛适用于存放批量较小的物品，如零担物品。因每垛货量较少，垛与垛之间都需留空，垛基小而不能堆高，使得占用库场面积大，库场利用率较低。

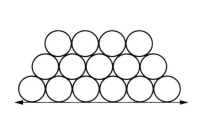
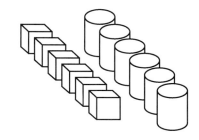

图7.4 立体梯形垛示意图　　　　图7.5 行列垛示意图

（5）井型垛。

井型垛（图7.6）用于长形的钢材、钢管及木方的堆码。它是在以一个方向铺放一层物品后，再以垂直的方向铺放第二层物品，物品横竖隔层交错逐层堆放，垛顶呈平面。井型垛垛型稳固，但层边物品容易滚落，需要捆绑或者收进。

（6）梅花形垛。

对于需要立直存放的大桶装物品，将第一排（列）物品排成单排（列），第二派（列）的每件靠在第一排（列）的两件之间卡位，第三排（列）同第一排（列）一样，而后每排（列）依次卡缝排放，形成梅花形垛，如图7.7所示。梅花形垛物品摆放紧凑，充分利用了货件之间的空隙，可节约库场面积。

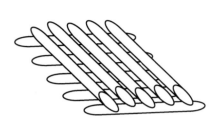

图 7.6　井型垛示意图

图 7.7　梅花形垛示意图

2. 保管

仓储保管的核心是以预防为主，防治结合。及时发现和消除事故的隐患，特别要预防发生爆炸、火灾、水浸、污染等恶性事故和大规模的损害事故。

仓储保管的目标是空间的最大化利用，人力及设备的有效使用，所有物品都能随时准备存取，物品的有效移动和良好保护，良好的管理及沟通。

（1）仓储保管的原则。

仓储保管的原则包括：①面向通道进行保管；②尽可能向高处码放，提高保管效率；③根据出库频率确定位置；④同一品种在同一地方保管；⑤根据物品质量安排保管位置；⑥依据物品形态安排保管方法；⑦先进先出。

（2）保管工作的要点。

经常对物品进行检查测试，及时处理异常情况，合理地使物品通风，控制阳光照射，防止雨、雪水浸湿物品，及时排水除湿，除虫灭鼠，进行温湿度控制，防止货垛倒塌，防霉除霉，剔除贬值物品，对特殊物品采取有针对性的保管措施。

保管工作的要点：①严格验收物品，控制源头；②适当安排储存场所；③科学堆码遮垫，利用石块、砧木、垫板、苇席、油毡等完成工作，并在仓库四周挖排水沟，满足"五距"要求；④控制温湿度；⑤定期盘点和检查。

（3）物品的储存特性和养护技术。

① 物品的质量变化。物品质量变化的类型：物理变化、化学变化、生化变化、生物入侵等。物理变化是指挥发、溶化、熔化、渗漏、串味、沉淀、污染、破碎和变形等，结果是数量损失、质量降低或报废。化学变化是指氧化、分解、水解、化合、聚合、裂解、老化、曝光、锈蚀等。化学变化的过程就是质变的过程。生化变化是指有生命活动的有机体物品，在生长发育过程中，为了维持它的生命，本身所进行的一系列生理变化，如呼吸、发芽、胚胎发育、后熟、霉腐等。人为因素是指保管人员未按物品自身特性的要求或未认真按有关规定和制度作业，甚至违反操作规定和程序，使物品受到损害和损

失的情况，包括保管场所选择不合理、包装不合理、装卸搬运不合理、堆码遮盖不合理、垛型不当、超高超重、混码、遮盖不当、违章作业、有效期管理不当。

② 影响物品质量变化的因素：物品的物理性质，主要包括物品的吸湿性、导热性、耐热性、透气性等；物品的机械性质，是指物品的形态、结构在外力作用下的反应；物品的化学性质，是指物品的形态、结构以及物品在光、热、氧、酸、碱、温度、湿度等作用下，发生改变与物品本质相关的性质、物品的化学成分和物品的结构。

③ 普通物品存储的要求：严格验收入库物品，适当安排储存场所。

（4）温湿度管理。

① 库房外的温湿度变化。一天中，日出前气温最低，相对湿度最大；凌晨 2:00 气温最低，午后 14:00 气温最高，相对湿度最小。一年中，7 月和 8 月最热，相对湿度最小；1 月和 2 月最冷，相对湿度最大。

② 库房内的温湿度变化。库外温度影响库内温度有一个时间过程，并有一定程度减弱，夜间库内温度比库外高，白天库内温度比库外低。一般仓库的温度控制主要是避免阳光直接照射物品，因为阳光直接照射的地表温度要比气温高得多，午间甚至高近一倍。混凝土遮阳效果最佳。适当的日光可以去除物品表面或体内多余的水分，也可以抑制微生物的生长，但长时间在日光下暴晒，会使物品或包装出现开裂、变形、变色、褪色、失去弹性等现象。库内不同位置温湿度也不同，要特别注意库内四角。这里空气淤积不流通，温湿度偏高；库内阳面气温高，相对湿度偏低，阴面则相反。库内上下部位的湿度也有明显差别，尤其是夏季气温高的时候，上部因气温较高而相对湿度偏低，下部因靠近地面气温较低，相对湿度偏高。据试验，库内上部相对湿度平均达到 65%～80%，接近地面和垛底的相对湿度平均达到 85%～100%，靠近门窗的物品容易受潮；水泥地面和沥青地面，在温湿度条件变化或通风不当时，常会在上面结露，产生水膜，加大库内底层的湿度。垛顶部、四周与内部，通风情况不同，温湿度也不同。

③ 仓库温湿度的测量。定时观测并记录相对湿度和绝对湿度、温度等是仓库员工的一项基本工作。

④ 库房温湿度的控制和调节方法。通风、密封、吸潮三者结合起来，可以起到防霉、防锈、防潮、防虫的作用。

（5）在库养护。

① 金属的防锈。金属的锈蚀物是金属氧化物，因此，防治和破坏产生化学和电化学腐蚀的条件是根本的防锈方法。严格按照金属材料及其制品的保管要求来储存，杜绝导致金属锈蚀的一切因素是最经济有效的方法。灰尘、杂物能加速金属锈蚀，影响精密仪器和机电设备的精密度和灵敏度，对应的解决办法有防锈油，矿物油中加入油溶性缓释剂和其他添加剂组成；气相锈蚀，使用气相缓蚀剂，在密封包装和容器内对金属零配件进行防锈。

② 物品霉腐及其防治。霉腐是物品在某些微生物的作用下，引起的生霉、腐烂和腐败发臭等质量变化的现象，包括微生物在物品上生长繁殖破坏物品和微生物的排泄物污染物品两种情况。霉腐是物品在物流过程中的一种常见的质量变化。物品霉腐的过程：

受潮、发热、发霉、腐烂、霉味。物品霉腐的治理：加强库存物品的管理，加强入库验收、仓库温湿度的管理，选择合理的储存场所，合理堆码，下垫隔潮，物品进行密封，做好日常的清洁卫生。可以采用化学药剂防霉、气相防霉腐、低温冷藏防霉腐、干燥、紫外线、微波、红外线防霉腐等。

③ 仓库害虫及其防治。仓库害虫又叫储藏物害虫，从广义上讲，包括所有一切危害储藏物品的害虫。仓库害虫的防治方法有机械防治、物理防治、密封防治、气调防治和化学防治。

④ 食品储存与保鲜。食品在储存过程中往往会因为其本身的特性和外界环境的影响，而发生各种变化，其中有属于酶引起的生理变化和生物学变化，有属于由微生物污染造成的变化，还有属于外界环境温湿影响而出现的化学和物理变化等。所有这些都会使食品质量和数量方面受到损失。常用的储存方法有冷冻保藏法、罐藏法、辐照保藏法、干藏法、化学保藏法、气调保藏法、减压保藏法和电磁处理保藏法。

3. 盘点

盘点就是定期或不定期地对库场内的物品进行全部或部分清点，以确实掌握该期间内的库存状况，并使其得到改善，加强管理。它是为了确实掌握物品的"进、销、存"，可避免囤积太多物品或缺货情况的产生，对于计算成本及损失是不可或缺的数据。

（1）盘点的主要内容。检查物品的账面数量与实物数量是否相符，检查物品的收发情况及按先进先出的原则发放物品，检查物品的堆放及维护情况，检查各种物品有无超储积压、损坏变质，检查对不合格品及呆滞、废品的处理情况，检查仓库内的安全设施及安全情况。

（2）盘点的原则。一般是每月对物品盘点一次，并由盘点小组负责各库场的盘点工作。为了确保物品的盘点效率，应坚持3个原则：售价盘点原则、即时盘点原则、自动盘点原则。

（3）盘点的作用。核实资产，确保账、卡、物相符；盘点还可以起到量化的作用；为库存、生产、销售、投资等决策提供准确依据。

（4）盘点的目标。确切掌握库存量；掌握损耗并使其得到改善；加强管理，防微杜渐，遏阻不轨行为；掌握一定阶段的物品亏盈状况；了解目前物品的存放位置；发掘并清除滞销品、临近过期物品，整理环境，清除死角。

（5）盘点方法。以账或物来分，可分为账面存货盘点和实际存货盘点。账面存货盘点是指根据数据资料，计算出物品存货的方法；实际存货盘点是针对未销售的库存物品进行实地的清点统计，清点时只记录零售价即可。以盘点区域来划分，可分为全面盘点和分区盘点；以盘点时间来划分，可分为营业中盘点、营业前后盘点和停业盘点；以盘点周期来划分，可分为定期盘点和不定期盘点。仓库盘点常用方法是账面盘点和现货盘点（动态盘点、期末盘点、循环盘点和定期盘点）。

（6）盘点作业步骤。做好盘点工作，一般首先是要做好盘点基础工作，其次是要做好盘点前准备工作，再次是要做好盘点中作业，最后是要做好盘点后处理。某企业的盘点作业流程如图 7.8 所示。

盘点基础工作：盘点方法、账务处理、盘点组织、盘点配置图等。

盘点前准备：人员准备、环境准备、盘点工具准备、盘点前指导、盘点工作分派和单据整理。

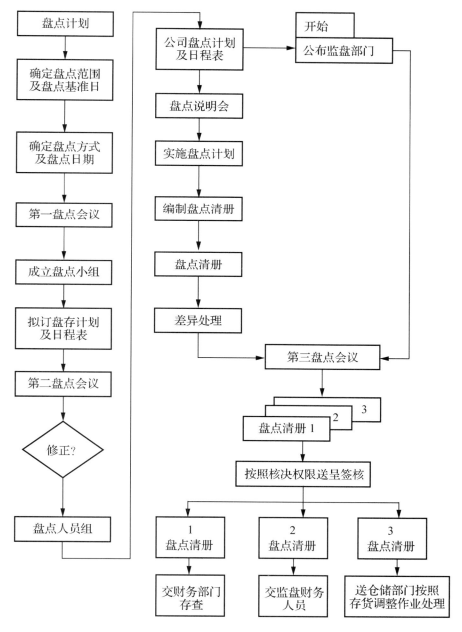

图 7.8 盘点作业流程

盘点中作业：分为3类，即初点作业、复点作业和抽点作业。初点作业应注意先点仓库、冷冻库、冷库，后点卖场；若在作业中盘点，先盘点购买出入库频率较低的物品；盘点货架或冷冻、冷藏柜时，要依序由左而右、由上而下进行盘点；每一台货架或冷冻、冷藏柜都应视为一个独立的盘点单元，使用单独的盘点表、按盘点配置图进行统计清理。复点作业应注意，复点可在初点进行一段时间后再进行，复点人员应手持初点的盘点表依序检查，把差异填在差异栏，复点人员需用红色圆珠笔填表。

盘点后处理：资料整理，计算盘点结果，根据盘点结果实施奖惩措施，根据盘点结果找出问题点并提出改善对策，做好盘点的财务会计财务处理工作。

盘点实施的注意事项：材料盘点按 ABC 分类法进行；外发加工材料由采购部人员发往供应商处，或委托供应商清点实际数量；盘点时填好盘点发票，盘点发票不得更改涂写，更改需用红笔在更改处签名；初盘完成，将初盘记录于盘点表上，转交给复盘人员；复盘是由初盘人员带复盘人员到盘点地点，复盘不受初盘影响；若复盘与初盘有差异，复盘人员应该与初盘人员一同寻找原因，确认后记录在盘点表上；抽盘时可根据盘点表随机抽盘或者随地抽盘，ABC 分类物品比例为 5∶3∶2。

（7）盘点量化指标。

盘点数量误差率的目的是衡量库存管理优劣并作为是否加强盘点或改变管理方式的依据，以此降低公司的损失。盘点量化指标的意义在于：若公司甚少实施盘点，则损失率将无法确实掌握，如此则实际毛利便无法知道，实际损益也就无法知晓。然而，若是连损益都不清楚，则经营也就变得无意义了。

盘点品项误差率的目的是由盘点误差数量及误差品项两者间指标数据的大小关系，来检讨盘点误差主要的发生原因。误差品项太多将使后续的更新修正工作更为麻烦，且会影响出货速度，因此应对此现象加强管制。

平均盘差物品金额的应用目的为，判断是否实行 ABC 分类，或现今已实行，ABC 存货重点分类是否发生作用。其公式为：平均每件盘差物品的金额＝盘点误差金额÷盘点误差量。状况陈述：此指标高，表示高位物品的误差发生率较大。这可能是公司未实施物品重点管理的结果，将对公司营运造成很不利的影响。改善对策：未实施货物重点管理的企业很容易造成高位物品的流失，因此最好的管理方式是确实施行 ABC 分类管理。

（8）盘点盈亏处理。

① 盈亏原因分析。物品盘点的相关规章制度是否已建立健全，制度中是否有漏洞，是否存在丢失、损坏的可能；登账人员的素质；进出库作业人员的素质；物品盘点方法是否妥当；物品的特性如何；盘点差异是否可事先预防、如何预防，如何降低账货差异等。

② 库存盈亏处理。建立健全进、存、出物品检验、记录、核对制度，并落实到岗位、人员；分别培训登账人员和出入库物品的作业人员，提高仓库管理人员的素质；推行赏

罚分明的奖励制度；对易发生货损、货差的物品，可委派专人进行循环盘点，发现问题及时解决；对于盘点中发现的呆滞物品，应及时通知采购部门停购，并对库存的呆滞物品进行处理；对于废、次品及不良品，应迅速处理。

7.2.3 出库作业

1. 出库准备

（1）出库方式：提货、送货、托运、过户、移仓、取样。

（2）出库作业流程，是出库工作顺利进行的基本保证。为防止出库工作失误，在进行出库作业时必须严格履行规定的出库业务工作流程，使出库有序进行。物品出库的流程主要包括物品出库前的准备、审核出库凭证、出库信息处理、拣货、分货、包装、清理等。

（3）出库准备：出库物品准备，审核出库凭证。

2. 备货

（1）拣货。

拣货作业就是依据客户的订货要求或仓储配送中心的送货计划，尽可能迅速地将物品从其储存的位置或其他区域拣取出来的作业过程。

拣货信息传递方式，包括订单传递、拣货单传递、显示器传递、无线通信传递、自动拣货系统传递。

拣货方式，包括人工拣货、机械拣货、半自动拣货和自动拣货。

（2）分货。

分货作业又称配货作业，在拣货作业完成后，根据订单或配送路线等的不同组合方式进行物品分类工作。根据分货作业方式，其分为人工分货和自动分类机分货。根据分货数量的不同其分为摘果法和播种法。

摘果法的特点：储物货位相对固定，而拣选人员或工具相对运动，即工作人员拉着集货箱在排列整齐的仓库货架间巡回走动，按照拣选单上标明的品种、数量、规格，拣选出用户需要的物品放入集货箱内，再按一定方式进行分类。这种方式的优点是按单拣选，配货准确度高，简单易行，机动灵活，适应性强。

播种法的特点：用户的分货位固定，而分货人员或工具相对运动。这种配货方式的原理是将若干用户的共同需求，即多张单子的特征集成为一批统一集中的需求，然后再分别满足。这种配货方式计划性较强，作业管理水平要求较高。这种方式的优点是先集中再分类，可以缩短拣取物品的行走时间，提高单位时间的拣货效率。统一品种物品配货批量大，利于采用机械化、自动化分货作业系统。配货之后，可同时开始对各客户的配送送达工作，这也有利于综合考虑车辆的合理调配，合理使用和规划派送路线，从而实现配送的规模经济效益。其缺点是必须当订单累积到一定数量时才做一次性的处理，因此，分拣作业系统易出现停滞时间。信息处理量相对摘果法来说复杂、工作量大，需要用计算机制单进行管理。

（3）出货检查。

为了保证出库物品不出差错，配好货后企业应该立即进行出货检查。出货检查就是将物品一个个点数并逐一核对出货单，进而查验出物品的数量、品质及状态情况。出货检查的方法：物品条形码检查法、声音输入检查法、质量计算检查法等。

（4）包装。

包装的要求：由仓库分装、改装或拼装的物品，装箱人员要填制装箱单，标明箱内所装物品的名称、型号、规格、数量以及装箱日期等，并由装箱人员签字盖章后放入箱内，供收货单位核对。根据物品外形特点，选用适合的包装材料。出库物品包装要求牢固、干燥。各包装容器，如发现外包装上有水渍、油迹、污损等均不允许出门。充分利用包装容积，要节约包装材料，尽量使用物品的原包装。

3. 出库

（1）点交。

出库物品无论是要货单位自提，还是交付运输部门发送，发货人员必须向收货人员或运输人员按车逐件交代清楚，划清责任。如果本单位内部领料，则将物品和单据当面点交给提货人，办理好交接手续。若送料或将物品调出本单位办理的，则与送货人或运输部门办理交接手续，当面将货物点交清楚。交清后，提货人员应在出库凭证上签字盖章。发货人员在经过接货人员认可后，在出库凭证上加盖货物付讫印戳，同时给接货人员填发出门证，门卫核验出门证无误后方可放行。

（2）登账。

点交后，仓储管理人员应在出库单上填写实发数、发货日期等内容并签名，然后将出库单连同有关证件及时交给货主，以便货主办理结算。出库凭证应当日清理，定期装订成册，妥善保存，以备查用。

（3）货物出库单证的流转及账务处理。

出库单证包括提货单、送货单、移库单和过户单等。其中，提货单为主要的出库单证，它是从仓库提取货物的正式凭证。不同单位会采用自提和送货这两种不同的出库方式，不同的出库方式及其单证流转与账务处理的程序也有所不同。

（4）货物出库时发生问题的处理。

① 出库凭证上的问题。出库凭证是指用户自提情况下的出库通知单和仓库配送计划通知书。发货前验单时，凡发现提货凭证有问题，应及时与仓库保卫部门联系，妥善处理。任何白条都不能作为发货凭证，特殊情况（如救灾等）发货必须符合仓库有关规定。提货时，用户发现规格开错，仓储管理人员不得自行调换规格发货，必须重新开票方可发货。物品进库未验收或者期货未进库的出库凭证，一般暂缓发货，并通知供应商，待货到并验收后再发货。

② 漏记账和错记账。当遇到提货数量大于实际货物库存量时，无论是何种原因造成的，都需要和仓库部门、提货单位及时取得联系后再做处理，如果属于入库时错账，则可采用报出/报入方法进行调整。报出/报入方法即先按库存账面数开具出库单销账，然后再按实际库存数量入库登记，并在入库单上签明情况。如果属于仓储管理人员串发、多发、错发等而引起的问题，应由仓库方面负责解决库存数与提单数之间的差额。如果属于财务部门漏记账而多开出库数，应由单位开具新的提货单，重新组织提货和发货。如果属于仓储过程中的损耗，需考虑该损耗数量是否在合理的范围之内，并与货主单位协商解决。合理范围内的损耗应由货主单位承担，而超过合理范围的损耗则应由仓储部门负责解决。

③ 串发货和错发货。所谓串发货和错发货，是指发货人员在对物品品种、规格不熟悉的情况下或者由于工作中的疏漏把错误规格、数量的物品发出库的情况。如果提货单开具某种物品的甲规格出库，而在发货时将该物品的乙规格发出，造成甲规格账面数小于实存数、乙规格账面数大于实存数。这种情况下，如果物品尚未出库，应立即组织人力重新发货，如果物品已经提出仓库，仓储管理人员要根据实际库存情况，如实向本库主管部门和运输单位讲明串发货、错发货物品的品名、规格、数量、提货单位等情况，会同货主单位和运输单位共同协商解决。一般在无直接经济损失的情况下，由货主单位重新按实际发货数冲票解决。如果形成直接的经济损失，应按赔偿损失单据冲转调整保管账。

④ 包装损坏。若发现包装内的物品有破损、变质等质量问题或数量短缺，不得以次充好、以溢余补短缺，这样方可出库，否则造成的损失由仓储部门承担。

⑤ 货未发完。仓库发货，原则上是按提货单上的数量在当天一次发完，如果确实有困难不能在当日提取完毕的，应办理分批提取手续。

7.3 仓储经营管理

7.3.1 经营方法

随着各企业购、销、存经营活动连续不断地进行，物品的仓储数量和仓储结构也在不断变化。为了保证物品的仓储趋向合理化，必须采用一些科学的方法，对物品的仓储及仓储经营进行有效的动态控制。如何确定科学的、先进的、有效的仓储经营方法，使仓储资源得以充分利用是企业搞好仓储经营管理的关键。现代仓储经营方法主要包括保管仓储经营、混藏仓储经营、消费仓储经营、仓库租赁经营、仓储多种经营等。

1. 保管仓储经营

（1）保管仓储经营的方法。

保管仓储经营是指存货人将储存物交付给仓储经营人储存，并支付仓储费的一种仓储经营方法。在保管仓储经营中，经营人一方面需要尽可能多地吸引仓储，获得大量的仓储委托，求得仓储保管费收入的最大化，另一方面还需在仓储保管中尽量降低保管成本，来获取经营成果。仓储保管费取决于储存物的数量、仓储时间以及仓储费率，其计算公式为

$$C = Q \cdot T \cdot K \tag{7-1}$$

式（7-1）中，C——仓储保管费；

Q——存货数量；

T——存货时间；

K——仓储费率。

仓储总收入可按下式计算：

$$\text{仓储总收入} = \text{总库容量} \times \text{仓容利用率} \times \text{平均费率} \tag{7-2}$$

（2）保管仓储经营的特点。

保持储存物原状是保管仓储经营的特点。存货人将储存物交付给经营人，其主要目的在于保管，储存物的所有权不会因交付给仓储经营人而转移，因此，企业必须提供必要的保管条件保持储存物原状，而不能对储存物进行其他处理。

（3）保管仓储的经营管理。

如何使物品质量保持完好，需要加强仓储管理工作。首先，要加强仓储技术的科学研究，根据物品的性能和特点提供适宜的保管环境和保管条件，保证储存物的数量正确、质量完好。其次，要不断提高仓储员工的业务水平，培养出一支训练有素的员工队伍，在养护、保管工作中发挥其应有的作用。最后，要建立和健全仓储管理制度，加强市场调查和预测，搞好客户关系，组织好物品的收、发、保管、保养工作，掌握库存动态，保证仓储经营活动的正常运行。

2. 混藏仓储经营

（1）混藏仓储经营的方法。

混藏仓储经营是指存货人将一定品质、数量的储存物交付给经营人储存，在储存保管期限届满时，经营人只需以相同种类、相同品质、相同数量的替代物返还的一种仓储经营方法。

混藏仓储经营主要适用于农业、建筑业、粮食加工等行业中品质无差别、可以准确计量的物品。在混藏仓储经营中，经营人应尽可能控制品种的数量和大批量混藏的经营模式，从而发挥混藏仓储的优势。混藏仓储经营方法的收入主要来源于保管费，存量越

多、存期越长，收益越大。仓储保管费的计算见式（7-1）。

（2）混藏仓储经营的特点。

① 混藏仓储经营是成本最低的仓储方式。当存货人基于物品价值保管目的而免去保管人对原物的返还义务时，经营人既减轻了义务负担，又扩大了保管物的范围。混藏仓储是在保管仓储的基础上为了降低仓储成本，通过混藏的方式使仓储设备投入最少、仓储空间利用率最高，从而使仓储成本最低。

② 混藏仓储便于统一仓储作业、统一养护、统一账务处理等管理。将所有同种类、同品质的保管物混合保存，则在保存方式上失去了各保管物特定化的必要，种类物成为保管合同中的保管物。各存货人对混合保管物交付保管时的份额各自享有所有权。这种种类物混藏的方式使各种作业、养护及账务工作在管理上更为便利。

3. 消费仓储经营

（1）消费仓储经营的方法。

消费仓储经营是指存货人不仅将一定数量、品质的储存物交付仓储经营人储存，而且双方约定，将储存物的所有权也转移到经营人处，在合同期届满时，仓储经营人以相同种类、相同品质、相同数量替代物返还的一种仓储经营方法。

消费式仓储经营人的收益主要来自仓储物消费收入，若该收入大于返还仓储物时的购买价格，经营人便可以获得经营利润。反之，消费收益小于返还仓储物时的购买价格，就不会对仓储物进行消费，而依然原物返还。在消费仓储经营中，仓储费收入是次要收入，有时甚至采取零仓储费结算方式。消费仓储的开展使得仓储财产的价值得以充分利用，提高了社会资源的利用率。消费仓储可以在任何仓储物中开展，但对仓储经营人的经营水平有极高的要求。此业务现今广泛在期货仓储中开展。

（2）消费仓储经营的特点。

消费仓储经营最为显著的特点是仓储经营人在接收储存物转移之时便取得了储存物的所有权。在储存过程中，经营人可以自由处分储存物。返还时，只需以相同种类、相同品质、相同数量的替代物返还。因此，消费仓储经营指经营人利用仓储物停滞在仓库期间的价值进行经营，追求利用仓储财产经营的收益。

消费仓储经营是一种特殊的仓储形式，以种类物作为保管对象，兼有混藏仓储经营的特点，原物虽然可以消耗使用，但其价值得以保存，为仓储经营提供了发挥的空间。

4. 仓库租赁经营

（1）仓库租赁经营的方法。

仓库租赁经营是通过出租仓库、场地，出租仓库设备，由存货人自行保管物品的仓库经营方式。进行仓库租赁经营时，最主要的一项工作是签订一个仓库租赁合同，在合同条款的约束下进行租赁经营，取得经营收入。仓库出租经营既可以是整体性的出租，也可以采用部分出租、货位出租等分散出租方式。目前，采用较多的是部分出租和货位出租方式。

（2）仓库租赁经营的特点。

① 承租人具有特殊物品的保管能力和服务水平。采取仓库租赁经营方式的前提条件是出租的收益所得高于自身经营收益所得，一般以下式计算为依据。

$$租金收入 > 仓储保管费 - 保管成本 - 服务成本 \qquad (7\text{-}3)$$

② 从合同的方式确定租赁双方的权利和义务。出租人的权利是对出租的仓库及设备拥有所有权，并按合同收取租金。同时，必须承认承租人对租用仓库及仓库设备的使用权，并保证仓库及仓库设备的完好性能。承租人的权利是对租用的仓库及仓库设备享有使用权（不是所有权），并有保护设备及按约定支付租金的义务。

③ 分散出租方式会增加管理工作量。若采用部分出租、货位出租等分散出租方式，出租人需要承担更多的仓库管理工作，如环境管理、保安管理等。但采用整体性的出租方式，虽然减少了管理工作量，却同时也放弃了所有自主经营的权力，不利于仓储业务的开拓和对经营活动的控制。

（3）箱柜委托租赁保管业务。

目前，箱柜委托租赁保管业务在许多国家发展都较快。在日本，从事箱柜委托租赁保管业务的企业数目和仓库营业面积在迅速上升。

箱柜委托租赁保管业务是仓库业务者以一般城市居民和企业为服务对象，向他们出租体积较小的箱柜来保管非交易物品的一种仓储业务。对一般居民家庭的贵重物品，如金银首饰、高级衣料、高级皮毛制品、古董、艺术品等，提供保管服务。针对企业，以法律或规章制度等规定必须保存一定时间的文书资料、磁带记录资料等物品为对象，提供保管服务。箱柜委托租赁保管业务强调安全性和保密性，它为居住面积较小的城市居民和办公面积较窄的企业提供了一种便利的保管服务。箱柜委托租赁保管业务是一种城市型的仓库保管业务。许多从事箱柜委托租赁保管业务的仓库经营人专门向企业提供这种业务，他们根据保管物品、文书资料和磁带记录资料的特点建立专门的仓库。这种仓库一般有三个特点：一是注重保管物品的保密性，因为保管的企业资料中许多涉及企业的商业秘密，所以仓库有责任保护企业秘密，防止被保管的企业资料流失。二是注重保管物品的安全性，防止发生保管物品损坏变质。因为企业的这些资料（如账目发票、交易合同、会议记录、产品设计资料、个人档案等）需要保管比较长的时间，在长时间的保管过程中必须防止发生保管物品损坏变质的情况。三是注重快速服务反应。当企业需要调用或查询保管资料时，仓库经营人能迅速、准确地调出所要资料，并将其及时地送达企业。箱柜委托租赁保管业务作为一种城市型的保管业务具有较大的发展潜力。

5. 仓储多种经营

仓储多种经营是指仓储企业为了实现经营目标，采用多种经营方式的经营方式。例如，在开展仓储业务的同时，还开展运输中介、物品交易、配载与配送、仓储增值服务等。仓储多种经营的优点是其能适应瞬息万变的物流市场，能更好地避免和减少风险，是实现仓储企业经营目标的依据。

（1）仓储增值服务。

仓储增值服务是根据客户的需要，为客户提供的超出常规的服务或者是采用超出常规的服务方法所提供的服务。仓储增值服务的项目包括托盘化、包装、贴标签、产品配套组装、涂油漆、简单的加工生产、退货和调换服务、订货决策支持。

（2）运输中介。

运输中介即运输服务中间商，他们通常不拥有运输设备，但向其他厂商提供间接服务。他们的职能类似于营销渠道中的批发商。他们从各种托运人手中汇集一定数量的货源，然后购买运输。

（3）货运代理人。

货运代理人是以盈利为目的的，他们把来自各种顾客手中的小批量装运整合成大批量装载，然后利用专业承运人进行运输。货运代理人的作用是提高承运人经济效益、简化手续；缩短托运人的等候时间；降低二次装运的破损率；合理安排运输方式、节约费用。

（4）经纪人。

经纪人实际上是运输代办，以收取服务费为目的。

（5）流通加工。

流通加工是指物品从生产地到使用地的过程中，根据需要施加包装、分割、裁剪、计量、分拣、刷标志、拴标签、组装等简单作业的总称。

7.3.2 仓储合同

仓储合同是保管人储存存货人交付的仓储物，存货人支付仓储费的合同。提供储存保管服务的一方称为保管人，接受储存保管服务并支付报酬的一方称为存货人，交付保管的货物为仓储物，仓储合同属于保管合同的一种特殊类型。

1. 仓储合同的特点

仓储合同与保管合同的区别，如前所述，仓储合同有其法定的特点，所以在签订履行时要注意自己权利、义务的内容、起始时间，这决定着承担责任的内容和开始时间。例如，两种合同的生效时间不同，仓储合同为成立时生效，保管合同为交付时生效；仓储合同均为有偿，而保管合同有偿与否则由当事人自行约定。

2. 仓储合同中的权利与义务

（1）保管方的义务与存货方的权利。

① 保证物品完好无损。

② 对库场因物品保管而配备的设备，保管方有义务进行维修，保证物品不受损害。

③ 在由保管方负责对物品搬运、看护、技术检验时，保管方应及时委派有关人员。

④ 保管方不得转让自己的保管义务。

⑤ 保管方不得使用保管的物品，其不对此物品享有所有权和使用权。

⑥ 保管方应做好入库的验收和接受工作，并办妥各种入库凭证手续，配合存货方做好物品的入库和交接工作。

⑦ 对危险品和易腐物品，如不按规定操作和妥善保管，造成毁损，则由保管方承担赔偿责任。

⑧ 一旦接受存货方的储存要求，保管方应按时接受物品入场。

（2）存货方的义务与保管方的权利。

① 入库场的物品数量、质量、规格、包装应与合同规定内容相符，存货方应配合保管方做好物品入库场的交接工作。

② 按合同规定的时间提取委托保管的物品。

③ 按合同规定的条件支付仓储保管费。

④ 存货方应向保管方提供必要的物品验收资料。

⑤ 对危险品物品，必须提供有关此类物品的性质、注意事项、预防措施、采取的方法等。

⑥ 由存货方造成退仓、不能入库场，存货方应按合同规定赔偿保管方。

⑦ 由存货方造成不能按期发货，由存货方赔偿逾期损失。

3. 仓储合同中的违约责任

（1）仓储合同中保管人的违约责任。

① 保管人验收仓储物后，在仓储期间发生仓储物的品种、数量、质量、规格、型号不符合合同约定的，承担违约赔偿责任。

② 仓储期间，因保管人保管不善造成仓储物毁损、灭失，保管人承担违约赔偿责任。

③ 仓储期间，因约定的保管条件发生变化而未及时通知存货人，造成仓储物的毁损、灭失，由保管人承担违约损害责任。

（2）仓储合同中存货人的违约责任。

① 存货人没有按合同的约定对仓储物进行必要的包装或该包装不符合约定要求，造成仓储物的毁损、灭失，自行承担责任，并承担仓储保管人的损失。

② 存货人没有按合同约定的仓储物的性质交付仓储物，或者超过储存期，造成仓储物的毁损、灭失，自行承担责任。

③ 危险有害物品必须在合同中注明，并提供必要的资料，存货人未按合同约定而造成损失，自行承担民事和刑事责任，并承担由此给仓储人造成的损失。

④ 逾期储存，承担加收费用的责任。

⑤ 储存期满不提取仓储物，经催告后仍不提取，存货人承担由此提存仓储物的违约赔偿责任。

4. 仓储合同中应注意的问题

在仓储合同中，合同的保管人必须是经工商行政管理机关核准登记的专营或兼营仓储业务的法人组织或其他经济组织、个体工商户等，未经核准登记而擅自从事仓储业务的，属超越其经营范围的经济活动，依法应确定为无效。因此，存货人在寻找仓储合同的对方及订立合同时，应首先查明对方是否具有从事仓储的资格，并且是否在其营业执照上写明。凡是营业执照上没有仓储业务的，存货人不可与之订立仓储合同。

对方现有的、实际的经营状况也是签署仓储合同前须审查的重要内容。经济生活中存在大量虽有主体资格但经营状况不佳、有不能履行合同之虞的企业或单位。为减少或杜绝被欺诈的可能性，签约时应通过信函、电子邮件、电话或直接派人到对方单位进行资信调查，或借助于当地工商机关、公安机关、该企业的主管部门等政府部门了解其信用及履行能力。在对对方资信情况了解确切后，才决定是否签约。

仓储合同的标的物应是合法的。标的物违法将导致仓储合同无效。因此，在订立仓储合同时，保管人应确切地知晓存货人所存放的是什么物品，防止存货人利用仓储公司存放违法物品。凡是法律禁止流通的物品及未经正式批准而被存货人占有的限制流通物，保管人不得为其提供仓储场所。这要求保管人加强对入库仓储物的验收工作。

在与代理人以被代理人名义签订仓储合同时，一方当事人应注意审查对方是否具有代理人资格。①代理人是否具有授权委托书。在授权委托书中，应当载明代理人的姓名或名称、代理事项、授权权限、期间，并由委托人或法定代表人或主要负责人签名、盖章。②代理人是否在授权范围内代订仓储合同，凡是超越代理权限而订立合同的，将因无权代理而导致合同无效。③代理人以被代理人的名义签订仓储合同。凡对方是无权代理的，不可与之订立仓储合同。

签订仓储合同时，合同条款应尽量周详、完备，审查合同书中有无错误及不明确之处。双方在签约时，一定要对仓储合同的主要条款进行全面协商，达成一致。与仓储有关的仓储物检验、包装、保险、运输等事项，必须在合同中明确规定或另定合同。在签约完毕后，双方一定要仔细审阅合同语言是否明确，有无可能产生歧义；有无误写，主要条款是否都写进了合同，以防止日后引起纠纷或上当受骗。

7.3.3　仓单质押

仓单质押是以仓单为标的物而成立的一种质权。仓单质押作为一种新型的服务项目，为仓储企业拓展服务项目、开展多种经营提供了广阔的舞台，特别是在传统仓储企业向现代物流企业转型的过程中，仓单质押作为一种新型的业务应该得到广泛应用。仓单质押在国外已经成为企业与银行融通资金的重要手段，也是仓储业增值服务的重要组成部分。在中国，仓单质押作为一项新兴的服务项目，在现实中没有任何经验可言，同时由于仓单质押业务涉及法律、管理体制、信息安全等一系列问题，因此可能产生不少风险及纠纷，如果仓储企业能处理好各方面的关系，并能够有效防范以上风险，仓单质押业务会大有所为。仓单质押业务流程如图 7.9 所示。

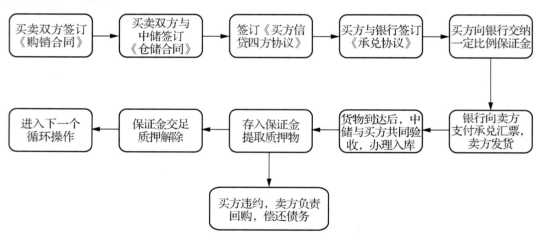

图 7.9　仓单质押业务流程

1. 仓单质押的意义

开展仓单质押业务，既可以解决货主企业流动资金紧张的困难，同时保证银行放贷安全，又能拓展仓库服务功能，增加货源，提高效益，可谓"一举三得"。首先，对于货主企业而言，利用仓单质押向银行贷款，可以解决企业经营融资问题，争取更多的流动资金周转，达到实现经营规模扩大和发展、提高经济效益的目的。其次，对于银行等金融机构而言，开展仓单质押业务可以增加放贷机会，培育新的经济增长点；又因为有了仓单所代表的物品作为抵押，贷款的风险大大降低。最后，对于仓储企业而言，一方面可以利用能够为货主企业办理仓单质押贷款的优势，吸引更多的货主企业进驻，保有稳定的物品存储数量，提高仓库空间的利用率；另一方面又会促进仓储企业不断加强基础设施的建设，完善各项配套服务，提升企业的综合竞争力。

根据《中华人民共和国民法典》(以下简称《民法典》)的规定，仓单可以作为权利凭证进行质押，以仓单质押的，应当在合同约定的期限内将权利凭证交给质权人，质押合同自凭证交付之日起生效。因此，仓单质押作为担保贷款的一种类型是有法律依据的。

2. 仓单质押的性质

关于仓单质押的性质，即仓单质押为动产质押还是权利质押，学术上有不同的看法。在日本，仓单系表彰其所代表物品的物权证券，占有仓单与占有物品有同一的效力，因而仓单质押属于动产质权。《日本商法典》第575条规定：交付提单于有受领运送物权利之人时，其将就运送物所得行使的权利，与运送物之交付，有同一效力。这里明确规定的提单的交付与运送物的交付有同一效力，系泛指就运送物所得行使的权利，所以除运送物所有权转移外，自可包括动产质权之设定。而《日本商法典》第604条规定，关于仓单准用于第575条的规定，因而，可解释为仓单质押为动产质权。

中国法律规定，仓单质押在性质上应为权利质押。首先，从《民法典》第四百四十一条的规定看，仓单质押是规定在权利质押中的。《民法典》第四百四十条规定下列权利可以质押：汇票、支票、本票、债券、存款单、仓单、提单；可以转让的基金份额、股权；可以转让的注册商标专用权、专利权、著作权等知识产权中的财产权；现有的以及将有的应收账款；法律、行政法规规定可以出质的其他财产权利。由此可见，仓单质押应为权利质押的一种。其次，如果认定仓单质押为动产质押，则说明仓单质押的标的物为动产。但是，仓单是一种特殊标的物，并不是动产，而是设定并证明持券人有权取得一定财产权利的书面凭证，是代表仓储物所有权的有价证券。仓单质押的标的物为仓单，仓单是物权证券化的一种表现形式，合法拥有仓单即意味着拥有仓储物的所有权。也正因如此，转移仓单也就意味着转移了仓储物的所有权。同时，由于仓单为文义证券，仓单上所记载的权利义务与仓单是合为一体的。从最纯粹的意义上讲，仓单本身只不过为一张纸而已，无论对谁来讲均无任何意义，有意义的是记载其上的财产权利，故而仓单质押在性质上不能认定为动产质押。再次，仓单质押在性质上为权利质权，最为关键的是仓单作为仓单质押的标的物，其本身隐含着一项权利——仓单持有人对于仓储物的返还请求权，由此，仓单设质可以"使商品之担保利用及标的物本身之利用得以并行。"可以说，仓单质押的标的物为仓单，但实际上该仓单质押存在于对仓储物的返还请求权上。如果否认了这一点，则在质权人实行质权时便无权向仓储物的保管人提示仓单请求提取仓储物，而只能将仓单返还给出质人，由出质人从保管人处提取仓储物，然后为债务的清偿。这样一来，设定仓单质押也就形同虚设，无任何意义可言。最后，根据《民法典》第四百四十二条规定："汇票、本票、支票、债券、存款单、仓单、提单的兑现日期或者提货日期先于主债权到期的，质权人可以兑现或者提货，并与出质人协议将兑现的价款或者提取的货物提前清偿债务或者提存。"由此可知，在仓单质押中，提取仓储物的权利是仓单质押的标的权利。从这种意义上说，仓单质押在性质上应为权利质押而不能为动产质押。

3. 仓单质押操作要点

由于仓单质押业务涉及仓储企业、货主和银行三方的利益，因此要有一套严谨、完善的操作程序。首先，货主（借款人）与银行签订《银企合作协议》《账户监管协议》；仓储企业、货主和银行签订《仓储协议》；同时，仓储企业与银行签订《不可撤销的协助行使质押权保证书》。货主按照约定数量送货到指定的仓库，仓储企业接到通知后，经验货确认后开立专用仓单；货主当场对专用仓单作质押背书，由仓库签章后，货主交付银行提出仓单质押贷款申请。银行审核后，签署贷款合同和仓单质押合同，按照仓单价值的一定比例放款至货主在银行开立的监管账户。贷款期内实现正常销售时，货款全额划入监管账户，银行按约定根据到账金额开具分提单给货主，仓库按约定要求核实后发货；贷款到期归还后，余款可由货主（借款人）自行支配。交易仓单质押操作流程如图 7.10 所示。

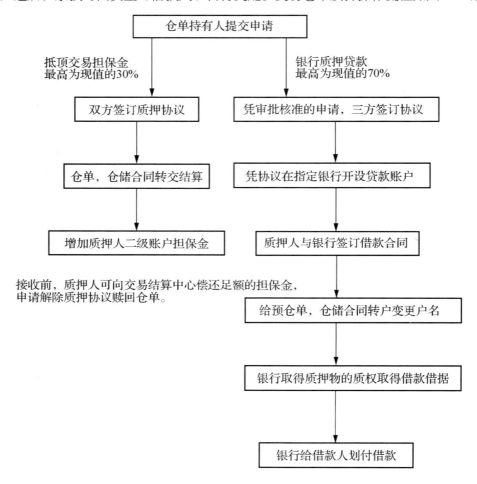

图 7.10　交易仓单质押操作流程

4. 仓单质押贷款

开展期货标准仓单质押贷款是商业银行寻求新的利润增长点的内在需求，是期货市场发展的润滑剂，但同时也存在着风险。要对贷款过程的每个环节认真分析，制定应对策略。

（1）仓单质押贷款模式。

仓单质押贷款是制造企业或流通企业将商品存储在仓储公司仓库中，仓储公司向银行开具仓单，银行根据仓单向申请人提供一定比例的贷款，仓储公司代为监管商品。开展仓单质押业务，既解决了借款人流动资金不足的困难，同时通过仓单质押可以降低银行发放贷款的风险，保证贷款安全，还能充分发挥仓储公司的仓库服务功能，增加货源，提高仓储公司的经济效益。仓单质押贷款的实质是存货抵押贷款，由于银行难以有效地监管抵押物，就需要借助第三方仓储公司形成的仓单，通过仓储公司提供的保管、监督、评估实现对企业的融资。

（2）异地仓库仓单质押贷款模式。

异地仓库仓单质押贷款是在仓单质押贷款融资基本模式的基础上，对地理位置的一种拓展。仓储公司根据客户需要，或利用全国的仓储网络，或利用其他仓储公司仓库，甚至是客户自身的仓库，就近进行质押监管，提供仓单，企业根据仓储公司的仓单向银行申请借款。异地仓库仓单质押贷款充分考虑客户的需要，可以把需要质押的存货等保管在方便企业生产或销售的仓库中，极大地降低了企业的质押成本。

目前，国内期货交易所普遍开展了标准仓单质押业务，规定持有标准仓单的会员或交易所认可的第三人可办理仓单质押，以该品种最近交割月份合约在其前一月最后一个交易日的结算价为基准价计算其市值，质押金额不超过其市值的80%。但这种业务具有一定的局限性：该业务以头寸形式释放相应的交易保证金，只能用于期货交易，相应的手续费、交割货款、债权和债务只能用货币资金结清；交易所按同期半年期贷款利率收取质押手续费，风险的承担者只有交易所，比较单一；仓单质押释放的交易头寸只能用于某交易所的期货交易，不能在整个期货市场流通；对某些套期保值者或现货购买商来说限制了其进一步购买现货的能力。

5. 仓单质押融资

仓单质押融资业务是指申请人将其拥有完全所有权的物品存放在银行指定的仓储公司（以下简称仓储方），并以仓储方出具的仓单在该银行进行质押，作为融资担保，该银行依据质押仓单向申请人提供用于经营与仓单货物同类商品的专项贸易的短期融资业务。仓单质押融资流程见表7-2。

表 7-2　仓单质押融资流程

项　目	套期保值	投　机
客户类型	法人	法人或自然人
申请资格	必须具备与套保交易品种相关的生产经营资格	无
资料	需提供大量的申请资料，如生产计划、购销合同等	无
时间限制	申请和建仓都有一定的时间限制	无
交易委托	投机和套保； 必须先申请额度，并在规定时限前按批准的交易部位和额度建仓； 从一定时点起套保头寸不得重复使用； 套保头寸只能平仓或交割	投机（投机头寸不可转为套保头寸）
保证金	除铜铝外其他合约没有优惠	没有优惠
持仓限制	套保头寸不受持仓限量的限制。为化解市场风险，按有关规定实施减仓时，按先投机后套保持仓的顺序进行减仓	交易所对每个会员和每个交易编码在不同交易阶段都有限仓要求

（1）保兑仓融资模式。

保兑仓或称买方信贷，相对于企业仓单质押业务的特点是先票后货，即银行在买方（客户）交纳一定的保证金后开出承兑汇票，收票人为生产企业，生产企业在收到银行承兑汇票后向银行指定的仓库发货，货到仓库后转为仓单质押。在这一模式中，需要生产企业、经销商、仓储公司、银行四方签署"保兑仓"合作协议，经销商根据与生产企业签订的《购销合同》向银行交纳一定比率的保证金，申请开立银行承兑汇票，专项用于向生产企业支付货款，由第三方仓储公司提供承兑担保，经销商以货物对第三方仓储公司提供反担保。银行向生产企业开出承兑汇票后，生产企业向保兑仓交货，此时转为仓单质押。保兑仓融资流程如图 7.11 所示。

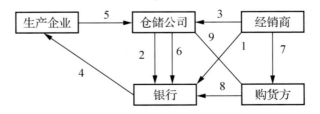

图 7.11　保兑仓融资流程

（2）统一授信担保模式。

统一授信担保模式是指银行根据仓储公司的规模、经营业绩、运营现状、资产负债比例及信用程度等，把一定的贷款额度直接授权给仓储公司，再由仓储公司根据客户的条件、需求等进行质押贷款和最终清算。仓储公司向银行提供信用担保，并直接利用信贷额度向相关企业提供灵活的质押贷款业务。银行基本上不参与质押贷款项目的具体运作。统一授信的担保模式有利于企业更加便捷地获得融资，减少原先向银行申请质押贷款时的多个申请环节；同时，也有利于银行充分利用仓储公司监管货物的管理经验，通过仓储公司的担保，强化银行对质押贷款全过程监控的能力，更加灵活地开展质押贷款服务，降低贷款风险。

仓单质押仓储金融的融资结构包括4个方面：基于质押存货的产权结构、融资额度（即风险敞口、风险暴露）和偿还结构、费用结构、风险规避结构。这些结构的制定是在银行、借贷者和质押管理的共同参与下完成的，体现为三者之间的合约。

① 基于质押存货的产权结构。产权结构的设计原则是保障银行的基于存货的预期现金流的不中断及足值和借债者交易（包括生产）的顺利进行。一般的结构模式是借贷方将存货占有权让渡给银行，同时又保留一定范围的使用权；银行拥有占有权，在出现预示预期现金流中断或不足值的迹象时，银行有权冻结该资产。但在正常情况下，不得对其拥有所有权的存货采取妨碍借贷者正常交易和生产的行动。银行拥有为保证基于存货现金流的而对存货进行管理的权力，又委托质押管理者来执行这种权力，同时拥有在质押管理者失职造成损失时要求其赔偿的权力。质押管理者接受银行委托而拥有对存货进行管理的权力，即质押管理。

② 融资额度和偿还结构。结构传统的融资主要通过两种方式实现：债权融资和股权融资。债权融资将提高融资企业的资产负债率，而过高的资产负债率将降低企业的信用级别；股权融资会增强企业对股东的责任，从而增加其赢利压力。仓储金融的结构融资应使融资方免受这两方面的负面影响而拥有明显的优势。对贷出方，因为有质押资产的预期现金流做保障，其信用风险大大降低，从而可以以一个相对较低的利率放出贷款。

对借贷方，结构融资可以提高其贷款可获得性、降低其融资成本并优化其资产结构。根据质押存货市场价值的最低预期（未来基于质押资产现金流的最低预期）以及企业的信用级别，银行按一定利率水平提供相应的融资额度，同时，确定借贷者的偿还方式。在一些结构融资中，通常是用质押存货的未来现金流直接偿付。

③ 费用结构。仓储金融的标的包括订单、存货、设备、应收账款等供应链各环节的资产。仓储金融就是以存货为标的的结构融资。一般而言，其包括除生产流程中的整个供应链中的存货。将进入生产流程的存货除去，因为生产过程中原材料、半成品、成品等存货变动频繁难于跟踪和盘点。当然，如果存在可靠的对数量和价值的计量方法，生产流程中的存货也可以用于仓储金融。目前开展的仓储金融业务从盈利模式上主要分为三种：一是纯监管业务模式，仓库只承担货物监管责任，可从客户处另外收取一定的监

管费;二是仓库代替银行向客户融资,开展质押业务,获取利差;三是买方信贷(也称保兑仓),需按照一定的费率向买方征收管理费、承担费等相关费用。由此可以看出,费用结构决定了仓储金融中各类费用的责任承担,包括法律费用、保险费用、质押管理费用等。

④ 风险规避结构。对于信用级别比较低的一些企业,如中小企业和资产负债率比较高的企业,在传统方式下很难争取到贷款,国内的这种局面尤为严重,而结构融资则可以通过有效降低银行面临的信用风险而解决这一难题。同时,因为银行可以在结构融资中要求相对于传统贷款方式较低的利率,所以借贷方进行结构融资的成本也相对较低。同时,银行通过确定融资结构中的风险规避方式,包括购买保险、使用衍生工具及提供相关担保等。针对不同的货物类别和同类存货所处的供应链的不同环节,将有不同的仓储金融融资结构设计,这些不同结构类别也就构成了不同的仓储金融产品。

复习思考

一、填空题

1. 仓储作业过程主要由_____、_____、_____三个阶段组成。
2. _____是指存货人将储存物交付给仓储经营人储存,并支付仓储费的一种仓储经营方法。
3. _____是以盈利为目的的,他们把顾客手中的小批量货物装运整合成大批量装载,然后利用专业承运人进行运输。
4. 仓储合同中,提供储存保管服务的一方称为_____,接受储存保管服务并支付报酬的一方称为_____。
5. 仓单质押的效力,主要包括_____、_____、_____及_____。

二、名词解释

仓储经营　仓储作业　仓储合同　仓单质押

三、简答题

1. 仓储作业的内容有哪些?
2. 仓储经营管理有什么作用与意义?
3. 仓储作业管理有哪几个阶段?各个阶段的仓储作业有何特点?
4. 仓储经营的方法有哪些?

5. 如何进行仓单质押？

四、论述题

仓储作业与仓储经营之间有什么关联？

▶ 案例讨论 ▶

我国仓储金融业务的发展

小企业信用额度不高，没有可抵押不动产，同时，小企业的贷款具有"急、频、少、高"的特点，所以贷款难一直是小企业面临的主要问题之一。传统的信用贷款和不动产抵押贷款等产品不太适合小企业，于是，金融仓储应运而生。金融仓储解决了小企业的融资难，节约了企业成本，也为银行培养了一批优质的小企业客户，优化了客户结构，降低了贷款集中度。金融仓储业务指金融机构与物流仓储企业等通过合作创新，主要以仓储物资或仓单等担保品为依托，针对仓储运营过程中的客户提供融资及配套的结算、保险等服务的业务。其担保模式主要是动产（三方）监管和标准仓单，这是金融业与仓储业的交叉创新。目前，金融仓储业务主要有两大类：一是第三方动产监管业务，二是标准仓单业务，目前以前者为多。

1．业务现状

20世纪90年代末，我国沿海的一些银行和物流仓储企业合作，借鉴西方的经验开始了金融仓储创新。其中，中国物资储运总公司是我国这一领域的先行者，于1999年与金融仓储银行合作，开展了我国第一单现代金融仓储业务。目前，金融仓储业务已经是中储的核心业务之一。金融仓储发展过程中，法律与行业环境逐渐改善，金融仓储模式不断创新，总体规模发展迅速，在很大程度上支持了流通企业的运营。

随着金融仓储模式的创新，我国金融仓储的质物品种得到了很大的拓展，已从初期几个有限的品种拓展到了质地稳定、市场价格波动小、变现能力强的工业原料、农产品和消费产品，如有色金属、黑色金属、化工原料、建材等，并新开发了汽车、纸张、家电、食品等品种，从而使融资的对象也获得了极大的拓展。

总体上看，我国金融仓储业务还处于发展阶段，存在巨大的发展空间，但同时也存在着一些问题和不足。

（1）金融仓储业务市场尚存在诸多制约因素，表现为拓展范围较窄，业务品种相对较少，服务意识淡薄，有待提升与突破。

（2）风险控制尚有难度。金融仓储业务运作存在着法律风险、操作风险、质押物的风险、商业银行风险、借款人信用风险、市场风险等,对这些风险进行细致的识别、评估及有效控制,是开展金融仓储业务的一个难题。

(3)相关法律、法规不完善。在我国,有关金融仓储的现行法律体系尚不完善。法律规定,第三方物流企业不可并购银行,金融仓储的业务流程不完善,没有制定相对科学、统一的作业规范。银行没有专门针对金融仓储业务的操作规范,只能运用信贷操作流程规则来办理业务,致使金融仓储业务手续异常烦琐,效率低下。

2. 发展思路

如何将动产资源抵押融入金融信贷产品、拓展业务发展空间,成为银行业创造新的效益增长点的一个需要研究和解决的问题。

(1)探索拓展金融仓储业务领地。随着中小物流企业的需求不断增加,商业银行应充分认识到金融仓储业务中动产抵质押贷款市场的巨大利润空间,在提高抵押物监管水平的基础上,不断加强对动产抵押的研究,多开发面向中小物流企业的金融产品,如抵押物可从原材料、产成品拓展到半成品和在制品;还可横向扩大仓单融资的业务范围,做到行业广泛,品种多样,涉及吃、穿、住、行等方面,如造纸、食品、建材、电子机械、农产品等行业和相关品种。

(2)有效提高金融仓储的信息化程度。仓储企业在开展物流金融服务过程中,应当以内部管理流程的信息化来协调各个部门和环节的工作,优化操作流程的服务系统,提高工作效率,防范和减少内部操作的失误,从而有效降低交易成本和贷款风险,促进金融仓储发展。政府应注重扶持建立银行、物流仓储企业和客户联网的信息网络,金融仓储的主导方也要逐渐建立与服务相关的数据库,收集担保品、融资企业和相关行业的信息,进行数据挖掘和分析,开拓金融仓储业务的增值空间。

(3)注重防范风险。风险控制仍是影响金融仓储业务发展的关键。商业银行应充分了解融资企业和市场情况,对商品的市场价值、企业的运营状况做充分的了解和监控;银行应选择与管理制度完善、仓库管理水平和仓管信息水平较高、资产规模大、对质物具有完备的监管能力和一定偿付能力的大型专业物流企业合作,并制定完善的质物入库、发货的风险控制方案。银行可通过对客户的资料收集制度、客户资信档案管理制度、客户资信调查管理制度、客户信用分级制度、合同与结算过程中的信用风险防范制度、信用额度稽核制度、财务管理制度等,对客户进行全方位的信用管理;商业银行要尽快建立市场资金反馈体系,充分认识物流资金流动特性,及时监督和支持物流企业所用资金,减少资金投入盲目性,避免市场物资库存造成的浪费。

(4)完善法律法规。已经出台的《中华人民共和国民法典》为发展金融仓储提供了有力的法律保障。但这还不够,为使在解决业务纠纷时有法可依,还须进一步完善相关的法律法规体系,制定专门的实施细则,并制定相应的金融仓储业务的规章制度,促使金融仓储合法化、标准化、合规化。应积极成立金融仓储产业协作组织,形成行业规范，明确仓单标准。设立金融仓储信贷业务的操作流程，让了解仓储的专业金融人员去管理和操作。

（资料来源：中国物流与采购网，2021-06-16。）

思考：仓储金融目前存在哪些问题？你认为仓储发展金融业务有什么样的前景？

【参考资源】

PC 端	[1] 新景程物流网 [2] 中国物流与采购网 [3] 中国企管网 [4] 中国合同网
Android、iOS 端	二维码（电子课件）（电子课件已提供，需要用二维码作为入口）

现代仓储作业与经营

第 8 章
库存控制与管理

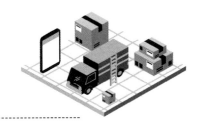

【线下资源】

学习要点	◆ 了解库存控制与管理的含义和方法 ◆ 熟悉定量订货法和定期订货法原理 ◆ 熟悉物料需求计划、制造资源计划、企业资源计划及零库存技术 ◆ 熟悉 ABC 库存管理、了解供应商管理库存、联合库存管理和 CPFR
导入案例	Acer 的零库存管理
主体内容	◆ 库存控制与管理概述 ◆ 库存控制技术 ◆ 库存管理方法
案例讨论	安科公司的 ABC 库存管理

管理和控制对于仓储活动而言,其中一个重要的方面就体现在对库存物品数量和质量上的保管与维护,使其处于经济合理的水平。

▶导入案例▶

Acer 的零库存管理

计算机厂商获得市场成功的关键不仅在于产品、价格这一环节,还在于快速的物流系统和最低的库存管理成本。在传统的销售方式中,计算机整机的制造商往往会根据对市场的预测提前生产,然后将产品通过流通渠道传递到客户的手中。因此,电脑产品的物流系统非常复杂,包括众多的部件供应商,如板卡、芯片、软件的供应商,还包括众多的流通渠道,如分销商、经销商以及货运企业。在这样一个系统中,任何环节出现供应不足，都会对整个产品的生产和销售造成很大的影响。但是，计算机产品更新周期非常快，这就要求整机制造商能够尽可能地做到零库存。

作为零库存管理的优秀者，Acer 的大部分精力正是放在如何更好地管理这个系统上。在生产工厂的仓库中，所有的产品都是按照分类存储的方式进行管理的。有些部件，如机箱、电源、电缆、光驱、软驱等产品，由于更新比较慢，因此采取的是大量采购的方式。大量采购一方面能够降低采购成本，另一方面也能够加快整机的生产速度。而另外一些部件，如主板、CPU，采用小批量、多次数的采购方式，完全按照各个分公司及经销商提供的订单来采购，并在此基础上保持少量的安全库存。由于主板和 CPU 都采用空运的方式，因此，这种采购方式同样满足了生产的要求。在生产线上，许多工序是可以提前完成的，如整机的组装，因此，在日常生产中，可以完成大量的半成品，然后按照订单的要求，对半成品进行最终的制造工程，最终形成分公司、经销商所要求的产品，通过质检的产品立刻就送到了停放在工厂的货运企业的卡车上，完成订单批量后，卡车就将产品送往分公司或者经销商的仓库中，这样，Acer 的库存中基本上就没有了整机产品的存储。

当然，这种管理方式存在着一定的风险，那就是缺货。如果突然出现较大的额外订单，还按照正常的生产来运作必然会造成严重的信誉损失和客户流失。因此，对这种情况必须有所控制和掌握。Acer 在处理这种情况时，一般采取两种手段：主动的方式是强化经销商的管理，分公司的销售人员要非常清楚经销商的经营情况，了解经销商的正常销售量和正在洽谈的客户，以及洽谈客户的购买量和成功的可能性，并向分公司汇报。分公司按照洽谈成功的可能性确定订单的数量，从而使突然性降低到最小。被动的方式是在生产工厂中建立备用生产线，如果订单突然增加，工厂将紧急启动备用生产线，专门生产突然增加的部分，如果急需，工厂也会将正常生产所需要的部件用在突发订单的生产上，采购的部门立即向上游供应商订购部件，填补部件库存，保证正常生产量的完成。通过这两个主动和被动的方式，既保证了零库存的库存管理要求，又保证了及时的生产能力，使经销商的销售能够通畅、正常。

（资料来源：中国物流与采购网，2021-06-16。）

思考：什么是零库存管理？Acer 的零库存管理有什么特点？

8.1 库存控制与管理概述

8.1.1 库存控制的含义

库存控制是对制造业或服务业生产、经营全过程的各种物品、产成品及其他资源进行管理和控制，使其储备保持在经济合理的水平上。库存控制的范围包括原材料库、中间库、零件库和成品库：原材料库控制各种原材料的储备量；中间库控制半成品的储备量；零件库控制为制造、装配成品所需储存的外购零件的储备量；成品库控制各种已制造装配完毕的成品储备量。通过库存控制，可使各种库存物品保持合理的储备量。

库存控制具有以下功能。

（1）防止库存量过小、供货不及时。
（2）保证有一定的库存量存在。
（3）节约库存费用，降低物流成本。
（4）保证生产的计划性和平衡性。
（5）必要的安全储备。

此外，进行库存控制有利于整体运作更为有效、生产率更高；有利于缩短订货至交货周期，提高物料的可得性，从而使客户服务、客户满意度及产品的客户认同价值方面得到提高；对于运作成本，提高利润率、资产回报率、投资回报率及其他一系列评估企业财务状况的指标有积极影响；在更为广泛的范围内，通过最佳订购批量、存储位置及存储设施等手段对运作造成影响；可促进其他一些商业组织（如提供特殊服务的供应商和中间商）的发展。

8.1.2 库存控制的方法

1. 库存控制中的问题

库存控制是以 3 个基本问题的回答为基础的，这 3 个问题关系到存储的物品、订货的时间和数量。

（1）在存货中应包括哪些？

存货的代价是昂贵的，因此，要在客户服务保持可以接受的水平的基础上，使存货水平实现最小化，即意味着把现有物品的存货控制在合理水平上，杜绝向库存中加入不必要的物品，把那些不再使用的物品从库存中清除出去。

（2）应该在什么时候对供应商发布订单？

对于这个问题，有 3 种不同的解决方法：①进行阶段式回顾。在固定的时间间隔，发布批量规模不一的订单。②采取固定订单批量方法。企业对于存货水平进行持续性的监控,一旦存货下降到一定的水平,企业立即实施固定数量订货。需求的变化可以通过改变发布订单的间隔时间来应付。③直接把供给与需求相联系,进行较大量的订货,以满足一定时间段内的已知的需求。在这种情况下,订货的时间和数量都直接地取决于市场的需求。

(3)应该订购多少?

每一次订单的发布,都将产生相应的管理成本和送货成本。

2. 库存控制方法

根据库存控制的对象是独立需求还是关联需求,库存控制方法分为传统库存控制方法和现代库存控制方法,如图 8.1 所示。独立需求利用对需求的预测来确定订货的数量和时间,关联需求则力求找到协调供给和需求的结合点来解决问题。

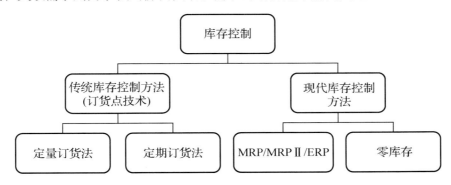

图 8.1　库存控制方法

传统库存控制方法即订货点技术。订货点技术的重点是对库存量的控制,它主要影响实际库存量的两方面,即订货时的库存数量和订货的数量和时间。订货点技术用来解决独立需求库存控制,具体的方法包括定量订货法和定期订货法。

现代库存控制方法包括 MRP、MRP Ⅱ、ERP 及零库存等。源于 20 世纪 60 年代中期美国 IBM 公司的管理专家奥利佛博士提出的独立需求和相关需求(关联需求)的概念,出现了 MRP；20 世纪 80 年代,人们把生产、财务、销售、工程技术、采购等各个子系统集成为一个一体化的系统,并称其为制造资源计划系统(MRP Ⅱ)。到了 20 世纪 90 年代,MRP Ⅱ 发展到了一个新的阶段：企业资源计划(Enterprise Resource Planning,ERP)。零库存(zero inventory)的概念源自日本丰田的 JIT 生产模式。MRP、MRP Ⅱ、ERP 及零库存为关联需求的库存控制提供了很好的途径。

8.1.3　库存管理的含义

一般认为,库存管理就是库存控制,它们的主要内容基本上是相同的。但从管理层次上看，库存管理主要针对策略层，而库存控制主要针对作业层。因此，所谓库存管理是指对库存的各种物品及其储备进行科学严格的管理，即根据外界对库存的要求、企业订购的特点、预测、计划和执行一种补充库存的行为，并对这种行为进行控制，重点在于确定如何订货、订购多少、何时订货。

库存管理的目标分为三个层次：第一层次建立在比较高的层次之上，以库存管理致力于整个供应链中物品的有效流动为目标；第二层次是站在一个商业组织的立场上，以库存管理支持物流运作，从而促进该商业组织整体目标的实现；第三层次是站在库存管理职能的立场上，当库存管理者对物品产生需求的时候，要确保物品的顺利到位。

8.1.4　库存管理的方法

库存管理方法同样分为传统库存管理方法与现代库存管理方法，如图 8.2 所示。

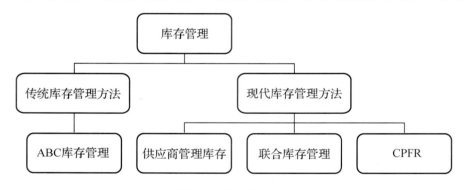

图 8.2　库存管理方法

传统库存管理方法主要指 ABC 库存管理方法。ABC 库存管理是依据"对应价值大小的投入努力"来获得非常得益的有效管理技巧。ABC 分析法（ABC Analysis）1951 年由美国通用电气公司的迪基开发出来以后，在各企业迅速普及，适用于各类管理实务，取得了卓越的绩效。

现代库存管理方法有供应商管理库存（Vendor Managed Inventory，VMI）、联合库存管理（Jointly Managed Inventory，JMI）和合作计划、预测与补给（Collaborative Forecasting and Replen-ishment，CPFR）等。供应商管理库存的方法源自 1980 年，宝洁公司与密苏里州圣路易斯一家超市将双方计算机连接起来，形成一个自动补充纸尿布的雏形系统。联合库存管理方法源自宝洁公司与沃尔玛公司的合作，这种方法的使用改变了两家企业的营运模式，实现了双赢。CPFR 则主要为了实现对供应链的有效运作和管理，以及对市场变化的科学预测和快速反应，并逐步成为供应链管理的一个成熟商业流程，解决了高昂的补货费用和低效率的沟通方式两大难题。

8.2 库存控制方法

8.2.1 定量订货法

从 MRP 到 MRP Ⅱ 和 ERP 的历程

1. 定量订货法的含义

定量订货法也称订购点法,是以固定订购点和订购批量为基础的一种库存控制方法。它采用永续盘点方法,对发生收发动态的物品随时进行盘点,当库存量等于或低于订购点时就进行订购,每次购进确定数量的物品。

2. 定量订货法的实施

(1)订购批量和订购点的确定。

实施定量订货的关键在于正确确定订购批量和订购点。订购批量一般采用经济订购批量(Economic Order Quantity,EOQ)。而订购点,则是提出订购时的储备量标准,如果订购点偏高,将会增加材料物品储备及其储存费用;如果订购点偏低,则容易发生供应中断。订购点的确定取决于备运时间的需要量和保险储备量。订购点量计算公式为

$$订购点量 = 订购时间 \times 平均每日正常耗用量 + 保险储备量 \qquad (8-1)$$

$$保险储备量 = (预计日最大耗用量 - 每天正常耗用量) \times 订购提前日数 \qquad (8-2)$$

式(8-1)的订购时间是指提出订购到物品进入仓库所需的时间,即前置期。

(2)定量订货法的库存量变动。

定量订货法的库存量变动情况如图 8.3 所示。从图 8.3 中可看到,当实际消耗速度加快($C \sim D$)或减慢($E \sim F$)时,两次进货时间间隔应相应缩短(t_1)或延长(t_2)。若备运时间里物品消耗速度大于预计的正常速度,或误期到货,则进货时的库存量(D 点对应的储备量)低于保险储备量(B 点对应的储备量),进货后的库存量(E 点对应的库存量)低于最高库存量(订购点量与订购批量之和);反之,若备运时间里物品消耗速度小于预计的正常速度,则进货时的库存量(F 点对应的储备量)高于保险储备量(B 点对应的储备量),进货后的库存量(C 点对应的库存量)仍然低于最高库存量。

3. 定量订货法的详解

(1)EOQ 模型。

1915 年,哈里斯(Harris)对银行货币的储备进行研究,建立了一个确定性的库存费用模型(EOQ 模型),并确定了最优解。1934 年,威尔逊(Wilson)重新得出哈里斯的公式,并命名为经济订货批量公式。经济订货批量模型研究了如何从经济的角度确定最佳库存数量。20 世纪 50 年代以来,EOQ 模型及其变形已形成较为完善的库存控制体系,并广泛运用于实际中。EOQ 模型侧重于从企业本身经济效益来综合分析物品订购和库存保

管费用，要求随着订货量的大小考虑增加的费用和减少的费用，去寻求最低库存总费用。

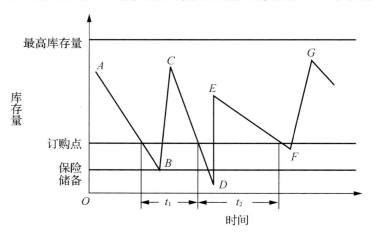

图 8.3　定量订货法的库存量变动情况

EOQ 模型有以下基本假设条件：①只涉及一种产品；②需求是已知的常数，即需求是均匀的。年需求率以 D 表示，单位时间需求率以 d 表示；③不允许发生缺货的，即当库存量降为零时，就应该进行物品补充；④订货前期是已知的，且为常量；⑤交货提前期为零，即发出补货请求后物品补充到位；⑥一次订货量无最大最小限制；⑦订货费与订货批量无关；⑧物品成本不随批量而变化，即没有数量折扣。

在以上假设下，EOQ 模型中的库存变化如图 8.4 所示。最大库存量为 Q，最小库存量为 q，不发生缺货，库存按固定需求率 D 减少。当库存降低到订货点 R 时，就发出订货 Q^*，经过一个固定的订货提前期 L_T，新的一批订货 Q^* 到达（订货刚好在库存变为 0 时到达），库存量立即到达 Q。显然，平均库存量为 $Q/2$。

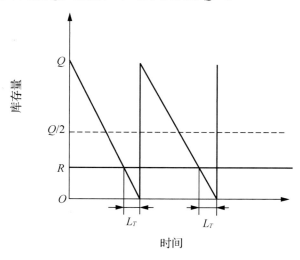

图 8.4　EOQ 模型中的库存变化

为简单起见，考虑一个年度内的总费用，其基本公式为

$$\text{年总费用} = \text{库存维持费用} + \text{订货费用} + \text{购买费用} \quad (8\text{-}3)$$

其中，库存维持费用（库存保管费用）是维护一定数量库存所支付的管理人员工资、场地租金、保险费、利息等的总和，其计算公式为

$$C_K = \frac{1}{2} Q H \quad (8\text{-}4)$$

式（8-4）中，Q——订货量；

C_K——单位产品成本（产品购买价格）；

H——单位库存维持费。

订货费用为订购一批物品所必须支出的费用，如与供应商的信函联系费用、采购人员的差旅费等。设年需求量为 D，每次订货的费用为 S，则每年订货费用为

$$C_R = \frac{DS}{Q} \quad (8\text{-}5)$$

购买费用为

$$C_P = CD \quad (8\text{-}6)$$

所以，年总费用 TC 为

$$TC = \frac{1}{2} Q H + \frac{DS}{Q} + CD \quad (8\text{-}7)$$

总费用随订货量的变化情况如图 8.5 所示。

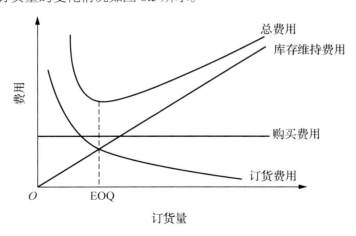

图 8.5　总费用随订货量的变化情况

总费用曲线为库存维持费用曲线、订货费用曲线、购买费用曲线的叠加。库存维持费用曲线与订货费用曲线有一个交点，其对应的订货量就是最佳订货量。为了求出使得年总费用最小的订货量，将式（8-7）求导，并令其一阶导数等于 0，即

$$\frac{dTC}{dQ} = \frac{1}{2}H - \frac{DS}{Q^2} = 0 \tag{8-8}$$

由式（8-8）可得经济订货批量 Q^*：

$$Q^* = \sqrt{\frac{2DS}{H}} \tag{8-9}$$

最优订货周期：

$$T^* = \frac{Q^*}{D} \tag{8-10}$$

在经济订货批量为 Q^* 时的年订货量次数 n 为

$$n = \frac{D}{Q^*} \tag{8-11}$$

将式（8-9）代入式（8-7），得年总费用的最优值为

$$TC^* = \sqrt{2DSH} + CD \tag{8-12}$$

订货点 R 为

$$R = dL_T \tag{8-13}$$

式（8-13）中，d——库存消耗速率。

（2）考虑安全库存的 EOQ 模型。

物品消耗速度是有很大变动的。从图 8.6 来看，过去每个单位时间的实际消耗量，应该如图 8.6 所示的那样波动。安全库存是考虑到这个实际消耗的波动程度和前置期的长短、甚至商品售完的影响程度而持有的。如图 8.6 的右边所示，这个数据是某种物品在 25 周之间每周的消耗量，形成每周消耗量的柱形图。这个柱形图有少许扁平，如果获得大量数据，这个柱形图应该会逐渐呈近似左右对称的吊钟形分布。

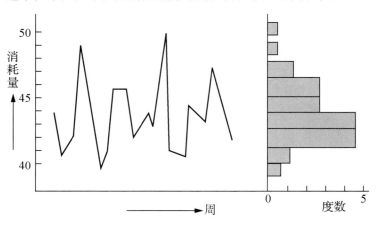

图 8.6　库存物品消耗情况

可以假设，库存消耗大致服从如图 8.7 所示的正态分布。根据图 8.6 进行表 8-1、表

8-2 的计算,能推算出消耗数据平均值(u)为 43.1,作为波动尺度的标准偏差(σ)约为 2.5,计算过程见表 8-1。

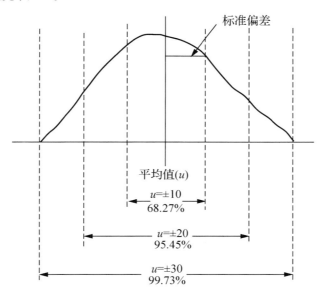

图 8.7　库存消耗的正态分布

表 8-1　从数据求得平均值

单位:SKU

序号/周	消耗数据平均	实际消耗量	序号/周	消耗数据平均	实际消耗量	序号/周	消耗数据平均	实际消耗量
1	44	1 936	10	42	1 764	19	43	1 849
2	41	1 681	11	3	1 849	20	42	1 764
3	42	1 763	12	44	1 963	21	46	2 116
4	48	2 304	13	43	1 849	22	41	1 681
5	40	1 600	14	45	2 025	23	43	1 849
6	41	1 681	15	50	2 500	24	44	1 936
7	45	2 025	16	40	1 600	25	42	1 764
8	45	2 025	17	39	1 521			
9	42	1 764	18	43	1 849	合计	1 038	46 658

表 8-2　用频数分布表进行同样的计算

序号	数据范围	数据中间值	频数（f）	u	fu	fu^2
1	38～39	38.5	1	−2	−2	4
2	40～41	40.5	5	−1	−5	5
3	42～43	42.5（假平均）	10	0	0	0
4	44～45	44.5	6	1	6	6
5	46～47	46.5	1	2	2	4
6	48～49	48.5	1	3	3	9
7	50～51	50.5	1	4	4	16
	合计		$n=25$		8	44

将标准偏差写入图 8.7 的正态分布图中，理论上可知，在平均值 ±1 的标准偏差（$u \pm \sigma$）中加入 68.27% 的数据，在平均值 ±2 的标准偏差（$u \pm 2\sigma$）中加入 95.45% 的数据，在平均值 ±3 的标准偏差（$u \pm 3\sigma$）中加入 99.73% 的数据，如果能使消耗数据的变动方式近似正态分布的话，就能进行同样的计算。平均值为 34.1，标准偏差为 2.5，就表示一周间的消耗量为 35.6～50.6（43.1 ± 3×2.5）范围的概率只有 0.27%。

考虑安全库存时，从发出订货到进货的前置期内，物品消耗速度的波动成为一个问题。在订货点订货后，消耗速度下降，比预计出货少的情况下，不会出现缺货的问题（当然，也有库存过剩的问题），但消耗速度比预计多时就有问题了（图 8.8）。这种情况下，前置期为一周时，如果安全库存持有 2σ，在进货前置期商品脱销的概率是 4.55%（4.55%＝100%−95.45%）的一半 2.275%。为什么是一半呢？因为在 $u \pm 2\sigma$ 范围中的概率为 95.45%，此范围之外的概率为它的补数 4.55%，但安全库存的情况下，由于不用考虑消耗量变小的部分，只要考虑超过 $u \pm 2\sigma$ 的部分就行了。

前置期为一周的消耗量的波动情况可以计算出来，但如果前置期延长到二周或是三周时，其前置期内消耗量的波动情况将变成怎样呢？前置期内平均消耗量可以简单地用 L_T（前置期的长度：周）$\times u$（一周内的平均消耗量）求得，但前置期内的消耗量的波动情况是 $\sqrt{L_T}$（前置期的平方根）$\times \sigma$（一周内的消耗量的标准偏差）。

确定持有 σ 的安全库存要根据商品脱销的影响程度而变化。如果不能绝对划分，理论上只是无限地持有。持有 3σ 安全库存时的商品脱销概率仅为 0.14% 以下，所以没必要更多地持有 3σ 以上的安全库存。

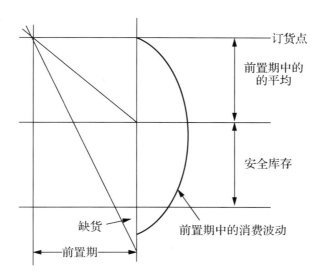

图 8.8　前置期中的消费波动与平均

一般而言，商品允许缺货率（有 100 次订货时，商品脱销而不能及时发货的次数。其补数称为顾客服务率）必须在 5%以下。商品允许缺货率为 50%（二次中有一次商品脱销也没关系）时，应该完全不要安全库存。随着商品允许缺货率的变化，应持有多少标准偏差的安全库存的安全系数（k）见表 8-3。

表 8-3　缺货率与安全系数

允许缺货率	k	允许缺货率	k
50.00%	0.00	2.28%	2.00
15.87%	1.00	2.00%	2.05
10.00%	1.65	1.00%	2.33
5.00%	1.65	0.14%	3.00

以上所述的安全库存的计算公式为

SS（安全库存）＝k（根据商品允许缺货率而设的安全库存的安全系数）×$\sqrt{L_T}$（前置期的平方根）×σ（单位时间消费量的波动程度：标准偏差） （8-14）

ROP（订货点）＝L_T×u（前置期内的平均消耗量）＋SS（安全库存） （8-15）

8.2.2 定期订货法

1. 定期订货法的含义

定期订货法是以固定的检查和订购周期为基础的一种库存控制方法。它采取定期盘点的方式,即按固定时间间隔检查库存量并随即提出订购,订购批量根据盘点时实际库存量和下一个进货周期的预计需要量而定。所以,这种方法订购时间固定,而每次订购的数量不定,按实际储备量情况而定。

2. 定期订货法的实施

(1) 订购批量和订购周期的确定。

订购批量=平均每日需要量×(订购周期+订购提前期)+保险储备量−现有库存量−已定未交量 (8-16)

式 (8-16) 中,订购周期——订购时间间隔,指相邻两次订购日之间的时间间隔;

现有库存量——订购日的实际库存数量;

已定未交量——过去已经订购但尚未到货的数量。

在定期订货法中,关键问题在于正确规定订购周期。订购周期的长短对订购批量和库存水平有决定性的影响。订购周期如果太长,会使库存成本上升,太短则会增加订货次数,使得订货费用增加,进而增加库存总成本。从费用角度出发,如果要使总费用达到最小,可以采用经济订货周期的方法来确定订购周期,其公式为

$$T=\sqrt{\frac{2S}{C\times R}} \quad (8-17)$$

式 (8-17) 中,T——经济订货周期;

S——单次订货费用;

C——单位商品年储存量;

R——年库存商品需求量(销售量)。

(2) 定期订货法的库存量变动。

定期订货法下的库存量变动情况如图 8.9 所示。从图 8.9 中可以看到,在第一个库存周期,因预先确定了订购周期 T,也就是规定了订货时间,到了订货时间 A,不论库存还有多少,都要发出订货,检查库存,求出订货批量 Q_1,然后进入第二周期,经过 T 时间又检查库存,发出一个订货批量 Q_2。从图 8.9 中可以看出,订货时间间隔 T 相等,订货批量 Q_1、Q_2、Q_3 根据库存需求速率的变化随机变动。

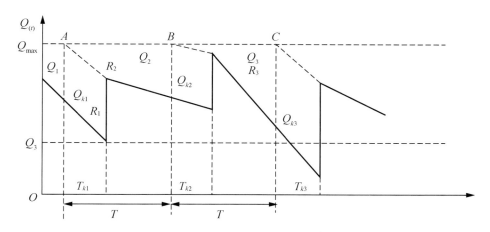

图 8.9 定期订货法下的库存量变动情况

（3）定期订货法的详解。

假设为物品每月一次的定期订货方式。在每月定期的日子里（这里假设为每月 15 日），计算下个月的需求量。公司于每月 15 日确定计划，然后向外部单位下采购订单进行补货，最早在下个月 1 日完成（入库），这是订货前置期的问题。接下来按以下顺序计算。

① 在每月固定日期根据库存总账查当时库存结余。每月 15 日，用库存总账查当日的库存结余。

② 调查计划收到量。上个月订的物品可以认为原则上必须在这个月中旬进货。如果现在是 15 日，计划收到量必须在月末之前（完成）进货。

③ 这个月月末之前销售发货的物品可以考虑当月的销售计划剩余。

④ 求当月月末的推测库存。当月月末的推测库存公式为

$$当月月末推测库存＝现有库存＋计划收到量－当月销售计划剩余 \qquad (8\text{-}18)$$

⑤ 求下个月的销售计划。成为重点管理品的物品，要尽可能制订正确的销售计划。制订销售计划的方法：最简单的方法是把过去 12 个月（或者 6 个月）的平均销售量作为下个月的销售计划；累积销售情况也是一种方法，但其精确度有限；反复接受订货的物品使用预测乃至内部指令的数字，即使是想使用确定的订货量，但由于会错过时机多也不能使用了；依据过去的需求实际使用预测模式需求的方法，预测模式为指数平滑法；销售计划部门从各种情报（如特别的销售计划、新产品的发售、竞争公司的动态等）中通过修改 A～D 的数据，制成销售计划（发货计划）。

⑥ 考虑安全库存。即使做了销售计划，也不一定照那个销售计划销售。对于重点管理物品，尽可能不要持有库存，但另一方面也绝对不能引起库存紧缺。销售计划如果混乱，就应该持有适应其混乱程度的安全库存。

⑦ 求下个月库存必要量。根据以上所述，下个月库存必要量的计算公式为

下个月库存必要量＝次月销售量计划－当月末推测库存＋安全库存 （8-19）

⑧ 做简单修改的方式。这种方式的问题点是要求销售计划剩余，因为制订计划的时间定为每月 15 日有困难，所以如果错开到月初就简单了。就是换成每月 1 日计算下个月库存必要量的方式。如果做这样的变更，计划收到量就成了这个月的订货量（库存计划量），销售计划剩余也可使用这个月的销售计划，极为简单。但这样会造成计划提前期过长，造成下次计划的精确度降低。

下个月库存必要量公式修改为

下个月库存必要量＝（当月销售计划＋次月销售计划）－

（当月初所持库存＋计划收到量）＋安全库存 （8-20）

但为了避免在每月中旬因不知道销售计划剩余而造成每月前半个月的计划打乱、库存增加等问题，要尽可能正确预测月销售计划，从订立计划的时间（每月 15 日）到下月月末（计划对象结束）的一个半月的销售计划应该看作下个月销售计划的 1.5 倍。这就是从计划时间开始到计划完成末期的销售计划，得到公式为

下个月库存必要量＝（从计划时间开始到计划完成末期的销售计划）－

（现有库存＋计划收到量）＋安全库存 （8-21）

8.2.3 两种订货法比较

（1）适用范围。

① 定量订货法一般适用于单价较低、需要量比较稳定、缺货损失大的物品。

② 定期订货法一般适用于需要量大的主要原材料，必须严格管理的重要物品，有保管期限制的物品；需要量变化大而且可以预测的物品；发货繁杂、难以进行连续库存动态等级控制的物品。

（2）各自优缺点。

① 定量订货法的优点。

A. 控制参数一经确定，则实际操作就变得不困难了，实际中经常采用"双塔法/双堆法"来处理。将某物品库存分为两堆，一堆为经常库存，另一堆为订货点库存，当订货点库存被用完了就开始订货，并使用经常库存，不断重复操作的方法就是双堆法。这样可以使经常盘点库存的次数得到减少，方便可靠。

B. 当订货量确定之后，物品的验收、入库、保管和出库业务可以利用现有规范化方式进行计算，搬运、包装等方面的作业量可以节约。

C. 经济批量的作用被充分发挥，可降低库存成本、节约费用、提高经济效益。

② 定量订货法的缺点。

A. 要随时掌握库存动态，对安全库存和订货点库存进行严格控制，占用一定的人力和物力。

B. 订货模式过于机械，缺乏灵活性。

C. 订货时间不能预先确定，对于人员的计划安排具有消极影响。

D. 受单一订货的限制时还需灵活进行处理。

③ 定期订货法的优点。

A. 可以一起出货，减少订货费。

B. 周期盘点比较彻底、精确，减少了工作量（定量订货法每天盘存），仓储效率得到提高。

C. 库存管理的计划性强，对于仓储计划的安排十分有利。

④ 定期订货法的缺点。

A. 安全库存量不能设置太少。因为它的保险周期（$T+T_k$）较长，因此，（$T+T_k$）期间的需求虽较大，需求标准偏差也较大，因此需要设置较大的安全库存量来保障需求。

B. 每次订货的批量不一致，无法制定出经济订货批量，因而运营成本降不下来，经济性较差。

C. 只适合于物品分类中重点物品的库存控制。

8.2.4 物料需求计划

1. 物料需求计划的含义

物料需求计划（Material Requirement Planning，MRP）是一种工业制造企业内的物品计划管理模式，根据产品结构、各层次物品的从属和数量管理，以每个物品为计划对象，以定工日期为时间基准倒排计划，按提前期长短区别各个物品下达计划时间的先后顺序，其工作原理如图 8.10 所示。在具体实施中，根据总生产进度计划中规定的最终产品的交货日期，规定必须完成各项作业的时间，编制所有较低层次零部件的生产进度计划，一旦作业不能按计划完成，MRP 系统可以对采购和生产进度的时间和数量进行调整，使各项作业的优先顺序符合实际情况。通过采用 MRP，企业可以通过计算物料需求量和需求时间来计划和控制生产过程，从而达到降低库存水平、节约库存成本的目的。

值得注意的是，MRP 在形成和制订过程中，考虑了产品结构相关信息和库存相关信息。但实际生产过程中的条件是变化的，如企业的制造工艺、生产设备及生产规模是发展变化的，因此，基本的 MRP 制订的采购计划可能会因受供货能力或运输能力的限制而无法保证物料的及时供应。另外，如果制订的生产计划未能考虑生产能力，在执行时常常会出现偏差。因此，利用基本的 MRP 制订的生产计划与采购计划往往不可行。

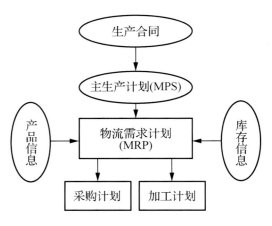

图 8.10　MRP 工作原理

2. 物料需求计划的特点

MRP 是为了更有效地适应相关需求（关联需求）物品而发展起来的。

相关需求的物品（物料）是指这些物品的需求与其他物品的需求有着直接的关系，即按产品结构，一个低层次物料的需求取决于上一层部件的需求，部件的需求又取决于上一层次组装件的需求，依次类推直至最终产品的需求。对相关需求的物品，由于其需求取决于最终产品的生产数量和交货期，因此要采用 MRP 对其进行控制，按最终产品的需求量和需求时间来确定各种物品的需求数量和订购时间。因此，MRP 既是一种精确的排产（优先次序）系统，又是一种有效的物料控制系统，它的目标是将库存量保持在最低限度，而又能及时供应所需数量的物料。

MRP 依据最终产品的总生产进度计划，并按照产品结构确定所需零件的总需求量，然后根据已有的库存资源及各种零件的前置时间与最终产品的交货期限，展开为零件的生产进度日程、材料与外购件的订购时间和订购数量。在情况发生变化后，MRP 能根据新的情况调整生产的优先次序，重新排产，它能保证在需要的时间供应所需的物料，并同时使库存保持在最低水平。

3. 物料需求计划的基本构成

（1）主生产计划。

主生产计划（Master Production Schedule，MPS）是确定某最终产品在每一具体时间段内生产数量的计划。这里的最终产品是指对于企业来说的最终完成、要出厂的完成品，它要具体到产品的品种和型号。这里的具体时间段，通常是以周为单位，在有些情况下，也可以是日、旬或月。主生产计划详细规定生产什么、什么时段产出，属于独立需求计划。主生产计划根据客户合同和市场预测把经营计划或生产大纲中的产品系列具体化，使之成为开展物料需求计划的主要依据，起到了从综合计划向具体计划过渡的承上启下的作用。

（2）产品结构与物料清单。

MRP 系统要正确计算出物料需求的时间和数量，特别是相关需求物料的数量和时间，得出产品结构与物料清单（Bill Of Material，BOM）。首先要使系统知道企业所制造的产品结构和所有要使用到的物料。产品结构列出构成成品或装配件的所有部件、组件、零件等的组成，装配关系和数量要求。例如，图 8.11 是一个简化的自行车产品结构图，它大体反映了自行车的构成。

为了便于计算机识别，必须把产品结构图转换成规范的数据格式，这种用规范的数据格式来描述产品结构的文件就是物料清单。它必须说明组件（部件）中各种物料需求的数量和相互之间的组成结构关系。表 8-4 就是一张简单的，与自行车产品结构图相对应的物料清单。

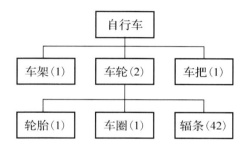

图 8.11 自行车产品结构图

表 8-4 自行车物料清单

层次	物料号	物料名称	单位	数量	类型	成品库	ABC 码	提前期
0	GB950	自行车	辆	1	M	1.0	A	2
1	GB120	车架	件	1	M	1.0	A	3
1	CL120	车轮	个	2	M	1.0	A	2
2	LG300	车圈	件	1	B	1.0	A	5
2	GB890	轮胎	套	1	B	1.0	B	7
2	GBA30	辐条	根	42	B	0.9	B	4
1	113000	车把	套	1	B	1.0	A	4

（3）库存信息。

库存信息是保存企业所有产品、零部件、在制品、原材料等存在状态的数据库。在 MRP 系统中，将产品、零部件、在制品、原材料甚至工装工具等统称为"物料"或"项目"，为便于计算机识别，必须对物料进行编码。物料编码是 MRP 系统识别物料的唯一标志，具体包括以下库存信息。

① 现有库存量，是指在企业仓库中实际存放的物料的可用库存数量。

② 计划收到量（在途量），是指根据正在执行中的采购订单或生产订单，在未来某个时段物料将要入库或将要完成的数量。

③ 已分配量，是指仍保存在仓库中但已被分配掉的物料数量。

④ 提前期，是指执行某项任务由开始到完成所消耗的时间。

⑤ 订购（生产）批量，是指在某个时段内向供应商订购或要求生产部门生产某种物料的数量。

⑥ 安全库存量，是指为了预防需求或供应方面的不可预测的波动，在仓库中经常应保持的最低库存数量。

8.2.5 制造资源计划

制造资源计划（Manufacturing Resource Plan，MRP Ⅱ）是一种先进的现代企业管理模式，目的是合理配置企业的制造资源，包括财、物、产、供、销等因素，使之充分发挥效能，使企业在激烈的市场竞争中赢得优势，从而取得最佳经济效益。另外，MRP Ⅱ是一种生产计划与库存控制模式，因其效益显著而被当成标准管理工具并在制造业得到普遍应用。

1. 制造资源计划的特点

MRP Ⅱ 的特点可归纳为以下 6 点。

（1）计划的一贯性与可行性。MRP Ⅱ 是一种计划主导型的管理模式，计划层次从宏观到微观、从战略到战术、由粗到细逐层细化，但始终保持与企业经营战略目标一致。

（2）管理系统性。MRP Ⅱ 把企业所有与经营生产活动直接相关部门的工作连成一个整体，每个部门的工作都是整个系统的有机组成部分。

（3）数据共享性。MRP Ⅱ 是一种信息管理系统，企业各部门都依据同一数据库提供的信息、按照规范化的处理程序进行管理和决策；数据信息是共享的。

（4）动态应变性。MRP Ⅱ 是一种闭环系统，它要求不断跟踪、控制和反应瞬息万变的实际情况，使管理人员可随时根据企业内外部环境条件的变化提高应变能力，迅速做出响应，满足市场不断变化的需求，并保证生产计划正常进行。

（5）模拟预见性。MRP Ⅱ 是精英生产管理规律的反映，按照规律建立的信息逻辑很容易实现模拟功能。

（6）物流和资金流的统一。MRP Ⅱ 包括了产品成本和财务会计的功能，可以由生产活动直接生产成财务数据，把实物形态的物料流动直接转化为价值形态的资金流动，保证生产和财务数据的一致性。

2. 制造资源计划的构成

MRP Ⅱ 由 5 个计划层构成，即经营计划、销售与运作计划（生产计划）、主生产计划、物料需求计划和车间作业计划。其中，经营计划和销售与运作计划带有宏观规划的性质；主生产计划是宏观向微观计划的开始，是具体的详细计划；车间作业计划是进入执行的阶段。以下对各层次进行简介。

（1）经营计划。

企业的经营计划是计划的最高层次，是企业总目标的具体体现。经营计划的目标常以货币或金额表达，是 MRP Ⅱ 系统其他各层计划的依据。所有层次的计划只是对经营计划的进一步具体细化，不允许偏离经营计划。经营计划的制订要考虑企业现有的资源情况及未来可以获得的资源情况。

（2）销售与运作计划。

销售与运作计划的目标是根据经营计划的目标，确定企业的每一类产品在未来的 1~3 年内，每年每月生产多少及需要哪些资源等。其作用是把经营计划中用货币表达的目标转换为用产品系列的产量来表达：制定一个均衡的月产率，均衡地利用资源，保持稳定生产，控制拖欠量或库存量，并将其作为编制生产计划的依据。

（3）主生产计划。

主生产计划是以生产计划大纲为依据，按时间段计划企业应生产的最终产品的数量和交货期，并在生产需求与可用资源之间做出平衡。

（4）物料需求计划。

物料需求计划是根据主生产计划对最终产品的需求量和交货期，推导出构成产品的零部件及材料的需求数量和需求日期，直至导出自制零部件的制造订单下达日期和采购件的采购订单发放日期，并进行需求资源和可用能力之间的进一步平衡。

（5）车间作业计划。

车间作业计划是计划的最底层，根据由 MRP 生产的零部件生产计划编制工序，排序生产。

8.2.6　企业资源计划

1. 企业资源计划的含义

企业资源计划（Enterprise Resource Planning，ERP）是在制造资源计划的基础上，经过进一步扩充与完善而形成的，能对企业所有资源（包括库存控制）进行全面管理，形成一个集成的信息系统。它是建立在信息技术基础上，以系统化的管理思想，采取先进且有效的生产管理技术，组织、协调、计划与控制企业的生产经营活动，合理地组织和有效地利用其人员、设备、物料、资金等企业资源，为企业决策层、管理层及执行层提供运行手段的管理平台。

2. 企业资源计划的基本特征

ERP 是先进的现代企业管理模式，主要实施对象是企业，目的是将企业的各个方面的资源（包括人、财、物、产、供、销等因素）合理配置，以使之充分发挥效能，使企业在激烈的市场竞争中全方位地发挥能量，从而取得最佳经济效益。ERP 在 MRP Ⅱ 的基础上扩展了管理范围，提出了新的管理体系结构，把企业的内部和外部资源有机地结合在了一起。这充分贯彻了供应链的管理思想，将用户的需求和企业内部的制造活动及外部供应商的制造资源一同包括了进来，体现了完全按客户需求制造的思想。

ERP 集中反映了现代企业管理的理论与方法，同时也强调了因地制宜的原则。但是现今的 ERP 软件还不完善，远没有达到客户的要求，甚至还没有达到软件供应商们自己所做出的承诺。用户需要的是更周密的供应链计划、更灵活地实施，希望 ERP 不仅能适合今天的业务流程，而且要能够迅速改革，适应将来的新模式。ERP 具有以下扩充点与主要特点。

（1）ERP 更加面向市场、面向经营、面向销售，能够对市场快速响应；它将供应链管理功能包含了进来，强调了供应商、制造商与分销商间的新的伙伴关系，并且支持企业后勤管理。

（2）ERP 更强调企业流程与工作流，通过工作流实现企业的人员、财务、制造与分销间的集成，支持企业过程重组。

（3）ERP 纳入了产品数据管理 PDM 功能，增强了对设计数据与过程的管理，并进一步加强了生产管理系统与 CAD、CAM 系统的集成。

（4）ERP 更多地强调财务，具有较完善的企业财务管理体系，这使价值管理概念得以实施，资金流与物流、信息流更加有机地结合。

（5）ERP 较多地考虑人的因素作为资源在生产经营规划中的作用，也考虑了人的培训成本等。

（6）在生产制造计划中，ERP 支持 MRP 与 JIT 混合管理模式，也支持多种其他生产方式（离散制造、连续流程制造等）的管理模式。

（7）ERP 采用了最新的计算机技术，如客户/服务器分布式结构、面向对象技术、基于 Web 技术的电子数据交换 EDI、多数据库集成、数据仓库、图形用户界面、第四代语言及辅助工具等。

一般而言，除了 MRP Ⅱ 的主要功能外，ERP 系统还包括以下主要功能：供应链管理、销售与市场、分销、客户服务、财务管理、制造管理、库存管理、工厂与设备维护、人力资源、报表、制造执行系统（Manufacturing Execution System，MES）、工作流服务和企业信息系统等。此外，它还包括金融投资管理、质量管理、运输管理、项目管理、法规与标准和过程控制等补充功能。

ERP 是信息时代的现代企业向国际化发展的更高层管理模式，它能更好地支持企业各方面的集成，并将给企业带来更广泛、更长远的经济效益与社会效益。

3．企业资源计划的基本功能

ERP 是将企业所有资源进行整合集成管理，简单地说是将企业的三大流——物流、资金流、信息流——进行全面一体化管理的管理信息系统。它的功能模块以不同于以往的 MRP 或 MRP Ⅱ 的模块。在企业中，一般的管理主要包括 3 个方面的内容：生产控制管理（计划、制造）、物流管理（分销、采购、库存管理）和财务管理（会计核算、财务管理）。这三大系统本身就是集成体，它们互相之间有相应的接口，能够很好地整合在一起来对企业进行管理。另外，值得一提的是，随着企业对人力资源管理重视的加强，已经有越来越多使用 ERP 的厂商将人力资源管理纳为 ERP 系统的一个重要组成部分。

（1）财务管理模块。

对于企业来说，清晰分明的财务管理是极其重要的。所以，在 ERP 整个方案中它是不可或缺的一部分。ERP 中的财务管理模块与一般的财务软件不同，作为 ERP 中的一部分，它和系统的其他模块有相应的接口，能够相互集成。例如，它可将由生产活动、采购活动输入的信息自动计入财务管理模块生成总账、会计报表，取消了输入凭证的烦琐过程，几乎完全替代了以往传统的手工操作。一般的 ERP 软件的财务管理模块分为会计核算与财务管理两大块。

（2）生产控制管理模块。

生产控制管理是 ERP 系统的核心所在，它将企业的整个生产过程有机地结合在一起，使得企业能够有效地降低库存、提高效率。同时，各个原本分散的生产流程的自动连接，也使得生产流程能够前后连贯地进行，而不会出现生产脱节、耽误生产交货时间的现象。生产控制管理是一个以计划为导向的先进的生产、管理方法。首先，企业确定它的一个总生产计划，再经过系统层层细分后，下达到各部门去执行，即生产部门以此生产，采购部门按此采购等。这一模块主要包括以下几方面。

① 主生产计划。它是根据生产计划、预测和客户订单的输入来安排将来的各周期中提供的产品种类和数量，它将生产计划转为产品计划，在平衡了物料和能力的需要后，精确到时间、数量的详细的进度计划，是企业在一段时期内的总活动的安排，是一个稳定的计划，是通过对生产计划、实际订单和对历史销售进行分析得来的。

② 物料需求计划。在主生产计划决定生产多少最终产品后，再根据物料清单，把整个企业要生产的产品的数量转变为所需生产的零部件的数量，并对照现有的库存量，可得到还需加工多少、采购多少的最终数量。这才是整个部门真正依照的计划。

③ 能力需求计划。它是在得出初步的物料需求计划之后，将所有工作中心的总工作负荷，在与工作中心的能力平衡后产生的详细工作计划，用以确定生成的物料需求计划在企业生产能力上是否可行。能力需求计划是一种短期的、当前实际应用的计划。

④ 车间控制。这是随时间变化的动态作业计划，是将作业分配到具体各个车间，再进行作业排序、作业管理、作业监控。

⑤ 制造标准。编制计划时需要许多生产基本信息，这些基本信息就是制造标准，包括零件、产品结构、工序和工作中心，都用唯一的代码在计算机中识别。

（3）物流管理模块。

① 分销管理。销售的管理是从产品的销售计划开始，对其销售产品、销售地区、销售客户等各种信息进行管理和统计，并对销售数量、金额、利润、绩效、客户服务做出全面的分析，这样在分销管理模块中大致有3方面的功能：对客户信息的管理和服务；对销售订单的管理；对销售的统计与分析。

② 库存控制，用来控制存储物料的数量，以保证稳定的物流支持正常的生产，但又最小限度地占用资本。它是一种相关的、动态的及真实的库存控制系统。它能够结合、满足相关部门的需求，随时间变化动态地调整库存，精确地反映库存现状。这一系统的功能又涉及为所有的物料建立库存，决定何时订货采购，同时作为交与采购部门采购、生产部门做生产计划的依据；收到订购物料，经过质量检验入库，生产的产品也同样要经过检验入库；收发料的日常业务处理工作。

③ 采购管理。确定合理的定货量、优秀的供应商和保持最佳的安全储备。能够随时提供定购、验收的信息，跟踪和催促外购或委外加工的物料，保证货物及时到达。建立供应商的档案，用最新的成本信息来调整库存的成本，具体有供应商信息查询（查询供应商的能力、信誉等）；催货（对外购或委外加工的物料进行跟催）；采购与委外加工统计（统计、建立档案，计算成本）；价格分析（对原料价格进行分析，调整库存成本）。

8.2.7 零库存技术

从物流运动合理化角度来看，零库存（Zero Inventories）概念包含两层意思：一是库存对象物的数量趋于零或等于零（近乎无库存物品）；二是库存设施、设备的数量及库存劳动耗费同时趋于零或等于零（不存在库存活动）。而后一种意义上的零库存，实际上是社会库存结构合理调整和库存集中化的表现。就其经济意义而言，它远大于通常意义上的仓库物品数量的合理减少。

但是，零库存并不等于不要储备和没有设备。对某个具体企业而言，零库存是在有充分社会储备前提下的一种特殊存储形式，其核心管理在于有效地利用库存材料，尽快地生产更好的产品，并有一个反应迅速的营销系统把它们交到消费者手中，将生产、销售周期尽可能地压到最短，竭力避免无效库存。因此，作为一个生产企业，并不能真正实现所谓的库存为零，只能是库存沉淀为零；或者说，一切库存都是在按照生产计划流动，而"零库存"只是一个"零库存"的思想和"零库存"的管理制度。要全面了解"零库存"的含义，可与传统库存管理进行比较，见表8-5。

表 8-5　零库存与传统库存比较

比较项目	传统库存管理	零库存管理
库存行为认识	认为库存对企业极为重要，保持一定数量的库存有助于企业提高效率	认为库存是一种浪费，是为掩盖管理工作失误提供方便
库存管理区域	只控制企业内部的物流	应对整个供应链系统的存货进行控制
库存管理重点	强调管理库存成本	强调存货质量和生产时机

零库存实现的方式有许多，就目前企业实行的零库存管理，可以归纳为 6 类。

（1）无库存储备。

无库存储备事实上是仍然保有储备，但不采用库存形式，以此达到零库存。例如，有些国家将不易损失的铝这种战备物品作为隔音墙、路障等储备起来，以备万一，在仓库中不再保有库存。

（2）委托营业仓库存储和保管货物。

营业仓库是一种专业化、社会化程度比较高的仓库，应委托这样的仓库或物流组织储存物品。从现象上看，就是把所有权属于用户的物品存放在专业化程度比较高的仓库中，由后者代理用户保管和发送物品，用户则按照一定的标准向受托方支付服务费，采用这种方式存放和储备物品。在一般情况下，用户自己不必再过多地储备物品，甚至不必再单独设立仓库，从事物品的维护、保管等活动，在一定范围内便可以实现零库存和进行无库存式生产。

（3）协作分包方式。

协作分包方式是制造企业的一种产业结构形式。这种形式可以以若干企业的柔性生产准时供应，使主企业的供应库存为零，同时主企业的集中销售库存使若干分包劳务及销售企业的销售库存为零。

（4）准时制生产。

准时制（Just In Time，JIT）生产，即"在需要的时候，按需要的量生产所需的产品"。这是在日本丰田公司生产方式的基础上发展起来的一种先进的管理模式，它是一种旨在消除一切无效劳动、实现企业资源优化配置、全面提高企业经济效益的管理模式。看板方式是准时制生产中的一种简单有效的方式，也称传票卡制度或卡片制度。采用看板方式，要求企业各工序之间或企业之间或生产企业与供应者之间采用固定格式的卡片为凭证，由下一环节根据自己的节奏，逆生产流程方向，向上一环节指定供应，其主要目的是在同步化供应链计划的协调下，使制造计划、采购计划、供应计划能够同步进行。在具体操作过程中，可以通过增减看板数量的方式来控制库存量。

（5）按订单生产方式。

在拉动生产方式下，企业只有在接到客户订单后才开始生产，企业的一切生产活动都是按订单来进行采购、制造、配送的，仓库不再是传统意义上的储存物品的仓库，而是物品流通过程中的一个"枢纽"，是物流作业中的一个站点。物品是按订单信息要求而流动的，因此从根本上消除了呆滞物品，从而也就消灭了"库存"。

（6）实行合理配送方式。

一般而言，在没有缓冲存货情况下，生产和配送作业对送货时间不准更敏感。无论是生产资料还是成品，物流配送在一定程度上影响其库存量。因此，通过建立完善的物流体系，采用合理的配送方式，企业及时地将按照订单生产出来的物品配送到用户手中，在此过程中通过物品的在途运输和流通加工，减少库存。企业可以通过采用标准的零库存供应运作模式和合理的配送制度，使物品在运输中实现储存，从而实现零库存。

8.3 库存管理方法

ABC分类法原理及应用

8.3.1 ABC库存管理方法

仓储过程中，货物品种繁杂，有些物品的价值较高，对地区经济发展影响较大，或者对保管的要求较高。而多数被保管的物品价值较低，要求不是很高。如果我们对每一种物品都采用相同的保管管理方法，则可能投入的人力、资金很多，而效果则事倍功半。如何在管理中突出重点，做到事半功倍，这是应用ABC库存管理方法的目的。

20/80原则是ABC分类的指导思想。所谓20/80原则，简单地说，就是20%的因素带来了80%的结果。例如，20%的物品赢得了80%的利润，20%的客户提供了80%的订单，20%的员工创造了80%的财富，20%的供应商造成了80%的延迟交货等。当然，这里所说的20%和80%并不是绝对的，还可能是25%和75%或24%和76%等。总之，20/80原则作为一种统计规律，是指少量的因素带来了大量的结果。它提示人们，不同的因素在同一活动中起着不同的作用，在资源有限的情况下，注意力显然应该放在起着关键性作用的因素上。ABC分类法正是在这个原则指导下，企图对库存物品进行分类，以找出占用大量资金的少数库存物品，并加强对它们的控制与管理；对那些占用少量资金的大多数物品，则实行简单的控制与管理。

一般情况下，人们将价值比率为65%～80%、数量比率为15%～20%的物品划为A类；将价值比率为15%～20%、数量比率为30%～40%的物品划分为B类；将价值比率为5%～15%、数量比率为40%～55%的物品划分为C类。

1. ABC库存管理方法

（1）掌握 A 类物品的管理要点。

重点关注 A 类物品，绝对不能出现缺货现象，同时库存水平要维持在最低。

凭经验和感觉进行库存管理，往往会使 A 类物品库存过多。因为 A 类物品畅销，不用担心销售不出去而剩余下来，就持有大量库存，以防引起缺货。但事实上，正是 A 类物品要进行重点管理，因而必须彻底地降低其库存水平。

如果 A 类物品占所有库存金额的比率为 80%，B 类物品为 15%，C 类物品为 5%，A、B、C 各类物品都维持在一个月库存，这时，全部库存物品的回转周期就是一个月。将这个水平改变一下，将 A 类物品的库存水平削弱到现在的一半即半个月，B 类物品的库存水平也同样变成半个月，C 类物品则相反地增加到两个月。这时的库存回转周期就变成了 0.65 个月。占所有品种 50% 的常备库存品的库存可以变成两倍，只要重点管理仅占 15% 的品种就能缩短库存回转周期。

在对制造业产品进行库存管理时，针对 A 类物品，应调查过去公司内的需求动向和主要客户的销售情报、生产计划、库存状况，进行尽可能正确的需求预测，只采购必要量，这种思考方法是重要的。如果能正确地预测需求，则没有必要持有几乎所有的库存。月末保留下来的库存应该只是应对预测误差的。

（2）掌握 B 类物品的管理要点。

对于 B 类物品，不光是要筹备必要量，也要考虑某种程度的经济订购量。

B 类物品的品种数量不多时，用定量订购方式确定基本的库存量（订购点），与这个水平相比，库存下降时，也可以采用定量采购（经济的订购量）的简便库存管理方式。

（3）掌握 C 类物品的管理重点。

品种数量多，但整体重要性低是 C 类物品的特点。因此，应该采用尽可能简便的库存管理方式，以减少管理的步骤和时间。

2. ABC库存管理步骤

（1）开展分析。

这是"区别主次"的过程，包括以下步骤。

首先收集数据，即确定构成某一管理问题的因素，收集相应的特征数据。以库存控制涉及的各种物品为例，如拟对库存物品的销售额进行分析，则应收集年销售量、物品单价等数据。

然后进行计算整理，即对收集的数据进行加工，并按要求进行计算，包括计算特征数值、特征数值占总计特征数值的百分数、累计百分数、因素数目及其占总因素数目的百分数、累计百分数等。

第一步，计算每一种物品的金额；

第二步，按照金额由大到小排序并列成表格；

第三步，计算每一种物品金额占库存总金额的比率；

第四步，计算累计比率；

第五步，分类。累计比率为 0～60%的，为最重要的 A 类物品；累计比率为 60%～85%的，为次重要的 B 类物品；累计比率为 85%～100%的，为一般的 C 类物品。

（2）ABC 分类。

根据一定分类标准，进行 ABC 分类，列出 ABC 分析表。各类因素的划分标准并无严格规定，习惯上常把主要特征值的累计百分数达 70%～80%的若干因素称为 A 类，累计百分数为 10%～20%的若干因素称为 B 类，累计百分数在 10%左右的若干因素称 C 类。

（3）绘制 ABC 分析图。

以累计因素百分数为横坐标，累计主要特征值百分数为纵坐标，按 ABC 分析表所列示的对应关系，在坐标图上取点，并联结各点成曲线，即绘制成 ABC 分析图。除利用直角坐标绘制曲线图外，也可绘制成直方图。

（4）实施对策。

实施对策是"分类管理"的过程。根据 ABC 分类结果，权衡管理力量和经济效果，制定 ABC 分类管理标准表，对三类对象进行有区别的管理。

供应商管理库存的内涵

8.3.2　供应商管理库存

1. 供应商管理库存的含义

供应商管理库存（Vendor Managed Inventory，VMI）是指在供应链环境下，由供应链上的制造商、批发商等上游企业对众多分销商、零售商等下游企业的流通库存进行统一管理和控制的一种新型管理方式，其主要思想就是实施供应厂商一体化。在这种方式下，供应链的上游企业不再是被动地按照下游订单发货和补货，而是根据自己对众多下游经销商需求的整体把握，主动安排一种更合理的发货方式，既满足下游经销商的需求，同时又使自己的库存管理和补充订货策略更合理，从而使供应链上供需双方成本降低，实现双赢。

供应商管理库存能够实现信息共享，零售商帮供应商更有效地做出计划。供应商从零售商处获得销售点数据并使用该数据来协调其生产、库存活动及零售商的实际销售活动。在供应商管理库存模式下，供应商完全管理和拥有库存，直到零售商将其售出为止，但是零售商对库存有看管义务，并对库存物品的损伤或损坏负责。

2. 供应商管理库存系统的构成

供应商管理库存系统可分为两个模组：第一个是需求预测计划模组，可以产生准确的需求预测；第二个是配销计划模组，可根据实际客户订单、运送方式，产生客户满意度高及成本低的配送。

（1）需求预测计划模组。

需求预测的主要目的就是要协助供应商做库存管理决策，准确预测可让供应商明确了解应该销售何种商品、销售给谁、以何种价格销售、何时销售等。

预测所需参考的要素包括客户订货历史资料，即客户平常的订货资料，可以作为未来预测的需求；非客户历史资料，即市场情报，如促销活动资料等。

需求预测程序：第一，供应商收到用户最近的产品销售资料，然后做出需求历史分析；第二，使用统计分析方法，以客户的平均历史需求、客户的需求动向、客户需求周期做参考，产生最初的预测模式；第三，由统计工具模拟不同的条件，如促销活动、市场动向、广告、价格异动等，产生调整后的预测需求。

（2）配销计划模组。

配销计划主要是有效地管理库存量，供应商管理库存可以比较库存计划和实际库存量，并得知目前库存量尚能维持多久。所产生的补货计划是依据需求预测模组得到的需求预测、与用户约定的补货规则（如最小订购量、配送提前期、安全库存等）、配送原则等。至于补货订单方面，供应商管理库存可以自动完成最符合经济效益的建议配送策略（如运送量、运输工具的承载量）及配送进度。

3. 供应商管理库存的实施方法

（1）基于标准的托付订单处理方式。

改变订单的处理方式，建立基于标准的托付订单处理方式。由供应商和批发商一起确定供应商的订单业务处理过程所需要的信息和库存控制参数，然后建立一种订单的处理标准模式，如 EDI 标准报文。最后将订货、交货和票据处理等各种业务功能集成在供应商一边。

（2）库存状态透明性。

库存状态透明性（对供应商）是实施供应商管理用户库存的关键。供应商能够随时跟踪和检查到销售商的库存状态，从而快速地响应市场的需求变化，对企业的生产（供应）状态做出相应的调整。为此，需要建立一种能够使供应商和用户（分销商、批发商）的库存信息系统透明连接的方法。

供应商管理库存使用 EDI 使供应商与客户彼此交换资料。交换的资料包括产品活动、计划进度及预测、订单确认、订单等。每个交换资料包括的主要项目见表 8-6。

表 8-6 供应商与客户交换资料项目

项　　目	资料内容
产品活动资料	可用产品、被订购产品、计划促销产品、零售产品
计划进度及预测资料	预测订单量、预订或指定的出货日期

续表

项　　目	资料内容
订单确认资料	订单量、出货日期、配送地点
订单资料	订单量、出货日期、配送地点

4. 供应商管理库存的实施步骤

（1）建立顾客情报信息系统。供应商要有效地管理销售库存，必须能够获得顾客的有关信息。通过建立顾客的信息库，供应商能够掌握需求变化的有关情况，把由分销商进行的需求预测与分析功能集成到供应商的系统中来。

（2）建立物流网络管理系统。供应商要很好地管理库存，必须建立起完善的物流网络管理系统，保证自己的产品需求信息和物流畅通。目前，已有许多企业开始采用 MRP Ⅱ 或 ERP 系统，这些软件系统都集成了物流管理的功能，通过对这些功能的扩展，就可以建立完善的物流网络管理系统。

（3）建立供应商与分销商的合作框架协议。供应商和分销商一起通过协商，确定订单处理的业务流程以及库存控制的有关参数，如补充订货点、最低库存水平、库存信息的传递方式，如 EDI 或互联网等。

（4）组织机构的变革。这一点也很重要，因为供应商管理库存策略改变了供应商的组织模式。引入这一策略后，在订货部门产生了一种新的职能，即负责控制客户的库存，实现库存补给和高服务水平。而实施供应商管理库存具有以下优点。

① 供应商拥有库存，对于零售商而言，可以省去多余的订货部门，去除不必要的控制步骤，使库存成本更低，服务水平更高。

② 供应商会对库存考虑更多，并尽可能进行更为有效的管理，进一步降低总成本。

③ 供应商能按照销售时点的数据，对需求做出预测，能更准确地确定订货批量，减少预测的不确定性，从而减少安全库存量。

5. 供应商管理库存的局限性

（1）企业间缺乏信任。供应商管理库存是跨企业边界的集成与协调，要求供需双方建立互信的合作伙伴关系。如果企业间缺乏信任，要实现信息共享和企业间的集成与协调是不可能的，供需双方互信与合作是供应商管理库存成功的必备条件。供应商管理库存对于企业间的信任要求较高，而且由于供应商和客户实行库存信息共享，也存在滥用信息和泄密的可能。

（2）缺乏合作和协调。供应商管理库存中的框架协议虽说是双方协议，但供应商处于主导地位，是单行的过程，决策过程中缺乏足够的协商，难免造成失误。

（3）责任与利益不统一。在供应商管理库存模式下，供应商承担了客户库存管理及需求预测分析的责任，但它比其他客户获取的利润更少，造成了责任与利益的不统一，从而影响了供应商实施供应商管理库存的积极性。因此，购买方应从长远利益考虑。

8.3.3 联合库存管理

联合库存管理的模式

1. 联合库存管理的含义

联合库存管理（Jointly Managed Inventory，JMI），就是供应链上的各类企业（供应商、制造商、分销商）通过对消费需求的认识和预测的协调一致，共同进行库存的管理和控制，利益共享、风险同担。

2. 联合库存管理的基本思想

联合库存管理是供应商与客户同时参与、共同制定库存计划，利益共享、风险分担的供应链库存管理策略。它旨在解决供应链系统中，由于各节点企业的相互独立库存运作模式导致的需求放大现象，是提高供应链同步化程度的一种有效方法。

联合库存管理和供应链管理用户库存不同，强调双方同时参与，共同制订库存计划，使供应链过程中的每个库存管理者（供应商、制造商、分销商）都从相互之间的预期保持一致，从而消除了需求变异放大现象和库存管理"各自为政"的局面。

联合库存管理系统把供应链系统进一步集成为上游和下游两个协调管理中心，从而部分消除了由于供应链环节之间的不确定性和需求信息扭曲现象导致的供应链的库存波动。通过协调管理中心，供需双方共享需求信息，使供应链的运作更加稳定。

3. 联合库存管理的协调机制

为了发挥联合库存管理的作用，供需双方应从合作的精神出发，建立供需协调管理的机制，明确各自的目标和责任，建立合作沟通的渠道，为供应链的联合库存管理提供有效的机制。没有一个协调的管理机制，供需双方就不可能进行有效的联合库存管理。联合库存管理中的供需协调管理机制如图 8.12 所示。

4. 联合库存管理的实施步骤

（1）分析物品供应商的现状，如利用现存的关键绩效指标（Key Performance Indicator，KPI）对供应商评级。

（2）选取级别最高的若干个物品供应商，建立联合库存管理模式，供需双方应本着互惠互利的原则，树立共同的合作目标。采用 SWOT 法，通过协商形成共同的目标。

（3）建立联合库存管理的协调控制方法：通过供需双方的固定部门采用 EDI 技术可以建立一个共用的工作平台，将双方的库存信息，最大、最小库存，安全库存，需求的预测等实现实时共享，升级优化。

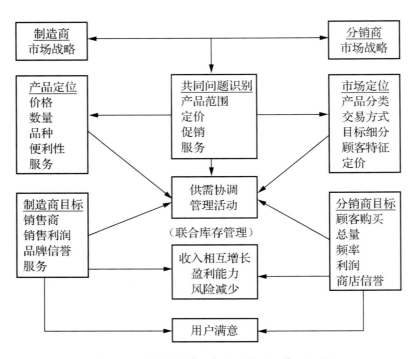

图 8.12 联合库存管理中的供需协调管理机制

（4）在供需双方的组员管理系统（如 MRPⅡ/DRP）之间建立系统间的共享，增强供需双方的协调机制。

（5）定期召开供需双方见面会，就联合库存管理的协调问题、数据处理和共享问题、双方工作流程的沟通等进行快速响应，从而提升供应链各个节点企业的运行效率，降低库存成本、赢得竞争优势。

5. 联合库存管理的优势

基于协调中心的联合库存管理和传统的库存管理模式相比，具有以下几个方面的优势。

（1）为实现供应链的同步化运作提供了条件和保证。

（2）减少了供应链中的需求扭曲现象，降低了库存的不确定性，提高了供应链的稳定性。

（3）库存作为供需双方的信息交流和协调的纽带，可以暴露供应链管理中的缺陷，为改进供应链管理水平提供了依据。

（4）为实现零库存管理、准时采购以及精细化供应链管理创造了条件。

（5）进一步体现了供应链管理的资源共享和风险分担的原则。

8.3.4 CPFR管理方法

CPFR的管理模式

1. CPFR的含义

随着组成供应链的企业间关系从过去建立在交易基础上的对立型关系向基于共同利益的协作伙伴型关系转变，供应链各个企业间交流、分享信息，协调进行库存管理成为可能，而合作计划、预测与补给（Collaborative Planning Forecasting and Replenishment，CPFR）正是一种先进的管理方法和技术。

CPFR既是一种哲理，又是一系列的活动过程。它应用一系列的处理和技术模型，提供覆盖整个供应链的合作过程，通过共同管理业务过程和共享信息来改善零售商和供应商的伙伴关系，提高预测的准确度，最终达到提高供应链效率、减少库存额、提高消费者满意程度的目的。

2. CPFR的特征

（1）协同。

美国战略理论研究专家伊戈尔·安索夫（Igor Ansoff）首次提出了协同效应的概念。所谓协同效应，是指在复杂大系统内各子系统的协同行为产生出的超越各要素自身的单独作用，从而形成整个系统的统一和联合作用。在CPFR中，供应链上下游企业就是各个子系统，协同效应可以使整个供应链系统发挥的功效大于各个子系统功效的简单相加。供应链上下游企业只有确立起共同的目标，才能使双方的绩效都得到提升，取得综合性的效益。CPFR这种新型的合作关系要求双方长期承诺公开沟通、信息分享，从而确立其协同性的经营战略，尽管这种战略的实施必须建立在信任和承诺的基础上，但是这是买卖双方取得长远发展和良好绩效的唯一途径。

（2）计划。

1995年沃尔玛公司与Warner-Lambert公司的CPFR为消费品行业推动双赢的供应链管理奠定了基础，此后，当VCIS（美国产业共同商务标准协会）定义项目公共标准时，认为需要在已有的结构上增加"P"，即合作规划及合作财务。此外，为了实现目标，还需要双方指定促销计划、库存政策变化计划、产品导入和终止计划等。

（3）预测。

CPFR中的预测强调买卖双方必须做出最终的协同预测，协同预测可以大大降低整个供应链体系的低效率、死库存，提高产品销量、节约供应链的资源。与此同时，最终实现协同促销计划是实现预测精度提高的关键。CPFR所推动的系统预测反馈信息的处理和预测模型的制定和修正，特别是如何处理预测数据的波动等问题。只有把数据集成、预测和处理的所有方面都考虑清楚，才有可能真正实现共同的目标，使协同预测落在实处。

（4）补货。

根据指导原则，协同运势计划也被认为是补货的主要因素，此外，例外状况的出现也需要转化为存货的百分比、预测精度、安全库存水准、订单实现的比例、前置时间以及订单批准的比例，所有这些都需要在双方公认的计分卡基础上定期协同审核。潜在的分歧，如基本供应量、过度承诺等，双方应进行解决。

CPFR 针对合作伙伴的战略和投资能力不同、市场信息来源不同的特点建成一个方案组。零售商和制造商从不同的角度收集不同层次的数据，通过反复交换数据和业务情报改善制订需求计划的能力，最后得到基于销售时点系统（Point of Sales，POS）的消费者需求的单一共享需求计划。这个单一共享需求计划可以作为零售商和制造商的与产品有关的所有内部计划活动的基础。换句话说，它能使价值链集成得以实现。以单一共享需求计划为基础，能够发现和利用许多商业机会，优化供应链库存和改善客户服务，最终为供应链伙伴带来丰厚的收益。CPFR 给零售商、生产商及整个供应链带来的利益见表 8-7，CPFR 的实现步骤目的及结果见表 8-8。

表 8-7　CPFR 供应链之间的关系

零售商	生产商	供应商
增加销售	增加销售	引导物料流向（减少存货点的数量）
较高的订单满足率	较高的服务水平（库存水平）	提高预测的准确度
较短的订单响应时间	较快的循环周期	降低系统费用
降低产品库存、产品过时及变质	减少产能需求	

表 8-8　CPFR 的实现步骤目的及结果

序号	步骤	目的	输出结果
1	达成前端合作协议	建立制造商、分销商或配送商合作关系的指导文件和游戏规则	指定符合 CPFR 标准并约定合作关系的蓝本，蓝本约定合作交换的信息和分担风险的承诺
2	建立合作业务计划	合作方法：交换公司策略和业务计划信息，以建立合作业务计划，从而有效地降低例外情况的发生	制订业务计划书并在业务计划书上明确规定策略、具体实施方法

续表

序号	步骤	目的	输出结果
3	建立销售预测	POS 数据、临时信息和计划事件方面的信息采集并建立销售预测	共同建立销售预测
4	确定销售计划例外项目	由制造商和配送商共同确定销售计划约束的例外情况	例外项目列表
5	合作解决计划例外计划	通过共享的数据、E-mail、电话交谈、会议等共同解决例外项目	调整修改过的销售计划
6	创建订单预测	POS 数据、临时数据、库存策略结合起来制定出订单预测,以支持共享的销售预测和合作业务计划,以及以时间数为基础的实际数量和库存目标	以时间数为基础的惊喜订单预测和安全库存
7	确定订单预测的例外情况	由供应商和配送商共同确定订单预测约束计划	例外项目列表
8	合作解决订单预测的例外情况	通过共享的数据、E-mail、电话交谈、会议等解决例外情况	修改过的订单预测
9	订单生成	由订单预测转化为确定的订单	订单及订单确认回执

3. CPFR的局限性

（1）以消费者为中心的思想未能完全实现，主要是因为缺乏作为主要当事人的消费者的积极参与和密切配合。由于合作过程是在消费者缺席的情况下展开的，缺乏与消费者的互动。而 POS 只能提供关于过去的统计数据，不能真正反映消费者未来需求的真实情况。所以，在 POS 基础上的需求预测难免存在偏差，以此扭曲信息驱动的供应链销量则不能完全令人满意。

（2）CPFR 始于需求预测，终于订单生产，因此合作过程不是十分完善。CPFR 的工作重点是产品的生产领域与流通领域的良好对接，但这种合作性仍集中于流通领域。

复习思考

一、填空题

1. 根据库存控制的对象是_____还是_____，库存控制方法分为传统库存控制方法和现代库存控制方法。

2. 现代库存管理方法有_____、_____、_____等。

3. 实施定量订货法的关键在于确定订购批量和订购点。订购批量一般采用_____，订购点是_____。

4. 定期订货法中，_____固定，_____不定，按_____确定。

5. 供应商管理库存系统可分为两个模组：第一个是_____，可以产生准确的需求预测；第二个是_____，可根据实际客户订单、运送方式，产生客户满意度高及成本低的配送。

二、名词解释

库存控制　定量订货法　定期订货法　库存管理

三、简答题

1. 库存控制与管理的含义是什么？
2. 定量订货和定期订货的原理是什么？
3. 现代库存控制技术有哪些？各有什么特点？
4. ABC库存管理的步骤是怎样的？
5. 现代库存管理方法有哪些？各有什么特点？

四、论述题

结合实例，讨论供应商管理库存的优点及缺点。

▶案例讨论◀

安科公司的ABC库存管理

安科公司是一家专门经营进口医疗用品的公司，2001年该公司经营的产品有26个品种，共有69个客户购买其产品，年营业额为5 800万元人民币。对于安科公司这样的贸易公司而言，因其进口产品交货期较长、库存占用资金大，库存管理显得尤为重要。

安科公司按销售额的大小，将其经营的26种产品排序，划分为ABC类。排序在前3位的产品占到总销售额的97%，因此，把它们归为A类产品；第4、5、6、7种产品每种产品的销售额均为0.1%~0.5%，把它们归为B类；其余的19种产品共占销售额的1%，将其归为C类。其库存物品统计见表8-9。

表 8-9　安科公司医疗用品库存物品的 ABC 分类

类别	库存物品	销售价值/万元	销售价值百分比/%	占总库存比例
A	3 种	5 625	97	11.5
B	4 种	116	2	15.4
C	19 种	58	1	73.1

根据表 8-9，A 类产品只占总库存的 11.5%，但其产品的销售价值占总销售价值的 97%；B 类产品占总库存的 15.4%，其销售价值占总销售价值的 2%左右；C 类产品占总库存的 73.1%，销售价值占总销售价值的 1%左右。安科公司的库存管理方法如下。

（1）安科公司对 A 类的 3 种产品实行连续性检查策略，即每天检查其库存情况。但由于该公司每月的销售量不稳定，所以每次订货的数量不相同。另外，为了防止预测的不准确及工厂交货的不准确，该公司还设定了一个安全库存量，根据案例资料显示，该类产品的订货提前期为 2 个月，即如果预测在 6 月份销售的产品，应该在 4 月 1 日下订单给供应商，才能保证产品在 6 月 1 日出库。该公司对 A 类产品的库存管理包括以下方案。

① 安全库存：下一个月预测销量的 1/3。

② 订货时间：当实际的存货数量+在途产品数量＝下两个月的销售预测数量+安全库存时，就下订单。

③ 订货数量：第三个月的预测数量。

（2）安科公司对 B 类产品的库存管理。该公司采用周期性检查策略。每个月检查库存并订货一次，目标是每月检查时应有以后两个月的销售数量在库里（其中一个月的用量视为安全库存），另外还有一个月的在途预测量。每月订货时，再根据当时剩余的实际对于库存数量，决定需订货的数量，这样就会使 B 类产品的库存周转率低于 A 类。

（3）对于 C 类产品，公司则采用了定量订货的方法。根据历史销售数据，得到产品的半年销售量，为该种产品的最高库存量，并将其两个月的销售量作为最低库存。一旦库存达到最低库存时，就订货，将其补充到最低库存量。这种方法比前两种更省时间，但是库存周转率更低。

安科公司在对产品进行 ABC 分类以后，该公司又对其客户按照购买量进行了分类。发现在 69 个客户中，前 5 位的客户购买量占全部购买量的 75%，将这 5 位客户定为 A 类客户；到第 25 位客户时，其购买量已达到 95%。因此，把第 6 到第 25 位客户归为 B 类，其他第 26~69 位客户归为 C 类。对于 A 类客户，实行供应商库存管理，一直与他们保持密切的联系，随时掌握他们的库存状况；对于 B 类客户，基本上可以用历史购买记录，以需求预测作为订货的依据；而对于 C 类客户，有的是新客户，有均一年也只购买一次，因此，只在每次订货数量上多加一些，或者用安全库存进行调节。

对于安科公司这种经营进口产品且产品种类繁多、各产品的需求量变化幅度较大的企业而言，库存管理显得尤为重要，甚至关系到企业的生死存亡，所以，必须采取适当的措施对库存实施控制与管理。安科公司对库存进行 ABC 分类控制与管理，这是符合该企业的企业特点的。首先，该公司经营的产品种类繁多且各产品的需求量变化幅度较大，对其产品进行 ABC 分类，有利于库存管理、销售量的统计、需求预测、订货计划的编制、成本控制及其会计核算等环节的实施。对其产品进行重点控制，这样大大降低了由于上述原因而造成的库存管理成本，提高了此类产品的库存周转率。其次，在 ABC 分类的前提下，该公司对 A 类产品采取连续性检查策略，这样防止了由于 A 类产品缺货而造成的缺货损失，同时也避免了由于盲目进货而带来的不必要的存储成本。由于 A 类产品的订货周期为两个月且销售价值占总销售价值的 97% 左右，所以，对 A 类产品实施重点控制和管理是有必要的，也可以尽可能地把库存成本降至最低。再次，该公司对客户也进行了 ABC 分类管理，这一方案的实施，不但有利于掌握重要客户的市场信息，而且还可以增加这类客户的满意度。除此之外，更有利于公司对未来市场的需求预测，从而避免了由于信息不对称带来的盲目预测销售量而使公司蒙受损失的情况。最后，有什么样的企业管理体制，就有什么样的企业形象，安科公司对其产品和客户进行 ABC 分类后，该公司的内外经营环境得到了很大的改善，树立了一个良好的企业形象，提升了企业的市场竞争力。

（资料来源：https://www.wendangxiazai.com/b-8241b107b52acfc789ebc988.html，2021-06-28。）

思考：安科公司为什么要实施 ABC 库存管理？是怎样实施的？

【参考资源】

PC 端	[1] 中国物流与采购网 [2] 中国仓储与物流网 [3] 中国仓储资源网 [4] 供应链世界网 [5] 供应链中国网
Android、iOS 端	二维码（电子课件）（电子课件已提供，需要用二维码作为入口）

库存控制与管理

第 9 章
现代仓储信息技术

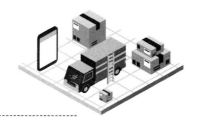

📂 【线下资源】

学习要点	◆ 掌握仓储信息和仓储信息技术的含义 ◆ 了解仓储大数据技术、仓储 AR 技术及应用 ◆ 熟悉条形码技术、无线射频识别技术的原理和在仓储管理中的应用 ◆ 熟悉销售时点系统、电子订货系统的原理和在仓储管理中的应用 ◆ 了解仓储管理信息系统的组成和应用
导入案例	中储仓储信息化解决方案
主体内容	◆ 仓储信息技术概述 ◆ 仓储大数据技术 ◆ 仓储 AR 技术
案例讨论	耐克的仓储管理信息系统

仓储信息技术对仓储作业与管理起着重要的支撑作用。

▶ 导入案例 ▶

中储仓储信息化解决方案

中国物资储运总公司（以下简称"中储"）是国有储运系统中最大的国有储运企业，是中国最大的以提供仓储、分销、加工、配送、国际货运代理、进出口贸易以及相关服务为主的综合物流企业之一。其在全国中心城市和重要港口设有子公司以及控股上市公司 78 家，分布在全国 20 多个大中城市，总资产 60 亿元，占地面积 1 300 万平方米，货场面积 450 万平方米，库房面积 200 万平方米，铁路专用线 129 条，114 千米，自备列车3列,起重设备900台,载重汽车400辆,年吞吐货物2 500万吨,年平均库存300万吨。

应仓储管理发展的需求,中储对其仓储业务进行了信息系统的建设和改造,以中储的标准化储运业务流程规范为基础,提出了For-WMS仓储信息化解决方案。该系统通过为企业提供科学规范的业务管理、实时的生产监控调度、全面及时的统计分析、多层次的查询对账功能、包括网上查询在内的多渠道方便灵活的查询方式、新型的增值业务的管理功能,不仅满足了中储生产管理、经营决策的要求,而且有力地支持了中储开发新客户。

基于标准业务流程之上的仓储管理信息系统For-WMS,采用大集中方式实现中国物资储运总公司对全国性仓储业务的统一调控。通过先进的通信技术和计算机技术实时反映库存物资状况,使管理人员可以随时了解仓库管理情况。系统对库存物品的入库、出库、在库等各环节进行管理,实现了对仓库作业的全面控制和管理。For-WMS在包含了一般仓库管理软件所拥有的功能外,另增加了针对库内加工、存储预警、储位分配优化、在库移动、组合包装分拣、补货策略等强大功能。For-WMS系统解决了在实际的企业运作过程中生产管理监控、灵活分配岗位角色等实际问题,主要功能模块有仓储协调控制模块、储运业务管理模块、资源管理模块和标准化管理模块。

仓储协调控制模块。为了便于处理储运业务活动中的特殊情况,满足客户需要,提高仓容利用率,软件中对临时发货、以发代验、多卡并垛等具体情况都有相应处理办法,在维护标准业务流程统一性的同时,又体现出了一定的灵活性。仓储协调控制模块包括补货、存储预警、储位分配优化、在库移动组合、包装分拣。通过登录互联网,无论是单个仓库存货的货主会员,还是多个仓库存货的会员,以及集团客户,都可以得到满意的查询结果。用计算机对仓库业务进行管理,其中一个很大的优势就是能很方便地对货物进行查询统计,可以节省大量的手工操作,提供一些手工无法实现的服务项目，使用仓库工作人员从繁杂的手工统计工作中解脱出来。软件中包含进库、出库、库存、仓容等信息内容，使得综合查询功能非常丰富。除可以满足中储自身管理和经营需要，以及广大客户对库存物品信息按照不同需求查询外，仓库生产调度随时能掌握现场作业信息，从而科学调度，合理安排机械、人力，指挥生产。

储运业务管理模块。储运业务管理包括收货（一般收货、中转收货）、发货（自提发货、代运发货、分割提货、指定发货、非指定发货、以发代验、临时发货、中转发货）、过户（不移位过户、移位过户）、并垛、移垛、退单、变更、挂失、冻结/解冻、存量下限、特殊业务申请/审批、盘点、清卡/盈亏报告、存档工作、临时代码管理（申请/审批、替换）等。根据运输方式和入库方式的不同，货物入库流程也不同：①接运员收货，一般用于火车专线到货，由接运员将货物卸到站台或货位上，然后由理货员对货物进行验收入库；②理货员收货，一般用于存货人将货物用汽车直接送达仓库，由理货员将货物直接卸到货位上，并同时对货物进行验收。根据企业的业务范围不同，For-WMS 解决方案将在基础功能基础上扩充相应子模块。

资源管理模块，分为仓库资料管理、合同管理、客户资料管理。在客户档案中被确定为集团客户或地区级客户，还包括分支机构管理功能，用来设置总公司、地区级、普通级客户之间的隶属关系。另外，软件设计中，充分考虑到了合同的重要性，包括仓储合同、代运合同、中转合同、租赁合同、抵押合同。合同管理和客户资料管理可由合同管理员负责。

标准化管理模块。标准化管理的主要功能是在数据准备好之后，系统并行之前对初始数据的建立和录入工作，如在系统运行过程中基础数据发生了变化，也在此处进行修改，是系统正常运行、数据准确的基础。标准化管理主要包括对以下基础信息的管理：货物代码管理、货物临时代码管理、仓库仓容管理、仓库基本资料管理、初始码单录入。码单是动态表现仓储物品进出库变化的核心单据，在仓储管理工作中起着十分重要的作用。码单的电子化有助于实现理货员间的不定位发货工作制度，为提高劳动效率、保证 24 小时发货提供了条件。电子码单的另外一个突出作用是可以实现货主指定发货，一次结算，减少了客户为一笔业务来回奔波的麻烦，也为开展电子商务和物流配送奠定了基础。

中储以 For-WMS 仓储管理系统为支撑，整合物流组织体系，重构仓储管理模式，有效地降低了运营成本，取得了明显的经济效益，良好的信息系统大大提高了服务水平。

（资料来源：http://www.db56.com.cn，2021-06-16。）

思考：中储的 For-WMS 系统对其仓储管理有什么样的作用？

9.1 仓储信息技术概述

基于物联网的仓储管理信息系统

9.1.1 信息与信息技术

1. 信息

对于信息（information）的含义，广义上可做如下概括：信息是能够通过文字、图像、声音、符号、数据等为人类获知的知识。然而，对信息的概念仅仅做这样的描述是远远不够的。那么，到底什么是信息呢？一般而言，信息是指与客观事物相联系，反映客观事物的运动状态，通过一定的物质载体被发出、传递和感受，对接受对象的思维产生影响并用来指导接受对象的行为的一种描述。从本质上说，信息是反映现实世界的运动、发展和变化状态及规律的信号与消息。

一般而言，信息由六大要素构成。

（1）信源，是指信息的主体，可以是各种客观存在。信息总是一定主体的信息，总要反映一定的客观存在，没有信源或者说无主体的信息是不存在的。不同的信源所具有的信息量、发出信息的能力和对信息的控制能力是不同的。掌握信息首先要了解信源，不了解信源就不可能掌握信息的内涵。

（2）语言符号。任何信息都是通过一定的语言符号来表达的。语言符号可分为自然语言和人工语言。自然语言是在客观事物之间长期交流和发展中形成的，以不同的形式和符号，按照某种客观存在的规则而构成的，包括人类的语言、表情、动植物和其他客观事物之间交流信息的形式等。人工语言是人类为了表达、交流、传递和理解信息的需要而创造出来的一些符号，如文字、各种符号、编码等。

（3）载体。信息必须附着在一定的物质之上，通过这个物质载体进行储存、加工、传递和反馈。

（4）信道，是指信息在收发双方之间传递的通道。

（5）信宿，是指信息的接收者。

（6）媒介。任何信息都离不开传递，不能传递就不能称之为信息。信息传递要通过一定的媒介，语言、载体、信道都属于信息传递的媒介形式。

2. 信息技术

信息技术（Information Technology，IT）是指在信息科学的基本原理和方法的指导下扩展人类信息功能的技术。一般而言，信息技术是以电子计算机和现代通信为主要手段实现信息的获取、加工、传递和利用等功能的技术总和。信息技术有如下两方面的特征。

（1）信息技术具有技术的一般特征——技术性，具体表现为方法的科学性、工具设备的先进性、技能的熟练性、经验的丰富性、作用过程的快捷性、功能的高效性等。

（2）信息技术具有区别于其他技术的特征——信息性，具体表现为信息技术的服务主体是信息，核心功能是提高信息处理与利用的效率、效益。由信息的属性决定信息技术还具有普遍性、客观性、相对性、动态性、共享性、可变换性等特性。

9.1.2 仓储信息技术

1. 仓储信息

仓储信息（warehousing information）属于物流信息的范畴。物流信息（logistics information）是反映物流各种活动内容的知识、资料、图像、数据、文件的总称。

仓储管理系统（Warehouse Management System，WMS）是对仓储信息进行管理的一种管理信息系统，是物流信息系统（Logistics Information System，LIS）的子系统。物流信息系统与物流作业系统一样都是物流系统的子系统，是指由人员、设备和程序组成的、为后勤管理者执行计划、实施、控制等职能提供相关信息的交互系统。

2. 仓储信息技术

仓储信息技术（Warehousing Information Technology，WIT）是实现物流信息化的一个重要环节。物流信息化是指物流企业运用现代信息技术对物流过程中产生的全部或部分信息进行采集、分类、传递、汇总、识别、跟踪、查询等一系列处理活动，以实现对货物流动过程的控制，从而降低成本、提高效益的管理活动。

仓储信息技术包括条形码技术（Bar Code，BC）、无线射频识别技术（Radio Frequency Identification，RFID）、销售时点系统（Point of Sale，POS）和电子订货系统（Eletronic Ordering System，EOS）等。

9.2 仓储大数据技术

百世圆通的物流大数据之争

9.2.1 大数据技术概述

大数据技术是指从量的数据中，快速获得有价值信息的技术。解决大数据问题的核心是大数据技术。目前所说的"大数据"不仅指数据本身的规模，也包括采集数据的工具、平台和数据分析系统。大数据研发目的是发展大数据技术并将其应用到相关领域，通过解决巨量数据处理问题促进其突破性发展。因此，大数据时代带来的挑战不仅体现在如何处理巨量数据从中获取有价值的信息，也体现在如何加强大数据技术研发，抢占时代发展的前沿。

"大数据"是一个体量特别大、数据类别特别大的数据集，并且这样的数据集无法用传统数据库工具对其内容进行抓取、管理和处理。"大数据"首先是指数据体量（volumes）大，指代大型数据集，一般在 10TB 规模左右，但在实际应用中，很多企业用户把多个数据集放在一起，已经形成了 PB 级的数据量；其次是指数据类别（variety）大，数据来自多种数据源，数据种类和格式日渐丰富，已冲破了以前所限定的结构化数据范畴，囊括了半结构化和非结构化数据；再次是数据处理速度（velocity）快，在数据量非常庞大的情况下，也能够做到数据的实时处理；最后一个特点是指数据真实性（veracity）高，随着社交数据、企业内容、交易与应用数据等新数据源的兴起，传统数据源的局限被打破，企业愈发需要有效的信息之力以确保其真实性及安全性。

要理解大数据这一概念，首先要从"大"入手，"大"是指数据规模，大数据一般指在 10TB（1TB=1024GB）规模以上的数据量。大数据同过去的海量数据有所区别，其基本特征可以用 4 个 V 来总结（volume、variety、velocity 和 veracity），即体量大、多样性、速度快、真实性高。

第一，数据体量巨大，从 TB 级别跃升到 PB 级别。

第二，数据类型繁多，如网络日志、视频、图片、地理位置信息等。

第三，价值密度低，以视频为例，连续不间断监控过程中，可能有用的数据仅仅有一两秒。

第四，处理速度快，1 秒定律。最后这一点也是和传统的数据挖掘技术有着本质的不同。物联网、云计算、移动互联网、车联网、手机、平板电脑、PC 及遍布地球各个角落的各种各样的传感器，无一不是数据来源或者承载的方式。

9.2.2　仓储大数据技术应用

仓储物流企业每天都会涌现出海量的数据，特别是全程物流，包括运输、仓储、搬运、配送、包装和再加工等环节，每个环节中的信息流量都十分巨大，使仓储物流企业很难对这些数据进行及时、准确的处理。随着大数据时代的到来，大数据技术能够通过构建数据中心，挖掘出隐藏在数据背后的信息价值，从而为企业提供有益的帮助，为企业带来利润。

1. 仓储物流企业应用大数据的优势

面对海量数据，仓储物流企业在不断加大大数据方面投入的同时，不该仅仅把大数据看作一种数据挖掘、数据分析的信息技术，而应该把大数据看作一项战略资源，充分发挥大数据给物流企业带来的发展优势，在战略规划、商业模式和人力资本等方面做出全方位的部署。

（1）信息对接，掌握企业运作信息。

在信息化时代，网购呈现出一种不断增长的趋势，规模已经达到了空前巨大的地步，这给网购之后的物流带来了沉重的负担，对每一个节点的信息需求也越来越多。每一个环节产生的数据都是海量的，过去传统数据收集、分析处理方式已经不能满足物流企业对每一个节点的信息需求，这就需要通过大数据把信息对接起来，将每个节点的数据收集并且整合，通过数据中心分析、处理转化为有价值的信息，从而掌握仓储物流企业的整体运作情况。

（2）提供依据，帮助仓储物流企业做出正确的决策。

传统的根据市场调研和个人经验来进行决策已经不能适应这个数据化的时代，只有真实的、海量的数据才能真正反映市场的需求变化。通过对市场数据的收集、分析处理，物流企业可以了解到具体的业务运作情况，能够清楚地判断出哪些业务带来的利润率高、增长速度较快等，把主要精力放在真正能够给企业带来高额利润的业务上，避免无端的浪费。同时，通过对数据的实时掌控，物流企业还可以随时对业务进行调整，确保每个业务都可以带来赢利，从而实现高效的运营。

（3）培养客户黏性，避免客户流失。

网购人群的急剧膨胀，使得客户越来越重视物流服务的体验，希望物流企业能够提供最好的服务，甚至掌控物流业务运作过程中商品配送的所有信息。这就需要物流企业以数据中心为支撑，通过对数据挖掘和分析，合理地运用这些分析成果，进一步巩固和客户之间的关系，增加客户的信赖，培养客户的黏性，避免客户流失。

（4）数据"加工"从而实现数据"增值"。

在物流企业运营的每个环节中，只有一小部分结构化数据是可以直接分析利用的，绝大部分非结构化数据必须要转化为结构化数据才能储存分析。这就造成了并不是所有的数据都是准确的、有效的，很大一部分数据都是延迟、无效、甚至是错误的。物流企业的数据中心必须要对这些数据进行"加工"，从而筛选出有价值的信息，实现数据的"增值"。

2. 大数据在仓储物流企业中的具体应用

仓储物流企业正一步一步地进入数据化发展的阶段，企业间的竞争逐渐演变成数据间的竞争。大数据让仓储物流企业能够有的放矢，甚至可以做到为每一个客户量身定制符合他们自身需求的服务，从而颠覆整个仓储物流业的传统运作模式。目前，大数据在仓储物流企业中的应用主要包括以下几个方面。

（1）需求预测。

商品进入市场后，销量是随着时间的推移、消费者行为和需求的变化而不断变化的。过去，我们总是习惯于通过采用调查问卷和以往经验来寻找客户。而当调查结果总结出来时，往往已经过时，延迟、错误的调查结果只会让管理者对市场需求做出错误的估计。

而大数据能够帮助企业完全勾勒出其客户的行为和需求信息,通过真实而有效的数据反映市场的需求变化,从而对产品进入市场后的各个阶段做出预测,进而合理地控制仓储物流企业库存和安排仓储方案。

(2)仓储设施的选址。

仓储设施选址问题要求仓储物流企业在充分考虑到自身的经营特点、商品特点和交通状况等因素的基础上,使配送成本和匿定成本等之和达到最小。针对这一问题,可以利用大数据中分类树方法来解决。

(3)优化配送线路。

配送线路的优化是一个典型的非线性规划问题,它一直影响着仓储物流企业的配送效率和配送成本。仓储物流企业运用大数据来分析商品的特性和规格、客户的不同需求(时间和金钱)等问题,从而用最快的速度对这些影响配送计划的因素做出反应(比如选择哪种运输方案、哪种运输线路等),制定合理的配送线路。而且企业还可以通过配送过程中实时产生的数据,快速地分析出配送路线的交通状况,对事故多发路段做出提前预警。精确分析整个配送过程的信息,使物流的配送管理智能化,提高了仓储物流企业的信息化水平和可预见性。

(4)仓库储位优化。

合理地安排商品储存位置对仓库利用率和搬运分拣的效率有着极为重要的意义。对于商品数量多、出货频率快的物流中心,储位优化就意味着工作效率和效益。哪些货物放在一起可以提高分拣率,哪些货物储存的时间较短,都可以通过大数据的关联模式法分析出商品数据间的相互关系,从而合理地安排仓库位置。

9.3 仓储 AR 技术

AR 智能仓储

9.3.1 AR 及相关技术概述

增强现实(Augmented Reality,简称 AR),也被称之为混合现实。它通过计算机技术,将虚拟的信息应用到真实世界,真实的环境和虚拟的物体实时地叠加到了同一个画面或空间同时存在。类似的概念还有:虚拟现实(Virtual Reality,简称 VR,又译作灵境、幻真)是近年来出现的高新技术,也称灵境技术或人工环境。虚拟现实是利用电脑模拟产生一个三维空间的虚拟世界,提供使用者关于视觉、听觉、触觉等感官的模拟,让使用者如同身历其境一般,可以及时、没有限制地观察三度空间内的事物。混合现实(Mixed Reality,简称 MR),包括增强现实和增强虚拟,指的是合并现实和虚拟世界而产生的新的可视化环境。在新的可视化环境里物理和数字对象共存，并实时互动。系统通常采用三个主要特点：①它结合了虚拟和现实；②在虚拟的三维（3D 注册）；③实时运行。

VR 和 AR 是有区别的。简单来说，虚拟现实（VR），看到的场景和人物全是假的，是把你的意识代入一个虚拟的世界。增强现实（AR），看到的场景和人物一部分是真一部分是假，是把虚拟的信息带入到现实世界中。因为 VR 是纯虚拟场景，所以 VR 装备更多的是用于用户与虚拟场景的互动交互：位置跟踪器、数据手套（5DT 之类的）、动捕系统、数据头盔等。由于 AR 是现实场景和虚拟场景的结合，所以基本都需要摄像头，在摄像头拍摄的画面基础上，结合虚拟画面进行展示和互动，比如 GOOGLE GLASS（其实严格地来说，平板电脑、手机这些带摄像头的智能产品，都可以用于 AR，只要安装 AR 的软件就可以）等。

9.3.2 仓储 AR 技术应用

1. 仓储作业

在仓储作业中，最难、最耗费时间的是拣货和复核，目前在拣货作业中已应用了很多技术：Pick by Paper（按纸质拣货单拣货）、Pick by RF（用无线射频枪拣货）、Pick to Light（电子标签拣货）、Pick to Voice（声音拣货）。而 AR 技术的使用使 Pick by Vision（目光拣货）成为可能，并且解决了 Pick to Voice 的口音不能够拣货的问题。

AR 技术通过箭头导航你到相应的拣选货位，然后准确显示需要拣选的数量。拣货员完成拣选后，手在空中一挥，确认完成拣货，非常简单。目前，Knapp、SAP 及 Ubimax 等厂商都在开发 Pick by Vision 的应用。UPS、DHL 等物流公司，也在测试 Pick by Vision 的应用场景。

在员工培训中使用 AR 技术，可以使员工培训的学习曲线更加垂直，极大的降低培训的时间和培训的支出。AR 技术使拣选的效率大大提升，拣选的错误率大大降低。

2. 仓库设计

随着技术和科技的不断变化，以及市场环境的不断变动，仓库需要持续地做一些规划和改进，以满足商业的需求。

用 CAD 或者 Sketchup 来设计仓库，效率低，还有可能设计出的仓库容积不够。而在 AR 的帮助下，AR 工程师在仓库里面带着 AR 设备，然后在仓库里面直接进行仓库布局的调整，调整结束后，直接出三维仓库模拟图纸，仓库的设计效率会有极大的提升。

3. 装载应用

在装载过程中，需要考虑两个问题：一是运输的配载，二是根据运输的线路决定装载的先后次序。有了 AR 技术的帮助和后台运算的帮助，可以优化运输的配载和装载的先后顺序。

在待装载区域有很多货物，AR 可以看到并帮助装卸员工确定哪个货物应该装载哪辆卡车中，同时能够帮着装卸员工决定哪个托盘先装（后送），哪个托盘后装（先送）。这样可以大大提高员工的装卸效率和准确率。同样对于终端配送，也可以优化其装载的先后顺序。

4. 配送应用

从几百个包裹中寻找一个送达点的包裹，有了 AR 技术，带着 AR 眼镜，通过包裹中的标签去识别，哪个包裹应该是该送达点的包裹，可以极大提高快递员的配送效率。

5. 仓储作业培训

AR 技术可以在物流仓库中有效地用于定位产品并将其装入出货箱。以往"分拣和包装"成本最高的环节之一就是培训员工如何在大型仓库中准确有效地找到物品。而 AR 技术可以在仓库地板上加装导航，以简化寻找和培训。

AR 技术通过向新员工的 AR 眼镜提供持续反馈，可以全面改进他们的工作方式，并缩短学习培训时间。

复习思考

一、填空题

1. 信息技术是以_____和_____为主要手段实现信息的获取、加工、传递和利用等功能的技术总和。
2. 大数据的基本特征为_____、_____、_____、_____。
3. 拣货的技术从_____、_____、_____、_____，而 AR 技术的使用使_____成为了可能。

二、名词解释

信息　物流信息　大数据　AR

三、简答题

1. 什么是信息？仓储信息有何特点？
2. 什么是大数据？大数据有何特点？

3. 简述大数据技术在仓储管理中的应用？
4. AR 与 VR 有何区别与联系？
5. 简述 AR 技术在仓储管理中的应用。

四、论述题

结合实例和前面章节内容，论述仓储信息技术在云仓、智能仓储中的应用。

案例讨论

耐克的仓储管理信息系统

耐克中国物流中心（CLC）在江苏太仓启用后，成为其全球第二大物流中心。当耐克在中国区的年销售额达到 18.64 亿美元时，它最应该做的事是什么？不是品牌，不是营销，而是一个能够高效管理库存和快速补货的强大的信息系统。

这个物流中心的建筑面积达 20 万平方米，拥有超过 10 万个货品托盘，年吞吐能力超过 2.4 亿个件次，同时可满足 79 个集装箱货车装卸货。更重要的是，耐克将借此缩短 15% 的交货时间——一件货品从门店下单到发货将只需要数小时。这里就像是一个巨型的中央处理器。所有商品分拣和管理都依赖于强大的数字化采集和处理能力。所有货品都嵌入了电子标签，并逐一扫描，工人们根据电子显示屏上的信息来分拣配送货品，其信息通过专门数据端口与耐克全球连接，每天都会有完整的共享数据反馈给相关部门。海量信息如此之多，以至于计算机所需要的编码数量几乎与全球最大的购物网站亚马逊一样多——这里是物流专家们把对数字和技术的热爱转化为成果的乐园。这座耐克在中国的第一家大型物流中心有两幢建筑，分别储存鞋类和服装类货品，两者之间通过传送带装置接驳。仓储区被分为整箱区和托盘区两大单元，散装托盘区分布其间。如果有大订单到来，整箱区即可直接配送；小订单补货则可以直接从托盘区内散装货品中抽取。根据配送分拣需求，服装配送楼层被分割为 3 层：顶层是拥有 4.5 万个设置了独立编码的货架区，二层则是两套自动分拣系统，一层为打包和装车配送区。

出人意料的是，拥有 4.5 万个独立编码的顶层货架区的编码其实并无规律可言，这主要是为了避免操作员因频繁操作会熟记编码，从而产生误操作。取货操作员运用机器语音系统与计算机对话，核对存货信息——取货前自动控制系统会告知操作员取货区域，操作员到达后，通过麦克风和耳机先向电脑系统报告货架区编码及取货数量进行确认。这套语音识别系统由耐克独立研发完成，它可以识别各国语言，甚至包括方言，系统会事先采集记录每一个操作员的音频信息。为以防万一，耐克另配备了一套应急装置，一旦语音识别系统发生故障，取货员可以用手持扫描设备救急，这也是货架编码的另一用途。

同时，这些货架安放的角度按照人体工程学设计，最大限度地避免了员工腰肌劳损。耐克规定，在货架充裕的情况下货品必须先存在中间层，方便员工取货。在货架最下端，底层货架与地板的间隙可以容纳临时扩充的货架，便于其在发货高峰期存放物料。

CLC 三楼顶层的仓储区高达 10 多米，为了最大限度提高空间使用率、增加货品容纳量，耐克采用了窄巷道系统，货架之间的巷道宽度被压缩到最低，与叉车的宽度相差无几。耐克在地板下方安装了用于叉车牵引的特殊磁力导线系统。这套智能引导系统可以令驾驶员在磁力导线的自动引导下，以最精确的行车姿态进入取货巷道，完全避免任何碰撞。在自动引导取货时，叉车只能沿着磁力导线的分布前后直来直往，而不会左右摇摆；取货小车装运完毕，关掉磁力导线开关，货车方可左右拐弯。

CLC 配送货品的一般流程是，接到订单，区分订单大小，仓储区取货。仓储区整箱订单货品通过传送带运至二楼分拣区，操作员和传送带会进行两次核对分拣；订单货品的余额件数由三楼操作员人工补货，自动分拣机验货、装箱后，再运至一楼，进行扫描核对、装车及发运。

作业过程中，最关键的要素是精确。以服装分拣为例，当三楼仓储区的整箱货品通过传送装置送到二楼时，操作员会通过手持扫描设备进行标签扫描。所有货品标签的贴放位置和高度都有严格规定，以提高核对效率。核对无误后，在传送带送至一楼的过程中，沿途每隔数米均有扫描设备对包装箱条形码进行扫描，记录下位置信息。这些信息又与分布于物流中心各功能区的自动化分拣设备相连，使产品可以快速被传送至不同的操作区。一旦分拣有误，传动带会自动将错误货品甩出，进入特殊通道交由专人处理。

当货品经过层层校验，从分拣来到打包环节时，CLC 的系统会自动打印一张货品标签单，清楚地标明货品编号和件数。计算机还能估算出货物体积，并提示操作员大概选用何种型号的包装箱最为合适。

装箱操作员除了核对货品件数和编码外，另一项重要工作就是要把货品发货标签贴到规定位置，便于下一个环节的机器或人工再次抽查核对。在装车发货之前，仓储管理系统再次进行信息甄别，根据订单的时间配送要求，采用不同的交通工具和多级物流网络，确保产品高效、准确、及时以及最低成本送达。

发生火灾怎么办？CLC 在设计之初就考虑到了这一问题。这里一共安装了 220 多个空气探测器，一旦失火，自动报警系统会响应，并打开喷水灭火系统。在仓储区之外，耐克还设立了"防火墙"，即便发生火灾，楼层只会朝着特定方向倒塌，保证另一个独立区域安然无恙。在两道墙壁中央，CLC专门设置了消防人员救援通道和避难走道，后者还有特制的正压送风系统，只会依照特定风道排放烟雾，从而确保人身安全。

（资料来源：http://www.haoyun56.com/news/1526.html，2011-05-30，有改动。）

思考：耐克的仓储信息系统有什么样的作用？它是如何支持仓储作业流程的？

【参考资源】

PC 端	[1] 大连市物流协会官网 [2] 全国物流信息网 [3] 中国物品编码中心 [4] RFID 世界网 [5] RFID 华夏网 [6] 供应链中国网 [7] 中国信息产业网
Android、iOS 端	二维码（电子课件）（电子课件已提供，需要用二维码作为入口）

现代仓储信息技术

第 3 篇
现代仓储管理方法

第 10 章
现代专业仓储管理

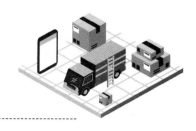

📦【线下资源】

学习要点	◆ 掌握冷藏保管的原理及冷藏仓库的使用方法 ◆ 熟悉油品的特性和油品仓储管理 ◆ 熟悉危险品的类别以及危险品存放与管理方法 ◆ 熟悉粮食的存放与管理方法
导入案例	万吨冷储的冷藏仓储管理
主体内容	◆ 冷藏仓储管理 ◆ 油品仓储管理 ◆ 危险品仓储管理 ◆ 粮食仓储管理
案例讨论	我国的粮食仓储管理模式

冷链的一个重要环节就是冷藏仓储管理,这是一种非常讲究专业化的仓储管理活动,类似的还有油品、危险品、粮食等的仓储管理。

▶ 导入案例 ▶

万吨冷储的冷藏仓储管理

武汉万吨冷储物流有限公司(以下简称"万吨冷储")坐落在武汉市长江二桥南端内环线及七城区中心点上,居于武汉市三大黄金商圈之一的徐东商圈核心地段,交通便利,地理位置十分优越。公司占地面积约 10 万平方米,建筑面积 8 万平方米,配备有 4 万余吨的多温层冷库和 6 000 平方米的常温仓库及铁路专用线,位列华中地区第一,全国领先。

　　万吨冷储根据市场流通格局的变化，不断调整经营结构，形成了以副食品市场经营、冷藏经营、物业服务为主的产业格局。万吨冷储开办的万吨副食品批发市场于1993年开业后迅猛发展，1997年即被原国内贸易部确认为"国家级中心批发市场"，现属商业部和湖北省经济贸易委重点联系批发市场，是政府副食品储备和"菜篮子"工程的重要基地，也是进入武汉市物流规划的唯一冷储物流企业。近年来，万吨冷储确立了依托冷库发展市场、以市场促冷藏的经营思路，实现了市场经营与冷藏经营的互动双赢，吸引了全国各地500多家经销商驻场经营，年交易量80万吨，年交易额90亿元，并已形成冻品、生鲜、干鲜调料、板栗四大交易区域。万吨冷储市场汇集肉、禽、水产、海产、速冻、腌腊、干鲜调料、板栗等1 000多种农副产品，其中名、优、特、新产品近百种，拥有双汇集团、金锣集团、雨润集团、草原兴发食品有限公司、大用集团等区域分发中心及省市级总经销、总代理品牌400余个，所供应的商品占武汉市居民消费总量的四成，商品销售网络覆盖全省，辐射全国各地。万吨市场已成为华中地区发展速度最快、品牌知名度最高的农副产品市场及华中地区的农副产品集散中心、信息中心、价格指导中心。

万吨冷储征地700~1 000亩（1亩≈666.667米²），建设华中"冷链港"——投资15亿元分期建设30万吨现代冷库集群，40万平方米的肉类冻品交易市场，同时建设冷链加工理货区、冷链配送中心、食品检疫检测中心、电子交易商务中心等。

（资料来源：https://baike.baidu.com/item/%E6%AD%A6%E6%B1%89%E4%B8%87%E5%90%A8%E5%86%B7%E5%82%A8%E7%89%A9%E6%B5%81%E6%9C%89E9%99%90%E5%85%AC%E5%8F%B8/6958833?fr=aladdin，2021-06-16。）

思考：冷藏仓储有什么重要作用和意义？万吨冷储如何进行冷藏仓储管理？

10.1 冷藏仓储管理

所谓冷藏仓库（也称冷库）就是通过机械制冷方式，使库内保持一定的温度和湿度以储存食品、工业原料、生物制品和药品等对温湿度有特殊要求的物品。

10.1.1 冷藏保管的原理

联合利华的冷藏仓储和冷链物流运作

冷藏是指在低温的条件下储存物品的方法。由于在低温的环境中，细菌等微生物大大降低了繁殖速度，生物体的新陈代谢速度减缓，能够延长有机体的保鲜时间，因而对鱼、肉、水果、蔬菜及其他易腐烂物品等都采用冷藏的方式仓储。对于低温时能凝固成固态的液体流质品，通常也采用冷藏的方式，因为这样有利于运输、作业和销售。此外，在低温环境中，一些混合物的化学反应速度降低，也采用冷藏方法储存。

冷藏保管根据控制温度的不同，可分为冷藏和冷冻两种方式。冷藏是指将温度控制在0℃~5℃进行保存，在该温度下水分不致冻结、不破坏食品组织，具有保鲜的作用。但是微生物仍然还有一定的繁殖能力，因而保藏时间较短。冷冻则是将温度控制在0℃以下，使水分冻结、微生物停止繁殖、新陈代谢基本停止，从而实现防腐。冷冻保管又分为一般冷冻和速冻，一般冷冻采取逐步降温的方式降低温度，达到控制温度后停止降温，如-20℃；速冻则是在很短的时间内将温度降到控制温度以下，如-60℃，使水分在短时间内完全冻结，然后逐步恢复到控制温度（不低于-20℃）。速冻一般不会破坏细胞组织，具有较好的保鲜作用。冷冻储藏能使物品保持较长的时间不腐烂变质。

在仓储式超市中，瓜果生鲜卖场由于储存和保管的需要，经常就近设立小型的冷藏仓库，如图10.1所示。

图 10.1　仓储式超市中的冷藏仓库

10.1.2　冷藏仓库的结构

冷藏仓库在工作过程中，内部温度一般控制在 $-8℃\sim-4℃$，因此压缩机是冷藏仓库最为关键的设备。冷藏仓库工作原理如图 10.2 所示。

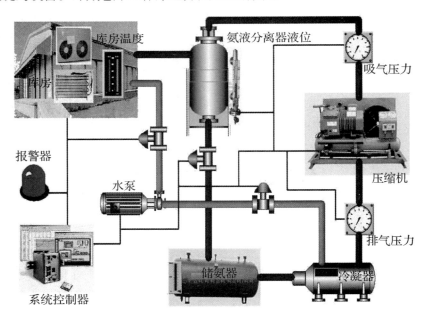

图 10.2　冷藏仓库工作原理图

冷藏仓库的内部结构一般由冻结间、冷却物品冷藏间、冻结物品冷藏间、冰库及物品传输设备、压缩机房、配电间、制冰间和氨库等构成。其中，冻结间和冷藏间为冷藏仓库的主要部分，其平面布置如图 10.3 所示。

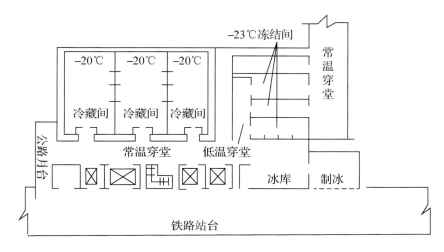

图 10.3　冷藏仓库平面布局图

（1）冻结间是对进入冷库的物品（如肉类等）进行冷冻加工的库房。当物品温度较高、湿度较大时，直接进入冻结间会产生雾气，影响库房的结构。因此，往往需要将这些物品进行预冷却后再进入冻结间。为便于维修，冻结间一般在库外单独建立。

（2）冷却物品冷藏间是保持温度在 0℃左右的冷藏间，用于储存冷却保存的物品。其中，果蔬类的物品冷却储存要求较高，不容许温度和湿度有明显波动。另外，还需安装换气装置，以满足果蔬的呼吸要求。冻结物品冷藏间是保持温度在−18℃左右、相对湿度为 95%～98%的冷藏间，用于储存冻结的物品，储存时间较长。在冻结物品冷藏间内需保持微风速循环，以减少含水物品的干缩损耗。

10.1.3　冷藏仓库的使用

1. 库房的使用

为确保冻结、冷藏能力的充分发挥，保证生产的安全和储藏物品的质量，维护库房建筑，应设置专门的库房管理小组，并使责任到人。冷库必须防水、防潮、防热及防漏冷。为此，要防止库内积水，严禁库内带水作业；对库内的冰、霜、水应及时清除；没有经过冻结处理的热货不能被直接送入低温冷库；冷库门应有专人管理，以防冷气外漏。当冷库房暂时空库时，冻结间和低温冷藏间的库温应保持在−5℃以上，而对保温要求较高的冷却间应在露点温度以下，以防受潮滴水。

要合理利用仓容，改进物品的堆存方式。在地面承载能力允许的范围内，充分利用单位面积的堆存能力，但货堆必须整齐，便于货物进出和检查。在冻结间内堆存的物品与库顶排管的距离应为 0.2 米，而冷却间内物品与吊顶冷风机间距为 0.3 米，物品距墙上排管外测距离应有 0.4 米，库内要留有便于操作、确保安全的通道。

2. 货物的储存

冷库要特别注意保证库内存储物品的质量，对含水物品应减少干耗，对于食用品应加强卫生检疫。冷库应设专职的卫生检疫人员，对出入库物品进行检验，在库内应做到无污染、无霉菌、无异味、无鼠害、无冰霜。

当将物品从冻结间转入冻结物品冷藏间时，物品温度不应高于冷藏间温度 3℃，要严格控制库内温湿度的变化。例如，冻结物品冷藏间一昼夜温差不得大于 1℃，冷却物品冷藏间的温差不超过 0.5℃。

对于腐烂的物品、受污染的物品及其他不符合卫生要求包装的食品，在入库前需经过挑选、除污、整理和包装后方可储存。

要注意库内工作人员个人卫生，应定期对工作人员进行身体检查，患传染病者须及时调离与冷藏货物发生接触的岗位。

10.1.4 冷藏仓库的管理

冷藏仓库虽然不会发生起火、爆炸等事故，但冷库内的低温却会给人的生命造成威胁，因此，冷藏仓库的管理也需要引起足够的重视。

1. 防止冻伤

进入冷库的人员必须做保温防护，戴手套、穿工作鞋，身体裸露部位不得接触冷冻室内的物品，包括货物、排管、货架、作业工具等。

2. 防止人员缺氧窒息

由于冷库特别是冷藏室内的氧气不足，会造成人员窒息。所以，人员在进入库房尤其是长期封闭的库房以前，需进行通风换气，避免氧气不足。

3. 避免人员被封闭库内

库门应设专人看管，限制无关人员出入。人员出入库，管理人员应核查人数，特别是出库时，应确保全部出库，才能封闭库门。

4. 设备使用

库内作业应使用抗冷设备，并需进行必要的保暖防护，否则低温会损害设备和人员。

10.2 油品仓储管理

油品仓库（也称油库）是专用于接收、存储、发放液体性的原油或成品油的仓库。由于油品具有易燃、易爆、易蒸发、易产生静电等特性，并且具有一定的毒性。因此，油品属危险品，需要采用专业的仓储方式。

随着制造技术的成熟，油品储存罐朝着专业化和大型化方向发展，如图10.4所示。

图 10.4　油品储存罐

10.2.1　油品仓库的种类

1. 根据管理和业务关系的不同分类

油品仓库根据管理和业务关系分为两类，即公共油库和企业附属油库（图10.5）。公共油库是为社会或军事服务的，独立于油品生产和使用部门的企业或单位，它包括民用油库和军用油库两类。其中，民用油库可以分为储备油库、中转油库和分配油库。军用油库可以分为储备油库、供应油库和野战油库。企业附属油库是企业为满足自身生产需要而设置的储存设施。它可分为油田原油库、炼油厂油库、交通企业自备油库以及大型企业附属油库等。设在机场、车站和港口的燃料供应公司是专为运输企业提供燃料的独立企业，其油库属公共服务性质。

在民用油库中，分配油库是直接面向用户的供油企业或部门，这类油库的特点是油品周转频繁、经营品种较多而每次发货量一般较小，往往备有较多的桶装油供应用户。中转油库承担油品运输过程中的转储，它一般设在交通枢纽处。储备油库是为储存后备油品而设，以保证油品市场的稳定；这类油库的特点是容量大、油品储存时间长、库存周转慢、品种比较单一，且往往建在隐蔽性、安全性较好的地方。

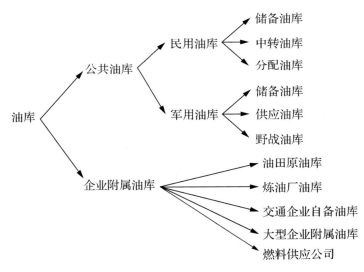

图 10.5　油品仓库的分类

2. 根据建筑形式的不同分类

油品仓库根据建筑形式可分成 3 种，即地下油库、半地下油库和地面油库。

地下油库指其油罐内最高液面低于附近地面最低标高 0.2 米的油库，如图 10.6（a）所示。这种油库始于军事上伪装需要，以其较好的隐蔽性而可以防止敌方的攻击。在民用中，这种油库以其安全性好、占用地面少而越来越受到欢迎。地下油库的一种特殊形式是水下（水中）油库，比较典型的是在船舶基地或港口处利用废旧的大型油轮充当油库，这是一种投资少、不占用陆域的方法。也有沉油罐于水底，并在水面上设置作业平台的水下油库方式。

半地下油库指油罐底部埋入地下，且深度不小于罐高一半、罐内液面不高于附近地面最低标高 2 米的油库，如图 10.6（b）所示。

地面油库指其油罐底面等于或高于附近地面最低标高，且油罐的埋入深度小于其高度一半的油库，如图 10.6（c）所示。目前，多数油库同此类，是分配和供应油库的主要形式。但其目标太大，不宜做为储备性油库。

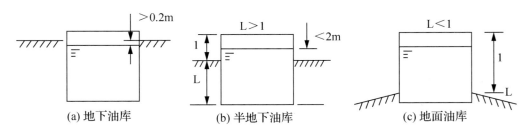

图 10.6　根据建筑形式的不同分类

3. 根据油库的总容量分类

油库根据总容量分为 5 个等级，Ⅰ级油库的库容量＞10 万立方米，Ⅱ级油库的库容量为 5 万～10 万立方米，Ⅲ级油库的库容量为 3 万～5 万立方米，Ⅳ级油库的库存量为 1 万～3 万立方米，Ⅴ级油库的库容量小于 1 万立方米。

10.2.2 油品仓库的布置

为了保证油库安全，便于油库管理，各种设施应根据防火和工艺要求进行分区布置，即按其作业要求分为铁路收发区、水路收发区、储油区、油罐车作业区、桶装油发放区、辅助作业区、油库管理区及污水处理区等几个部分，其一般布置位置关系如图 10.7 所示。生活区要求设在库区以外，以利于油库的安全管理。

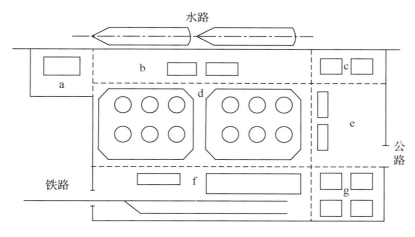

图 10.7 油库区平面布置示意图

a. 污水处理区；b. 水路收发区；c. 辅助作业区；d. 储油区；
e. 油罐车作业区和桶装油发放区；f. 铁路收发区；g. 油库管理区

1. 铁路收发区

铁路收发区主要进行铁路油罐车的油品装卸作业，区内设施有铁路专用线、油品装卸栈桥、装卸油鹤管、相应的集输油管线及装卸油泵房等。铁路收发栈桥应布置在油库的边缘地带，不可与库内道路交叉，并与其他建筑物保持一定的距离。

2. 水路收发区

水路收发区是向油船进行油品装卸作业的区域，其主要设施有码头、趸船、装卸油臂和泵房等。对于油桶的装卸，还需配备专用的机械设备。

3. 储油区

储油区为油品安全储存的区域，主要设施为油罐，此外还有用于防火、防静电和安全监示装备，以及降低油品损耗的设备。区内油罐的排列是与装卸泵房较近处安排重质油罐，较远则布置轻质油罐。各油罐之间须留有足够的安全距离。我国存罐区布置的规定一般为每组油罐总容量小于 40 000 立方米；一组地面油罐壁间防火距离应大于表 10-1 中的规定。

表 10-1 地面油罐壁间防火距离

油罐形式	油品闪点	防火距离		
		闪点≤45℃	闪点>45℃	闪点≥120℃
油罐形式	金属油罐	D	$0.75D$	$0.5D$
	混凝土/砖石油罐	$0.65D$	$0.65D$	$0.5D$
		≥6m	≥5m	

注：D 为相邻油罐中较大油罐的直径（米）。

每组总容量为 40 000 立方米的地面油罐组之间距离应大于两组间相邻油罐直径的 1.5 倍，但不少于 50 米；一组总容量为 10 000 立方米以上的地面油罐只许排成 1 行或 2 行。多于 2 行时应用消防通道或防火堤分开；小型油罐的储量不超过表 10-2 中的规定时可成组布置，但组内油罐不超过 2 行；每组油罐内必须用防火堤或防火墙再把油罐分隔成小于 20 000 立方米的小组；从油罐壁至防火墙脚间距应大于邻近较大油罐直径的一半；每组油罐的防火堤外均应设置 3.5 米的消防车道，因此油罐在消防堤内只能布置 2 排。

表 10-2 小型油罐成组布置限量

油品闪点	单罐最大容积/米^3	一组最大储量/米^3
≤45℃	50	300
>45℃	250	1 500
≥120℃	500	3 000

4. 油罐车作业区和桶装油发放区

油罐车作业区和桶装油发放区是向用户直接供油的场所，这里一般设有油罐车灌油间、灌桶间、桶装站台、桶装油库、油品调配间等。该区设在油库出入口附近交通便利之处。

5. 辅助作业区

辅助作业区内安置为油库生产配套的辅助设施，如锅炉房、变配电间、机修间、化验室等。

10.2.3 油品仓库的管理

油品仓库属于危险品仓库，故严格管理相当重要。在日常管理中应强调"以防为主"的方针，使任何作业均在安全情况下进行。

1. 生产管理

生产管理包括从油品的入库、保管和出库整个过程的管理。在这中间除了遵守仓储管理中的一般要求外，还应注意油品管理的特殊要求。

在油品入库时，要对油品进行计量和化验，以证明其质量合格和数量相符。油品接卸时要派专人巡视管线，谨防混、溢、跑、漏油情况的出现；桶装油品卸车时，严禁从车上摔下；若需沿滑板滚下时，应避免前后两桶的相撞；在油品从油桶向油罐倒装时应注意防止桶罐间的撞击。

在油品保管期间，对油品的接卸、转运应按其性质不同分组进行，实行按组专泵、专管。在输油完毕后，应及时用真空泵（或压缩空气）进行管道清扫。油品储存时，根据牌号和规格分开存放。对储油罐应尽可能保持较高的装满率，并且少倒罐，以防止氧化、减少蒸发，在夏季还需采取降温措施。桶装油品在露天堆码时，如采用卧放，应桶底相对，桶口置于上方、双行并列，一般堆放两层；立放时桶口朝上。堆场地面高出周围地面 0.2 米，便于排水。油品库存应按照"先进先出"的原则进行，对于性质不稳定的油品应尽可能缩短储存期。在油品保存期内要定期对油品进行化验，整装油品半年一次，散装油品 3 个月一次。

对于出库的油品要严格执行"四不发"规定，即油品变质不发，无合格证不发，对经调配加工过的油品无技术证明和使用说明的不发，车罐、船舱或其他容器内不洁净不发。在站台、码头上待装油品应用油布遮盖，以防渗入雨水。

2. 降低油品损耗的措施

由于自然蒸发、各环节洒漏以及容器内黏附等原因，均会造成油品数量上的损失，这在油品储存中被看作"自然损耗"。但是，油品仓储管理的主要任务之一就是尽可能减少这类损耗。降低油品损耗的主要措施有以下几种。

（1）加强对储油、输油设备容器的定期检查、维修和保养，做到不渗、不漏、不跑油，如发现渗漏容器应立即将其倒空。

（2）严格按操作规程进行，控制安全容量，不溢油、不洒漏。

（3）合理安排油罐的使用，尽量减少倒罐，以减少蒸发损失。

（4）发展直达运输的散装业务，尽量减少中间的装卸、搬运环节。

（5）对地面油罐可采取一些措施来降低热辐射造成的蒸发，如在油罐表面涂刷强反光涂料、向罐顶洒水等。

（6）油库建立损耗指标计划和统计制度，制定鼓励降低损耗的措施，以保证降低损耗指标的落实。

10.3 危险品仓储管理

天津港危险品仓库爆炸事故调查

仓储中的危险品是指具有燃烧、爆炸、腐蚀、有毒、放射性或者在一定的条件下具有这些特性，可能明显地危害人身健康、安全或造成财产损失的物品。由于危险品在性能上的这些特点，在仓库类型、布局、结构和管理上有其特殊要求。

10.3.1 危险品仓库概述

1. 危险品仓库的类别

按隶属和使用性能，危险品仓库可分为甲、乙两类。甲类是商业、仓储业、交通运输业、物资部门的危险品仓库，这类仓库往往储量大、品种复杂，而且危险性较大。乙类是指那些企业自用的危险品仓库。

按规模大小，危险品仓库可分为 3 级：库场面积大于 9 000 平方米的为大型危险品仓库；库场面积在 550～9 000 平方米的为中型危险品仓库；库场面积 550 平方米以下的为小型危险品仓库。

2. 危险品仓库的选址

危险品仓库由于其储存的物品具有危险性，因此需要考虑危险品的特性，根据政府的市政总体规划，选择合适的地点建设。危险品仓库一般设置在郊区较为空旷的地方，远离居民区、供水源、主要交通干线、农业保护区、河流、湖泊等，且位于当地常年主导风向的下风处。选址建设危险品仓库必须获得政府经济贸易管理部门的审批。

3. 危险品仓库建设

（1）危险品仓库的布局。

危险品仓库在布局上应严格按照中华人民共和国住房和城乡建设部和国家质量监督检验检疫总局联合发布的《建筑设计防火规范》（GB 50016—2014）的要求，设置防火安全距离。桶装易燃液体应存放在库房内，对于危险品的储存罐的布置可参考有关油品储存的要求。

（2）危险品仓库的结构。

危险品仓库需根据危险品的危险特性和发生危害的性质，采用妥善的建筑形式，并取得相应的许可。

危险品仓库建筑形式有地面仓库、地下仓库和半地下仓库，还有窑洞以及露天堆场。通常储存易爆炸性商品时采用半地下仓库，三分之二于地下，库房面积不宜过大，且要求通风好，并保持干燥；储存氧化剂的仓库应采取隔热和降温措施，并保持干燥；存放压缩气体的仓库应采用耐火材料建筑，库顶用轻质不燃材料；存放自燃物品，应置于阴凉、干燥、通风的库房内，库壁采用隔热材料；遇水易燃物品应存放在地势较高、干燥，便于控制温湿度的库房内；对于能散发毒害气体的物品应单独存放在库房内，且通风条件要好，并配备毒气净化设备；存放腐蚀性物品的仓库应采用防腐涂料；对于放射性物品，则应采用铅板材料铺设库壁和门窗。

建筑场所应根据需要设置监测、通风、防晒、调温、防火、灭火、防爆、泄压、防毒、防潮、防雷、防静电、防腐、防渗漏、防护园地或隔离操作等安全措施，设备、仓库和设施要符合国家安全、消防标准的要求，并设置明显的标志。

10.3.2　危险品的包装

包装是危险品安全的保障，它的作用是保护危险品不受损害和外界的直接影响，保持危险品的使用价值；防止危险品对外界造成损害，避免发生重大危害事故；形状规则的包装能够方便作业，便于堆放储存；固定标准的包装可以确保危险品的单元数量的限定。危险品的包装应完全根据法规和标准进行，如《危险货物运输包装通用技术条件》（GB 12463—2009）等。

危险品的包装必须经过规定的性能试验并且具有检验标志，具有足够的强度，没有损害和变形、封口严密等。包装须使用与危险品不相忌的材料，按包装容器所注明的使用类别盛装危险品。

危险品有上千种，按其危险性质确定包装，可分为通用包装和专用包装两类。通用包装适用于第3类、第4类、第5类、第6类中的大部分货物和第1类、第8类中的部分货物。其余货物由于其各自特殊的危险性质，只能采用专用包装。

危险品的外包装上需要有明确、完整的标志和标示，包括危险品的包装标志、储运图示标志、收发货标志，具体有包装容器的等级、编号，危险品的品名、收发货人、质量、尺寸、运输地点、操作指示，危险品的危险性质等级的图示等。我国部分危险品指示标志如图10.8所示。

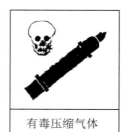   

图 10.8　危险品指示标志（部分）

10.3.3　危险品仓库结构

危险品库场建筑形式有地面仓库、地下仓库和半地下仓库及露天堆场；在使用中应根据物品的性质采用不同的形式。

1. 易爆炸性物品

按其性能，易爆炸性物品可分为点火器材、起爆器材、炸药和其他 4 类。储存易爆炸性物品最好采用半地下库，三分之二于地下，地面库壁用 45°斜坡培土，库顶用轻质不燃材料，库外四周修建排水沟。库房面积不宜过大，一般小于 100 平方米，且要求通风好，并保持干燥。

2. 氧化剂

氧化剂是指那些遇到某些外界影响会发生分解，并引起燃烧或爆炸的物品。储存氧化剂的仓库应采取隔热和降温措施，并保持干燥。

3. 压缩气体

压缩气体是指采用高压罐（如钢瓶）储存气体或液化气。这些货物受冲击或高温时易产生爆炸。存放压缩气体的仓库应采用耐火材料建筑，库顶用轻质不燃材料，库内高度应大于 3.25 米，并安装有避雷装置。库门、库窗应向外开启，爆炸时可减小波及面。

4. 自燃物品

自燃物品指能与空气中的氧气发生反应，使物品本身升温，当温度达到自燃点时发生燃烧的物品。对于这类物品应置于阴凉、干燥、通风的库房内，库壁采用隔热材料。

5. 遇湿易燃物品

遇湿易燃物品指遇水或受潮时，发生剧烈化学反应，放出大量易燃气体和热量的物品。这类物品应被储存在地势较高、干燥，便于控制温湿度的库房内。

6. 有毒物品

当有毒物品进入人体或接触皮肤后会引起局部刺激或中毒，甚至造成死亡。对于能散发毒害气体的物品应单独存放在库房内，且通风条件要好，并配备毒气净化设备。

另外，易燃物品、腐蚀性物品及放射性物品等危险物品，一般也应置于阴凉、干燥、通风较好的地方并设置专库存放。对于存放腐蚀物品的仓库应采用防腐涂料、对于放射性物品，则应采用铅板材料铺设库壁和门窗。

10.3.4 危险品仓库管理

危险品仓库管理的一般要求同其他物品仓储管理相同，这里仅讨论危险品仓储管理中的一些特殊要求。

1. 危险品入库

仓储管理人员应对危险品按交通运输部颁发的《危险品运输管理条例》要求进行抽查，做好相应的记录；并在物品入库后的两天内验收完毕。物品存放应按其性质分区、分类、分库存储。对不符合危险品保管要求的应与货主联系并拒收。

在入库验收方法上，主要是采用感官验收为主，仪器和理化验收为辅。在验收程序上，可按以下步骤进行。

（1）检验物品的在途运输情况，检查是否发生过混装。

（2）检查物品的外包装上是否沾有异物。

（3）对物品包装、封口和衬垫物进行验查，看包装标志与运单是否一致，容器封闭是否严密，衬垫是否符合该危险品运输、保管的要求。

（4）物品本身质量的检查，看是否有变质、挥发、变色或成分不符等问题。

（5）提出对问题的处理意见，对属于当地的物品以书面形式提出问题和改进措施，并退货；如为外地物品，又无法退回的，系一般问题、不会造成危险的，可向货主提出整改意见；对于会影响库场安全的物品，则应置于安全地点进行观察，待问题解决后方可入库。

2. 危险品保管

对于危险物品应实行分类分堆存放，堆垛间应留有一定的间距，货堆与库壁间距要大于 0.7 米。对怕热、怕潮、怕冻物品应按气候变化及时采取密封、通风、降温和吸潮等措施。

应对危险品仓库实行定期检查制度，检查间隔不可超过 5 天；对检查中发现的问题应及时以"问题商品通知单"的形式上报仓库领导。仓库保管员需保持仓库内的整洁，特别是对残余化学物品应随时清扫。对于残损、质次、储存过久的物品应及时向有关单位联系催调。

3. 危险品装卸

危险品在进行装卸作业前应先了解所装卸危险品的危险程度、安全措施和医疗急救措施，并严格按照有关程序和工艺方案作业。根据物品性质选择合适的装卸机械。装卸易爆货物时，装卸机械应安装熄火装置，禁止使用非防爆型电器设备，作业前应对装卸机械进行检查。装卸搬运爆炸品、有机过氧化物、一级毒害品、放射性物质时，装卸搬运机都应按额定负荷降低 25%使用，作业人员应穿戴相应的防护用品，夜间装卸作业应有良好的照明设备。作业现场须准备必要的安全和应急设备和用具。

4. 出库送货

对于一次提货量超过 0.5 吨时，要发出场证，交仓储管理人员陪送出场。仓储管理人员应按"先进先出"原则组织物品出库，并认真做好出库清点工作。

车辆运送时应严格按危险品分类要求分别装运，对怕热、怕冻的物品需按有关规定办理。

10.3.5 危险品仓储应急措施

危险品仓储必须根据库存危险品的特性、仓库的条件以及法规和国家管理部门的要求，制定危险品仓储应急措施。

应急措施包括发生危害时的措施安排和人员的应急职责，具体包括危险判定、危险事故信号汇报、现场紧急处理、人员撤离、封锁现场、人员分工等。

应急措施要作为仓库工作人员的专业知识，务必使每一个员工熟悉且熟练掌握所在岗位的职责行为和操作技能。仓库应该定期组织员工开展应急措施演习，当人员有变动时也要进行演习。

10.4 粮食仓储管理

10.4.1 粮食仓储特性

1. 呼吸性和自热性

基于RFID的粮库管理案例

粮食具有植物的新陈代谢功能,能够吸收氧气和释放二氧化碳,通过呼吸作用能产生和散发热量。因此,当大量的粮食堆积时,会使空气中的氧气含量减少;大量堆积的粮食所产生的热量若不能散发,就会使粮堆内部温度升高。另外,粮食中含有的微生物也具有呼吸和发热的能力。粮食的自热不能散发,在大量积聚后会引起自燃。

粮食的呼吸性和自热性与含水量有关,含水量越高自热能力越强。

2. 吸湿性和散湿性

粮食本身含有一定的水分,当空气干燥时,水分会向外散发;而当外界湿度大时,粮食又会吸收水分。在水分充足时还会发芽,胚芽被破坏的粮食颗粒就会发霉。由于具有吸湿性,粮食在吸收水分后不容易干燥,而储存在干燥环境中的粮食也会因为散湿而形成水分的局部集结而致霉。不同粮食的含水量标准见表10-3。

表10-3 粮食的含水量标准

粮食种类	含水量	粮食种类	含水量
大米	15%以下	赤豆	16%以下
小麦	14%以下	蚕豆	15%以下
玉米	16%以下	花生	8.5%以下
大豆	15%以下	花生豆	10%以下

3. 吸附性

粮食具有吸收水分、呼吸的性能,能将外界环境中的气味、有害气体、液体等吸附在内部,不能去除。因此,一旦受到异味玷污,粮食就会因无法去除异味而损毁。

4. 易受虫害

粮食本身就是众多昆虫幼虫和老鼠的食物。未经杀虫处理的粮食中含有大量的昆虫、虫卵和细菌,当温度、湿度合适时就会大量繁殖形成虫害,即使是经过杀虫处理的粮食,也会因为吸引虫鼠而造成二次危害。

5. 散落流动性

散装粮食因为颗粒小，颗粒之间不会粘连，在外力（重力）作用下具有自动松散流动的散落特性，当倾斜角足够大时就会出现流动性。根据粮食的这种散落流动性，可以采用流动的方式作业。

6. 扬尘爆炸性

干燥粮食的谷壳、粉碎的粮食粉末等在流动和作业时会产生扬尘，损害人的呼吸系统。当能燃烧的有机质粮食的扬尘达到一定浓度时（一般为50～65克/米^3），遇火会发生爆炸。

10.4.2 粮食仓储设施

粮仓是指贮藏粮食的专用建筑物，主要包括仓房、货场（或晒场）和计量、输送、堆垛、清理、装卸、通风、干燥等设施，并配备有测量、取样、检查化验等仪器。

粮食存储是仓储最古老的项目。粮食包括小麦、玉米、燕麦、大麦、大米、豆类和种子等。粮食仓储是实现粮食集中收成、分散消耗的手段，同时也是国家战略物资储备的方式之一。

粮食作为大宗货物运输，需要较大规模的集中和仓储。为了降低粮食的储藏成本、运输成本，提高作业效率，主要以散装的形式进行运输和仓储，进入消费市场流通的粮食才采用袋装包装。大型现代化谷筒仓如图10.9所示。

图 10.9　大型现代化谷筒仓

粮食仓库的设计应考虑粮食品种、储藏量（仓容）和建筑费用等因素，在构造上主要应满足粮食安全储藏和粮食仓库工艺操作所需的条件。选址和布局应考虑粮源丰富、交通方便、能源充足等因素。

10.4.3 粮食仓库分类

1. 规范分类法

根据我国国家标准《粮油储藏技术规范》（GB/T 29890—2013）中的有关条例规定，粮食仓库包括以下几种分类方法。

（1）根据结构形式的不同，粮食仓库被分为房式仓、楼房仓、筒式仓（包括浅圆仓、立筒仓）、地下仓等。

（2）根据仓内能保持的温度，粮食仓库被分为低温仓（15℃以下）、准低温仓（16℃～20℃）、准常温仓（21℃～25℃）以及常温仓（25℃以上）。

2. 一般分类法

（1）根据储藏方式划分，粮食仓库可分为散装仓库和包装仓库。

① 散装仓库：粮食堆存在仓内，不需用装具，可直接靠墙堆放。此种墙能承受一定的粮食侧压力，较为厚实坚固，可兼做包装储粮用。

② 包装仓库：粮食堆存在仓内时，必须利用装具，成为包装形式，堆垛与墙身不直接接触。在设计时不考虑粮食对墙身的侧压力，因此不能作散装仓库使用。

（2）根据购、销、储、运环节所承担的任务划分，粮食仓库可分为以下几类。

① 收纳库：设于粮食产区，主要接收农业生产者的粮食，入库后作短期储存或做必要的烘干降水、清杂杀虫处理后，即调给中转库或供应库或储备库。一般以平房仓库为主，仓位大小要配套，以适应接收多品种粮食的需要。

② 中转库：设于交通枢纽地，主要接收从收纳库或港口调运来的粮食，作集中或短期储存后，即调给供应库或储备库。若中转单一品种的散装粮，周转率又较高，则以筒仓为主；若以中转多品种、有包装粮时，则以简易仓棚为宜，以便于调给供应库或储备库。

③ 供应库：设于大、中城市工矿区或经济作物区等粮食消费地区，主要接收由收纳库或中转库调来的粮食，以便供应粮食加工厂或就地加工为成品粮或饲料。例如，原料用粮以筒仓为宜；如作为成品粮供应居民，则用平房仓或楼房仓。

④ 储备库：是国家为了应付严重自然灾害等特殊情况而设置的粮库，应设置在粮源充足的地区，一般以房式仓为主，尤以具备防潮、隔热、密闭或通风条件均好的平房仓或地下仓为宜。粮食储备库外观如图10.10所示。

图 10.10　粮食储备库外观

10.4.4　粮仓安全管理

粮仓安全管理主要涉及以下几方面。

1. 干净无污染

粮仓必须保持清洁干净。粮仓为了达到仓储粮食的清洁卫生条件，要尽可能用专用的粮筒仓；通用仓库拟用于粮食仓储，应是能封闭的，仓内地面、墙面要进行硬化处理，不起灰扬尘、不脱落剥离，必要时使用木板、防火合成板固定铺垫和镶衬；作业通道进行防尘铺垫。金属筒仓应进行除锈、防锈处理，如进行电镀、喷漆、喷塑、内层衬垫等，在确保无污染物、无异味时才能够使用。

在粮食入库前，应对粮仓进行彻底清洁，清除异物、异味，待仓库内干燥、无异味时，粮食才能入库。对不满足要求的地面，应采用合适的衬垫，如用帆布、胶合板严密铺垫。使用兼用仓库储藏粮食时，同一仓库内不能储存非粮食类的其他货物。

2. 保持干燥，控制水分

保持干燥是粮食仓储的基本要求。粮仓内不能安装日用水源，消防水源应妥善关闭，洗仓水源应离仓库有一定的距离，并在排水沟的下方。仓库旁的排水沟应保持畅通，确保无堵塞，特别是在粮仓作业后，要彻底清除哪怕是极少量的散漏入沟的粮食。

应该随时监控粮仓内湿度，将其严格控制在合适的范围之内。仓内湿度升高时，要检查粮食的含水量，当含水量超过要求时，须及时采取除湿措施。粮仓通风时，要采取措施避免将空气中的水分带入仓内。

3. 控制温度，防止火源

粮食本身具有自热现象，温度、湿度越高，自热能力也越强。在气温高、湿度大时需要控制粮仓温度，采取降温措施。每日要测试粮食温度，特别是内层温度，及时发现自热升温情况发生。当发现粮食自热升温时，须及时降温，采取加大通风、进行货堆内层通风降温、内层放干冰等措施，必要时进行翻仓、倒垛散热。

粮食具有易燃特性，飞扬的粉尘遇火源还会爆炸燃烧。粮仓对防火工作有较高的要求。在粮食进行出入库、翻仓作业时，更应避免一切火源出现，特别是要消除作业设备运转的静电，粮食与仓库壁、输送带的摩擦静电，加强吸尘措施、排除扬尘。

4. 防霉变

粮食除了因为细菌、酵母菌、霉菌等微生物的污染分解而霉变外，还会因为自身的呼吸作用、自热而霉烂。微生物的生长繁殖需要较适宜的温度、湿度和氧气含量，在温度25℃～37℃、湿度75%～90%时，其生长繁殖最快。霉菌和大部分细菌需要足够的氧气，酵母菌则是可以进行有氧呼吸、无氧呼吸的兼性厌氧微生物。

粮仓防霉变以防为主。要严把入口关，防止已霉变的粮食入库；避开潮湿货位，如通风口、仓库排水口，远离被淋湿的外墙，地面妥善衬垫隔离；加强仓库温湿度的控制和管理，保持低温和干燥；经常清洁仓库，特别是潮湿的地角，清除随空气飞扬入库的霉菌；清洁仓库外环境，消除霉菌源。

经常检查粮食和粮仓，发现霉变，立即清出霉变的粮食，进行除霉、单独存放或另行处理，并有针对性地在仓库内采取防止霉变扩大的措施。

应充分使用现代防霉技术和设备，如使用过滤空气通风法、紫外线灯照射、施放食用防霉药物等，但使用药物时需避免使用对人体有毒害的药物。

5. 防虫鼠害

粮仓的虫鼠害主要表现在直接对粮食的耗损、虫鼠排泄物和尸体对粮食的污染、携带外界污染物入仓、破坏粮仓设备、降低保管条件、破坏包装物造成泄漏、昆虫活动对粮食的损害等。危害粮仓的昆虫种类很多，如甲虫、蜘蛛、米虫、白蚁等，它们往往繁殖力很强，危害严重，能在很短时间内造成很大的损害。

粮仓防治虫鼠害的方法如下。

（1）保持良好的仓库状态，及时用水泥等高强度填料堵塞建筑破损、孔洞、裂痕，防止虫鼠在仓内隐藏。库房各种开口隔栅完好，保持门窗密封。

（2）防止虫鼠随货入仓，对入库粮食进行检查、确定无害时方可入仓。

（3）经常检查、及时发现虫害鼠迹。

（4）使用药物灭杀，使用高效低毒的药物，不直接释放在粮食中进行驱避、诱食杀灭，或者使用无毒药物直接喷洒、熏蒸除杀。

（5）使用诱杀灯、高压电灭杀，合理利用高温、低温、缺氧等手段灭杀。

复习思考

一、填空题

1. 冷藏保管根据控制温度的不同，可分为_____和_____两种方式。前者是指将温度控制在_____进行保存，在该温度具有保鲜的作用，但是保藏时间较短。冷冻则是将温度控制在_____以下，使水分冻结从而实现防腐。

2. 冷藏仓库的内部结构一般由_____、_____、_____、冰库以及货物传输设备、压缩机房、配电间、制冰间和氨库等构成。

3. 油品仓库根据建筑形式可分成3种，地下油库、半地下油库及地面油库。地下油库指其油罐内最高液面_____的油库；地面油库指其油罐底面_____的油库；半地下油库指油罐底部_____的油库。

4. 通常储存易爆炸性商品时采用_____仓库，且要求通风好，并保持干燥；储存氧化剂的仓库应采取_____措施，并保持干燥。

5. 粮食仓库的设计应考虑_____、_____和_____等因素，选址和布局应考虑_____、_____、_____等因素。

二、名词解释

冷藏仓库　油品仓库　危险品　筒仓

三、简答题

1. 冷藏保管的原理是什么？
2. 如何做好冷库仓储管理？冷库有哪些安全管理事项？
3. 什么是危险品？危险品有哪些类别？危险品包装有什么要求？
4. 粮食具有哪些仓储特性？
5. 如何进行粮食的仓储保管？

四、论述题

查阅文献，说明冷藏仓库在冷链物流中的地位和作用。

案例讨论

我国的粮食仓储管理模式

粮食是人类赖以生存的必需品,是关系国计民生的特殊商品。

1. 粮食仓储质量管理

粮食是农民从土地上生产出来的产品。作为生产者的农民本身的技术水平有限且生产设施落后;同时,在生产过程中,又受到不可控因素(如干旱、洪涝等)影响,粮食产品质量无法做到完全控制,这是国内的现状。

如何进行粮食质量管理,关键是企业应该建立企业粮食质量标准,这是企业质量管理的基础和核心,是产品质量控制的依据。目前,粮食仓储企业所执行的标准是国家标准,购、销、存均以其作为依据。问题是国家标准只是合格的标准,与市场的要求有一定差距,要参与市场竞争,还应制定严于国家标准或行业标准的企业内控标准。这一点是在其他行业得到公认的规则,粮食行业当然也不应例外。以小麦为例,粮食仓储企业在出售小麦时按照国标规定以容重、不完善粒、杂质、水分、色泽、气味作为评价小麦质量指标,而市场上交易的另一方粮食加工企业在采购小麦时除以上指标外还会根据加工用途的不同增加面筋、出粉率、降落数值、粉质曲线、拉伸曲线等企业内部的质量评价指标。所以,经常会出现这样一些情况:粮食仓储企业认为很好的小麦,到了加工企业那里,却不被认可。还有,粮食仓储企业的同一种小麦,加工企业却认为是不同质量的小麦,原因是粮食仓储企业在仓储过程中按照新、陈粮分开,不同品种分仓保管的行业标准执行。但实际情况是,即使同一种小麦,由于产地不同,其质量指标(如面筋、流变学特性等)也会不同。例如,河北的8901小麦,就有湿面筋29%的,也有湿面筋33%的;东北的野猫小麦,有稳定时间20分钟以上的,也有稳定时间10分钟以下的。

为了适应市场需求,粮食仓储企业需要关注粮食加工企业的粮食质量评判指标,并以此为参考建立自己企业粮食质量内控标准,在企业内部适用,作为规范各项仓储操作规程和质量检测的依据,确保粮食质量符合市场要求。

2. 粮食仓储管理技术

粮食的仓储管理有别于其他工业类原料仓储管理的根本在于，粮食是一个活的有机体，尽管其活动极其微弱。在上面提到，仓储作为粮食的一个"加工"过程，很重要的一环就是采取一定的手段来控制粮食这一有机体的活动，这就衍生了粮食仓储管理技术，所以谈到粮食仓储管理就不能不提粮食储藏技术的应用。储藏技术的应用对粮食质量影响的效果可以通过实例来说明。秦皇岛地区的一大型面粉加工企业在购进了一批澳白硬麦后，从外观上来看，籽粒饱满、干净，闻上去也无异味，且水分低达10.8%；磨出粉后做流变学特性指标，发现拉伸曲线中，延伸性有点偏低，大约在80厘米，而最大阻力有点高，约是大于800BU，但粉质曲线的各项指标都不错。这批小麦是计划加工面包粉或特级面条粉的。在车间加工成基粉后，取出基粉，做成品实验，实验的结果是，用此基粉制做出的面包入炉后塌腰非常严重；制作面条时面团非常不易操作、不易成型，煮出面条断条现象明显，口感也不爽滑。该企业技术人员对这种现象感到非常奇怪。后来，经过多方查证分析得出，造成此种现象的原因是这批小麦是经过烘干的烘干粮，粮食在烘干的过程中蛋白质会变性。最后，这批本来计划打包特级面条粉或面包粉的基粉被配粉加工成了富强粉，而当时特级面条粉或面包粉是3 200元/吨，而富强粉是2 600元/吨，其间经济效益的差距是很值得仓储行业深思的！

目前，国内仓储管理技术应用研究的一般模式是，首先采取一定的技术措施来抑制粮食活动，然后一定时期内比较粮食中的水分、害虫、霉变、温度等指标变化情况，最后根据指标变化情况来确定该技术是否可以应用。有时也涉及一些诸如脂肪酸值、游离氨基酸、还原糖值等粮食品质指标的变化情况。总体上这些研究效果更多比较关注的是粮食的水分、虫变、霉变、发热等现象。这些应用研究比较适合对粮食进行"静态"保管，是为了保管而保管。现在把仓储作为一个"加工"过程，是为了市场而保管，那么这些应用研究效果显然是考虑得不全面。必须考虑市场上对粮食质量的要求，并以此为依据对现有储藏技术效果进一步深入研究。例如，熏蒸这一常用的应用于虫粮的储藏技术，熏蒸前后，在比较粮食水分、虫变、温度、霉变等粮食指标情况时，还应检测以市场需求为依据建立的企业内控粮食质量标准中规定的相关质量指标。还有，不同储藏技术、不同仓型对不同品种粮食的质量影响是否相同，哪种技术对何种粮食效果更好等这些都需要有科学数据。如果仓储企业能有这些数据的积累，不能说不发生，至少会少发生类似于澳白硬麦的情况。

（资料来源：耿段霞，丁宗跃. 对目前粮食仓储管理模式的思考[J]. 黑龙江粮食，2014，（08）:10-12。）

思考：粮食的仓储管理中应注意哪些方面的问题？应该采用什么样的管理模式？

【参考资源】

PC 端	[1] 中国冷藏产业网 [2] 中国冷藏设备网 [3] 中国化工网 [4] 化学危险品运输网 [5] 中国粮食储藏科技网 [6] 粮食标准法规网
Android、iOS 端	二维码（电子课件）（电子课件已提供，需要用二维码作为入口）

现代专业仓储管理

第 11 章
现代仓储保税制度

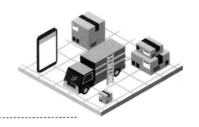

【线下资源】

学习要点	◆ 了解保税制度的产生背景 ◆ 了解各种保税形式及其特点 ◆ 掌握保税仓库的概念、类型 ◆ 掌握仓储保税制度及保税仓库内的作业流程
导入案例	天津保税物流园区
主体内容	◆ 保税制度概述 ◆ 保税仓库 ◆ 仓储保税制度
案例讨论	保税仓储的信息管理

自由贸易试验区中,保税仓库就是一个重要的基础设施,而相应的仓储保税制度也必不可少。

▶导入案例◀

天津保税物流园区

2004 年,国务院批准天津保税区与天津港进行区港联动试点,设立天津港保税物流园区,将港口功能优势和保税区及出口加工区的政策优势叠加,更具国际通行的自由贸易区特征,为各种物资流向复杂的国际贸易和国际运输需求提供了一个特殊的政策平台,对于建设现代化世界加工制造基地和国际物流中心的天津滨海新区、推动环渤海区域经济的长远发展有着重要的意义。

天津保税物流园区位于天津港保税区东侧，与天津港集装箱码头紧密相连，整个批准规划占地150公顷。该物流园区的外沿距离的港口海岸线仅700米，紧邻正在开发建设中的东部集装箱码头和滚装船码头。其得天独厚的地理位置为区港联动的实施提供了成本低廉和操作便捷的优势条件。天津保税物流园区除了在传统意义的保税区的保税功能以外的最突出的政策特色为如下3点：国内货物进入园区视同出口，办理报关手续，对出口到报税区的国内企业可以实行退税（不必等货物真正装船离港后才能返回关单退税联）；园区内货物内销按货物进口办理报关手续、货物按实际状态征税；货物不可以更改初始入区的状态（税号不变），但可以更改包装和标志；园区内货物自由流通，不征增值税和消费税，到保税区海关稽查办理海关备案手续后，可自由转换货物所有权或在园区内的不同货物存放地。

天津保税物流园区的具体功能：一是国际中转，对进入园区的境外货物进行分拆、集拼、开展中转货物集运、多国别货物快速集并和国际联合快运等业务。天津港是蒙古国、独联体国家等的国际贸易通道的重要海港，也是东北亚地区规模最大的国际港口，毗邻韩国、朝鲜、日本，随着保税物流园区的建设开发和功能拓展，其国际自由中转的作用将日趋显著。二是国际配送，对进入园区的境外和国内货物进行分拣、分配、分销、分送等配送分拨业务向境内外配送。三是国际采购与国际贸易，采购进入园区的境外和国内货物、经进出口集运的综合处理或增值加工、向境内外分销。园区企业可以开展进出口贸易、转口贸易，园区与境外之间的货物贸易及服务贸易。

天津保税物流园区当前主要的服务范围分为两个主要部分：作为物流供应商提供保税物流园区的综合物流服务；作为贸易中间商提供保税物流园区特殊政策平台基础上的贸易代理服务。提供主要服务形式可综合为如下几种：进口保税仓储综合物流业务；出口分批或集中装运业务；国际中转业务；针对特殊业务需求的"一日游"业务；国际采购和国际贸易代理业务以及相关增值服务；进出口商品展览展销业务。

（资料来源：http://tz.tjftz.gov.cn。）

思考：天津保税物流园区有什么样的功能？能够提供什么样的仓储服务？

11.1 保税制度概述

11.1.1 保税制度的产生

我国的综合保税区政策简介

保税制度诞生于英国。自中世纪以来，英国以及欧洲的一些沿海地区和港口已从特别关税的便利中获取了很大的好处。1547 年，意大利在西北部的热那亚湾建立了被认为世界上第一个具有保税性质的自由港。1719 年，在奥皇查理六世时，里雅斯特已建立起免税仓库。德国汉堡港于 1881 年建立了自由港的模式。19 世纪以前，这些保税区一般集中在欧洲的地中海地区，如意大利的热那亚、那不勒斯、威尼斯，法国的敦刻尔克，丹麦的哥本哈根，葡萄牙的波尔多等。19 世纪以后，随着航海技术的进步和国际贸易的发展，保税制度逐步扩展到印度洋、东南亚等地区，如直布罗陀、亚丁、新加坡、中国香港、中国澳门等。20 世纪以后，自由贸易区又在美洲大陆兴起。1936 年，在美国纽约市的布鲁克林建立了美国第一个具有保税性质的外贸区。在过去，无论免税区的名称是自由港、自由贸易区、保税区或是保税仓库，主要都是为促进国际贸易而在一国的土地上提供一块保税的空间。

在国际贸易中采用保税的方法是为了将国际贸易方向吸引到本土的某一特定地区，而无须交纳关税。在这一特定的地区内，将提供保证存储需要的基本设施和必要的运输工具。

在欧洲，货物保税制度经历了 3 个时代。在欧洲工业化革命之前，属于第一代自由贸易区时期。之后，在第一代保税制度的基础上，增加了第二代的属于工业改造的保税区。其目的是尽可能多地将外国企业吸引到特定的地区。根据这一目的，欧洲许多地方建立起自由贸易区，如 1947 年爱尔兰的香农，西班牙的加的斯、比戈和巴塞罗那等。在这些保税区内，企业享受众多的税收优惠政策。欧洲共同体的发展推进了欧洲各国的工业化过程，这便促使海关手续不断简化。这些简化了的手续可以同时给予保税区内和保税区外的企业，这就不允许将过多的关税优惠只留给建立在保税区内的企业，而损害区外企业的利益。在这种情况下便产生了第三代保税制度，目前欧盟已经有这种保税区。这种保税区属于欧共体关税区的一部分，由 1969 年制定的共同体法规进行调整。1992 年以后，这些法规又被两个章程代替，即一个基础章程和一个由共同体机构通过的实施细则。

11.1.2 海关与保税制度

《中华人民共和国海关法》规定海关有 4 项任务，即监管、征税、查缉走私和编制海关统计，其中与保税制度相关的主要为前两项。地处武汉的江汉关大楼是中国现存最早的三座海关大楼之一，如图 11.1 所示。

监管进出境的运输工具、物品、行李物品、邮递物品和其他物品。这是海关的基本任务，其他任务都是由此派生出来的。

征收关税和其他税、费。"关税"指由海关代表国家，按照《中华人民共和国海关法》和进出口税则，对准许进出口的物品、进出境的物品征收的一种间接税。"其他税、费"指海关在物品进出口环节，按照关税征收程序征收的有关国内税、费，目前主要有增值税、消费税及船舶吨税等。

查缉走私。走私是伴随着进出关境活动的发展和国家管理上的限制而产生的一种非法行为。由于我国的社会、经济、文化、道德等方面的原因，走私的形势严峻，查缉走私成为当前海关的主要任务之一。

编制海关统计。海关统计是国家进出口贸易统计、国民经济统计的组成部分。海关通过对进出中华人民共和国关境的物品以及与之有关的贸易事项进行统计调查和统计分析，不仅科学、准确地反映了国家对外贸易运行态势，也对国家经济生活起到了决策辅助和检测、监督作用。这 4 项任务相互联系、相辅相成。

图 11.1 地处武汉的江汉关大楼

11.1.3 保税制度的形式

"一带一路"上的银川综合保税区

目前，在世界上建立的具有保税、贸易功能的经济区域，因其政策和目的不同而形式、规模各有差异，故名称上并不统一，如有称自由港、自由贸易区、免税贸易区、对外贸易区、自由区、出口加工区、保税区、保税仓库、保税工厂等。然而，就其基本功能而言均有相似之处，即在划定的特殊区域内实行一定的优惠政策，以吸引国际投资、发展国际贸易、促进仓储和运输，其中几种主要的形式具有以下特点。

1. 保税区

保税区是由海关设置的或经海关批准的存放进口而未办理进口手续、未完税的物品的场所。设置保税区的目的：给进口货物提供装卸、储存、展览或加工场所，以便于有关人员办理海关手续，或便于对货物进行加工以适应国内外市场需要，或便于货主选择适当的交易时机进行成交，发展转口贸易等。国外的商品进入保税区后，在海关的监管下，可在暂时不缴纳进口各税的前提下，对进口商品进行装卸、储存、展览，为保持货物质量而进行通常形式上的简单加工，如分类改装、混合等。

上海外高桥保税区是 1990 年 6 月经国务院批准设立的全国第一个规模最大、启动最早的保税区，集自由贸易、出口加工、物流仓储及保税商品展示交易等多种经济功能于一体，外高桥保税区规划面积 10 平方千米。上海外高桥保税区如图 11.2 所示。

图 11.2　上海外高桥保税区

苏州工业园综合保税区是中国首个综合保税区。苏州工业园综合保税区是将工业园区现有的海关保税物流中心（B 型）和出口加工区 A、B 区、唯亭监管点等进行功能整合而成，规划面积 5.28 平方千米，是目前国内开放程度最高的海关特殊监管区域，也是未来自由贸易区、自由港的雏形。目前，保税区已吸引了国药控股股份有限公司、中国国际航空股份有限公司、民生轮船股份有限公司等近20家公司入驻,它的启用将进一步加快企业通关速度、降低物流成本、提升地区综合竞争力。苏州工业园综合保税区是在苏州工业园区现有的海关保税物流中心和出口加工区A、B区的基础上进行功能整合而成,是中国大陆目前开放层次最高、优惠政策最多、功能最齐全的特殊功能区。苏州工业园区升格成综合保税区后,将整合税收、外汇与保税港区的综合功能,成为推动中国大陆加工贸易转型升级的示范案例。苏州工业园综合保税区如图11.3所示。

图11.3　苏州工业园综合保税区

2. 保税工厂

保税工厂是指经海关批准并在海关监管之下,对免税进口的原材料、零配件进行加工制造、生产外销商品的工厂。

建立保税工厂必须具备的条件:①具有专门加工制造出口产品的设施;②拥有专门储存、堆放进口货物和出口成品的仓库;③建立专门记录产品生产、销售、库存等情况的账册;④有专人管理保税货物、仓库和账册。

海关对保税工厂的进口原材料、零配件及出口成品,均按规定在进出境口岸验收或派员到工厂办理验收手续,并免征进口关税。

原材料和零配件必须在规定期限内加工成成品复运出口。如有特殊情况,工厂经营管理人员可向海关申请延长加工的期限。

物品如拟转作内销或因故不能出口时,应及时向海关按进口内销物品照章补办纳税及其他海关手续。

当保税工厂脱离海关的监管或有违反海关规定的行为时,海关可随时撤销其保税工厂的资格,并按海关法规的有关规定处理。

3. 保税港区

保税港区是我国现阶段保税区的高级形态,叠加了保税区、出口加工区、保税物流园区各项功能政策，是目前我国开放层次最高、政策最优惠、功能最齐全、区位优势最明显的海关特殊监管区域。在保税港区内外实施境外物品入区保税、境内物品进区退税、区内企业之间的货物交易不征增值税和消费税、区内物品进入境内按物品实际状态征税等优惠政策。

我国的保税物流港区有宁波梅山保税港区、洋山保税港区、天津东疆保税港区、大连大窑湾保税港区、海南洋浦保税港区等。宁波梅山保税港区（图 11.4）建设在梅山岛，岸线总长 22.5 千米，其中深水岸线达 7 千米，最深处达 69 米，能够停泊超级油轮和第五代、第六代集装箱轮，具备建设深水码头的天然条件。梅山岛全岛面积 36 平方千米，建设用地 18 平方千米，能满足保税港区功能布局和可持续发展的需求，其中，保税港区的 7.7 平方千米均为废转盐田。因四面环海，适于实施封闭式开发管理，梅山岛成为建设保税港区的首选之地。在宁波北仑区梅山岛设立的宁波梅山保税港区，功能定位是国际中转、配送、采购、转口贸易和出口加工等业务，拓展相关功能。

图 11.4　宁波梅山保税港区

4. 自由港

自由港是指在一国土地上划定的一块置于海关监管之下的特别区域。该区域凭借优越的位置、优良的港口条件和先进的技术，以豁免物品进出口关税和其他优惠政策来吸引外国商船、扩大转口贸易、开展物品储存及允许的加工，以达到促进当地经济发展的目的。自由港是全部或绝大多数外国商品可以免税进出的港口。外国商品进出港口时除免交关税外，还可在港内自由改装、加工、长期储存或销售。自由港主要从事转口贸易。开辟自由港可以扩大转口贸易，并从中获得各种贸易费用，扩大外汇收入。

中国香港是世界著名的自由港。中国香港北连中国内地，南邻东南亚，东濒太平洋，西通印度洋，位居亚太地区的要冲，为东西半球及南北交往的交汇点，处于欧洲、非洲和南亚通往东南亚的航运要道，同时又是美洲与东南亚之间的重要转口港，也是欧美、日本、东南亚进入南中国的重要门户，因此其成了国际经济与中国内地联系的重要桥梁。中国香港地域狭小，主要由香港岛、九龙、新界、离岛及填海区等组成。中国香港是一个独立的关税地区，一般进口或出口货物均无须缴付任何关税，也没有任何关税限额或附加税，此外，也不设任何增值税或一般服务费（仅仅酒类、烟草、碳氢油类及甲醇 4 类商品无论进口或在本地生产须缴付消费税）。

5. 出口加工区

出口加工区是设在一国交通便利地区的划有一定范围并提供相应设施的区域，在区域内提供减免税等一系列优惠政策，以吸引外商投资。其主要发展面向国际市场的出口加工业。

为鼓励外商投资，出口加工区所在国家或地区要加强区内的基础设施建设，提供必要的码头、车站、道路、仓库、厂房和通信等基本设施。为了把出口加工区与区外隔离开来，出口加工区四周一般都需建筑围墙或适当的障碍物。

在出口加工区内投资设厂的企业，从国外进口的生产设备、原料、燃料、零件、原件及半成品一律免征进口关税，生产的物品出口时一律免征出口税，而且还可以享受一定的国内税减免优惠。出口加工区分为以下两种类型。

（1）综合性出口加工区。

在综合性加工区内可以经营多种形式的出口加工工业，如进行服装、鞋类、电子产品、食品、光学仪器等商品的出口加工。目前世界上的出口加工区多属综合性出口加工区。

（2）专业性出口加工区。

在专业性出口加工区内只允许经营某类特定的出口产品加工。

例如，苏州工业园区出口加工区于 2000 年由国务院批准设立，是全国首批试点加工区之一，规划面积 2.9 平方千米，区内吸引了包括迈拓电子有限公司、志合电脑股份有限公司、百得集团等一批国际知名企业入驻。园区出口加工区内建有高标准的基础设施；加工区管委会、海关、商检、报关、货代等机构提供一站式亲商服务，并借助信息化平台电子手段实现网上报关、报检等审批手续。加工区附近还建设了服务中心，为企业提供银行、邮政、餐饮、超市等配套服务。

6. 保税物流中心

保税物流中心是由海关实行封闭管理的、从事保税仓储物流业务的保税监管场所。其主要功能是物流，包括保税存储、流通性简单加工和增值服务、全球采购和国际分拨配送、转口和国际中转等。国外物品入区保税，国内物品入区退税。保税物流中心同时具有保税仓库和出口监管仓库的功能。

由于具有进入中心退税的政策以及流通性简单加工和增值服务的功能，物流中心又在保税仓库和出口监管仓库功能的基础上进一步优化和提升。但在经营范围上，物流中心只能进行仓储物流活动，不得开展加工贸易等业务，也不享受国务院给予保税区、出口加工区及保税物流园区的税收优惠政策。

保税物流中心的功能以保税仓储为主，主要包括以下几方面。

（1）满足国际物流所需求的保税仓储。对境内外进入保税物流中心的物品保税。

（2）流通性简单加工和增值服务，指对物品进行分级分类、分拆分拣、分装、计量、组合包装、打膜、加刷唛码、刷贴标志、改换包装、拼装等辅助性简单作业的总称。

（3）国际采购，分拨和配送，指对采购的境内物品和进口物品进行分拣、分配或简单的增值处理后向国内外配送和销售。

（4）国际中转。对国内、国际物品进行分拆、集拼后装运至境内外其他目的港。

（5）转口贸易。进口物品在保税物流中心存储后不经加工即转口到其他目的地。

（6）退税功能。境内物品进入保税物流中心视同出口，实施入中心即退税。

例如，武汉的东西湖保税物流中心2009年正式封关运行，成为全国第四家投入运行的保税物流中心。地处武汉西郊的保税物流中心服务面积辐射周边半径500千米的区域，河南省、湖南省、湖北省、安徽省、江西省等中部地区的许多企业将从中受惠。企业货物再无须运到沿海保税区，进武汉保税物流中心后，可立即享受出口退税、暂缓交纳关税等政策，降低了物流成本，加快了流动资金周转。武汉以保税物流中心为核心，利用公路、铁路、电子口岸基础设施，规划建设进口分拨中心、出口采购中心、航空物流园、综合物流基地等多个重点项目，辐射湖北省及中部地区。同时，其还培育发展了国际贸易和国际物流、外向型制造、现代服务和铁路集装箱处理四大产业，积极筹备设立武汉综合保税区。

7. 自由贸易区

自由贸易区是指划在一国关境以外，准许外国商品豁免关税自由进出口的区域。它一般设在一个港口的港区或邻近港口的地区。外国商品进入区内免于关税及海关手续，可在区内自由储存、分类、拆卸、加工、制造、重新包装、重新标签、装配再出口，不受海关监管。进区的外国商品全部或部分、原样或经加工后若进入所在国的关境，则需办理海关手续并缴纳进口关税。

自由贸易区是通过减免关税等优惠政策来促进国际间贸易的发展。它利用其良好的条件吸引外商投资设厂，发展出口加工、金融、信息等产业。因此，自由贸易区是一块以贸易为主，兼有工商的多功能区域。它与免税贸易区、保税区等无明显差异，但开放自由度比自由港相对低些。

自由贸易区可分为商业自由区和工业自由区。商业自由区内的外国商品除装卸、转换运输工具和储存外，准许为保存物品、改进包装或提高销售质量或准备装运而进行必要的作业，如散装改为包装、并包、拣选、分级和改包装等；但禁止拆包零售和加工制造。工业自由区则允许原料、元件和辅料免税进口，在指定作业区内加工，但所有进口料件和运出区外的成品均须按海关规定建立账册，以供查核。自由贸易区不仅作为商品的集散中心，对巩固该国在国际贸易中的地位发挥作用，且可通过吸收投资、扩大就业和增加收入等举措来刺激该国的经济发展。

世界范围内的著名自由贸易区有北美自由贸易区、欧盟、中国—东盟自由贸易区等。以中国—东盟自由贸易区为例，中国—东盟自由贸易区是中国与东盟十国组建的自由贸易区，2010年1月1日正式启动。中国—东盟自由贸易区建成后，东盟和中国的贸易占世界贸易的13%，成为一个涵盖11个国家、19亿人口、GDP达6万亿美元的巨大经济体，是发展中国家间最大的自贸区。

8. 免税商店

免税商店是指经海关批准的，设立在机场、港口、车站和边境口岸的，向已办完出境手续和尚未办理入境手续的出入境旅客销售免税进口的国外商品的场所（商店）。

免税商店从国外进口的商品应存放在海关指定的场所，免纳进口各税，接受海关监管，并定期向海关办理售出货物的核销手续。进境旅客在免税商店所购得的商品，是否应纳税由海关按规定办理核放。

除上述出入境旅客外，免税商店一般不得将其免税商品售予其他人或转为内销。

例如，桂林两江国际机场免税商店，位置处于国际候机厅，经营烟、酒、箱包、手表、发夹等各类免税品及桂林土特产、旅游药品、茶叶、饮料、保健品等商品；提供各类咖啡饮品。在配套设施方面，使用免税品电脑销售系统，与中国免税品总公司和海关联网，有利于信息共享和业务往来。其营业时间与国际航班时间相同。

9. 保税物流园区

保税物流园区（区港联动）是指保税区在海港区划出的特定区域，实行保税区的政策，以发展仓储和物流产业为主，按"境内关外"定位，海关实行封闭管理的特殊监管区域。在该区域内，海关通过区域化、网络化、电子化的通关模式，在全封闭的监管条件下，最大限度地简化通关手续。通过保税区与港口之间的"无缝对接"，实现物品在境内外的快速集拼和快速流动。

保税物流园区是保税区的升级版，相较于保税区，保税物流园区的政策优惠更为显著，功能优势更为突出，物品进出更为便捷。保税物流园区可以存储进出口物品及其他未办结海关手续物品、对所存物品开展流通性简单加工和增值服务、进出口贸易及转口贸易、国际采购、分销和配送、国际中转、检测、维修、商品展示和经海关批准的其他国际物流业务。保税物流园区内不得开展商业零售、加工制造、翻新、拆解及其他与园区无关的业务。

保税物流园区的功能有以下几方面。一是国际中转，即对国际、国内物品在园区内进行分拆、集拼后，转运至境内外其他目的港。国际中转是世界各大自由港的主体功能，也是航运中心实力的体现。二是国际配送。对进口物品进行分拣、分配或进行简单的临港增值加工后，向国内外配送。国际配送为保税物流园区发展增值服务创造了一个重要平台。三是国际采购。对采购的国际物品和进口物品进行综合处理和简单的临港增值加工后,向国内外销售。四是国际转口贸易。进口物品在园区内存储后不经加工即采取转口贸易方式直接出口到其他国家和地区。

例如,厦门象屿保税物流园区就是 2004 年国务院批准厦门保税区与其邻近港区开展的联动试点,面积 0.7 平方千米,形成了以"区港联动"试点为龙头,以保税物流中心(A/B 型)为支撑,以星罗棋布的公共型和自用型保税仓库、出口监管仓库为网点的三个层次、六种监管模式的保税物流监管体系基本架构。它是目前中国大陆开放度最高、政策功能最优、经济形态最新、运作机制最活的经济区域。

10. 保税仓库

保税仓库是为适应国际贸易中的时间和空间差异的需要而设置的特殊库区,物品进出该库区可免交关税。此外,保税仓库还提供其他的优惠政策和便利的仓储、运输条件,以吸引外商的物品储存和从事包装等业务。

保税仓库的功能比较单一,主要是物品的保税储存,一般不进行加工制造和其他贸易服务。因我国目前的主要保税形式是保税区,本书将侧重于对保税区政策和经营管理的论述,这些政策中有关仓储保税的规定事实上是针对保税仓库而言的,我国的保税区涵盖了保税仓库的功能。当然,在论述保税区时,仍将侧重于与仓储保税有关的部分。

例如,上海北芳储运集团有限公司成立于 1997 年,是一家集物流、商流、信息流、资金流为一体的股份制大型现代物流企业,其旗下上海北芳储运实业有限公司公共型保税仓库于 2004 年 3 月 8 号正式挂牌成立。北芳公共型保税仓库可为各大跨国企业、周边地区企业以及西北物流园区内企业提供保税物品的仓储及包装、分类、拼装等简单的加工服务,可为一般贸易物品、转口贸易物品、外商暂存物品及加工贸易保税进口的料件等提供保税储存,同时为企业保税物品的出入库提供全套的报关、报检、监管、运输等服务,并对保税仓库物品进、出、存等数据及有关账册实行计算机信息化管理,与海关实现电子联网监管和 EDI 无线通关,从而提高企业的资金运作效率,降低企业的物流成本,增强企业在市场上的竞争力。

巧用保税仓库降低
企业物流成本

11.2 保税仓库

11.2.1 保税仓库概述

1. 保税仓库的定义

用于国际贸易储运中的保税仓库是指允许那些需缴纳关税和其他税赋,以及按限制进口规定或其他经济、税收和海关规定办理的物品，如存放在置于海关监管下的特定区域内，可免交这些税赋。无论这些物品是直接来自国外进口，或转口运输到某个内地海关，或从海关结关场所取出的物品，或作为暂时进口核销的物品等都可以存入储运保税仓库。

除了另有规定外，物品存入保税仓库，在法律上意味着在全部储存期间暂缓执行该物品投入国内市场时应遵循的法律规定，即这些物品仍被看作处于境外，只是当物品从保税仓库提出时，才被当作直接进口物品对待。

物品存入一国的保税仓库，应受该国的一般法律的约束和管理，特别是有关公共秩序或公共卫生等方面的法律规定。此外，保税仓库与保税区或自由港制度稍有区别，物品一旦进入保税仓库，将由海关登记入册。而国外的保税区或自由港制度下的物品进出无须办理任何海关手续。保税仓库在国际贸易中的地位如图11.5所示。

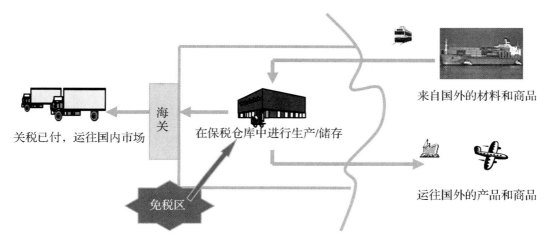

图 11.5　保税仓库在国际贸易中的地位

保税仓库的保税范围各国规定有所不同。如在法国，根据《海关法典》的规定，保税仅限于关税、相当于关税的其他税赋以及农产品差价税，即仅限于欧盟一级的海关税收。

2．保税仓库的作用

在对外贸易中，建立海关监管下的保税仓库的优越性，主要体现以下几个方面。

（1）有利于促进对外贸易。

在国际贸易中，从向国外贸易伙伴询价、签订合同，到物品运输需要一个较长的贸易周期。为了缩短贸易周期、降低国际市场价格波动的影响，采用保税仓库方式先将物品运抵本国口岸，预先存入保税仓库，可以使物品尽快投入使用。在国际贸易中，还可以利用国际市场上物品价格的波动因素将物品存入保税仓库，待时机成熟后推入市场。

(2)有利于提高进口原材料的使用效益。

建立保税仓库后，可以使需要进口的原材料统一进口、相互调剂，这样可以避免过去那种各家企业各自进口原材料所造成的积压和浪费，以提高原材料的利用率。采用这种方法，可以在原材料国际市场价格较低的情况下购入保税仓库，以降低进口价格、提高经济效益。

(3)有利于发展外向型经济。

参与国际贸易的企业可以利用保税仓库暂缓交纳关税等优惠条件发展多种贸易方式，如可以在保税仓库内进行来料加工、来件装配，然后复出口。这种方式有利于外向型经济的发展，可以扩大出口货源、增加外汇收入，还可以利用国际市场上的价格变化和各国价格的差异，借助保税仓库开展转口贸易。

(4)有利于加强海关的监管。

随着灵活的贸易方式的发展，海关的关税征收工作也做出了相应的变化。例如，对于来料加工并复出口的物品若采用进口原材料时海关征收关税，复出时海关再退税，这不仅会增加许多烦琐的手续、延误贸易时间，甚至有可能失去贸易机会，这显然不利于贸易的发展。建立保税仓库后，可以借助仓库管理人员的力量协同海关人员管理，而海关对于保税仓库的监管主要是制定各种管理制度，对保税物品出入保税仓库实行核销监督管理，对加工业实行重点抽查与核销，以防擅自内销的行为发生。

(5)有利于促进国家经济的发展。

从事外贸的企业利用保税仓库可以充分发挥其效能，开展一系列相关业务，如报关、装卸、运输、允许的加工、整理、修补、包装、中转、保险、商品养护等。与此同时，随着保税仓储业务的开展，便利了国家对外贸易的发展，促使一国的经济进入国际经济的大循环之中，这有利于国家经济的良性发展。

11.2.2 保税仓库的类型

保税仓库的形式在不断发展，其在各国的情况也不尽相同。欧洲经济共同体（1993年改为欧洲联盟）曾给出了可供参考的保税仓库的类型。当然，这种分类并不具体，只是规定了海关保税仓库的监管规则。按欧共体对保税仓库的分类，可以分成公共保税仓库、自有公共保税仓库、专用保税仓库、保税工厂、海关监管仓库等形式。

1. 公共保税仓库

公共保税仓库是一种最普遍的仓库保税方式。公共保税仓库的选址、建筑形式及经营管理都必须经过海关的批准，以确保满足海关的监管条件。这类仓库面向公众，任何想利用保税仓库存储海关监管物品的人均有权使用。

2. 自有公共保税仓库

如果在一些贸易比较集中的地方，因贸易往来又纯属地方性而不宜设公共仓库，或者公共仓库不能满足需要，或公共仓库远离物品运输的目的地时，可以开设自有保税仓库。这类仓库只需海关按决定的方式批准，主办者除可以是公共保税仓库的经营者外，也可以是从事公共仓储经营业务的任何组织和法人，甚至是自然人。自有公共保税仓库的管理条件与公共保税仓库基本相似，但海关原则上不对其实行不间断监管。

3. 专用保税仓库

专用保税仓库是由那些从事国际贸易的企业，经海关批准后自己建立的自管自用性质的保税仓库，保税仓库内仅储存本企业经营的保税物品。此种仓库多设在其所属的区域内，因该类保税仓库是根据生产和贸易的需要而开设的，除海关有监管权外，不受地点限制。专用保税仓库的审批只需由海关以决定的方式批准，并规定仓库内存储的物品所应具备的条件即可。

专用保税仓库的申报由指定的海关管辖，并向其办理所有的海关手续。然而，由于储存地就是收货人的所在地，这类保税仓库可以享受较宽松的监管方式。海关手续可按简化的方式和就地结关程序办理。

4. 保税工厂

保税工厂是将整个工厂或部分专用车间置于海关的监管之下，专门从事来料加工、进件装配复出等业务。对于这类生产性的保税工厂，海关审批较为严格，对其加工项目的规定也有严格的限制。

5. 海关监管仓库

海关监管仓库是一种主要存放已经进境而无人提取的物品，或者无证到货、单证不齐、手续不全以及违反海关有关规定等，而海关不予放行，需要暂存在海关监管下的仓库里等候处理的物品。海关监管仓库还可以储存已对外成交和结汇，但经海关批准暂不出境的物品。

这类保税仓库原先主要由海关自己管理，当贸易量不断增加，海关作为行政管理机构的行为逐渐规范，使这类保税仓库多交由仓储企业经营管理，海关则行使行政监管权。

11.3 仓储保税制度

11.3.1 保税仓库入库程序

1. 填写保税报关单

申请保税者应填写保税报关单，该单上应写明申报者有关履行法律法规规定的义务和承诺。报关单上除有一般报关单所需的所有内容外，还应有从保税仓库提取物品时计税需要的一些详细情况。除公共保税仓库外，存入保税仓库的申报均应提供担保。对于存入自有公共保税仓库的申报，担保可由保税仓库经营人提供。

2. 报关单签字

存入保税仓库的物品的报关人应是货主本人或经授权的代理人，他们应在报关单上签字。在海关的规定中，允许报关代理人对价值不超过某一限额的物品以本人的名义向海关申报。在这种情况下，报关代理人就有义务监督自己承诺的履行情况，并承担相应的法律责任。

3. 检验

在报关手续完成后，应对物品履行检验手续，必要时还应采取某些保证海关监管权力的措施，如取样、加封等，以保证在脱离海关监管后仍能对其进行辨认。

4. 海关登记

存入保税仓库的物品应由主管海关进行登记，并按加工业务的不同进行分类。物品的登记将在物品存放保税仓库期间继续记录有关情况。

11.3.2 保税仓库内的存放

物品在保税仓库中允许进行一些规定的搬动活动，但物品的搬动不能使其数量和质量发生变化。

1. 物品在保税仓库中所允许的搬动

在多数情况下，从国外市场上进口的物品存入保税仓库时为散装，故在重新投入市场前需要进一步包装或提高物品的商业质量。这样，物品将需要进行一些保税仓储制度所允许的处理。欧盟理事会曾列出了允许在海关保税仓库中对物品进行处理的方法清单以及相应的文件规定。文件规定，这种处理只能在成员国法律规定的范围内进行，成员国有权在理由充分的情况下规定某些处理能在规定的仓库内进行。在对物品进行处理前应提出申请，除公共保税仓库外一切申请均需担保，原则上这种处理应在海关的监管之下。

存入保税仓库的物品可以由存货人将所有权转让给第三方，这是一项保税仓库的基本经济功能。其作用在于允许物品在关境外出售，以促进仓储物品的商品化。在进行物品转让时要填写专门的报关单，以保证将出让人的义务转移到受让人身上。应该注意的是，这类报关单均应实行担保。

存入保税仓库的物品可以进行转仓保管，甚至可以转移到不同类型的保税仓库中，但需办理另一类保税仓库要求的手续。

2. 物品在保税仓库中的灭失

物品在保税仓库存储期间，海关有权对物品进行各种必要的监管和清点。当海关提出要求时应将物品交海关检验，如物品数量和质量与原货不符，存货人应承担补税义务，甚至承担相应的法律责任。当涉及禁止或限制进口的物品，则存货人需支付与物品等值的资金。而关税和其他税赋的税率则按短缺之日的税率计征，若无法确认短缺日期，则按物品入库至发现短缺之日间最高税率计征。

但是，对于存入保税仓库后未按期复运出口的物品，海关总署署长有权决定予以销毁。这一规定可以避免人为的拖延时间，而试图将可能损坏的物品转为进口，以尽可能减少纳税。然而，如果出现属于人力不可抗拒的物品灭失，保税仓库经营者和货主将有资格享受免交这部分关税以及与关税有关的税赋。在具体执行时，对人力不可抗拒的范围有严格的规定，并由存货人举证。

3. 物品在保税仓库中存放的期限

一般情况下，公共保税仓库的物品存储期限为 2 年，自有公共保税仓库的物品存储期限为 2 年，专用保税仓库存期为 1 年。如在限期内，物品需要转移到不同类型的保税仓库时，其总期限不得超过其中最长的一类的规定时间。

11.3.3　物品提出保税仓库

无论是哪一类保税仓库，物品都应当在存放期限满之前从保税仓库中提出，并申报按另一项海关监管制度的要求办理，否则将按保税仓库的有关规定处理。

1. 按另一项海关制度办理的方法

除特殊情况外，物品从保税仓库提出可看作从国外直接进口，但从保税仓库中提出物品后复出口或正式进口将涉及一些特殊情况。

在欧洲，向第三国复出口和向欧盟国家复出口是有所区别的。向第三国复出口时，保税仓库制度中一切关税及国内税赋义务将解除；向欧盟国家复出口时，复出口只免除保税仓库制度中国内税赋部分。

对于从保税仓库提出，并投入国内市场的物品应按出库之日的物品名称和质量征税，其税率按物品正式进口报关单登记之日实施的税率计算。

对于存储于保税仓库的物品，经过加工并加入部分国内采购材料的情况下，如申报转内销时，其完税价格和完税质量应为物品从保税仓库提出时物品价格和质量。

2. 物品不从保税仓库提出的情况

当存货人已将存入保税仓库的物品在规定的期限内提出海关监管制度办理后，便可办理核销手续。

但是，对于公共保税仓库，如果物品未能按期以允许的用途办理，则应由保税仓库的经营人负责履行这项义务，否则从存仓期限到期之日起，存货人应按日支付未出库物品价值的 1%作为逾期费。过期超过一个月时，保税仓库可公开拍卖所存物品，并在所得款中扣除应交税款，将剩余部分存入专门的保管机构。

复习思考

一、填空题

1. 保税仓库是为适应国际贸易中的时间和空间差异的需要而设置的特殊库区，物品进出该库区可_____。
2. 保税仓库的功能比较单一，主要是物品的_____，一般不进行_____和_____。
3. 按欧盟对保税仓库的分类，可以分成_____、_____、_____、_____、_____等形式。
4. 一般情况下，公共保税仓库的物品存储期限为_____，而自有公共保税仓库的物品存储期限为_____，专用保税仓库存储期限为_____。
5. 保税仓库的入库程序为_____，_____，_____和_____。

二、名词解释

保税制度　保税仓库　海关监管仓库　保税区

三、简答题

1. 保税仓库有哪些类型？各有何特点？
2. 保税仓库的作用是什么？
3. 物品在保税仓库中存放要注意哪些问题？
4. 我国保税区的特点是什么？

四、论述题

仓储保税制度下的仓储管理有何特点？结合实例说明保税仓库的作业流程。

▶ 案例讨论 ▶

保税仓储的信息管理

保税仓库区别于一般仓库之处在于保税仓库的监管力度要大得多。物品在仓库中的全周期需要能够实时掌握,因此对保税仓库的管理信息系统的要求也很高。库存信息化通过库存物品的入库、出库、移动和盘点等操作对企业的物流进行全面的控制和管理,能够降低库存,减少资金占用,杜绝物品积压与短缺现象,提高服务水平,保证生产经营活动的顺利进行。

1. 严格监控的保税仓储业务

保税仓库是仓储保税制度中应用最广泛的一种形式,是指经海关批准设立的专门存放保税物品及其他未办结海关手续物品的仓库。保税仓库按照使用对象不同分为公用型保税仓库和自用型保税仓库。公用型保税仓库由主营仓储业务的中国境内独立企业法人经营,专门向社会提供保税仓储服务。自用型保税仓库由特定的中国境内独立企业法人经营,仅存储供本企业自用的保税物品。保税仓库中专门用来存储具有特定用途或特殊种类物品的称为专用型保税仓库。

随着国际贸易的不断发展及外贸方式多样化,世界各国进出口货运量增长很快,进口物品、转口物品、装配后复运出境物品等急剧增多。这些物品进口时要征收关税,出口时又要再申请退税,手续过于烦琐,也不利于我国对外贸易的发展。实行保税仓库制度既方便进出口贸易,有利于搞活经济,还可以使保税物品仍处于海关的有效监督管理之下。

第三方物流自主管理的保税仓储业务是近几年新推出的保税物流业务,是依据海关总署高效的保税货物进出口报关和完税而设立的新型管理模式。在这种新型管理模式下,保税仓可以设在保税区外,海关下放部分操作程序,由第三方物流企业自主管理,海关可以随时查看保税仓的库存情况,对保税仓实行监管。

保税仓每月向海关申报一次货物进出口清单,并与海关系统核对保税物品的库存,一次完税,大大简化了进出关的手续,加快了通关速度。此种管理模式特别适用于对时间和库存要求比较高的维修备件的保税库存业务。

2. 保税仓储管理信息系统

自主管理的保税仓储物流企业,必须通过海关的严格审核才能营运。首先,自主管理的保税仓储物流企业必须有很好的管理体系,还要有很高的诚信度,确保国家关税的征收,绝不偷税漏税,保税物品的物流过程必须符合中国海关管理规范,严格执行海关进出口报关规则;其次,自主管理的保税仓储物流企业必须能为货主提供高质量的、符合要求的物流服务,其中包括能严格按照货主的要求进行备件的保管、存储、包装、配送、回收和退换,保证维修备件能正确、快捷、准时、保质地送达货主手中。

随着客户不断增多,备件种类也不断增多,服务地域不断扩大,不同客户备件物流管理模式各不相同，物流费用结算不仅名目繁多而且规则各异，客户对物流服务的要求也在不断提高。原有的备件保税物流作业系统已不能满足公司业务发展要求，必须要建立一套新的一体化第三方物流保税仓储管理系统。

第三方保税物流管理信息系统能够满足海关对保税物品进、出、存、退、换和完税的管理需求，满足不同货主对其保税备件仓储、保管、包装、配送、退货和回收的相异的物流管理要求；能够适应多组织架构物流公司的管理和多仓库统一管理的要求；能够满足多货主的不同备件保税或完税物流管理的需求；能够满足货主业务发展的需要，进行不同区域的快速配送服务；能够快速调整和适应货主备件物流管理过程的变化要求；能够对协作的承运商进行管理，包括费用的按期结算；能够设定各种物流费用（包括各种关税和海关代收增值税），系统按业务量自动结算物流费用和各种税收，也可手工调整和补录特殊费用；货主随时可以查询订单执行情况、库存和物流费用结算情况等；海关随时掌控保税仓库保税备件的进、出、存、退、换和完税情况；系统支持仓库使用RF和条形码设备，对仓库的库位、备件实现条形码管理，在仓库中使用RF进行在线作业，提高效率、降低出错率、降低物流成本；有数据接口，将不同货主的订单自动导入物流系统；对备件的价格、批号、序列号等进行管理；对备件可实现全程跟踪查询；按货主要求的报表格式产生货主索要的各类报表；未来能顺利拓展相关功能，实现报关管理、货代管理和运输管理等，并且是一体化的初始数据在各模块中共享；提供各类分析报表，为管理提供数据依据，不断改进管理，提高服务质量，提高客户满意度。

（资料来源：https://wenku.baidu.com/view/7bebebfaa517866fb84ae45c3b3567ec112ddc07.html，2019-09-10。）

思考：如何对保税仓储信息进行有效管理？保税仓储管理信息系统具备哪些功能？

【参考资源】

PC 端	[1] 中国保税区出口加工区协会 [2] 上海综合保税区 [3] 中国出口退税咨询网 [4] 宁波保税区门户网站 [5] 武汉东西湖保税物流中心网站 [6] 物流知识网
Android、iOS 端	二维码（电子课件）（电子课件已提供，需要用二维码作为入口）

现代仓储保税制度

第 12 章
现代仓储管理绩效评价

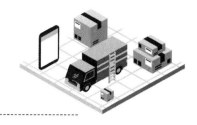

【线下资源】

学习要点	◆ 掌握仓储管理绩效评价的原则 ◆ 熟悉仓储管理评价指标体系的组成 ◆ 熟悉仓储管理绩效评价的方法 ◆ 熟悉仓储管理绩效评价方法各自适用的情况
导入案例	汽车物流企业的绩效评价
主体内容	◆ 仓储管理绩效评价概述 ◆ 仓储管理绩效评价体系 ◆ 仓储管理绩效评价方法
案例讨论	汽车物流企业的绩效评价指标体系

仓储管理中,如何进行绩效评价是关键。仓储管理的成效究竟如何,对其进行绩效评价是重要一环。

▶ 导入案例 ▶

汽车物流企业的绩效评价

汽车物流企业正面临着高效率、高质量、专业化、社会化、国际化的挑战。企业要想在竞争中发展壮大,必须对物流活动进行有效的动态绩效评价与分析,从而正确诊断企业的实际经营水平,以提高企业的核心竞争力。在经济发达国家,大多数企业都有一整套较完善、科学的物流绩效评价体系,而我国的汽车物流业刚刚起步,企业对物流管理的绩效评价对改善企业管理、降低成本、提高效率、提高顾客满意度、提升企业形象作用的认识不足。即便是那些开始重视绩效评价的企业,也因现行管理模式而受到了种种局限。此外,现行的评价体系只是对企业职能部门的工作完成状况进行评价,不能对物流进行动态和全程评价。因此,我国汽车物流企业急需根据自己的情况,量体裁衣地制定一套科学的物流管理绩效评价体系。

影响汽车物流活动的因素很多,不可能也没有必要把这些因素全部罗列出来。因此,对评价指标的选择和确定具有主观性,必须根据具体企业、具体考核目的来进行指标的选择。针对我国汽车物流的特点、现状和发展趋势,客户对物流服务的要求和汽车物流企业的自身特点等,理想的评价指标应满足以下几项基本原则。

(1)系统性。一般而言,单个的指标只是反映评价目标的某一方面,选取的所有指标应尽可能全面展现评价目标的各种特征。汽车物流企业的服务能力受到人力、财力、物力、信息、服务水平等各种因素的综合影响,故需要采用系统设计、系统评价的思想和方法,全面、客观地选出各个评价指标。

(2)代表性。指标体系固然应该全面、系统反映各项功能的运行情况,但是过多的指标会使评价过程复杂烦琐,不能清晰地反映整个物流服务体系的客观情况。因此,评价体系应在保证完整的同时突出代表性,选择具有较强代表性的指标,以综合反映企业绩效并减少工作量。

(3)科学性。指标的选定在理论上应该有足够的根据,更要能客观地反映企业各方面的真实情况,在指标体系设立过程中要有全局观。

(4)可操作性。选用指标必须考虑评价所需的各种资料、数据的可获性、收集难度和准确性。指标数据要切实可行,可通过建立模型等进行求解。

(5)服务性。随着汽车物流行业竞争的加剧,客户对服务要求的提高,客户服务水平在汽车物流中的地位越来越重要,这在很大程度上决定了企业的命运,因此指标体系必须体现客户服务的重要性。

(资料来源:秦远建,谭目兰. 汽车物流企业绩效评价研究[J]. 上海汽车,2006(04):23-25。)

思考:为什么要进行绩效评价?如何对汽车物流企业的绩效进行评价?

12.1 仓储管理绩效评价概述

12.1.1 绩效评价的含义

方太的 KPI 绩效评价办法与管理制度

绩效评价是对业绩和效率的一种事后的评价与度量以及事前的控制与指导,从而判断完成预定任务的情况、完成的水平、取得的效益和所付出的代价。绩效评价是依托现代信息技术,及时、准确地传递和反馈信息,不断控制和修正工作的一个动态过程。

绩效,从语言学的角度来讲,其含义是进行的某种活动或已经完成某种活动而取得的成绩与效益,既可以将其看作是一个过程,也可以看作是该过程产生的结果。但若把它引入科学评价范畴,还必须规定它的科学内涵,以反映它的本质属性。从这个角度讲,绩效是指人们从事实践活动过程中所产生的、与劳动耗费没有对比关系的、可以度量的、对人类有益的结果。绩效有五点内涵:第一,客观性,它必须是客观存在的、人们实践活动的结果;第二,效果性,绩效必须是产生了实际作用的结果;第三,主、客体关联性,它必须体现一定的主体与客体的关系,是主体作用于客体所表现出来的结果;第四,可对比性,绩效必须体现投入与产出的对比关系;第五,可度量性。绩效的度量是比较复杂的,它虽然不像长度、质量那样可以度量得非常精确,但它必须可以度量,否则,对绩效进行评价也就失去了意义。

评价是指根据确定的目的来测定对象系统的属性,并将这种属性变为客观定量的数值或主观效用的行为。绩效评价有两层含义:其一,是指直接评价活动的结果,而不是对活动本身进行评价,也就是把被评价系统看作一个"黑箱",只根据它的输入值和输出值进行评价,从而间接地反映它是如何转换的以及它转换能力的高低;其二,评价是按照系统整体性原理来评价系统的综合结果,而不是单独评价其某一部分的结果。例如,对供应链进行评价,不是评价某几个节点企业的绩效,也不是评价供应链某个环节工作的绩效,而是要从整体的角度上评价该系统各方面、各要素、各子系统运行的综合结果。

绩效评价过程应包括以下几个主要环节。

(1)确立绩效评价的目的及评价对象。评价目的是指进行评价的理由,所回答的是为什么要进行评价。评价目的是评价的前提。评价对象是指活动的整个过程和活动的结果。评价对象的特点直接决定着评价的内容、评价方式及方法。

(2)获取评价信息——绩效评价指标体系的构建。评价信息,指的是受评价目的约束的、由评价参照系统所要求的,有关评价主体、评价客体及参照客体的信息。获取评价主体信息的实质是把握评价主体的需求,设计对评价对象的哪些方面进行评价(评价指标)。

（3）建立评价参照系统——设置绩效评价标准。评价参照系统是评价者做出价值判断所参照的条件，是进行评价的逻辑框架，评价过程的其他环节就是在这个逻辑框架中展开的。任何一种评价活动都是以评价参照系统为依据的。绩效评价标准是判断评价对象绩效优劣的基准。

（4）建立评价模型——逐层得出绩效评价结果。在建立评价指标体系之后，还要把握这些指标之间的轻重关系，即评价主体对各种指标的权重。另外，各个评价指标属性值的量化有时没有统一的度量标准，有时还需要将定性的概念转化为定量的指标，因此在建立指标体系之后还需要对指标进行数据整理。单项评价就是对系统方案的某一具体方面进行详细评价。单项评价不能解决最优方案的判定问题。综合评价就是在各单项评价的基础上按照评价标准，对系统整体进行全面评价。

（5）形成价值判断——分析影响绩效的有关因素。价值判断，是评价主体经过一系列的评价环节而得到的关于评价客体与评价主体价值关系的结论。在评价人员按规定的程序完成收集信息、加工整理、计算对比、综合分析等工作后，得出评价对象绩效优劣状况，按一定的格式汇总形成绩效评价报告。

12.1.2 仓储管理绩效评价的概念

仓储管理绩效评价是指在一定的经营期间内，仓储企业利用指标对经营效益和经营业绩及服务水平进行考核，以加强仓储管理工作，提高管理的业务和技术水平。

仓储管理活动担负着社会生产所需的各种物品的运输、收发、储存、保管、保养、加工、配送、控制、监督和保证生产需要等多项业务职能，而这些活动都与仓储的经济效益密切联系。仓储管理活动的各项考核指标是经营管理成果的集中反映，是衡量仓储管理水平高低的尺度，也是考核评价仓储各方面工作和各作业环节工作成绩的重要手段。因此，利用指标考核管理手段，对加强仓储经营管理工作和提高管理的业务及技术水平是十分有效的。

对仓储管理活动开展绩效评价的意义主要表现在以下几方面。

1. 对内加强管理，降低仓储成本

（1）有利于提高仓储的经营管理水平和经济效益。指标考核适用于各种类型的企业，它有利于提高企业的经济效益、减少仓储企业生产经营中的各种浪费。通过指标考核，可将企业的经济利益与职工的经济利益紧密地联系起来，以改善企业经营管理的自觉性。

（2）有利于落实仓储管理的经济责任制。仓储的各项指标是实行经济核算的根据，也是衡量各岗位工作好坏的依据，要推行仓储管理的经济责任制，实行按劳取酬，就必须建立并完善指标考核体系。

（3）有利于加快仓库企业的现代化建设。指标考核能优化仓储企业的劳动组织，改进技术装备和作业方法，提高劳动效率，降低消耗。在劳动组织中不进行指标考核，将会使仓储企业出现人浮于事、机构臃肿的现象；而在引进新型设备时，不进行指标考核，则可能因仓储成本的上升而导致仓储费用的增加，以致委托人难以承受。指标考核有利于展现仓储技术的个性，充分挖掘仓库的潜力。指标考核应该是一项定期性的工作，通过指标考核可以不断发现仓储工作中存在的薄弱环节并及时进行解决。

2．对外沟通客户，接受客户评价

仓库还可以充分利用生产绩效考核指标对外进行客户沟通，给货主企业提供相对应的质量评价指标和参考数据，以利于市场的开发。

12.1.3　仓储管理绩效评价的原则

仓储是物流活动中的重要组成部分，为了保证仓储的考核工作顺利进行，使指标能起到应有的作用，在制定考核指标时必须遵循以下原则。

（1）客观性原则。仓储绩效考核指标应建立在客观实际的基础上，避免主观臆断，应利用科学的方法评价优劣得失，真实地反映仓储管理的实际水平。

（2）联系性原则。制定评价指标时，要注意各项指标之间的相互联系性和相互制约性，避免指标与指标之间的矛盾和重复，使之相互协调、互为补充。

（3）可行性原则。这要求指标简单易行，数据容易得到，便于统计计算，便于分析比较，现有人员能够很快灵活掌握和运用。

（4）稳定性原则。指标体系一旦确定，应在一定时间内保持相对稳定，不宜经常变动、频繁修改。同时，仓库必须制定科学合理的绩效评价制度。

（5）比较性原则。在进行绩效评价时，一项很重要的活动就是比较，即反映仓储的运行和经济状况等指标，须同过去的记录、预算目标、同行业水准、国际水平等数据进行比较，才能不断地进行改进，这样，绩效评价才具有实际意义。

12.2　仓储管理绩效评价指标体系

12.2.1　评价指标体系建立的原则

指标是一个企业根据其自身资源和外部环境条件，提出一定时期内，企业全体职工共同奋斗的目标。仓储绩效评价指标是指反映仓库生产成果及仓库经营状况的各项指标。它是仓储管理成果的集中体现，是衡量仓库管理水平高低的尺度。利用指标考核仓库经营的意义在于对内加强管理，降低仓储成本，对外接受货主定期服务评价。指标体系设计是为了满足仓储管理发展的需要，建立能帮助人们认识仓储管理全貌的评价体系，实现对仓储企业管理绩效的综合评价。为此，指标体系的设计应遵守以下原则。

（1）全面性原则，即所选择的指标要能涵盖仓储管理的全过程。

（2）系统性原则，即为了实现对仓储企业运营绩效的综合评价，指标体系必须层次结构合理，协调统一，比较全面地反映出仓储企业的基本状态，能为仓储企业运用管理的综合评价提供必要的数据。

（3）科学性原则。要求所设计的指标体系能够客观地反映仓库生产的所有环节和活动要素。

（4）可比性原则。不同仓储企业在同一评价指标体系上的定义区间、数量化标准等应相同，相互间可比或经换算后可比。

（5）可行性和可操作性原则，即所涉及的指标便于工作人员掌握和运用，数据容易获得，便于统计计算，便于分析比较。

（6）定量分析和定性分析相结合原则。将定性分析和定量分析有机地结合起来运用，才能反映仓储工作的全貌和目标。

（7）未定型原则。要求指标一旦确定之后，应在一定时期内保持相对稳定，不宜经常变动、频繁修改。在执行一段时间后，经过总结再进行改进和完善。

仓储管理绩效评价指标体系范例

12.2.2　仓储管理绩效评价指标体系的组成

仓储管理绩效评价指标由仓储管理数量指标、仓储管理质量指标、仓储管理效率指标、仓储管理经济指标和仓储管理安全指标等一级指标以及相应的二级指标组成，具体见表12-1。

表 12-1　仓储管理绩效评价指标体系

一级指标	二级指标
仓储管理数量指标	1. 物品吞吐量 2. 单位面积储存量
仓储管理质量指标	1. 收发货差错率 2. 物品保管损失 3. 物品损耗率 4. 平均收发货时间 5. 设备完好率 6. 库存周转率 7. 准时交货率 8. 账货相符率 9. 顾客满足程度 10. 缺货率

续表

一级指标	二级指标
仓储管理效率指标	1. 仓库利用率 2. 设备利用率 3. 劳动生产率 4. 资金使用率 5. 人力资源利用率
仓储管理经济指标	1. 仓储收入 2. 平均仓储收入 3. 平均仓储成本 4. 利润总额 5. 每吨保管物品利润 6. 资金利润率 7. 收入利润率 8. 人均实现利润
仓储管理安全指标	1. 人身伤亡事故 2. 仓库失火、爆炸和被盗事故 3. 机械损坏事故

1. 仓储管理数量指标

（1）物品吞吐量。

吞吐量是计算期内进出库物品的总质量，单位为吨。它不仅能反映仓储的工作量和周转量，还能反映仓库的规模和劳动强度。吞吐量越大，仓库的规模越大、周转量越大、工作量越大、劳动强度越高。吞吐量要靠仓库的装卸能力、仓储面积来支持。

$$物品吞吐量＝物品入库总量＋物品出库总量 \quad (12\text{-}1)$$

（2）单位面积储存量。

单位面积储存量是仓库每平方米使用面积平均每日储存物品的质量，单位是吨/米^2，这一指标可以综合评价仓库利用程度和经营管理水平。

$$单位面积储存量 = \frac{仓库每日平均储存量}{仓库使用面积} \quad (12\text{-}2)$$

$$仓库每日平均储存量 = \frac{计算期商品储存总量}{计算期日历天数} \quad (12\text{-}3)$$

式（12-3）中，计算期物品储存总量等于计算期每天的库存物品数量之和。

2. 仓储管理质量指标

（1）收发货差错率。

收发货差错率是仓储管理的质量指标，用于衡量收发货的准确性，保证仓储的服务质量。仓库收、发货差错率一般应控制在 0.5‰ 以下。

$$收发货差错率 = \frac{收发货差错累计笔数}{收发货累计总笔数} \times 1\,000‰ \qquad (12-4)$$

（2）物品保管损失。

物品保管损失指计算期内，平均每吨储存物品的保管损失金额。它是衡量和考核仓库保管人员工作质量的重要标志，单位为元/吨。

$$物品保管损失 = \frac{物品保管损失金额}{平均存储量} \qquad (12-5)$$

其中，保管损失的计算范围是，因保管养护不当而造成物品霉变、残损、丢失短缺、超定额损耗及不按规定验收、错收错付而产生的损失等。有保管期的物品，进仓库预先催办调拨，但存货部门未能及时调拨出库而导致的损失，不能算作仓库的保管损失。物品保管损失是仓库的直接损失，应尽量避免和减少。

（3）物品损耗率。

物品损耗率又称物品自然损耗率，是指在一定的保管条件下某物品在储存保管期中，其自然损耗量与入库物品数量的比率，以百分数或千分数表示。

$$物品自然损耗率 = \frac{货物损耗量}{物品库存总量} \times 1\,000‰ \qquad (12-6)$$

也可以用式（12-7）表示

$$物品自然损耗率 = \frac{货物损耗数额}{物品保管总额} \times 1\,000‰ \qquad (12-7)$$

物品损耗率指标主要用于那些易干燥、风化、挥发或破碎物品保管工作的考核。为了核定物品在保管过程中的损耗是否合理，一般对不同的物品规定相应的损耗率标准，又称为标准损耗率。若仓库的实际物品损耗率低于该标准损耗率，为合理损耗；反之，为不合理损耗。物品损耗率指标是一个逆指标，指标值越小说明物品仓储保管工作做得越好。应力争使物品的损耗率降到最低点。物品损耗率不仅是考核仓储保管工作质量的指标，也是划清仓库与存货单位物品损失责任界限的重要指标。

（4）平均收发货时间。

平均收发货时间指仓库收、发每一票货所用的平均时间，这是一项提高仓储劳动效率、改进服务质量的指标。一般仓库的收发货时间应控制在一个工作日内，而对于大批量、难以验收的收发货业务可适当延长时间。

收发货时间的界定为收货时间自单证和货物到齐开始计算，经验收入库，至将入库单交会计登账为止。发货时间自窗口接到发货单开始，经备货、包装、填单，直至办妥出库手续止。

（5）设备完好率。

设备完好率是指设备处于良好状态，能随时投入使用的设备占全部设备的百分比。

$$设备完好率 = \frac{完好设备台日数}{设备总台日数} \times 100\% \qquad (12\text{-}8)$$

其中，完好设备台日数是指处于良好状态的设备的累计台日数，其中不包括正在修理或待修理设备的台日数。

（6）库存周转率。

库存周转率是评价仓库管理状况的综合性指标，它能反映一定时期内库存物品周转的速度。通常情况下，库存周转率越大，库存物品周转速度越快，仓库效益就越好。它是反映仓储企业库存管理水平高低的重要指标。

库存周转率可以用金额来计算，也可以用数量来计算。根据使用周转率目的的不同，金额又可以分别用物品售价或成本来计算。

$$库存周转率 = \frac{出库数量}{平均库存量} \qquad (12\text{-}9)$$

$$库存周转率 = \frac{出库金额}{平均库存金额} \qquad (12\text{-}10)$$

（7）准时交货率。

准时交货率为准时交货次数与总交货次数的比率。

$$准时交货率 = 准时交货次数 \div 总交货次数 \times 100\% \qquad (12\text{-}11)$$

（8）账货相符率。

账货相符率是指在物品盘点时，仓库物品保管账面上的货物仓储数量与相应库存数量的相互符合程度。一般在对仓储物品进行盘点时要求逐笔与保管账面数字相核对，计算公式为

$$账货相符率 = 账货相符金额 \div 储存物品的总金额 \times 100\%$$
$$= 账货相符件数（数量）\div 储存物品的总件数（数量）\times 100\% \qquad (12\text{-}12)$$

通过此项指标的核算，可以衡量仓库账面物品的真实程度、反映保管工作的管理水平，是避免物品遭受损失的重要手段。

（9）顾客满足程度。

顾客满足程度为满足顾客要求的数量与顾客要求总数量的比率。

$$顾客满足程度 = 满足顾客要求的数量 \div 顾客要求总数量 \times 100\% \qquad (12\text{-}13)$$

（10）缺货率。

缺货率为缺货次数与总交货次数的比率。

$$缺货率 = 缺货次数 \div 总交货次数 \times 100\% \qquad (12\text{-}14)$$

3．仓储管理效率指标

（1）仓库利用率。

仓库利用率是衡量仓库利用程度的重要指标，是反映仓库管理工作水平的主要经济指标之一，可用以分析仓库的实际利用效率高低。它包括仓库面积利用率和仓库容积利

用率两个指标。

$$仓库面积利用率 = \frac{计算期商品实际堆放面积}{计算期仓库总面积} \times 100\% \quad （12-15）$$

其中，计算期商品实际堆放面积，是指计算期仓库中物品仓储堆放实际占据的有效面积之和。计算期仓库的总面积，是指从仓库的围墙线算起，整个围墙所占的面积。

$$仓库容积利用率 = \frac{计算期平均每日实际使用的仓库容积}{计算期仓库的有效容积} \times 100\% \quad （12-16）$$

其中，$$计算期平均每日实际使用的仓库容积 = \frac{计算期储存商品容积之和}{计算期日历天数} \times 100\%。$$

（2）设备利用率。

设备利用率用于反映仓库设备的利用程度，包括设备能力利用率和设备时间利用率两个指标。对于仓库而言，设备利用率主要考核装卸和搬运设备的利用率。

$$设备能力利用率 = \frac{计算期设备实际载荷量}{计算期设备额定载荷量} \times 100\% \quad （12-17）$$

$$设备时间利用率 = \frac{计算期设备实际作业工时数}{计算期设备额定作业工时数} \times 100\% \quad （12-18）$$

其中，计算期设备额定载荷量和额定作业工时数可以由设备的性能情况和计算期时间长短计算得出。

（3）劳动生产率。

仓库的劳动生产率可以用平均每人每天完成的出入库物品量来表示。

$$劳动生产率 = \frac{全年物品出入库总量}{仓库全员年工日总数} \times 100\% \quad （12-19）$$

此外，仓库劳动生产率也可以用仓库员工平均每日收发物品的笔数、员工平均保管物品吨数等指标来评价。

（4）资金使用率。

资金使用率指标用于考核仓库资金的使用情况，反映资金的利用水平、资金的周转及资金使用的经济效果。这类指标包括单位物品固定资产平均占用量、单位物品流动资金占用量、流动资金周转次数和周转天数等，其计算公式为

$$单位物品固定资产平均占用量 = \frac{计算期固定资产平均占用额}{计算期平均物品储存量} \quad （12-20）$$

该指标常以年度计算。其中，固定资金平均占用额为时点数计算的序时平均数，若已知年初、年末的固定资金，求全年固定资金平均占用额，可按"（年初的固定资金＋年末的固定资金）÷2"来计算；若已知各月初的固定资金额，求全年固定资金平均占用额，可用"首尾折半法"来计算；若已知间隔不等的月初或月末的固定资金额，可用间隔不等的时点数计算序时平均的方法计算。总之，应视具体情况不同采用不同的计算方法。

$$单位物品流动资金平均占用量 = \frac{计算期流动资金平均占用额}{计算期平均物品储存量} \quad (12\text{-}21)$$

该指标的计算可参考单位物品固定资金平均占用量。

$$流动资金周转次数 = \frac{年仓储业务收入总额}{全年流动资金平均占用额} \quad (12\text{-}22)$$

$$流动资金周转天数 = \frac{360}{流动资金周转次数} \quad (12\text{-}23)$$

流动资金每周转一次会给现代仓储企业带来利润,因而流动资金周转次数越多,通常情况下仓储企业的经济效益越好。流动资金周转次数越多,则流动资金周转一次所需的天数就会越少。

(5)人力资源利用率。

人力资源利用率主要是考查人力资源使用状况,该指标可以用已使用的人力资源与人力资源存量的比值来表示。

$$人力资源利用率 = 已使用的人力资源 \div 人力资源存量 \times 100\% \quad (12\text{-}24)$$

4. 仓储管理经济指标

(1)仓储收入。

仓储收入水平的高低直接影响着仓储企业的经济收益,它是计算期内仓储各项收入的总和,单位为元。

$$仓储收入 = 物品进出库装卸收入 + 物品仓储保管收入 + 物品加工等收入 \quad (12\text{-}25)$$

(2)平均仓储收入。

平均仓储收入是指计算期内仓储保管一吨物品的平均收入,该指标常以月度为时间计算单位。平均仓储收入的计算单位是元/吨。

$$平均仓储收入 = \frac{仓储收入总额}{平均储存量} \quad (12\text{-}26)$$

其中,平均储存量是指月平均的仓储储存量,它是一个时点数计算的序时平均数。若已知某月每天的物品储存量,可用简单算数平均数的方法求出月平均储存量;若已知某月初及某月末的物品储存量,则可用"(月初储存量+月末储存量)÷2"的方法计算。

(3)平均仓储成本。

平均仓储成本指计算期内存储一吨物品所需支出的成本额,常以月度或年度为计算时期,单位是元/吨。

$$平均仓储成本 = \frac{仓储成本总额}{平均仓储量} \quad (12\text{-}27)$$

(4)利润总额。

利润总额是指仓储企业在一定时期内已实现的全部利润,单位是元。它等于仓库实现的营业收入扣除储存费用、税金,加上其他业务利润,加上营业外收支净额后的总额。所以,利润总额又称实现利润。

$$利润总额 = 仓库总收入 - 仓库总支出 \tag{12-28}$$

也可以表示为

$$利润总额 = 仓库营业收入 + 营业外收入 - 仓储营业支出 \\ - 营业外支出 - 税金 + 投资净损益 \tag{12-29}$$

其中,投资净损益则是仓库用各种资源在企业外投资,取得的收益(+)、损失(-)。营业外收入是指与仓储企业生产无直接联系的收入,如逾期包装物的押金没收收入和罚款的净收入和其他收入等。营业外支出是指与仓储企业生产无直接关系的一些支出,如企业搬迁费、编外人员的生活费、停工损失、呆账损失、生活困难补助等。

(5)每吨保管物品利润。

每吨保管物品利润是指在计算期内储存保管每吨物品平均所能获得的利润,单位为元/吨。

$$每吨保管物品利润 = \frac{计算期利润总额}{计算期商品储存总量} \tag{12-30}$$

其中,计算期物品储存总量一般是指计算期间出库的物品总量而非入库的物品总量。

(6)资金利润率。

资金利润率是指仓储企业在一定时期实现的利润总额占全部资金的比率。它常用来反映仓储企业的资金来源效果。

$$资金利润率 = \frac{利润总额}{固定资金平均占用额 + 流动资金平均占用额} \times 100\% \tag{12-31}$$

从式(12-31)可以看出,资金利润率与全部资金评价占用额成反比关系,与利润总额成正比。因此,提高仓储企业的资金利润率的途径有两条:一是在资金占用额的条件下,仓储企业要努力增加利润总额;二是在利润总额一定的前提下要妥善管理,挖掘潜力,节约材料,尽可能减少资金的占用额。

(7)收入利润率。

收入利润率是指仓储企业在一定时期内实现的利润总额占营业收入的比率。

$$收入利润率 = \frac{利润总额}{仓储营业收入} \times 100\% \tag{12-32}$$

该指标可以分析仓储企业营业收入和利润之间的关系,它受储存物品的费率、储存物品结构、储存单位成本等因素的影响。

(8)人均实现利润。

人均实现利润指计算期仓储企业平均每人实现的利润,它是利润总额与仓库中全员人数之比。该指标通常以年为计算时期,计量单位是元/人。

$$人均实现利润 = \frac{计算期利润总额}{计算期全员平均人数} \qquad (12-33)$$

5. 仓储管理安全指标

仓储管理安全指标，是用来反映仓库作业的安全程度的。它主要用发生的各种事故的大小和次数来表示，如人身伤亡事故、仓库失火、爆炸和被盗事故、机械损坏事故等。这类指标反映了仓库作业的安全程度。

以上五大类指标组成了仓储管理的比较完整的指标体系，从多个方面反映了仓储部门经营管理、工作质量和经济效益的水平。

12.2.3 仓储管理绩效评价指标考核

仓储管理绩效评价指标的考核是对仓储经营活动的物化劳动消耗与经营成果进行考核。通过经济核算和对比分析，力求以较少的经营开支取得较大的经济效益。

仓储管理绩效评价指标考核包括以下评价内容。

（1）仓储经营成果的指标评价。仓储的基本职能是保管物品，在同等的条件下，如果保管的物品越多，保管质量越好，劳动消耗与财产耗费越少，则经营成果就越大。

（2）仓储劳动消耗的指标评价。仓储劳动消耗包括活劳动消耗和物化劳动消耗。仓储企业的劳动消耗是以仓储成本来核算的，因此，仓储成本核算是仓储企业指标评价的一项重要内容。

（3）资金的指标评价。为了使仓储业务正常运转，企业需要备有流动资金，用于支付日常的易耗材料的费用。资金核算就是要在完成同样的业务量，并保证仓储质量的情况下，使企业被占用的资金最少。

（4）盈利的指标评价。在社会主义市场经济条件下，企业的生存靠的是盈利，因此企业经营所追求的目标是获取最大利润。为了了解仓储企业的盈利情况，必须对一些盈利指标进行考核，如考核成本盈利率、资金盈利率和仓储收入盈利率等。

12.3 仓储管理绩效评价的方法

目前对仓储管理绩效评价的理论研究还比较分散，没有形成系统的理论。拉默斯等认为，每一项指标都有理想值、目标值和当前值 3 个分指标。从相关文献中的仓储管理绩效评价指标设置不难看出，其评价过程是一个多目标的决策问题，因而在绩效综合评价中，各指标权重的确定是关键。就目前的研究来看，确定指标权重的方法有比较分析法、德尔菲法、熵技术、层次分析法、模糊层次分析法等。对方案的评价采用主观判断法、平衡记分卡法、模糊综合评价法、线性加权法、数学规划法、欧式范数法、概率统计法、逼近理想解法的排序、ABC 分类法、层次分析法、调查表分析评价法、标杆法、效用理论、数据包络分析（Data Envelopment Analysis，DEA）法、BP 神经网络等。对于仓储管理综合绩效评价往往采用确定权重的方法与对方案的评价方法有机组合，充分利用客观评价与主观评价的优点，扬长避短，将主观评价做定量描述，如 AHP/DEA 法、AHP/模糊综合评判法、熵技术与 AHP 相结合的方法、熵技术与 BP 神经网络相结合等。以下对几个经典的绩效评价方法进行简述。

1. 层次分析法

首先分解原问题，并建立层次结构模型；其次收集数据，用相互比较的办法构造判断矩阵；再进行层次单排序及一致性检验；最后进行总排序和一致性检验，找出各个子目录对总目标的影响权重，并以此作为评价依据。针对多因素综合评估要利用人们的主观判断，不能解决现实中的不确定性与模糊性数据以及评估结果的模糊性。

2. 模糊层次分析法

模糊层次分析法的基本思想是根据多目标评价问题的性质和总目标，把问题本身按层次进行分解，构成一个由下而上的梯阶层次结构。因此在运用模糊层次分析法评价时，大体上可分为以下四个步骤：①分析问题，确定系统中各因素之间的因果关系，对评价问题的各种要素建立多级（多层次）递阶结构模型；②对同一层次（等级）的要素以上一级的要素为准则进行两两比较，并根据评定尺度确定其相对重要程度，最后据此建立模糊判断矩阵；③通过一定计算，确定各要素的相对重要度；④通过综合重要度的计算，对所有的方案进行评价排序。

3. 熵技术

熵实质上就是对系统状态不确定性的一种度量，因此可利用熵来衡量某一评价指标对评价对象的影响程度，即权数。熵技术（也称熵权法）不单纯是建立在概率的基础之上，它以决策者预先确立偏好权系数为基础，将决策者的主观判断与待评对象的固有信息有机结合起来，实现了主客观的统一。利用熵技术来评价供应链绩效，有效克服了主观确定权重的缺陷。

4. 平衡记分卡法

库存管理绩效管理的平衡记分卡法从顾客方面、内部流程运作方面、改进学习方面、财务方面评价组织绩效，在短期和长期目标、财务指标和非财务指标、滞后型和领先型指标、内部和外部绩效之间形成平衡。管理的注意力从短期目标的实现转移到兼顾战略目标的实现，从对结果反馈思考转向对问题原因进行实时分析，把企业使命和战略转变为目标和衡量方法。在实践中，许多供应链节点企业将平衡记分卡法用于静态管理，使得在改进供应链绩效过程中的成效不明显。例如，平衡记分卡多为财务部门制定，重视了财务信息，而忽视了非财务信息；人工采集的信息易产生错漏和延滞，采集频率低，并存在人为篡改数据的隐患；制定战略的高级管理层和策略层、操作层分离，使管理层在绩效衡量中面临着不确定因素；平衡记分卡无法分析决策与绩效的因果联系，无法衡量供应链节点企业与上、下游企业间的协作。

5. 模糊综合评判

模糊综合评判是运用模糊统计的方法，通过对影响事物的各个因素的综合考虑，来对该事物的优劣做出科学的评价。在供应链绩效评价的权重配置和要素评价中引入模糊集合理论，解决了现实中的不确定性与模糊性数据，把普通集合的绝对隶属关系中的非此即彼的特性推广到单位区间中的任意一个数值，进而实现定量刻画不确定性问题的模糊性质，同时又可不失去传统明确值的优点。解模糊化的结果使评估简单明了，易于进行优先排序及其基准化，避免了数据的烦琐。但是，模糊评判过程本身不能解决评估指标间相关性造成的评估信息重复问题；供应链评估中要考虑许多要素，因此如何综合考虑所有定量与定性要素，从而全面评估供应链是一个多标准的决策问题，这对于模糊综合评判是很难做到的；在模糊综合评判中，指标权重很大部分是人为制定的，其中包含的主观随意性较大，其能否充分反映客观实际需要很好地把握。

6. 数据包络分析法

数据包络分析法是一种对若干同类型的具有多输入（输入为随其数值的减小而绩效提高的指标）、多输出（输出为随其数值的增加而绩效提高的指标）的决策单元（Decision Making Unit，DMU）进行相对效率与效益方面比较的有效方法，DEA 法以某一系统中的实际决策单元为基础，建立在决策单元的帕累托最优（DEA 有效性与相应的多目标规划问题的帕累托最优解是等价的）概念之上，通过利用线性规划技术确定系统的效率前沿面（或称生产前沿函数），进而得到各决策单元的相对效率及规模效益等方面的信息。DEA 法克服了权重确定的主观性和模糊性，但它评价的结果只是一个相对效率与规模效益，不利于发现原有供应链中的缺陷和不足，也无法提出相应的改进措施。

7. BP神经网络

现代人工智能领域内的 BP（Back Propagation）神经网络，即误差逆传播，多层前馈式人工神经网络，是应用最为广泛的神经网络算法。它具有的非线性逼近能力，为处理一般规律隐含在大量数据中的映射逼近问题提供了有效的解决方法。作为一种"数据"驱动式的"黑箱"建模，其优点是：一是运用神经网络方法评价供应链管理的绩效指标可以考虑大量的影响因素，这些因素既可以是定量因素，也可以是定性或不确定因素，具有简便、准确、先进的特点；二是供应链管理绩效指标评价的神经网络模型的学习样本都来源于企业数据统计的结果，避免了人的主观因素，且随着学习样本的增加，可进一步提高评价的准确性，因此具有广泛的适用性；三是利用神经网络模型对供应链管理绩效指标进行评价是可行的，只要确定影响供应链管理绩效的各种因素，并且有足够数据准确可靠的样本供网络学习，用神经网络可以进行较准确、实用的评价，并对指标数值进行优化，这对企业供应链管理绩效的提高、供应链的合理设计具有重要意义。BP神经网络方法的应用可以克服绩效信息不全、评价因素间关系模糊的障碍，减少评价过程中主观因素的影响。从以上这些方法的分析中可以看出，对供应链绩效评价所采用的方法各有各的优势与不足，并各自存在一定的局限性，都没能很好地解决供应链管理的动态、实时性问题。

复习思考

一、填空题

1. 仓储管理绩效评价是指在一定的经营期间内，仓储企业利用指标对_____，_____以及_____进行考核。
2. 仓储管理绩效评价指标中的一级指标由_____、_____、_____、_____和_____等组成。
3. 价值分析是从分析_____、_____和_____三者的关系入手，以_____为目的，以_____为核心，以_____为基础，以_____为工具，用最低的成本来实现产品必要功能的一种技术经济方法。
4. 因素分析法用来分析_____以及_____。
5. 平衡记分法的核心思想反映为一系列指标间形成平衡，即_____、_____、_____、_____之间的平衡。

二、名词解释

绩效评价　价值分析法　模糊层次分析法　平衡计分卡法

三、简答题

1. 什么是绩效评价？仓储管理绩效评价有什么意义？
2. 仓储管理绩效评价需遵循哪些原则？
3. 仓储管理绩效评价指标体系包括哪些内容？
4. 如何对仓储管理绩效评价指标进行考核？
5. 仓储管理绩效评价的方法有哪些？各自分别适用于什么样的情况？

四、论述题

结合实例,讨论某一物流企业是如何进行仓储管理绩效评价的。

▶ 案例讨论 ◀

汽车物流企业的绩效评价指标体系

结合导入案例,汽车物流企业理想的评价指标应满足系统性、代表性、科学性、可操作性和服务性等基本原则。根据以上原则,参考平衡计分卡的指标设置原理,并结合一些汽车物流厂家的实际情况、汽车和零部件生产企业对物流服务的关注重心(如准确性、及时性及战略配合),将从以下 3 个方面设置汽车物流企业绩效评价指标体系:服务质量(A_1)、信息能力(A_2)、服务成本(A_3)。以 A 表示一级指标,有 A_1、A_2、A_3 共 3 个一级评价指标,B 表示二级评价指标,C 表示三级评价指标。

1. 服务质量

服务质量(A_1)是汽车物流企业绩效中最核心的部分,可以将其分为服务前质量 B_{11}、服务中质量 B_{12}、服务后质量 B_{13}。

(1)服务前质量评价指标 B_{11}。

① 缺货频率 C_{111}:缺货发生的概率,衡量需求超过可得性的概率;

② 目标交付时间 C_{112}:企业计划或者承诺的物品交付时间;

③ 沟通能力 C_{113}:企业在服务前与客户的信息沟通能力。

(2)服务中质量评价指标 B_{12}。

① 订单的方便性 C_{121}:客户通过多种方式进行订货的可能性和每种方式的方便程度;

② 订货处理时间 C_{122}:订单从顾客发出到收到物品的平均时间长度;

③ 订单跟踪能力 C_{123}:对订单物品所处状态进行跟踪的能力;

④ 订单完成率 C_{124}:一定时期内完成的订单数量与订单总数的比率;

⑤ 订单完成的稳定性 C_{125}:企业对接到客户订单完成的稳定情况;

⑥ 订单处理正确率 C_{126}:一段时期内无差错的订单处理总数与订单总数的比率;

⑦ 交货柔性 C_{127}:对客户变更交货时间的反应能力;

⑧ 货损率 C_{128}:服务过程中损失的物品金额总数与货物金额总数的比率。

(3)服务后质量评价指标 B_{13}。

① 退货或调换率 C_{131}:一定时期内退货或换货总量与发货总量的比率;

② 客诉率 C_{132}:客户投诉次数与总服务次数的比率;

③ 客诉处理时间 C_{133}:企业对客户投诉进行处理,达到客户要求的总时间;

④ 顾客满意度 C_{134}：通过市场调查问卷来获得对企业物流服务表示满意的顾客与接受调查顾客总数的比率。

2．信息能力

信息能力（A_2）是指企业拥有可靠的计算机网络和物流信息管理系统，以快速、正确地提供物流信息，高效地为物流作业提供及时、有效的支持能力。信息化水平已成为汽车物流企业竞争的重要手段。

（1）基础设施水平 B_{21}：企业信息化的基础条件，如计算机硬件数量和普及率、信息网络应用状况和物流信息标准化、电子化应用状况等。

（2）物流管理信息化水平 B_{22}：利用物流信息系统（ERP软件、GPS系统、运输调度系统、仓储管理系统、订单管理系统等）有效控制和管理物流的各个环节的能力。

（3）信息传递效率水平 B_{23}：信息传递的可得性、准确性和及时性等。

（4）信息活动主体水平 B_{24}：员工利用计算机网络和物流信息管理系统的能力。

3．服务成本。

服务成本为 A_3。

（1）物品的物流成本 B_{31}：通过物流费用与物品总量的比值来确定，根据物品本身的特点，如单位体积、单位成本、单位物品数量的物流费用来衡量。

（2）系统成本 B_{32}：汽车物流企业提供一体化物流服务时，改进的整个物流系统的成本。

（3）物流成本控制水平 B_{33}：物流成本控制水平＝（采取措施而节约的成本－成本控制所支付的费用）÷采取措施前的成本。

（资料来源：http://www.pprd56.com。）

思考：该汽车物流企业的绩效评价指标体系中的各个指标是怎样进行考核的？

【参考资源】

PC 端	[1] 中国会计网 [2] 泛珠三角物流网 [3] 中国物流与采购网 [4] 人民网中国经济周刊 [5] 中华论文网
Android、iOS 端	二维码（电子课件）（电子课件已提供，需要用二维码作为入口）

现代仓储管理绩效评价

参 考 文 献

弗布克管理咨询中心，2020. 仓库管理员精细化管理工作手册[M]. 北京：化学工业出版社.
徐贤浩，等，2020. 紧致化仓储系统运营管理的优化策略[M]. 北京：科学出版社.
周兴建，蔡丽华，2016. 现代物流管理概论[M]. 北京：中国纺织出版社.
张浩，郑健，2020. 新编现代企业仓储物流管理必备制度与表格[M]. 北京：中国文史出版社.
柳荣，2020. 智能仓储物流、配送精细化管理实务[M]. 北京：人民邮电出版社.
国家发展和改革委员会经济贸易司，中国物流与采购联合会，2018. 国家智能化仓储物流示范基地创新发展报告. 2018[M]. 北京：中国财富出版社.
陈晓曦，2020. 数智物流：5G 供应链重构的关键技术及案例[M]. 北京：中国经济出版社.
周兴建，杨晋，2020. 现代物流导论[M]. 北京：电子工业出版社.
李育蔚，2015. 仓储物流精细化管理全案：超值珍藏版[M]. 北京：人民邮电出版社.
金跃跃，刘昌祺，刘康，2019. 现代化智能物流装备与技术[M]. 北京：化学工业出版社.
比吉特·沃格尔-霍伊泽尔（Birgit Vogel-Heuser）等，2019. 德国工业 4.0 大全 第 3 卷：智能物流技术（原书第 2 版）[M]. 房殿军，等译. 北京：机械工业出版社.
邵正宇，周兴建，2014. 物流系统规划与设计（第二版）[M]. 北京：清华大学出版社.
杨晓英，2019. 精益智能物流与供应链管理创新方法及其应用[M]. 北京：中国经济出版社.
林庆，2017. 物流 3.0："互联网+"开启智能物流新时代[M]. 北京：人民邮电出版社.
周兴建，蔡丽华，2020. "互联网+物流"原理：基于价值链的解析[M]. 北京：北京大学出版社.
魏学将，王猛，张庆英，2020. 智慧物流概论[M]. 北京：机械工业出版社.
施先亮，2020. 智慧物流与现代供应链[M]. 北京：机械工业出版社.
周兴建，蔡丽华，2018. 物流案例分析与方案设计[M]. 2 版. 北京：电子工业出版社.
柳荣，2020. 新物流与供应链运营管理[M]. 北京：人民邮电出版社.
李汉卿，姜彩良，2018. 大数据时代的智慧物流[M]. 北京：人民交通出版社.
张飞舟，杨东凯，2019. 物联网应用与解决方案[M]. 2 版. 北京：电子工业出版社.
孙松林，2019. 5G 时代：经济增长新引擎[M]. 北京：中信出版集团.
何海生，戴毅，2020. AR 看见未来[M]. 北京：中国商业出版社.
韩伯领，周凌云，2018. 物流园区规划设计与运营：理论、方法及实践[M]. 北京：北京交通大学出版社，清华大学出版社.
冯云，郭凌，汪贻生，2016. 自动化立体仓库工程[M]. 北京：首都经济贸易大学出版社.
安筱鹏，2019. 重构：数字化转型的逻辑[M]. 北京：中国工信出版集团，电子工业出版社.
徐磊，2019. 创物流：互联网+物流的痛点与拐点[M]. 北京：电子工业出版社.
北京科捷智云技术服务有限公司，2019. 人机共舞：大数据和人工智能在物流领域的应用[M]. 北京：机械工业出版社.
周苏，孙曙迎，王文，2017. 大数据时代供应链物流管理[M]. 北京：中国铁道出版社.
周兴建，黎继子，等，2019. 现代物流方案设计：方案与案例[M]. 北京：中国纺织出版社.
汪佑民，2014. 配送中心规划与管理[M]. 北京：经济科学出版社.